Zu diesem Buch

»Unschätzbar und in der einschlägigen Memoiren-Literatur nicht noch einmal aufzufinden: die am eigenen Spiel gesammelten und derart kritisch betrachteten Erfahrungen mit Regisseuren eines halben Jahrhunderts, Noelte, Dorn, Zadek und Peymann inklusive.« (Armin Eichholz, »Welt am Sonntag«)

Der Herausgeber Günther Rühle, geboren 1924 in Gießen, studierte Germanistik und Geschichte in Frankfurt am Main und war ab 1960 Feuilleton-Redakteur der »Frankfurter Allgemeinen Zeitung«, Ressortchef von 1974 bis 1985. Dann übernahm er die Intendanz des Frankfurter Schauspielhauses. Seine wichtigsten Buchpublikationen gelten dem deutschen Theater zwischen 1917 und 1945. – »Rühle hat Minetti nicht einfach Schauspieler-Erinnerungen ›abverlangt‹, sondern darauf bestanden, daß aus dem Buch so etwas wird wie ein Gang durch die deutsche Theatergeschichte dieses Jahrhunderts. Und, mehr noch: ein großer, wenn auch fragmentarischer Essay über die Schauspielkunst... Günther Rühle, selber ein Spät-Expressionist, hat ein untrügliches Gespür für Minettis spät-expressionistischen Sprachgestus: für das Schroffe, Atemlose, Trockene, die harsche Sachlichkeit einerseits; für das Steile, Kühne, Feierliche andererseits. Für die Kargheit wie für den Exzeß. Für die südländische Leichtigkeit des Schauspielers Minetti wie für seine nordischen Dämonien. Die italienischen Vorfahren, die Geburtsstadt Kiel: schon im ersten, scheinbar obligaten, Kapitel gelingt Minetti und Rühle ein tiefenscharfes Minetti-Porträt. So werden wir ihn künftig auch sehen: Minetti, den Italiener von der Ostsee.« (Benjamin Henrichs, »Die Zeit«)

Bernhard Minetti

Erinnerungen
eines Schauspielers

Herausgegeben von
Günther Rühle

Rowohlt

Dieses Buch ist entstanden
aus vielen Gesprächen mit Bernhard Minetti.
Ihre Ordnung zu einem autobiographischen Lebensbericht
ist Ausdruck meiner Bewunderung
für diesen großen Schauspieler.
In ihm verehre ich alle.

Günther Rühle

Veröffentlicht im Rowohlt Taschenbuch Verlag GmbH,
Reinbek bei Hamburg, Oktober 1988
Umschlaggestaltung Jürgen Kaffer
(Foto: Andrej Reiser / Bilderberg)
Copyright © 1985 by Deutsche Verlags-Anstalt GmbH, Stuttgart
Gesamtherstellung Clausen & Bosse, Leck
Printed in Germany
980-ISBN 3 499 15950 3

Inhaltsverzeichnis

Grüber   (als er erfuhr, daß ich, täglich zur Probe fahrend, meinen
          Wagen steuere): »Fährst du gern Auto?«
Minetti: »Ja . . . weil ich mich wundere, daß es fährt.«

Vorwort

Dies Buch heißt nicht: »Mein Leben«; ich glaube nicht, daß reichlich Intimität interessiert – so wenig wie tiefgründig das Chaotische einer Existenz. Insofern keine Memoiren. Es sind Erinnerungen: so wie sie sich einstellen, beinahe ad hoc. Gelegentlich reizten mich Definitionen – aber ich will Gewesenes, Erlebtes nur beschreiben, nicht bezeichnen. Das vielleicht ein andermal. Meine Familie war und ist mir immer nahe; sie speiste mich. Im Beruf: ohne die andern wäre ich nicht, was ich bin. Das Interesse am Menschen war und ist mir immer das Wesentliche, dann erst Landschaft, Natur. Wozu Himmel und Sterne gehören, Luft und Erde, Meer. Darüber begreife ich unsere Großen: die Dichter, die Schriftsteller, von denen ich abhänge. Vier durchlebte Staatssysteme zerstäuben davor. Vor Kleists frühem Tod, vor Büchners frühem Sterben, vor Goethes hoher Lebenskunst, vor Shakespeare, der aufhörte auf seinem Höhepunkt. Taten und Untaten, der fürchterliche Wert von Geschichte, ebenfalls fruchtbar für die Ausübung meines Berufs. Das Leben auf der Bühne: diese Wirklichkeit bestimmt mich. Von diesem Leben möchte ich den Lesern mitteilen. Mehr oder weniger.

Ich habe vielen zu danken. Vor allem meinem Herausgeber: Günther Rühle. Er hat mir diese Erinnerungen abgefordert, stets ermutigend, auf seine herzhafte Art. So, daß ich freudig die mir fremde Arbeit leisten konnte. Ich danke auch Anneliese Ruppel und Ellen Röhrich für deren Interesse und intensive Tätigkeit. Ich danke Carsten Ahrens für die Beschaffung wichtiger Fotos.

Viele unerwähnte Freunde, viel Unerwähntes überhaupt, muß ich verweisen auf Geplantes. Ich bitte um Nachsicht.

Bernhard Minetti

Minetti als Erster Schauspieler in »Hamlet« von William Shakespeare
Schaubühne am Lehniner Platz Berlin 1982, Regie Klaus Michael Grüber

Erinnerungen eines Schauspielers

Wann erwachen die Wünsche, die einen ins Leben locken? Manchmal habe ich das Gefühl, der Wunsch, Schauspieler zu werden, war
da – von meinem Anfang an. Schauspieler sein ist meine Art zu leben und mich zu äußern; es ist mein Vermögen. Als ich ganz jung
war, hatte ich zweimal den gleichen Traum. Ich träumte, ich sei ein
Acker. Mein liegender Körper war ein breites Feld, und es trieb darauf Getreide. Und in dem anderen Traum sah ich mich daliegen wie
Eisenbahnschienen vor der Einfahrt in eine große Station. Ich war
Schiene und Station, die Schienen liefen durch mich hindurch.
Wenn ich den Bildern dieser Träume nachdenke, sprechen sie von
Möglichkeiten, von Zukunft. Das eine meint Dasein und Ernten
und das andere die gebündelten Wege, die ein Ziel haben, das man
noch nicht sieht. Mein Körper erschien mir im Traum als Medium.
Ich verbinde ein Körpergefühl mit diesen Träumen. Die Träume
sind unvergeßlich, aber auch unfaßlich. Ich habe später, in Momenten hoher Erregung, auf Höhepunkten des Daseins immer wieder
ein Gefühl von Welt gehabt, ein hohes, breites, großes und umfas-
sendes Gefühl des Existierens.

Das Leben, so kontrastreich es ist, so stark die Kontraste in mir
selbst sind, ist mir nie problematisch gewesen; kam eine Krise, so
habe ich sie angenommen. Ich hatte immer das Gefühl einer großen
Sicherheit. Vielleicht habe ich deswegen nie Zweifel an meinem Beruf, nie Zweifel an seinen Möglichkeiten gehabt. Ich war mir sicher,
daß die Rollen, die mir gemäß sind, eines Tages auch kämen. Wenn
ich zurückblicke, habe ich nicht das Gefühl, ich hätte Schritte einer
systematischen Entwicklung getan. Es war eher wie ein Fluß, erst
schmal und reißend, dann ruhiger und breit. Ich sehe anfangs stür-
mische Gebärden – Gebärden von Leidenschaft, Risiko, An-mich-
Reißen von Rollen und Durchsetzen. Denn ich habe erfahren: dieser Beruf erlöst mich von meinen Schwächen, von Verzweiflungen
und Depressionen, er verhilft mir zu Euphorien und Glückszustän-

den, er erzieht mich zu sachlicher Betrachtung. Er ist ein für mich glücklicher Beruf.

In meinem Schauspielerleben ist mir freilich manches nicht gelungen, oder es ist verrutscht. Ich fragte mich dann immer, was war der Grund? Lag es an mir? War die Rolle mir nicht gemäß? Lag es an Umständen innerhalb des Ensembles? Lag es am Leben? Mich beschäftigt seit langem, daß und warum ich nie wirklich den Mephisto spielen konnte. Ich habe den Mephisto gespielt, auch unter Gründgens. Aber ich weiß heute: ich habe als Mephisto viel zuviel gewollt. Ich wollte im Mephisto alles haben. Ich wollte den Dämon, den Verführer und natürlich auch den Pousseur. In diesem Viel-zuviel-Wollen verstand ich nie, wieweit Mephisto Geist ist, wieweit gefallener Engel. Ist er ein Witzbold oder ein trauriger Wicht? Ich konnte mich mit ihm nicht zur Deckung bringen und war dann fasziniert, wie Gründgens das alles mühelos löste und – im zweiten Teil der Dichtung – auf Grund seiner geistigen und seelischen Konstitution sogar grandios wurde. Ich sage das neidlos. Erst ganz spät, erst von Klaus Michael Grüber fühlte ich diese Rolle – fühlte ich damit auch mich, der ich nun den Faust spielte, völlig neu empfunden. Mephisto, mein Partner, das war nun – als mein achtes Jahrzehnt schon zu Ende ging – ein Melancholiker, der müde die Sinnlosigkeit faustischen Wesens kennt und still den Faust, den Wanderer, begleitet. Ich habe meine Rollen immer wie Lebensläufe, Lebensmöglichkeiten, Lebenserscheinungen betrachtet und mich an ihnen, in ihnen und durch sie zu erkennen versucht.

1905–1933

Der Anfang

Ich bin in Kiel geboren. Man sagt, ich sei herb, norddeutsch. Aber der väterliche Teil der Familie kommt aus Italien. Mein Vater hat nach seinen Ahnen geforscht und in einer Familienchronik notiert: wir kommen aus Italien. Aus dem Orte Crusinallo, an der Nordspitze des Lago di Orta gelegen. Eine fast postkartenschöne Landschaft. Da gab es um 1820 einen Antonio Guielminetti. Ein italienischer Professor hat mich belehrt, Guiel sei eine Bezeichnung für lombardisch. Also wären wir lombardischer Herkunft. Dieser Antonio Guielminetti war Zinngießer, wie seine Vorfahren. Die Zinngießerei war einmal ein nutzbringendes Handwerk. Um 1820 ging es damit langsam zu Ende; statt Zinnbecher benutzte man Gläser, Geschirr wurde nun aus anderen Metallen oder Porzellan gemacht. Es war ein Gewerbe, das an Auszehrung litt. Das veranlaßte jenen Antonio wohl zur Auswanderung. Es war nicht der einzige Grund. Dieser Antonio Guielminetti war anscheinend auch ein Dissident. Er war gegen das Katholische. Also ist er emigriert, nach Deutschland, hat dort der Einfachheit halber seinen Namen auf Minetti verkürzt und ist auf dem drei Jahre langen Weg nach Norden endlich in Bodenwerder an der Weser bei Hameln hängengeblieben; dort hat er seine Zinngießerei wieder aufgenommen, auf einem Gutshof auch als Gärtner gearbeitet und da geheiratet. Sein Sohn Theodor lernte Tischlerei und kam als Geselle auf Wanderschaft nach Hamburg. Ließ sich dort nieder, war dann in Hamburg Tischlermeister. Er hatte eine eigene Werkstatt in der »Langen Reihe«; so heißt die Straße noch heute, die zwischen dem Schauspielhaus, Bahnhof und der Kirche beginnt und eng ist und sehr belebt. Vom Großvater Minetti hatten wir in unserem Kieler Haus selbstgeflochtene Rohrstühle. Sie verbrannten in dem im April 1945 noch zerbombten Haus. Dieser Großvater Theodor heiratete eine Schwedin, Johanna geb. Björnholm aus Monsteras, die Tochter eines Steuermanns. Vom Tod ihres Mannes berichtet sie: Mittags, im Begriff einzukaufen, fragte sie den am Tisch sitzenden, grübeln-den Mann: »Willst du mitkommen?«

Er verneinte: »Ich spekuliere.« Als sie nach kurzer Zeit zurück-kam, war er in der Haltung, in der sie ihn verlassen hatte, verschie-den. Diese Großmutter väterlicherseits habe ich noch gekannt. Sie war sehr liebevoll und rüstig.

In der Werkstatt des Großvaters war mein Vater noch Lehrling. Er war bereits in Hamburg geboren, war aber noch ein italienischer Typ. Wenn er schnell ging oder gar lief, empfand ich seine Bewe-gungen als gebirglerisch, beherrscht, aber stockend, unruhig, doch intensiv. Wer ein richtiger Hamburger werden sollte, bekam damals einen englischen Vornamen, also Henry. Der konnte, da mein Groß-vater wohl gut ins Geschäft gekommen war, in Stuttgart studie-ren. Er wollte Architekt werden, wurde es auch, heiratete die Toch-ter eines Privatarchitekten in Stuttgart. Ihre Familie kam aus dem Donauried in der Nähe von Ulm: aus Sontheim an der Brenz. Mit einem urschwäbischen Eigennamen: Schauz. Das wa-ren dort seit denkbaren Zeiten Bauern: Ackerbauern.

Das ist also die Mischung: italienisch, etwas schwedisch, und dann, durch die Mutter, der ich ähnlich sehe, sehr süddeutsch be-stimmt. Meine Familie lebte in Kiel. Ich bin dort geboren, am 26. Ja-nuar 1905. Mein Vater hatte nach seinem Studium in Stuttgart eine Anstellung in Kiel als städtischer Architekt gefunden. Ich wurde nach dem Onkel mütterlicherseits genannt, dem einzigen Bruder meiner Mutter Johanna.

Ich fühle mich sehr als Kieler, heute noch; aber manchmal denke ich, wenn mein Temperament mit mir durchgeht, das sei noch italie-nisches Erbe wie bei meinem Vater, der jähzornig sein konnte, rasch verrauchend. Wenn Heimat ein Begriff ist, der sich mit ursprüngli-chen, sinnlichen Eindrücken verbindet, dann sind es für mich die fri-sche Luft von Kiel, der immerwährende Wind, der sommerliche, blaue Himmel, die ewig graugrünen Wellen im Hafen. Im Wesen merkwürdig zarte Farben – wenn nicht die regengrauen Tage sind. Die mich nicht stören, nicht trüben. Aus dieser Zeit liebe ich No-vember, weichen Nebel.

Meine Mutter hat als Süddeutsche unter der ihr fremden Stadt immer gelitten, obwohl sie bald mehr Kontakte zu anderen Men-schen hatte als mein Vater. Sie behielt ihr Schwäbisch bei, hatte ih-ren prächtigen Mutterwitz, um den ich sie heute noch beneide – denn meiner kommt meist einen Posttag zu spät. Sie führte den

Haushalt mit viel Geschick und Umsicht. Mein Vater, ein zeitgemäß national gesinnter Mann ohne besondere Bindungen, hatte sehr feste Vorstellungen von einem ordentlich-bürgerlichen Haushalt. Die Mutter hat die daraus erwachsenden Pflichten gemeistert. Ob sie dabei ganz glücklich war, bezweifle ich. Sie hat viel geschluckt, mir auch in den bockigen Jahren der Pubertät viel nach- und über viel hinweggesehen. Ihre mütterliche Sorge, die sie kaum zeigte, fühlte ich auf meiner Seite. Ich war vom Vater geprägt. Da lagen meine Auseinandersetzungen. Ich habe meine Mutter immer unterschätzt und erkannte sie erst in ihren letzten Lebensjahren. Für mich, für meinen sehr viel jüngeren Bruder Theo, für die kleine Familie war sie viel. Ich muß ihr dankbar sein. Ich höre ihre Stimme, silbrig. Vom Vater wende ich Hamburger Ausdrücke noch heute an: rammdösig, vigilinsch-pfiffig, du bist'n Happen dämlich.

Unser Haus war kein geselliges Haus. Es war bürgerlich verschlossen, sehr protestantisch, aber die religiöse Erziehung war frei. Die Eltern hatten keine Beziehung zur Kirche. Ich hatte sie auch nicht. Ich kann auch heute Kirche nicht als Institution verstehen. Ich kann sie historisch begreifen und mich tolerant verhalten; in bezug auf die Kirche als Institution bin ich primitiv und konsequent. Die Kirche bezieht sich auf Jesus von Nazareth, dessen historische Gestalt für mich einmalig ist und der zu den wenigen geschichtlichen Personen gehört, zu denen ich eine Beziehung habe. Die Institution Katholische Kirche, die sich auf ihn beruft, hat seit zweitausend Jahren immer wieder versagt, ihn mißbraucht. Für sie finde ich keine Legitimation, ihre Heuchelei scheint mir beinahe grenzenlos: das Ausweichen auf Maria, die Inquisition, die Schwachen trösten, die Mächtigen bedienen (oder leiten). Siehe Schiller: Großinquisitor. – Ich habe, alles in allem, ein unproblematisches und sehr behütetes Elternhaus gehabt. Ich bekam – auf die Dauer – ein Familiengefühl vermittelt. Heute gibt es einen innigen Zusammenhalt, der auch ideologisch, weltanschaulich bedingte Grenzen mühelos überspringt. Meine Gefühlswelt heute kommt mir italienisch vor. Ich spüre gefühlige Bindungen, wenn ich italienische Lebensweise betrachte.

Ich habe mich manchmal gefragt, ob es in dieser Familie auch einen Zug ins Künstlerische gab – wenn man von der frühen Zinngießerei einmal absieht. Bei Durchsicht der Verwandtschaft bemerkte ich, daß die Minettis zwei Linien haben. Die sichtbarste ist die mathematische. Der Bruder meines Vaters war Direktor der Gewerbeschule in Hamburg. Mein Vetter hat sich durch die Erfindung einer besonderen Art von Beton und die Möglichkeiten seiner Verwendung einen großen, hochgeehrten Namen gemacht. Mein Vater wurde Architekt, war zuletzt Oberbaurat in Kiel und mit Vergabe und Kontrolle der öffentlichen Hochbauten betraut. Er hat dort in frühen Jahren ein öffentliches Gebäude errichtet, das bis heute an ihn erinnert: 1913, im Jugendstil – die städtische Fischhalle, am Binnenhafen gelegen. Es hat die Bombenangriffe im Zweiten Weltkrieg überstanden und steht nun unter Denkmalschutz. Ich freue mich über diese späte Ehrung für ihn. Mein Enkel Emanuel, Sohn meiner Tochter Jennifer, will nicht zur Bühne, ist wieder auffallend mathematisch begabt.

Was nun die »künstlerische Seite« der Familie betrifft. Mein Vater hatte eine Schwester, die wollte zum Zirkus und ist wohl auch in den Zirkus gekommen. Sie ist verschollen, von heute auf morgen. In der Familie sagte man nur: Es wird ihr wohl gutgehen. Ich kannte sie nicht, ich kann sie aber verstehen. Der Zirkus war eine andere Welt. Die mathematische Linie mütterlicherseits war künstlerisch betont. Der Großvater baute in Stuttgart, das seit jeher auf besondere Bauten bedacht ist, auffallende großbürgerliche Häuser, regierte seine Handwerker patriarchalisch. – Der Bruder meiner Mutter, Onkel Bernhard, war ebenfalls Architekt. Er war ein verrückter Kerl, etwas großmannssüchtig. Er war in Rennautos vernarrt, gehörte zu den ersten Autobesitzern; in meinen Stuttgarter Ferien saß ich in seinem Mercedes, der heute ein Oldtimer wäre. In dem kam er auch nach Kiel. Er entwarf die Pläne für die berühmte Rennstrecke auf der Solitude, wohnte in seiner Villa im Schickeria-Vorort auf dem »Haunberg«. Im Ersten Weltkrieg machte er in zwei offenen Briefen dem Papst Vorwürfe, er habe den Frieden zu sichern. Um ihn war der Atem der großen Welt. Ich bewunderte ihn, ließ mich aber von ihm nicht beeinflussen. Er war der Gegentyp zu meinem Vater.

Mein Vater war streng; so schien es mir. Er kümmerte sich um meine Schularbeiten, begegnete meiner Faulheit mit seinem Lieblingswort: »Je eher daran, je eher davon.« Er prügelte nicht; nur einmal gab es eine Ohrfeige. Ich wollte zum Abendbrot, bei dem es immer ein »Viertel Aufschnitt« gab, Tartar einführen. Ich hatte es entdeckt. Er war dagegen und sagte: Das macht nervös. Er meinte wohl: regt sexuell an. Darauf sagte ich, ich hatte da plötzlich einmal Mutterwitz: Jaja, die Löwen fressen rohes Fleisch und sind auch die

Die Eltern mit Sohn Minetti, 1910

Minetti und Konsorten, 1918

nervösesten Tiere. Es war die einzige Ohrfeige, die ich von ihm bekam. Mein Vater hielt streng auf einen ordentlichen Tagesablauf, er nahm meine Zeugnisse wichtig, bestand auf dem, was er als Sitte begriff. Er hat selbst gewissenhaft, ja eisern gearbeitet, war pünktlich im Büro, wo viel Betrieb war. Er war Beamter in einer guten Position, dem Maurergewerbe immer zugetan, Durchstecherei oder Filz gab es nicht. Ich durfte ihn oft abholen, tat es auch gern, warum, weiß ich nicht. Vielleicht, weil ich so gern mit dem Paternoster fuhr, sein Büro war hoch oben im vierten Stock des mit seinem auffallenden Turm dem Campanile in Venedig nachgebauten Rathauses. Ich fuhr so gern über den Drehpunkt des Fahrstuhls von tief unten über oben wieder ein Stockwerk nach unten. Es war verboten, und ich kam mir mutig vor. Außerdem roch es im Büro so gut: das Pauspapier. Gerüche, selbst die des Regens, spielen für mich eine wichtige Rolle; sie gehören zu meinen Lebenselementen, aus denen sich manches entwickelt hat. Ich war für Umwelteindrücke immer empfänglich. Die schönsten und positivsten von Kiel waren: dieser Hafen, sein Geruch von Tang und Teer, Landungsbrücken, Muscheln, der Salzgeruch des Wassers – dazu dessen Bewegung, wenn ein Schiff davonzog.

Wenn ich nicht in Stuttgart in Ferien war, ging ich hier mit einer Rundfahrtkarte zur See, saß dann fast immer am Bug des Schiffes, sah in die Bugwellen, die für mich ein ganz wesentliches Element meines Heimatbegriffs sind. Ich war in das Dampferfahren vernarrt. Es gab drei verschiedene Möglichkeiten: die schwarze Linie, in die ich verliebt war, ihrer schnittigen Form wegen; die weiße, mit der fuhr ich nicht, die war sehr schwerfällig gebaut, und die blaue, kleine – sie fuhr ins Schwentinetal, das eng und lieblich und nicht so interessant war, es hatte keinen Schiffsverkehr wie der Hafen. Damals gab es noch kleine Fischerdörfer, Tourismus kam höchstens von seiten der Einheimischen. Zwischen Möltenort und Laboe – man nannte das Gebiet »die Gründe« – Dünen, Marsch, Geest, dann Büsche – da haben wir Krieg gespielt, Räuber und Gendarm. Einen Schulfreund, Pierre, den Belgier, beorderte ich »schrei Zeter und Mordio, wenn du den Feind siehst«; sicher hatte ich gerade die »Räuber« gelesen, daher der Begriff. Er schrie »Zeta, zeta«. In den Gründen konnte ich ganze Vormittage verbringen. Ich fand das schön: beobachten, anschleichen, dirigieren: es war Trieb, der sich äußern und ausleben wollte. So kam ich noch vor 1914 in die Jugendbewegung und war plötzlich, ohne zu begreifen, wie – Parole:

schwarz-weiß-rot – für etwas über ein Jahr dabei. Ich hatte zuletzt eine Art Adjutanten-Position bei dem Jugendführer und durfte vor zweihundert Jungen die Fahne tragen.

Gegen die bürgerliche Welt, soweit ich sie damals überhaupt verstand, hatte ich viele Aggressionen. Kiel war eine von der Marine militaristisch bestimmte Stadt. Marineoffiziere, Matrosen fand ich wegen der Uniformen, ihrem Gehabe den Bürgern gegenüber, zuerst großartig; das hat sich dann bald geändert. Ich sehe mich noch durch die Straßen der Kieler Altstadt laufen, ein Reclamheft der »Jungfrau von Orleans« in der Hand, den Schal um den Hals geworfen, als wollte ich demonstrieren: es gibt auch andere junge Leute als Soldaten. In der Schule habe ich mich mit den Mitschülern schnell befreundet, weil ich oft den »Unterricht störte« und in den Pausen, in den Turnstunden, den Clown machte, Lehrer durch komische Gänge oder in ihrer Redeweise kopierte. Im Zeichenunterricht poussierte ich mit den Mädchen.

1911 war ich auf das Reform-Realgymnasium in Kiel gekommen. Ich war zunächst ein guter und dann ein immer schlechterer Schüler. Echte Interessen hatte ich nur für Deutsch, Geschichte und Erdkunde, gar keine für Physik und Chemie. Mit Mathematik war es merkwürdig. Ich hatte eine Faszination für gelöste Aufgaben. Ich spürte eine Liebe zu Gleichungen, zu Differentialaufgaben, schließlich zur Geometrie. Im Abitur passierte mir etwas Seltsames. Ich war mit der Lösung meiner Aufgaben mehr als eine halbe Stunde vor unserem besten Mathematiker – Wolfgang Franz, er wurde später Professor für Mathematik in Frankfurt – fertig. Der Mathematiklehrer, Sauer hieß er – er war merkwürdigerweise ein Kunstsammler, ich hörte durch ihn zum erstenmal den Namen Nolde –, fragte mich: »Alles richtig?« Ich sagte: »Ich glaube« und war entlassen. Es war auch alles richtig; so bekam ich in Mathematik schriftlich »sehr gut«, mündlich »mangelhaft«. Gesamtergebnis: »mangelhaft«; das ließ er sich nicht nehmen. Diese Merkwürdigkeit, daß ich eigentlich wie in Trance, durch eine ungewöhnliche Konzentration etwas erreicht habe, was mir vorher nicht bestimmt schien, daß sich also in einer schwierigen Situation eine überraschende Wendung ergab, das habe ich später oft erfahren: in privaten und beruflichen Erlebnissen und in der Begegnung mit Menschen.

Den Lateinlehrer konnte ich nicht ausstehen. Wie er sich hinter das Pult fläzte, wie er Mitschüler behandelte, das regte mich auf; er erschien mir als der Inbegriff des feisten, übersättigten Spießers; ich provozierte ihn. Die Art, wie ich ihn einmal bei einem Diskurs mit einem Mitschüler beobachtete, muß ihn so gereizt haben, daß er mich aus der Klasse verwies und mich ein Dreivierteljahr in der Oberprima nicht mehr am Unterricht beteiligte. Er hat mich nie mehr etwas gefragt. Er war großartig konsequent. Und mir war es recht. Aber im Abitur war er so anständig, mir »genügend« zu geben. Ich hatte abgeschrieben, Latein war das einzige Fach, in dem ich nicht selbständig war. – In Englisch habe ich die schriftliche Prüfung versiebt, aber im Mündlichen bestanden. Gut war ich eigentlich nur im Deutschen. Auch die Lehrer waren da gut. Der erste hieß Auener, ein konservativer Mann, der immer ein wenig über uns hinwegsprach, aber engagiert war in der Politik; er gefiel mir. Er wußte immer, welche Bücher neu erschienen waren – er wollte sich über sich und die Zeit klar werden. Er schwärmte plötzlich von Ernest Renan, der damals Mode war. Der zweite, Hermann Eicke, war ein imponierender, normannisch »potenter« Riesenkerl, völkisch; er wirkte auf mich unerhört anregend, denn er dichtete selbst, schrieb auf seine Weise die Nibelungen und Walther von der Vogelweide neu, liebte die altgermanische Dichtung. Er war ein Grabbescher Typ, roch nach Tabak, zog immer den Schleim durch die Nase, empfand sich als Poet; Schulmeisterei war ihm ein Nebenberuf, mit Emphase ausgeübt. Als wir einmal einen Schulausflug nach Lübeck machten, mußten wir natürlich über Lübeck schreiben. Ich tat es in Kerrscher Manier, in Absätze gegliedert mit I–VII. Es sei ja nicht selbständig in der Form, schrieb er mir drunter, aber »sehr gut geschildert. Sehr gut«, und ich gewann mit einemmal Selbstvertrauen, hatte das Gefühl, mich zum erstenmal durchgesetzt zu haben, schrieb dann auch gern über literarische Themen; am besten unter Termindruck in der Nacht, bevor ich abgeben mußte. Ich sah Eicke im Dritten Reich zufällig wieder; es wurde eine höchst eindrucksvolle Begegnung – er war ein erbitterter Gegner des Nazismus geworden; seine reine Liebe zu seinen germanischen und völkischen Themen fühlte er durch das Regime verraten, seine eigenen Ideale mißbraucht, beschmutzt, manipuliert – er wirkte tief verbittert.

Im Abitur hatten wir unglückliche Themen. Ich wählte das politische über die Parteien und die Politik nach 1918, wich also vom Literarischen auf das frisch Historische aus; es ist mir nicht gut gelungen. Im ganzen machte ich dann 1923 ein ausgeglichenes Abitur. In der Unterprima war ich sitzengeblieben. Die Schule interessierte mich auf einmal nicht mehr; vor allem war ich zu der Zeit verliebt.

Was waren damals prägende Erlebnisse? Ich erinnere mich an die Monate kurz vor Ausbruch des Ersten Weltkrieges. In der Kieler Förde lagen – wie jedes Jahr – englische Kriegsschiffe zum sommerlichen Besuch, die Stadt war plötzlich lebendig. Auf dem alten Exerzierplatz, auf dem grünen Rasen, wo wir unsere Schulsportfeste austrugen, spielten englische gegen deutsche Matrosen Fußball, und ich sah, wie großartig sie sich verstanden. Ich habe dann auch eines ihrer ersten Schlachtschiffe, die »Dreadnought«, besucht, die in der Förde lag, frohgestimmt. Drei Wochen später war Krieg, und da war England in der Propaganda, im Gerede der Leute, sofort das treulose Albion. Das hat mich stutzig gemacht und gewiß zum erstenmal meine Skepsis gegen politische Propaganda wachgerufen. Ich glaube auch, daß sich hier – zuerst unbewußt – mein historisches Interesse gebildet hat.

Mein Vater mußte natürlich in den Krieg. Meine Mutter und ich haben viel gehungert. Ich bin sozusagen ein Steckrübenkind. Beziehungen hatten wir nicht, wir lebten von den Zuteilungen. Mein Vater war auf dem Balkan als Telefonist eingesetzt, hat da so viel gesehen und studiert, daß er ein Buch über »Provinziale osmanische Baukunst auf dem Balkan« schreiben konnte. Es wurde veröffentlicht, und er war sehr stolz darauf. Es bedeutete für ihn, daß der Sprung vom Handwerker in die bürgerliche Position gelungen war. Für ihn ein Riesenschritt. Er glaubte an die Ordnung der Zeit, in der er lebte. Der Weltkrieg selbst wurde ihm kein Problem. Er ging 1918 wieder zurück in sein Amt. Ich interessierte mich – ich war bei Kriegsbeginn knapp zehn Jahre alt – weiter für die Flotte, erstand mir später das Admiralstabswerk, las die Berichte über die Flucht der »Emden« in der Südsee, über Kampf und Schicksalsgang des Geschwaders »Admiral Graf Spee« bei Falkland und habe dabei sehr genau gefühlt und mitgefühlt, was es heißt, gejagt, hilflos beschossen zu werden und unterzugehen. Auch die Strategie der englischen und deutschen Führungen interessierte mich. Die Skagerrak-Schlacht habe ich bis in die Einzelheiten verfolgt. Anschließend die Vorkriegsgeschichte, die politische und die diplomatische Geschichte betrachtet. Meine Erkenntnis bis heute ist: Politiker betreiben ein Gewerbe, Genies sind selten. Ich fand die Völker betrogen, alle sprachen von Frieden, dabei waren die Regierenden im Vordergrund unfähig bis ahnungslos. Die eigentlich Verantwortlichen konnte ich nicht erkennen. Jaurès' Gesinnung und früher Tod durch Mord erschütterten mich. Das Studieren von Geschichte, die Enttäuschung meiner jugendlichen Ideale bewirkten eine wütend- an- archische Gesinnung. Die frisierten Interessen innerhalb des Wilhel- minismus empörten meine Intuitionen vom Menschsein, die Un- menschlichkeiten überall veranlaßten mich unterbewußt, den zu- künftigen, rettenden Beruf zu suchen.

Die frühen politischen gingen mit meinen literarischen und thea- tralischen Erlebnissen zusammen. Als ich in der Tertia war, sah ich Paul Heyses Belagerungsstück »Kolberg« im Kieler Stadttheater; dann hatte ich meine erste Begegnung mit Shakespeare: ich sah »Ju- lius Cäsar«, von dem ich heute noch meine, es sei ein vom Theater nicht ausgenutztes Stück. Es ist politisch bedeutend, urtümlich, in- nen- wie außenpolitisch. Ich weiß nicht, warum man sich davor so scheut. Hat man für die Gliederung des Stoffs keinen Sinn, scheut man sich vor der Person des Diktators Cäsar, den man mit Diktato- ren unserer Zeit verwechselt? Gewiß haben die Begeisterungen und Erlebnisse jener Jahre mit bewirkt, daß ich mich später für so viele Rollen politischer Figuren auf dem Theater interessierte.

Natürlich gehört auch der Matrosenaufstand in Kiel 1917 zu meinen Erinnerungen, mehr dessen Niederschlagung als der Auf- stand selbst. Es gab wenig Informationen und schon kaum eine für Pennäler. Aber dann habe ich die Menschenjagd der Noske-Trup- pen gesehen. Wir wohnten am Lessingplatz, der an den Hohenzol- lernpark grenzte. Ich sah aus dem Fenster im ersten Stock. Vor dem Platz links war die Marinebauschule, in der sich die revolutionären Matrosen verschanzt hatten. Es wurde geschossen, und als sie über den Platz in den Park hinein flohen, wurden sie gejagt. Das begriff ich nicht. Ich war dreizehn Jahre alt und habe mir alles erst später durch Literatur erklären können – auch die Erschießung der auf- ständischen Matrosen Reichpietsch und Köbis.

Unabhängig von diesen politischen Zeiterlebnissen waren meine ersten literarischen Begegnungen. Das Prometheus-Gedicht von Goethe war wie der Ausbruch eines Urerlebnisses. Ich spürte darin Protest als Grundsituation. Es sagte mir, wieviel Bewußtsein ich ha- be, was ich meinen und erkennen soll. Ich brauchte nichts von der griechischen Mythologie zu verstehen, nichts Archaisches, ich brauchte nur mein eigenes Stück Anarchie, mein eigenes Stück Ag- gression darin zu begreifen und groß zu sehen; es entsprach jugend- lich-göttlich meinen Gefühlen, meinem vermeintlichen Format. Es ist heute noch ein für mich wesentliches Gedicht

Als Konfirmand, 1920

Damals habe ich mit dem eifrigen Lesen begonnen: viel Franzosen, vor allem Zola. Er war lange Zeit mein Favorit. Daß ich einmal Schauspieler werden wollte, wußte ich schon sehr früh. Paul Heyses »Kolberg«, das Stück vom Kampf und Widerstand gegen Napoleon, hatte mich so erregt, daß von da an mein Entschluß feststand. Auf einer Schulfete hatte ich meinen ersten Auftritt. Eines unserer Mädchen hatte ein Geister-Ritter-Drama verfaßt. Darin hatte ich riesigen Erfolg. Ich fand ihn selbstverständlich. Das Theater begann meine Phantasie zu fesseln; mich interessierte immer mehr, was in Kiel und sogar was in Berlin im Theater geschah. Ich habe sehr früh den Berliner »Börsen-Courier« entdeckt, in dem Herbert Ihering und Emil Faktor ihre Kritiken schrieben. Ich nannte das »Das Verhältnis«. Meinen Bruder Theo, der acht Jahre jünger war als ich und der gerne Rollschuh lief, jagte ich oft zum Kiosk. Er brachte mir den »Börsen-Courier« und den roten »Tag«, die Sonntagsausgabe des »Berliner Lokal-Anzeigers«, in dem Alfred Kerrs Kritiken standen. Übers Berliner Theaterleben wußte ich bald so gut Bescheid wie über das in Kiel, das ich kritisch, überkritisch betrachtete. Ich machte nach den Vorstellungen meine Notizen – wie ich es oft auch heute noch tue, wenn es mich dazu drängt. Theater gespielt habe ich dann in der Jugendbewegung, im deutschnationalen Jugendbund.

Meine Theaterspielerei war für den Vater weniger schockierend als meine Lektüre. Mir ist unvergeßlich, daß mein Vater, der zwar national, aber nicht antisemitisch war, den »Börsen-Courier« einmal »dies Judenblatt« nannte. Ich war erschüttert. Er hatte es aus dem Fenster geworfen, während ich mit meinem Bruder über Vaters Spiräen-Sträucher hinweg im Vorgarten Faustball spielte. Ich fing damals an zu unterscheiden, was für mich ein reaktionäres und ein liberal-fortschrittliches Blatt war.

Weil mich das Theater schon während der Schulzeit so gepackt hatte, blieb ich natürlich nicht nur Zuschauer und Laiendarsteller. Es gab in Kiel eine Stelle, die Schülerkarten für das Theater vermittelte. Deren Leiter war gleichzeitig der Statistenführer im Theater. Da kein anderer Mitschüler Interesse hatte, in dieser Kartenstelle zu helfen, tat ich es und kam so auch in die Statisterie. Es war die erste Berührung mit Rollen. Vor meinem Vater mußte ich das verbergen. Als Schüler unter meinem Namen aufzutreten, wagte ich nicht. Das hätte Krach gegeben. Ich blieb listig, mit schlechtem Gewissen. Manche Situation in meinem Leben könnte ich gewiß schon als Vorhölle bezeichnen. Dies war eine der ersten. Darum nannte ich mich auf dem Theater Konrad Helfer; Dr. Knoop, der Verwaltungsdirektor des Theaters, hatte mir das vorgeschlagen. Der Vater hat auch nichts gemerkt. Ich durfte ins Theater gehen. Da der Stehplatz im zweiten Rang vierzig oder sechzig Pfennig kostete, hätte ich mir die Besuche durch mein Taschengeld, das freilich nicht sehr üppig war, ermöglichen können – aber wegen meiner Mitwirkung in der Statisterie hatte ich ja den Eintritt umsonst.

Zum erstenmal stand ich als Unterprimaner auf der Kieler Bühne, und als Oberprimaner konnte ich bei einem Gastspiel Ludwig Wüllners im »Tod des Empedokles« den Ersten Sklaven spielen. Wüllners sehr pathetisches Spiel machte mir großen Eindruck. Das Erlebnis »am Theater« zu sein und mitzuspielen, wurde noch übertroffen bei dem Skandal, den Carl Zuckmayer – damals Dramaturg in Kiel – zum Ende der Ära Elwenspoek im Winter 22/23 bewirkte. Damals inszenierte er seine den Sexus feiernde, herausfordernde Bearbeitung des »Eunuchen« von Terenz. Er hat in seinen Memoiren darüber berichtet. Am nächsten Tag waren er und der Intendant entlassen. In der Aufführung des »Prinzen Louis Ferdinand« von Unruh bekam ich meine bis dahin wichtigste Aufgabe. Ich spielte auf dem Höhepunkt des Desasters den dritten Krieger, der nach zwei anderen den Schlußpunkt unter die Niederlage setzt: herrenlose Pferde überall. Ein furchtbarer Schrei treibt selbst die tapfersten Soldaten in aufgelöste Flucht. Ich habe in wildester Ekstase diese Sätze herausgeschleudert. Meine Klassenkameradin Ilse sagte mir am Tag nach der Premiere: »Du warst großartig, aber verstanden habe ich kein Wort«; unerschüttert erwiderte ich: »Du, in solcher Situation kann kein Mensch deutlich sprechen …«

Meine Begegnung mit der zeitgenössischen Literatur ist auch über das Theater zustande gekommen. Das war die eigentliche intellektuelle Erweckung. In Kiel gab es den Dramaturgen Gerhard Ausleger. Er war ein Anhänger von Karl Kraus und schwärmte von Toller und den jungen Expressionisten. Ich las die »Fackel«. Toller kam mir nahe, weil ich jene Menschenjagd auf die revoltierenden Matrosen gesehen hatte. Außer Toller interessierten mich Werfels Gedichte »Wir sind« und »Einander«. Ich spielte im »Spiegelmensch« mit. Aber zu Werfel bekam ich bald auch Distanz. Werfel war mir zu lyrisch.

Im Ensemble des Kieler Theaters waren vielversprechende junge Leute. Gründgens – noch unbekannt – war da, ich bewunderte ihn. Einmal lieh ich ihm Werfels Gedichtband aus. Er machte einen Rezitationsabend in Eckernförde. Ich hatte die größte Sorge, daß ich das Buch zurückbekäme. Drei Tage später gab er's mir wieder; darin stand, sozusagen widmend, mit seiner riesengroßen Schrift: »Der berühmte Gründgens trug einstmals daraus vor.« Ernst Busch war da – damals begann seine später sich bewährende Freundschaft mit Gründgens. Ich lernte Ernst Busch kennen. Er fühlte sich mir hoch überlegen, war es auch, er war selbstbewußt, gab sich als Proletariersohn (ich war noch Gymnasiast). Ich sagte ihm: »Ich will auch zum Theater«, und spürte deutlich, wie der »Na ja« dachte. Ich erkundigte mich, ob ich Schauspielunterricht bei seinem Sprachlehrer Eugen Robert nehmen solle. Aber ich konnte solchen Unterricht zeitlich gar nicht einordnen. Ich vergeudete Zeit. Habe oft Zeit vergeudet – zu meinem Nutzen.

Gründgens hatte immer eine ganze Reihe von jungen Menschen um sich. Auch Hans Söhnker gehörte dazu, dem er einmal sagte: »Onaniere lieber, da kommt mehr bei raus als wenn du Schauspieler sein willst.« Gründgens' Kumpanen gefiel ich sehr. Ich mußte hier erfahren, daß es so was wie Homosexualität gibt, daß mich jemand mit eindeutiger Absicht anfaßte. Mir sagte Gründgens: »Werde Schauspieler, aber paß auf, daß du keiner Näherin anheimfällst.« Ich war damals ein sehr stiller Junge, verträumt, unselbständig. Man sieht es noch auf manchen Fotos. Aber ich war besessen von dem Gedanken, ich müsse Schauspieler werden, ein guter natürlich. Ich sehe jetzt noch jede einzelne Figur in jener »Kolberg«-Aufführung vor mir, nicht der jugendliche Held, nicht der Charakterspieler, nicht der Heldenvater oder die bezaubernde junge Frau verleiteten mich, es war ihre Gesamtheit, ihr gemeinsames Schicksal, das mich berührte. Ich bilde mir ein, die Aufführung hatte eine starke Atmosphäre. Ein Fluidum. Die Konturen leben bis heute. – Von Romain Rollands Revolutionsstück »Die Wölfe« höre ich noch immer den Satz am Schluß des ersten Aktes: »Gerechtigkeit, und wenn der Himmel einstürzt!« Das erregte mich sehr: daß es Recht, Gerechtigkeit geben soll.

Kiel hatte ein sehr gutes Stadttheater. Sein Intendant, Max Alberti, war aus der ganz alten Schule, sehr beschäftigt, sehr konzentriert, verwitwet, »alleinstehend«; er schlief sogar im Theater. Er war ein Talententdecker: Gründgens, Busch, Siewers. Er war der Pächter des Theaters, spielte selbst und führte auch Regie. Ich meine mich nicht zu täuschen: er durchdrang den ganzen Betrieb. Er trieb und faszinierte sein Ensemble, seine Mitarbeiter in der Technik und in der Verwaltung. Unprätentiös und kühn für damalige Verhältnisse, eigenwillig und aufopfernd für die Allgemeinheit, wollte er den schwerfälligen Kielern ein zeitnahes Repertoire bringen. Er starb zu früh. Im Stehen sozusagen, ein sich Verzehrender.

Wichtige Entscheidungen

Den Entschluß, Schauspieler zu werden, hielt ich lange geheim. Als ich ihn eines Tages zu Hause offenbarte, war es für die Eltern ein Schock. Darauf waren sie nicht gefaßt. Ich habe mich dann ihnen gegenüber auch betrügerisch verhalten. »Wenn du willst, Vater«, sagte ich, »studiere ich erst Germanistik, damit habe ich die gewünschte Grundlage; dann werde ich Schauspieler.« In meiner Dachkammer am Lessingplatz schrieb ich glühende Lyrik. Auch meine Klassenkameradin Ilse spielte ihre Rolle. Sie machte mich verrückt, als sie mir erzählte, sie wäre in einer Gruppe, die unbekleidet – so vornehm drückte sie sich aus – Gymnastik übe. Ich tobte mich darüber aus, sah mich von einem Dutzend Mädchen getrieben und brannte vor Verlangen. Ich war bei den Mädchen meiner und der anderen Klasse sehr beliebt. Trotz meines etwas melancholischen Charakters wirkte ich auf das »andere Geschlecht«. Ich habe sicherlich Charme entwickelt, dennoch fürchterlich viele Chancen nicht genutzt.

Meine erste schöne jugendliche Liebe hieß Lieselotte. Die Beziehung zu ihr bestand aus langen Spaziergängen, bis nachts über zwölf im Düsterbrocker Gehölz, und es blieb bei Küssen. Eine Ohrfeige verdanke ich einem unfreiwilligen, aber genüßlichen Blick von oben auf ihren Busen. Ich fühlte mich zu Recht bestraft, aber ich hatte etwas gesehen. Wir tanzten lustvoll miteinander, fielen enorm auf bei den Schülerbällen und Gala-Abenden im »Schloßhof«, eröffneten kühn den Beginn solcher Festivitäten. Wir »fühlten« uns, machten eine Schau. Dann kam die Liebe zu Anne Gerbrandt. Wir waren zusammen in der Klasse. Einmal gingen wir an den Schönberger Strand in Kiel, am äußersten Rand der Förde. Nach dem Schwimmen tollten wir. Dann zog sie sich aus, ich war hingerissen, ihre Brüste, ich war fasziniert, erstarrte, empfand überwältigt das

Bedingungslose ihrer Hingabe, aber ich wußte nichts damit anzufangen. Ich mußte die Liebe als körperlichen Vorgang selbst für mich erfinden. Anne ebenso. Ich hatte keine Belehrung darin, weder gesprächsweise durch Erzählungen oder Erlebnisse Gleichaltriger oder Mitschüler, auch nicht durch den Vater, noch – wie damals durchaus üblich – väterliche oder familiäre Anregungen zu einem Bordellbesuch. So blieb es bei der Sensation des Anschauens.

Den Dampfer von Stein aus hatten wir verpaßt, wir hetzten wie verzweifelt, über eine Stunde lang, zum letzten Dampfer nach Laboe, und erreichten ihn gerade noch – unser Geheimnis war vor den Elternhäusern gehütet.

Die wahre Liebe habe ich dann in München entdeckt. Sie studierte wie ich Germanistik und Theaterwissenschaft bei Arthur Kutscher. Eines Tages machten wir einen Seminarausflug nach Stuttgart zu einer Aufführung des »Prinz von Homburg«. Die Wagen der Eilzüge hatten damals noch offene Plattformen. Da faßten wir uns an, wir fühlten uns, die Vereinigung geschah dann am Ufer der Isar, bei Grünwald, im Freien. – Nach einigen Monaten war es »passiert«. Sie sagte: Ich bekomme ein Kind. Mein Vater sagte: Wenn du das getan hast, mußt du sie auch heiraten. Ich bot ihr das an, und sie hat es durchgesetzt bei ihren Eltern. Ihr Vater war Verleger der konservativen Zeitung »Kieler Neueste Nachrichten«, hatte viele Vorbehalte gegen mich, denn er meinte, ich hätte es auf sein Geld abgesehen. Das war aber nicht im mindesten so. Die zwei Semester in München waren dann mehr ein Liebeserlebnis als ein Studium. Ich liebte, lebte, erfuhr: Mein Leben war nie sehr betrachtend, eher vergeudend. Dennoch gibt es in mir einen Hang zu Disziplin. Es ist weniger Verdienst als Veranlagung; eher Natur als Moral.

Arthur Kutscher, der Theaterprofessor an der Münchener Universität, war ein Vergnügen: Er war sehr locker, bajuwarisch, souverän, gar nicht wissenschaftlich trocken, schwärmte für das zeitgenössische Theater. Ich schrieb als Seminararbeiten zwei Theaterkritiken. Hans Schweikart an den Kammerspielen als Tasso habe ich fürchterlich verrissen. In meiner Phantasie war Tasso nicht nur in der Psyche empfindsam, ich sah ihn absoluter, unbedingter, tragischer. Und Hermine Körner, mit der ich später guten Kontakt hatte, fand ich in Knut Hamsuns »Vom Teufel geholt« bombastisch, pathetisch, nicht zum Kern vorgedrungen: keine Verwahrlosung, keine Verruchtheit. Kutscher war von meinen beiden Arbeiten begeistert. Ich bekam zwei »sehr gut«. Persönlichen Kontakt mit ihm ha-

Minetti mit seiner ersten Frau Anne Gerbrandt, 1931

Die Kinder Jennifer und Hans-Peter

be ich freilich nicht gesucht, ich war zu beschäftigt. Im Kutscher-Seminar war noch Harry Buckwitz, der mich dreißig Jahre später als Intendant an sein Schauspielhaus in Frankfurt engagierte, Emil Lohkamp, den ich in Frankfurt als Kollegen wiedertraf, und die spätere Frau von Julius Leber, Annedore, auf einem Faschingsball eine flüchtige Konkurrenz für Anne. Es gab eine Eifersuchtsszene, aber Anne war sich im Grunde doch meiner sicher. Sie und ich: Wir haben schnell geheiratet und ein halbes Jahr später, 1926, wurde ich schon Vater. Mein Sohn Hans Peter kam auf die Welt, der heute Schauspieler in Ost-Berlin ist und dort die Ernst-Busch-Schule, die Hochschule für die Ausbildung junger Schauspieler, leitet. Auf der Schauspielschule, in den ersten Engagements war es immer wieder eine Sensation, daß ich schon Vater war.

In jenen Münchner Jahren zwischen 1923 und 1925 habe ich viel Theater gesehen. Es war die Zeit von Brechts Anfängen. »Trommeln in der Nacht«: darin unvergeßlich Erwin Faber als Heimkehrer Kragler. Erich Engel war mir schon als Regisseur an der Staatsbühne imponierend aufgefallen. Er hatte den »Julius Cäsar« inszeniert. Das Staatsschauspiel ebenso wie die Kammerspiele waren in großer Form, reich an Schauspielerpersönlichkeiten. Von Gustav Waldau war ich fasziniert, aber auch von Kurt Horwitz. Mein Vorbild wurde Armand Zaepfel, ein gebürtiger Elsässer. Er war ein leidenschaftlicher Schauspieler, ein beinahe unbeherrschtes Temperament, das die Zügel der Regie brauchte. Im »Julius Cäsar« war er der Cassius. Hinreißend war er als Sigismund im »Leben ein Traum« von Calderon: wild, rührend, urwüchsig. Mit ihm bekam ich persönlichen Kontakt. Er hatte Ahnungsvermögen. Er sagte mir eine große Zukunft voraus. Und da war Erwin Faber, der unvergeßbar Brechts Eduard, Grabbes Teufel war und heute noch, er ist weit über neunzig Jahre alt, so faszinierend Theater spielt. Vor einigen Jahren im »Faust II«, in dem Martin Benrath den Mephisto und Thomas Holtzmann den Faust spielten, war Faber Philemon; er war unheimlich; das pure Dasein, aber ganz aus dem Moment heraus sichtbar gemacht – es war ein Volumen bescheidenster und unaufdringlichster Art.

Auf Faber habe ich vor der Bühnentür gewartet, habe ihm – wie Werner Krauß nach seinem »Wallenstein« – einen Brief geschrieben. Ich suchte damit unbewußt Kontakt, bekam aber keine Antwort. Faber hatte ein balkanisches Idiom: »Ich gähe jetzt in die Garrderrobe.« Er hatte später ein Engagement in Berlin, spielte bei Fehling den Romeo, aber ich weiß nicht, warum er in Berlin nicht durchkam. Er ist ein ungewöhnlicher Schauspieler.

Mit Zaepfel habe ich dann – gehört das zum Schauspielerleben? – zwei-dreimal gesoffen; von daher weiß ich, was es heißt, sich zu betrinken und sich als viel älterer Schauspieler einem jüngeren mitzuteilen. Er war fünfzehn, zwanzig Jahre älter als ich. Später habe ich einmal eine solche Besoffenheit mit Heinrich George erlebt. Allein trinke ich nicht. Beim Trinken mit Eugen Klöpfer gefiel mir seine ich-bezogene Art nicht, seine gewollte Bedeutendheit, und mit Werner Krauß, der mich vom Weißwein zum Rotwein überreden wollte, weil der ruhiger mache, wurde es nicht so sehr ereignisvoll. Nur die Besoffenheit des Zaepfel war absolut. Er prophezeite mir vor anderen: »Du hast Gabe.« Daß ich in München alles sah, was die Theater spielten, zeigt den leidenschaftlichen Zuschauer in mir. Ich gehe heute noch gern ins Theater und komme dann in den fast schizophrenen Zustand, mit einem Auge fachlich, mit dem anderen unbefangen und naiv zu sehen. Damals sprach ich über alles mit Anne, die ja auch Schauspielerin werden wollte, es aber aufgab und sich ganz und gar literarisch interessierte.

Eines Tages las ich in München, daß in Berlin, in Verbindung mit Jeßners Staatstheater, eine Schauspielschule gegründet würde. Ich meldete mich gleich. Der Andrang war groß, etwa zweihundertfünfzig junge Menschen; es wurde gesiebt. Zum Vorsprechen hatte ich mir den »Don Carlos« vorgenommen, das deckte sich absolut mit meinem Zustand: »Heftig brausts in meinen Adern – Dreiundzwanzig Jahre, Und nichts für die Unsterblichkeit getan! Ich bin erwacht, ich fühle mich. Mir, mein König, Mir übergeben Sie das Heer.«

Diese leidenschaftliche Forderung an Philipp gefiel Jeßner schon beim ersten Anhören so, daß ich im Gegensatz zu anderen – ohne neuen Auftrag – zur zweiten, endgültigen Aufnahmeprüfung zugelassen wurde. Mein Stichwortgeber war Veit Harlan. Im Prüfungsgremium saßen außer Leopold Jeßner, Maria Koppenhöfer, Lucie Höflich, Tilla Durieux, Paul Bildt und Carl Ebert, der die Schauspielschule dann leitete. Die Prüfung war in der Hochschule für Musik. Eine hohe Rampe, der Orchestergraben, im Parkett die künftigen Lehrer. Jeßner ging zwischen Orchester und erster Reihe auf und ab. Er deutete mit Kopfgebärden, ausgestrecktem rechten Arm vor seinen Schauspielern auf mich hin: »Hab ich euch zuviel versprochen?!« Ich spielte und wurde aufgenommen. Mein Vater hat den Schritt dann auch akzeptiert, obwohl er aus mir einen gelehrten Doktor machen wollte. Er sagte nur: Na, es sieht ja so aus, als ob du was könntest. Aber bedenke, wie das Ende sein wird. Er hat mich nie auf der Bühne gesehen und meine Mutter erst, als mein Vater schon tot war, nach 1945 in Kiel.

Ziehvater Jeßner

Von der ersten Klasse der Jeßnerschen Schauspielschule sind die meisten nicht weitergekommen. Die Frauen waren bis auf eine, die zu intelligent war, eher unscheinbar, verschreckt, sentimental. Ich befreundete mich mit einem Bulgaren, Ivan Kirtscheff, ein naiver, bäurischer, leidenschaftlicher Typ, von dem man immer hoffte, er werde noch richtig Deutsch lernen: Es gelang ihm nicht, er ging in der bulgarischen Nazibewegung zugrunde. Dann war da Rolf Zindler, ein Ruhrgebietsmensch – aufs Praktische aus, auf Position, hellwach, aber er sank als Schauspieler ab; wurde im Dritten Reich Intendant am »Großen Schauspielhaus« Reinhardts, das dann »Theater des Volkes« hieß. Jeßner gab selbst nur im ersten Jahr Ensembleunterricht. Wir haben mit ihm die Bankettszene aus Schillers »Piccolomini« einstudiert, weil diese so viele Personen hat. Er arrangierte alles und übergab die weitere Arbeit, wie im Theater auch, an seinen Vertrauten Albert Florath. Von Zeit zu Zeit kam Jeßner, korrigierte, regte an, forderte und lobte. Das war sein Arbeitsstil.

Jeßners Eindruck auf mich war unheimlich stark. Er hatte den Expressionismus mit den klassischen Stücken verbunden. Er galt als der Erneuerer der Bühne. Man sprach vom neuen Rhythmus der Zeit. Jeßner hatte eine enorme Fähigkeit, Sprachgebäude zu errichten. Er liebte Schiller. Wir haben an Schiller studiert. Er konnte in langen Satzperioden die entscheidenden Akzente setzen, er beherrschte nicht nur das räumliche Arrangement, er machte es sinnfällig. Alles war bezogen auf die »Idee des Stückes«. Er hatte ein großes Talent zu ordnen, und war gleichzeitig doch auch vital und dynamisch. Die Einsätze waren immer voller Energie, die Figuren stets expressiv und akzentuiert. Er trieb die Szenen zum Kulminationspunkt und ließ sie dann abklingen. Er war, wie sein Schüler Minetti, immer gefährdet, in den Exzeß hineinzutreiben, andererseits die Vorgänge zu karg und zu bewußt zu machen. In seinen großen Inszenierungen waren die geistigen Beziehungen, die ideellen Positionen und die Absichten der Personen von Anfang an klar hervorgehoben. Seine Bühne war eine reine Architekturwelt, in der freilich das Literarische und Sinnliche enthalten war. Großartig, groß geartet, seine Beherrschung der Dynamik in den wesentlichen Inszenierungen, getriebene Szenen gegen verhaltene, Ausbruch gegen Stille. Ich sah erst seinen »Wallenstein« mit Werner Krauß (1924), »Herodes und Mariamne« mit Kortner und Lina Lossen, dann noch 1926 seinen »Hamlet« mit Kortner; eine Inszenierung, in der Hamlet eindeutig ein Skeptiker war, was mir eher fremd blieb. Was Jeßner versuchte, nämlich den Klassiker mit der aktuellen politischen Auseinandersetzung zu verbinden – er spielte den Claudius auf Wilhelm II. hin –, wurde mir merkwürdigerweise kaum bewußt. Ich habe das als rein theatralischen Vorgang betrachtet. Mich interessierte, wie die Schauspieler spielten, ich lebte meinem beruflichen Interesse. Und war vielleicht, für den Fall Hamlet, in meinem Selbst befangen.

Jeßner war sehr intellektuell, souverän im Geistigen, integer im Entscheiden, klug im Disponieren; er war auch witzig, verbarg vieles, blieb verwundbar im Seelischen. Er zeigte nie viel her. Er hatte große intuitive Fähigkeiten. Er hatte dennoch Anflüge von Leutseligkeit, Herzlichkeit des Gefühls. Er konnte strahlen.

Jeßners Intuition bewährte sich im Erfassen von geistigen und seelischen Zusammenhängen. Bei seinem Regisseur Jürgen Fehling, der in Jeßners Theater zu einer Jahrhundertpotenz heranwuchs, bezog sich »intuitiv« mehr auf die Phantasie. Privat war Jeßner wohl von großer Naivität und Natürlichkeit, auch empfänglich für sinnliche Dinge. Er hatte eine wunderschöne jüdische Frau, eine Erscheinung, wie sie bei Klimt häufig vorkommt, und eine zauberhafte Tochter, groß, schlank, intellektuell, mit der wir noch kurz vor 1933 den »Arthur Aronymus« der Else Lasker-Schüler spielen wollten. Wir probierten eine Liebesszene. Ich spielte den jungen Kaplan. Der stellte sich im Stück leidenschaftlich gegen ein geplantes Pogrom. Jeßner wollte wohl eine private Aufführung, keine im Staatstheater, mit seiner blonden Lotte. Ich war fasziniert von ihm, er liebte mich, ich liebte ihn. Solange er im Amt war, hat er meinen Weg verfolgt. Ich mußte ihm von meinen ersten Engagements aus (also aus Gera und Darmstadt) vierteljährlich Bericht geben über meine Rollen, über meine Arbeit an ihnen und die Resonanz auf mein Spiel. Er hat mich schon von Darmstadt aus – es war wohl Frühjahr 1929 – in seine »Don Carlos«-Inszenierung hineinnehmen wollen, in der Kortner den Philipp, Lothar Müthel den Posa spielten. Ich sollte den Carlos machen. Ich eilte von Darmstadt nach Berlin, wollte auf die Chance nicht verzichten, habe verschwiegen, daß ich krank war (Darmkolik) und spielte ihm dann so matt vor, daß er fragte, ob die Odenwaldschule auf mich eingewirkt hätte. Ich war nicht deprimiert. Er glaubte weiter an mich, und hat mich ja dann 1930 ans Preußische Staatstheater Berlin engagiert.

Dieser Glaube Jeßners an mich war wunderbar. Er war schon früher einmal wirksam. Bei der ersten Jahresprüfung in der Schule fiel ich erstmal durch. Ich war faul gewesen, und man behielt mich nur im Hinblick auf bis dahin erbrachte Leistungen. Ich rasselte den Zanga aus Grillparzers »Der Traum, ein Leben«, eine beliebte Vorsprechrolle damals, so herunter, daß aus der Figur ein selbstherrliches Sprachexperiment wurde. Miserabel. Unsere Abschlußprüfung nach zwei Jahren war eine szenische Aufführung des »Kammersängers« von Wedekind. Ich spielte die Titelrolle. Eine öffentliche Aufführung. Intendanten waren dabei, die Talente suchten, auch Kritiker, die werten wollten; Herbert Ihering war da, der später gern sagte, Maria Wimmer und ich seien seine Entdeckungen. Er hat uns wahrhaftig im frühesten Stadium erkannt und anerkannt, von ihm bekam ich die erste geschriebene positive Kritik; da fielen schon Worte wie: ein geistiger junger Schauspieler, ein Sprecher und Spieler, und ich wäre ein Fressen für jeden Regisseur, kurz, ich sei sehr verwendungsfähig. Jeßner fand, ich hätte im zweiten Akt Momente von Ermüdung erkennen lassen, aber im dritten Akt sei ich besonders gut gewesen. Vielleicht habe ich meinem Mitschüler Heinrich Blaich, der den unglücklichen Komponisten spielte, den Vortritt an Wirkung gelassen, denn ich mochte ihn sehr. Andererseits war mir der Schleudersatz meiner Rolle – »Es gibt keine verkannten Genies« – von damals bis heute eine Art Motto. Jeßner sagte nach dem Abschied aus der Schauspielschule, als wir auf der Hardenbergstraße Richtung Zoo spazierten, meine schauspielerische Entwicklung sei durch zwei Dinge gefährdet: Ich beschäftigte mich geistig zu viel mit Literatur, Vorsicht sei also die eine Gefahr – außerdem hätte ich Veranlagung, größenwahnsinnig zu werden. Größenwahn hatte ich damals mehr als später. Heute bilde ich mir ein, sehr selbstkritisch zu sein. Gelegentlich leiden darunter Fluidum und Atmosphäre.

Herr Iltz holt mich nach Gera

Von den Intendanten, die bei der Abschlußveranstaltung zusahen, reagierte Walter Bruno Iltz am schnellsten: Er engagierte mich prompt. Das Reußische Theater in Gera und Iltz hatten den Ruf, avantgardistisch zu sein; Jeßner hatte mir schon früher gesagt: Gehen Sie in die Provinz. Also schloß ich für Gera ab. Carl Ebert, der in Darmstadt gerade Intendant geworden war, wurde durch meine rasche Unbedachtheit enttäuscht. Iltz hatte ein hervorragendes Ensemble. Dorothea Neff war da, die nachher in Wien eine große Schauspielerin wurde, Friedrich Domin, später Protagonist der Münchner Kammerspiele, Walter Richter, später Fernseh-Star. Als wir »Wilhelm Tell« spielten, war er der Geßler, der hochbegabte, zu früh gestorbene Walter Kulisch der Tell, und ich – der Anfänger – war Frießhardt, der vor dem Geßler-Hut Wache hält und den Tell stellen muß: »In des Kaisers Namen! Haltet an und steht!« Iltz hatte sehr viele Anfänger engagiert. Wir waren ehrgeizig.

Ich hatte in München, in Berlin großes Theater gesehen, der Gang in ein kleines Theater brachte für mich keine Probleme. Ich stand da plötzlich mitten in der Praxis, es handelt sich um einen selbst und um die Erprobung des Gelernten. Mir gefiel es in der Kleinstadt. Ich fand in Walter Bluhm, der später im Film und Fernsehen mit Recht bekannt wurde, einen guten Freund, in der »Waldwiesenschenke« hatten wir Kredit, gezahlt wurde immer am Monatsende. Praktisch lebten wir ohne Geld. Ich hatte 160 Mark Monatsgage. Meine Frau lebte mit dem Kind in Berlin, ich fuhr oft von Gera aus hinüber, oder sie kam nach Gera, um mich spielen zu sehen. Trotz ihres Zerwürfnisses mit dem Vater erhielt sie ein gutes Taschengeld; als er Ende der zwanziger Jahre starb, fanden wir mit der Schwiegermutter einen Modus vivendi, finanziell hatten wir keine Sorgen.

Mein Debüt in Gera waren zwei Schiller-Rollen im »Wallenstein«. Als Kapuziner war ich leidenschaftlich, sehr heftig, fast ekstatisch. Sehr in sich versammelt war mein schwedischer Hauptmann. Ruhiger, mitfühlender Botenbericht. Auch in der »Penthesilea« hatte ich nur eine kleine Rolle, den Aetolier, eine Männerschau, in Georg Kaisers neuem Stück »Papiermühle« dann die erste Hauptrolle: den jungen Dichter. Obwohl er jung war, sollte er lebenserfahren sein; ich war dafür noch nicht ausdruckskräftig genug, blieb in mich zurückgezogen, der Dialog war mir zu versiert. Die

Darstellung blieb so blaß wie die Rolle, der ich nicht gewachsen war. Kaiser müßte mir eigentlich gelegen haben – Kaisers Zeit war damals aber schon ein bißchen vorbei, jene großen expressionistischen Jahre in Frankfurt, als »Die Bürger von Calais« oder »Gas« im Hellmerschen Theater ihr Aufsehen machten. Ich war fasziniert von der expressionistischen Literatur. Vom Jahrgang her bin ich aber doch ein Spät-Expressionist.

Dann gab es nach dem Erlebnis Kortners im »Patriot« in Berlin dasselbe Stück in Gera. Es war ein Reißer. Ich spielte den jungen Zarewitsch Alexander in seiner Revolte gegen den Vater. Das lag mir. Mein Partner war leider nicht so hinreißend tückisch wie Kortner. Im »Hexer« habe ich einen unscheinbaren Verbrecher gespielt, das machte Spaß; dann kam Hilpert zur Gastregie nach Gera, für Anton Tschechows »Der unnütze Mensch Platonoff«. Es war die erste deutsche Aufführung des Stücks, 1928. Hilpert bemühte sich um Atmosphäre, seelische Differenzierungen und gleichzeitig um Einfachheit. Stichwort: russisch sein. Ich lernte dabei. Mir gelang der junge Maler in Ibsens »Die Frau vom Meer«; den Erich Spitta in Hauptmanns »Die Ratten« spielte ich besonders gern, darin war viel von der eigenen Situation des jungen idealistischen Schauspielers. Ich merkte dabei, ich könne ihn leichthin ironisieren. Darauf war ich stolz. Schließlich der erste Shakespeare: Claudio in »Viel Lärm um nichts«. Es fiel mir sehr schwer, einen feurigen und stürmischen Liebhaber zu spielen, die Rolle fand ich eintönig, sie sagte mir nichts, ich war gehemmt. Dann geriet ich an Brecht. Jacob Geis, ein Kenner und Vertrauter Brechts, inszenierte bei uns das »Leben Eduards des Zweiten von England«. Geis hatte das Ensemble beobachtet, wollte mich unbedingt, obwohl ich doch Anfänger war, als Mortimer. Das ganze Stück ist natürlich ein Angriff auf die bürgerliche Moral. Die Inszenierung war umstandslos und sehr direkt. Mit welcher Wonne habe ich den Text studiert. Ich höre mich heute noch sprechen. Ich finde ihn noch immer herrlich in seiner Nüchternheit, seiner politischen und literarischen Kraft. Mortimers Erzählung vom Fall Trojas, seine Verurteilung zur Hinrichtung und die Todessituation: das war ungeheuer. Da wuchs mein erstes großes Selbstbewußtsein. Zum erstenmal machte es Freude, gab es ein Bewußtsein von der Gewalt, Theater zu spielen; ich bin neugierig auf mich gewesen und erlebte erstaunt meine Fähigkeit. Ich war aus dem Kokon geschlüpft.

Mortimer war und blieb leider die einzige Brecht-Rolle in meinem Leben, obwohl mich Brechts Stücke immer ergriffen haben. In München hatte ich noch »Im Dickicht« gesehen, später, mit dem in der Premiere fürchterlich betrunkenen, großartigen Homolka, »Baal« in Berlin. Während der Hitler-Zeit spielte ich immer Brecht-Platten. Der Regierende Bürgermeister von Berlin, Klaus Schütz, erinnerte sich noch 1984, daß er in den Kriegsjahren 1941/42 – als er mit unserem Peter ins Steglitzer Paulsen-Realgymnasium ging – in unserer Wohnung in Dahlem seine erste Begegnung mit Brecht hatte. Brecht sang selber Mackie Messer.

Später in Frankfurt gab es zwischen Buckwitz, Brecht und mir mal ein Gespräch über »Galilei«. Damals war die Vorstellung üblich, Galilei müsse von einem korpulenten Darsteller gespielt werden (es war das Vorbild von Charles Laughton), aber Brecht sagte, den könne man auch schlank spielen. Der Plan zerschlug sich, und der prächtige dicke Zeidler wurde dann der Galilei in Frankfurt. Anfangs der fünfziger Jahre spielte ihn dann Ernst Busch unerhört schlicht und vielsagend im Theater am Schiffbauerdamm. – Mein Mortimer hatte etwas von dem Anarchischen, das ich in Brecht spürte. Anarchische Zustände im Menschlichen darzustellen suchte ich als Aufgabe. Da konnte ich alles einbringen, die Einsamkeiten, das Alleinsein als junger Mensch, und was ich alles neben der bürgerlichen Welt, die ich sah und aufnahm, für mich durchmachte und kritisierend ablehnte. Ich wurde nicht revolutionär, suchte aber möglichst viel von mir durchzusetzen. Ich wollte in mir das Gefühl haben: ich lebe. Selbstdisziplinierung war mir nur ein Kompromiß. Aber ich kann nicht sagen, daß sie mir schwerfiel.

Mich erfüllte nicht nur meine Besessenheit, schauspielerisch weiterzukommen, ich wollte auch wissen, wie und was ich als Mensch bin. Ich war egoistisch, egozentrisch, ohne unfair zu sein oder gar unfähig zu kommunizieren. Im Gegenteil, ich suchte Kontakte und war mit allen Problemen glücklich, auch mit Weib und Kind. Wenn ich mir heute aus der Phantasie eine Idealrolle zusammenzimmern könnte, würde am Anfang oder Ende das Chaos dabeisein. Beim frühen Brecht fand ich das, was mir wesentlich war, was mich aufregte, was für mein schauspielerisches Leben wichtig war.

Damit hing es zusammen, daß ich mich um Max Reinhardts Theater, auf dessen Nimbus und Gegenwärtigkeit wir jungen Schauspieler ja überall noch trafen, nie bemüht habe. Vielleicht war das voreingenommen. Man nimmt als junger Mensch ja leicht Partei, um bekennerisch weiterzukommen. Ich empfand mich auf der

Gegenseite. Reinhardts Theater war und blieb mir zu harmonisch, zu glatt. Das klingt vielleicht bösartig. Ich traf in seinen Vorstellungen auf eine zu ungebrochene und schon gar nicht auf eine dämonisierte und nie auf eine verzweifelte Welt: Sie lag so jenseits des Chaos, zu dem ich mich immer bekannte. Reinhardts Zeit war damals fast schon vorbei. Die Galsworthy-Welt, die er – wie in »Gesellschaft« – auf die Bühne brachte, hat mich nicht betroffen. Er versammelte freilich immer wieder großartige Schauspieler für seine Inszenierungen: 1924, genial, die Bergner in der »Heiligen Johanna«, und fünf Jahre später Werner Krauß im »Kaiser von Amerika«. Zweimal Shaw. Noch eine seiner letzten Inszenierungen vor Hitlers Drittem Reich, Fritz von Unruhs Filmstück »Phäa«, das auf seine Weise ein Zeitbild der Gesellschaft gab wie heute etwa Botho Strauß im »Park«, war – von Reinhardt farbig gegliedert – schauspielerisch unerhört reich an Persönlichkeiten: Mosheim, Paulsen, Bois, Gerron, George, Michael Tschechow (genialisch). Danach, 1931, eine »Kabale und Liebe«, ein »Prinz von Homburg« 1932; beides empfand ich als furchtbar brav, artig und gegenüber den Inhalten der Stücke eine sozusagen heile Welt des Theaters – während die Republik schon in den letzten Zügen lag.

Alle Regisseure, die damals um ein neues Theater kämpften, waren mir wichtiger und näher als Reinhardt. Das waren Jeßner, Fehling oder Erich Engel. Auch Erwin Piscator – wobei ich damals meinte, er bevorzuge Gesinnungsschauspieler vor musischen. Ein Eindruck, den ich revidierte, als ich »Requiem für eine Nonne« mit der jungen Gorvin sah. Natürlich imponierten mir Piscators »Räuber« im Staatstheater. Viel später in der Arbeit mit ihm (ich spielte bei ihm in Essen den Edgar im »Totentanz« I und II), spürte ich, daß er ein großer naiver Mensch und Künstler war. Das war seine Kraft, aber auch sein Mangel; er wußte eigentlich nicht, was ein Schauspieler handwerklich ist, als selbständiges Wesen, er hatte keine Kenntnis seiner Mittel, benötigte sehr das handwerkliche Können seiner Schauspieler als Stütze und um sich das Ziel der Inszenierung zu gewinnen.

Natürlich hatte man in der Provinz damals das Gefühl: In Berlin passiert's. Berlin war ein Wunschziel für alle. Aber wir dürfen die Verhältnisse von damals nicht mit denen heute verwechseln. Heute gibt es den Begriff von Provinz nicht mehr als Gegensatz zur Hauptstadt. Wenn man ihn heute noch wie damals gebraucht, dann hat er eine negative Bedeutung; »provinziell« meint schlechte künstlerische Qualität. Damals wurde die Provinz auch von Berlin aus beobachtet, von der Kritik. Natürlich war die Beobachtung nicht so intensiv wie heute, da wir überall in Deutschland wieder Theaterzentren haben und Berlin ein Zentrum unter anderen ist. Aber die Provinz hatte immer ihren Stolz.

Ich fühlte mich in Gera recht wohl. Der eigentliche Hausherr im Theater war der Erbprinz Reuß. Er machte die Dramaturgie. Er hatte einen spätfeudalen Zug, war großzügig und sehr tolerant. Den Iltz hatte er als Intendanten geholt, weil er sehr expressiv und intensiv war. Iltz war eine etwas rabiate künstlerische Natur. Es wurde in seinen Inszenierungen viel geschrien. Sein Hauptsatz war: Wenn man schreit, kann man nicht privat sein. Er haßte es, auf der Bühne privat zu sein. Er ahmte Jeßner etwas nach, man sah es an der »Tell«-Inszenierung in Gera. Er war gegen Stars und bei aller Witzigkeit und allem Temperament doch auch eine etwas einfache Natur. Nach einem Jahr interessierte er sich plötzlich für die Oper in Altenburg und ging dann als Generalintendant nach Düsseldorf. Das von ihm engagierte Ensemble war sehr empört darüber. – Wir waren dann einem gutartigen Regisseur aus Wien, Helmut Ebbs, ausgeliefert. Es wurde etwas unverbindlich; aber ich konnte viel spielen.

Junge Schauspieler sollten an kleinen Bühnen anfangen. Aber ich fürchte, sie werden die Chancen dort heute auch nicht mehr so haben wie ich. Jede Aufführung ist zu wichtig geworden. Damals konnte man das Theater noch mit einer gewissen Unbedenklichkeit führen und risikoreicher besetzen. Es stand nicht so unter übertriebenem Leistungsdruck wie heute. Man ließ sich mehr aufeinander ein. Man konnte sich viel unmittelbarer an das Publikum wenden, man spielte viel mehr Stücke, die Probenzeiten waren kürzer; mir scheint, es war damals leichter, sich ins Ensemble einzuspielen, auch leichter zu leben, weil sich in einer kleinen Stadt gesellschaftliche und politische Vorgänge, auch die Medien, nicht so aufdrängten. In Berlin spürte ich extrem, wieviel die politischen Zerrissenheiten, die Gegensätze in den Weltanschauungen auch von den Kräften der Schauspieler absorbierten.

Mein Darmstädter Frühling

In Gera war man also doch nicht aus der Welt. Nach einem Jahr schon, 1928, holte mich Carl Ebert nach Darmstadt; er hatte dort das Theater übernommen und sagte mir, er habe mich doch »so ungern weggegeben« an Iltz. Ebert war damals eine wichtige Figur. In Frankfurt war er unter Carl Zeiß, unter Richard Weichert einer der wesentlichen Schauspieler der expressionistischen Epoche gewesen. 1923 ging er mit den Besten des Ensembles, mit Heinrich George und Gerda Müller, nach Berlin zu Jeßner. Es gab damals – wie heute – schon eigengesichtige Gruppen, die sich in andere Theater einfügten.

Ebert hat dann in Berlin die Schauspielschule geleitet. Er verstand, was Jeßner wollte. Ich verdanke ihm viel, vor allem die sprachliche Durchbildung. Er hatte eine hohe Intelligenz. Als Schauspieler fand ich ihn freilich nicht sehr interessant. Er wirkte so gutartig schön, hatte nicht viel Fluidum. Er spürte wohl selbst, daß er an die Großen, einen Krauß, einen Kortner, nicht heranreichte. So wechselte er in die Intendanz und in die Regie. In beiden Positionen war er unerhört tolerant. Er hatte als Chef einen guten Instinkt, den sogenannten sechsten Sinn für neue künstlerische Entwicklungen. Als Regisseur hat er Mittel des Jeßnerschen Theaters verarbeitet, ohne sklavisch abhängig zu werden: das, was ich das Architektonische, das Gebäude, die Idee des Stückes genannt habe. Jeßner blieb originaler und eindringlicher. Mit der Idee des Stückes hatte Ebert nicht so viel im Sinn; jeßnerisch war an ihm vielmehr die formale Sicherheit, die Einzelteile eines Stücks zu fassen, die Übersichtlichkeit herzustellen und der Wille zur Akzentuierung der wichtigen Stellen. Er war kein Umstürzler der Szene, eher auf vorsichtige Art »werktreu«, »sachbezogen«. Er riskierte nicht viel. Er hatte einen Sinn für Dramaturgie, konnte auch den Schauspielern helfen, er schaffte ihnen Selbstvertrauen. Bei ihm kam jeder zu seiner Entfaltung, wenn auch nicht in dem genialischen Maß, das einem Fehling zur Verfügung stand.

Ebert machte mir großen Eindruck mit seiner Frage: »Bernhard, stehst du eigentlich manchmal fürchterlich neben dir?« Ich sagte verblüfft »nein«, obwohl man natürlich immer ein bißchen neben sich steht. Nach Brecht ist das heute eine grundsätzliche Forderung an den Schauspieler, aber auf Fluidum (sinnliches) wollte wohl auch Brecht nicht verzichten. Mir scheint: Kein Kunstmittel ist absolut;

schnell stellt sich da Starre und Mangel an Humor ein. Und ebenso natürlich gibt es – bei sensibelster Kontrolle – immer eine Schicht, die nicht durchbrochen wird. – Ebert sagte über sich: »Ich merke zu genau, was ich mache; aber ich mache es leider nicht so genau, wie es sein müßte. Deshalb lasse ich das Schauspielen, deshalb werde ich Regisseur.«

Carl Ebert hatte ein absolutes Gefühl für Qualität und war hochmusikalisch. Er suchte praktische und forschende Menschen unter seinen Mitarbeitern und Schauspielern. In der Dramaturgie saß Carl Werckshagen, im Betriebsbüro der später berühmt gewordene Rudolf Bing, Manager der Metropolitan Opera. Mit ihnen, mit den Regisseuren Haenel, Rabenalt (Oper), Mordo, dem großen Bühnenbildner Wilhelm Reinking und mit dem Ensemble, das er teils übernahm, teils neu und gezielt zusammenbaute, hatte er schon rasch einen funktionierenden, sogar einen schöpferischen Organismus. Dieses ungewöhnliche Theater in Darmstadt hatte ein Bewußtsein: »Wir können es.«

Ebert hatte Herz und Kraft für Schauspiel und Oper. Die Oper entwickelte Ebert auf ein modernes Musiktheater hin. Das wurde die Grundlage für seine spätere Laufbahn als Opernintendant. Karl Böhm war Dirigent, die Sänger: höchstes Niveau. Ich hatte immer eine starke Sympathie für Sänger, weil sie Vitalität, Kraft, Fülle darstellten und ins Leben übertragen konnten. Wenn man an ihnen nicht nur »Stimme«, sondern auch Spieltrieb und Leidenschaft für die Rolle spürte; wenn sie auch als Bühnenexistenz ein Leben hatten, trat im Ungewöhnlichen auch das Unbürgerliche an ihnen hervor. Ein »Troubadour«, Hindemiths »Neues vom Tage«, ein »Oedipus« von Krenek sind mir unvergeßlich. Rabenalt/Reinking standen für eine beinahe revolutionäre Art, der Oper neue Form zu geben, ein. Anti-naturalistisch, große klare Gebärden und Formen, konstruktiv große Räume, festes Material und immer ein abschließender, das Thema nochmals bindender Riesenprospekt mit genauer Zeichnung und meist hellen Farben.

Im Schauspiel wurde Günther Haenel – selbst Schauspieler – der zündende Regisseur. Er war Sachse. Aus Dresden. Sachsen sind ja nicht ohne. Sie liegen mir und ich verdanke ihnen viel, etwa Hans Karl Zeiser, auch aus Dresden, und Dieter Dorn, der aus Leipzig kommt. Haenel kam aus einem großbürgerlichen Haus (der Vater war General) und war äußerst empfindlich bürgerlichen Erscheinungsformen gegenüber. Er legte als Regisseur besonderen Wert

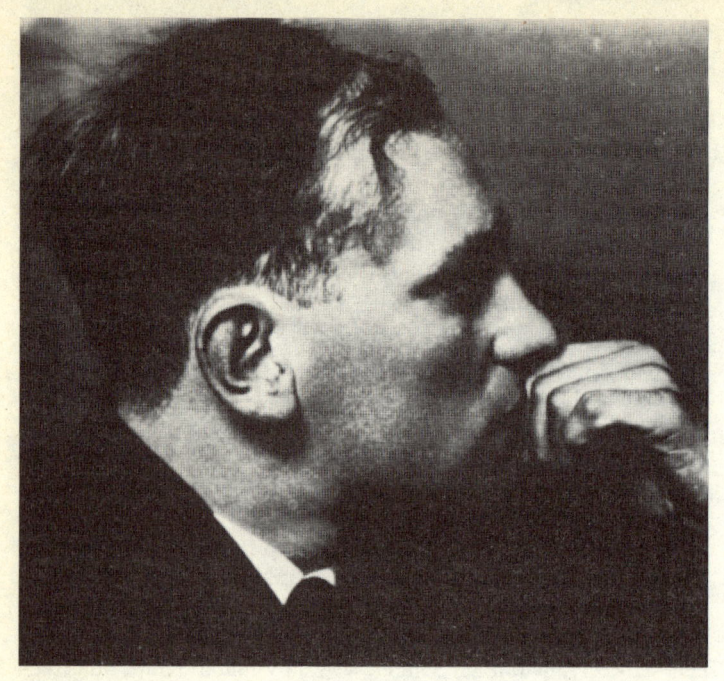
Minetti, 1929

auf eine unbedingte Echtheit des Verhaltens der Personen zueinander, eine Echtheit, die sich an der Wirklichkeit zu messen hatte. Haenel hatte zusätzlich die Fähigkeit, ein Ensemble zu führen, es menschlich aneinander zu binden. Schauspieler, die noch im alten Hoftheater groß geworden waren, verwandelte er, daß sie neu aufblühten. Man sah es an Richard Jürgas, der zauberhafte alte Herren spielte, an Hugo Keßler, einem fanatisch genauen, phantasievollen Chargenspieler, Hans Baumeister, ehemals Heldenvater, Käthe Gothe, vif, patent – die ganze alte Generation des Hauses lebte von dem primären Talent des Regisseurs: erwecken, fordern, entbinden. Er war realistisch. Er sah schärfer und wirkte dadurch auch schärfer als etwa Hilpert. Seine Kriegserlebnisse konnte und wollte er als furchtbar nicht vergessen, war aber politisch nie tendenziös. Er wollte Deutlichkeit, Kunst bedingte für ihn Genauigkeit. Er hatte einen scheinbar gutmütigen Humor, war auf offene Weise listig, seine Ironie wirkte befreiend.

Neben Haenel arbeitete Renato Mordo als Regisseur. Er war griechischer Abstammung, auf der Bühne ein patenter Praktiker. Er lag mir nicht sehr, er war mir zu sehr aufs Vorhandene, Vordergründige aus, vielleicht habe ich ihn unterschätzt. Mit Perfektion gewisser Art begnügte er sich. Aber es gab gute Vorstellungen von ihm. Haenel dagegen bezog alles ganz auf die Wirklichkeit, sah Shakespeares »Wie es euch gefällt« oder Grillparzers »Weh dem, der lügt« zwar auch in ihrer Romantik, Politik und ihren Geheimnissen und Merkwürdigkeiten, doch immer wieder im Hinblick auf Reales. Das ganze Ensemble war überhaupt sehr auf Haenel bezogen. – Mit dem eigenwilligen Haenel hatte Ebert des öfteren künstlerische Konflikte. Ebert ließ sich aber letztlich immer von der Besonderheit Haenels beeindrucken; auch wenn es nicht durchweg seine Façon war, in der hier gearbeitet wurde. »Weh dem, der lügt«, mit dem wunderbar unbekümmert auftretenden Werner Hinz in der Hauptrolle, spielten wir in einer nur andeutenden abstrahierenden Dekoration von Reinking. Sie wäre heute noch ungewöhnlich – auf eine leichte, treffende Manier. Ebert ließ sie schließlich zu. Ich spielte kess den hochmütigen Atalus.

In Darmstadt begann ich 1928 mit dem Don Carlos. Ich habe ihn wohl sehr rasant gespielt und sehr zugunsten dieses fanatisiert sehnsüchtigen jugendlichen Menschen. Heute hätte ich einige kritische Vorbehalte der Person des Carlos gegenüber, damals aber war ich so überzeugt, daß nur er recht hatte: in seinem Ziel. Er suchte es:

zügellos. Der Sturm, der in ihm wie im ganzen Stück war, zog das Publikum mit. Ebert arbeitete auch hier aus einer Jeßnerschen Sachlichkeit, mit Haltung gegenüber dem klassischen Werk, dem klassischen Stil der gehobenen Sprache, aber auch mit der Leidenschaftlichkeit der Figuren: eine Aufführung von hoher Qualität. Fritz Valk gastierte als Philipp, ein großer Eindruck – in Berlin war er Alba gewesen und Butler im »Wallenstein«. In meine Königin war ich privat verliebt. Wir spielten den »Don Carlos« siebzehnmal. Mit der fruchtbaren und entdeckerfreudigen Tätigkeit unseres Dramaturgen Werckshagen war das Darmstädter Theater alles andere als zeitfremd.

In Bruno Wellenkamps Stück »Die Orgarows«, in dem ich den Igor spielte, der gegen den zaristischen Vater kämpft, war die Zeitstimmung ganz dicht. Hier war die Verzweiflung einer Generation nach dem Krieg und vor dem Aufkommen der Nazis; im Politischen war da eine Opposition gegen die Zeitumstände. – Wir spielten Menzels Antikriegsstück »Toboggan« und im Jahr darauf das englische »Die andere Seite« von Sheriff. Da war ich der verwirrte, verzweifelte Offizier, und Werner Hinz spielte den naiven, hoffnungsfrohen Typ. Haenel machte das Stück aufgrund seiner eigenen Kriegserlebnisse ganz dicht – wir könnten das Stück in der Friedensbewegung heute mühelos spielen, ohne daß es so mißverstanden würde wie damals »Die endlose Straße«, das Verdun-Stück von Graff und Hintze. In Grabbes »Napoleon« – im Vorfeld der Nazis wurden plötzlich überall Napoleon-Stücke gespielt – war ich, eine herrliche Rolle, der Jouve, abermals ein Revolutionär, der auflief. Es war wohl die beste Inszenierung von Ebert, auf der Basis der berühmten Jeßnerschen mit Ludwig Hartau. In dieser Rolle entdeckte ich meine Fähigkeit, eine kleine Rolle mit wenig Text scharf zu umreißen; hier machte ich sehr süffisant einen zynischen Provokateur.

In Wilhelm Herzogs Erfolgsstück »Affäre Dreyfus« spielte ich den bösen Intriganten Esterhazy, im »Raub der Sabinerinnen« den jugendlichen Bonvivant Dr. Neumeister. Im Frühjahr 1930 wagten wir uns an Reinhard Goerings »Südpolexpedition des Kapitän Scott«. Mit dem Expressionisten Goering hatte ich mich früh beschäftigt. Ich hatte »Seeschlacht« mit Begeisterung gelesen, die Max Reinhardt schon im März 1918 in Berlin aufgeführt hatte. Reinhard Goering war ein hochbegabter Autor, ein übersensibler, unseliger Mensch, im Innern gestört; 1936 nahm er sich das Leben. Haenel führte Regie, die Premiere war unmittelbar nach der Uraufführung

Als Don Carlos in »Don Carlos« von Friedrich Schiller,
mit Charlotte Jaeke-Johst (Elisabeth)
Landestheater Darmstadt 1928, Regie Carl Ebert

durch Jeßner in Berlin. Ich hatte den Oates zu spielen, mußte in Sturm und Eis gegen die rotierende Drehbühne angehen: Es war ein Wohlgefühl für mich, dieses Angehen gegen Kälte, Sturm, Schnee. Ich habe diese fürchterlichen Elemente körperlich empfunden, ich identifizierte mich sehr mit der Rolle. Erst kürzlich habe ich in Briefen Goerings eine schöne Bestätigung für meine Wirkung damals gefunden. An den Komponisten Frank Wohlfahrt, der das Stück komponieren wollte, schrieb er: »Gestern, mein Lieber, habe ich in Darmstadt die erste mögliche Inszenierung von ›Pol‹ gesehen und wünschte nur, Du sähest Minetti als Oates im ersten Monolog. Bestimmt hast Du sowas auf der Bühne noch nicht erlebt. Es war ungeheuer, zart, ernst, strahlend durch Welten« – und an den Darmstädter Dramaturgen Carl Werckshagen am selben Tag, 11. April 1930: »Eure Inszenierung . . . ist das beste, was ich gesehen habe und eine ganze Stufe über Berlin . . . Minetti im ersten Monolog ist unerhört.« Wilhelm Michel schrieb für den »Börsen-Courier« in Berlin die Kritik, und für Herbert Ihering war sie eine Bestätigung seines frühen Hinweises auf mich.

Darmstadt war ein lebendiges Theater. Zu den Zumutungen im Spielplan für das Publikum gehörte eine der ersten Aufführungen von Paul Claudels »Mittagswende« – auf hartnäckiges Betreiben von Hans J. Weitz, der von Darmstadt als Dramaturg nach Düsseldorf gegangen war, aber häufig herüberkam. Er glaubte, und wir mit ihm, es handele sich um die erste deutsche Aufführung des Stücks; in Wahrheit hatte es Hannover schon gespielt, freilich ohne Wirkung. Die Darmstädter Aufführung war von Carl Ebert hervorragend geführt, und war wohl die beste, die das Werk je in Deutschland erfahren hat. Die drei Männerrollen waren mit Fritz Valk, Hans Jungbauer und mir besetzt. Ich war Mesa, für die Rolle wohl noch nicht reif genug, fühlte mich von Gerda Müller – sie spielte die Yse – so fasziniert, daß ich Mesas Hingabe an Yse, das Verlangen, mich mit ihr zu vereinen, nicht mit genug Eigenwerten ausstatten konnte. Ich war überfordert, aber ich finde es heute noch schön, daß ich diese Faszination, diesen Sog einer großen Frau erfuhr, die in ihrem unergründlichen Eros für diese Rolle wie geschaffen schien. Als Schauspielschüler hatte ich sie schon in Berlin in der »Lulu«-Inszenierung von Erich Engel gesehen, in der Kortner so grandios Jack the Ripper gespielt hatte. – Auch unsere Darmstädter Aufführung brachte es nur auf fünf Wiederholungen; ein Streit um die Bühnenrechte begleitete das Unternehmen; wir hatten eine eigene

Fassung hergestellt, denn der Übersetzer, Roman Wörner, hatte sich im Ersten Weltkrieg nach deutschfeindlichen Äußerungen Claudels vom Dichter losgesagt. – Ähnliches wie in »Mittagswende« ist mir in Mordos Inszenierung von »Maß für Maß« – Herbst neunundzwanzig – noch einmal passiert. Hingerissen durch das Wesen Frau habe ich als Angelo nur ein Temperament, nur die Bewegung zu ihr hin gespielt, nicht aber den tiefen Fall eines Mannes, der erst Moral in Szene setzt und sie dann überspringt. Heute wüßte ich, wie der Monolog nach Isabellas Abgang zu führen wäre. Mit schweren Pausen. Angelo gehört zu meinen mißgestalteten Rollen, auch später in Berlin. Geglückt ist mir aber der Riccaut in Lessings »Minna«: Er war direkt, abgerissen, unverschämt, fordernd, ein »gelernter Filou«, schön radikal. Rabenalt, unser großartiger Opernregisseur formulierte: »von groteskem Charme« – eben: keine Karikatur.

Ich weiß heute, einige Rollen kamen für mich zu früh. Etwa der Jacques in Shakespeares »Wie es euch gefällt«. Das war eher traurig als weise. Aber ich habe damals lustvoll alles gespielt, was kam. Über Shaws Marchbanks (in der »Candida«) war ich besonders glücklich; mir lag die Verliebtheit eines leicht dekadenten, hochgradig intelligenten charmierenden Jugendlichen; es folgte ein deftiger Clown in »Theo macht alles«. Ich war der Frank in Bruckners »Verbrechern«, dem meistgespielten Stück der Saison: eine dankbare Rolle. Und sehr wesentlich für mich der Krull in Sternheims »Kassette«, die Haenel mit ihrem Mief, der Engsicht einer Gesellschaftsklasse ohne Mätzchen drastisch und prall inszenierte (er ließ mir sogar den Tick, in »Koblenz« die zweite Silbe zu betonen). Dieser Oberlehrer und Erbschleicher Krull wurde ein geglückter Vorläufer für mein Sternheim-Erlebnis »Tabula rasa« später in Berlin. Schon damals also die Entdeckung für mich, Sternheims Sprachkraft weder als künstlichen Stil zu outrieren (die Wiener sagen: typisch preußisch), noch ins Naturalistische zu verschleißen; für mich war die Sprache eine Thema und Figuren füllende dynamische, direkte, umwegslose Art, sich zu äußern. Absicht und Verhüllung der Figuren entsprachen ihrer Art zu reden.

Ich habe mitgemimt in der Operette »Nacht in Venedig« und sogar im Ballett mitgetanzt, Cläre Eckstein zuliebe, die ein eigenartiges, sehr modernes Ballett aufgebaut hatte, und heute – in ihrer Eigenart, pantomimisch-rhythmisch vorzugehen – als eine Vorläuferin der Generation der Pina Bausch und anderer gesehen werden kann. Ich hatte einen Kapitän zu tanzen, dessen Schiff untergegangen war und der nun mit den geretteten Fahrgästen auf einer Insel hockte. »Die Gestrandeten« hieß das Ding, jeder hatte sein Solo; ich hatte nicht leicht und beschwingt wie die anderen, sondern schwer und ironisch bedeppert zu tanzen, in einem Ensemble wunderbarer Tänzer. Ich konnte so mein Komödiantentum auf vielerlei Art prüfen. Der Ballettabend war der Abschied Cläre Ecksteins aus Darmstadt – und auch der meine.

Darmstadt: Das war mein Frühling. Ich bestätige heute, was ich damals fühlte: Es war die glücklichste Zeit. Meine Frau Anne war mit Hans-Peter hergezogen. Wir wohnten zusammen. Ich war in einem wunderbaren Ensemble. Fritz Valk kam – Ebert zuliebe – oft aus Berlin herüber und verliebte sich so in eine der Darmstädter Kolleginnen, daß er einen zweiten Grund hatte zu bleiben. Er war geprägt durch einen vitalen, satten, aber auch zarten Humor, war offen, herzlich und zugleich besonnen. Er hatte eine souveräne Art, Rollen auszufüllen, war freilich auch ein unkomplizierter Schauspieler. Sein Philipp in unserem »Don Carlos« war zum Beispiel mehr ein Machthaber als ein Leidender, nicht sehr gefährdet. – Valk ging in die Emigration. Als wir uns nach Kriegsende in seiner Heimatstadt Hamburg trafen, konnten wir mühelos das Gespräch wieder aufnehmen. Er wußte, welcher Art ich durch die Zeit gekommen war, hatte sich wohl erkundigt. Er wollte nach Deutschland zurück und war am Überlegen. Ich suchte nach meinem Elternhaus, das im Krieg zerstört worden war. Ich fand es nicht, und als ich das Suchen aufgab, sagte Valk: »Ich wußte, daß ich doch nicht zurückkehre nach Deutschland, ich habe hier nichts mehr zu suchen.« Ein doppeldeutig eindeutiger Satz. Er ging nach England zurück.

Im Ensemble war Hans Jungbauer, eine Generation älter als ich, sehr leidenschaftlich, schwitzte kolossal, war überintensiv, ehrgeizig, intelligent und konnte wunderbar Verse sprechen; blieb aber etwas unpersönlich bei aller Intensität. – Es war da die Bessie Hoffarth, eine interessante Frau, im mondänen Fach wie die Salondamen von damals waren: nicht nur Sex, sondern in sich sicherer, irritierender Eros. Als Eboli war sie hervorragend. Werner Hinz kam zum Ensemble, mitten in einer Spielzeit. Er war sehr stolz und glücklich mit sich selbst, hatte viel Operette gespielt, arbeitete auch in Darmstadt anfänglich im selben Fach weiter und war dann ein hervorragender Mackie Messer in der »Dreigroschenoper«. Er war der optimistische, positive, hoffnungsvolle, jungenhafte Typ, war hinreißend und entsprechend beliebt, aber immer diszipliniert und sparsam mit seinen Mitteln, paßte also wunderbar in das Ensemble und spielte sich in eine wichtige Position. Der junge Werner Finck war als Anfänger engagiert, über seine eher unfreiwillige Komik damals selbst verwundert. Theo Lingen kam als Gast, sein Mackie Messer war gegenüber dem von Hinz der Durchtriebene, versiert Kühle, Verschlossene (Harald Paulsen in Berlin sah ich als den spritzigsten, attackierenden). Das Theater in dem schönen Mollerschen Bau war ein Lieblingsort der Darmstädter. Sie wußten immer alles über das Theater und aus dem Theater, ließen sich – von Gustav Hartungs Intendanz her wohl schon gebildet und gewöhnt – auch von Experimenten nicht abschrecken. Ich war kaum da, schon kannte man mich. Die Alten waren beliebt und geliebt. Uns Neue betrachtete man freundlich. Zwischen denen, die das Theater herstellten und denen, die es empfingen, war eine vertraute Atmosphäre. Nie wieder bin ich so vielen Menschen begegnet, die uns Schauspielern so vertraulich zulachten auf der Straße, in Restaurants, in Konzerten. Theater schien ein Lebenselement der Darmstädter zu sein.

In dieser Stadt habe ich, wie als Summe des Bisherigen und als Ausgriff ins Künftige, zum erstenmal den »Hamlet« gespielt. Ebert wagte es. Es war der Abschluß des Engagements und der Spielzeit, Juni 1930. In der ersten Spielzeit hatte ich 27 Rollen in 22 Stücken gespielt, in der zweiten 25 Rollen in 23 Stücken. Große und kleine. (Wenn ein Stück zehnmal im Großen Haus gespielt wurde, war es ein Erfolg – in dieser kleinen Stadt.) Ich war fünfundzwanzig Jahre alt. Es wurde *mein* Hamlet, und ich bedaure bis heute, daß ich ihn nie an bevorzugter Stelle zeigen und ihn nur noch einmal in Kiel, 1946, als ich dort Schauspieldirektor war, wiederholen konnte, unter ganz anderen Voraussetzungen, mit anderen Erfahrungen. Der Hamlet ist für mich meine geliebteste, meine »alles sagende« Rolle. Sie bestätigt mir, wenn ich zurückblicke, daß ich in ganz jungen Jahren »vorhanden« war, so wie heute, wenn mir eine Rolle sehr glückt.

Ich bin damals recht voraussetzungslos an den Hamlet gegangen. Es war kein Grund, ihn einseitig zu sehen, eine »Auffassung« zu spielen, ihn als Melancholiker zu präsentieren oder gar heroisch-aktivistisch, wie später Gründgens. Ich sah Hamlet als einen wahrhaft intelligenten, seelisch offenen jungen Mann, der sich und seine Umwelt erfahren will, geil auf Geistiges (Wittenberg). Das entsprach meiner Situation. Da trifft ihn (Helsingör) der Auftrag. Ein Auftrag gegen sein Gefühlsleben, aber für seinen Verstand, der das Gefühlsleben zu klären hat. Die Situation, der er gegenübersteht, die er bewältigen muß – das war mir ein ganz natürlicher Zustand. Ich konnte Hamlet mühelos begreifen. Kommend aus Wittenberg, leicht skeptisch, der Vater tot, er sieht den Hof, er durchschaut mit Entsetzen die politische, die familiäre Konstellation, die Jugendliebe in Bedrängnis, alles trifft ihn, der im Grunde interessiert ist an Welt, sehr heftig forscht mit seinen Fragen: Was bin ich, was ist der Sinn des Daseins? Er möchte ganz woanders hin. Unendlichkeiten, Träume. Er wird durch den Vater geweckt und sogleich beansprucht. Der Auftrag, ihn zu rächen, ist ihm ungeheuer, aber ihn bindet die Liebe zum Vater, existentiell. Ein Generationskonflikt findet nicht statt. Er reagiert hart gegen sich selbst, rücksichtslos prüft er, was er nicht wahrhaben will. Gleichzeitig die Liebe zu Ophelia, ihr vermeintlicher Betrug. Diese komplexe Beanspruchung reißt ihn herum, er wird ungerecht und mißtrauisch. Den Anspruch an seine Liebe klemmt er weg, ohne sie eigentlich verdrängen zu können. Er ist überfordert in einer ganz reinen, jugendlichen Situation, unbefleckt von der Welt in einem unbewältigten, unwiderstehlichen Drang sich befindend, der die Welt erfahren und Bezug zum Menschen finden will. Dann kommen diese alten Kameraden, die Freunde, die Höflinge. Diese Welt stößt ihn ab. Das Gegensätzliche verbindet er durch Ironie, er rettet sich in selbstbespiegelnde, selbstbefriedigende Zynismen, die ihm Spaß machen. Dann kommen die Schauspieler, und er erfährt, daß die Schauspieler sich erregen können über fremdes Schicksal (so wie ich junger Schauspieler mich über Hamlet 1930 erregen darf). Als »Schauspieler« besonderer Art ist Hamlet verwundert und tief davon getroffen, wie fremdes, längst vergessenes Schicksal Schauspieler dazu bewegen kann, sich so zu beteiligen, als wär's ihr eigenes. Und er hat sein eigenes und wird damit nicht fertig. Was für eine wahnsinnige Situation! Da spielt er Wahnsinn und gewinnt den Plan. Ich empfand es ganz unmittelbar, ich konnte ihn direkt übersetzen: »Das Schauspiel ist die Schlinge.« Hamlet entdeckt in sich eine hohe, fast kriminalistische Fähigkeit, er begreift die Kraft seiner Phantasie als seine eigene Gabe, Wirklichkeit zu durchschauen. Aber mit diesem Durchblick wächst gleichzeitig seine Verantwortung, ob er tun darf, was er soll. Das ist die Frage, die aus uns allen Feiglinge macht. Es gibt einen privaten Zusammenhang was die Feigheit betrifft. Ich spüre ihn deutlich: Auch ich war feige und frage mich: Warum? Ich antworte zynisch: Weil ich mich nicht entschloß, Politiker zu werden – doch davon später.

Als Hamlet in »Hamlet« von William Shakespeare
Landestheater Darmstadt 1930, Regie Carl Ebert

Es sind damals fast zu viele Bezüge zwischen Hamlet und mir als jungem Menschen gewesen: Welt zu erfahren, sich zu erfahren, eine große Liebe zu leben und um mich herum fast täglich die Fragen, was Unrecht und was Recht sei. Prüfen, entscheiden, das ist für einen jungen Menschen fast eine Überlast. Hamlet: diese Wollust, das Böse durchschaut, den Mörder überführt zu haben! Aber was setzt er um, in die Wirklichkeit? Rasend irregeführtes Gewissen und bestialisch böse Enttäuschung führt ihn instinktiv zur Mutter, physisch und seelisch verzweifelt. Er weiß eigentlich nicht, was er tut, wenn er sich an der Mutter rächt, am Ursprung überhaupt. Er hat nicht die Fähigkeit zu erkennen, warum sie den Vater zum Tod bringen half. Das sexuelle Gestrüpp durchblickt er nicht, die Not der Mutter. Er flieht ruhelos die eigenen Wirren. Erst in England wird er wohl wach und überlegt in Ruhe und distanziert vom Ort; er kommt dann zurück und weiß nun endlich, was er zu tun hat, was Tod und Moral und was die Aufgaben eines Herrschers eigentlich sind, denen er sich nicht gewachsen fühlt. Hamlet ist der Prototyp eines Geist-Menschen gegenüber seinem Antityp, dem Macht-Menschen. Das ist von Anfang an zu sehen und war auch meine Meinung, die Grundbeziehung meiner Phantasie für ihn, meiner Liebe zu ihm. Hamlet war die deckende Figur für meine Lebensanschauung und das wirklich Bewegende. Darum ist er mir so natürlich und so selbstverständlich bis heute. Ich kann nichts Kompliziertes und nichts Geheimnisvolles in der Hamlet-Figur ergründen, aber das Geheimnis, was ein Mensch ist, kann ich empfinden.

Meine Lebens-Frage ist immer wieder die eine: Wie verhält sich der Mensch in der Wirklichkeit, in Aufgaben, die ihm gestellt werden und die er nicht bewältigen kann, die er zu bewältigen meint, deren Bewältigung auch auf Kosten anderer man eigentlich nicht von ihm fordern kann? Warum und wie tut er etwas und mit welchen Folgen? Mit Grausen sehe ich das Tun und Treiben sogenannter Durchschnittspolitiker in Positionen von Staatsmännern. Hamlet bewältigt seine Aufgaben mit Fehlern, mit Feigheiten, mit Rücksichtnahmen, mit Denken. Selbstbefriedigendes Denken ist gewiß nicht das Ideal, es sei denn, man ist Philosoph. Selbst dieses Denken ist fragwürdig, und diese Fragwürdigkeit des Denkenkönnens muß eigentlich am Hamlet immer spürbar sein. So war sicher auch mein Spiel. Ich wollte Hamlet und seine Welt nie kritisieren. Ich habe das Glück gehabt, etwas Müheloses in ihrer Darstellung zu finden. Die Fähigkeit, »Poesie« zu sprechen, hatte ich früh entwickelt, auch da war keine Mühe mit dieser Rolle – in Schlegels wunderbarer Übersetzung. – Ich finde es ganz wichtig, daß Hamlet so jung ist – daher war der berühmte Hamlet, Oskar Werner, der für mein Gefühl liebreizend träumte, ein Hamlet mehr für junge Mädchen. Bruno Ganz hat viele Jahrzehnte später, 1982, an der Berliner Schaubühne in Grübers Regie einen wunderbaren Hamlet gespielt, auf seine Art. Es war schön, nun die kurze Szene, als Prinzipal der Schauspieltruppe, mit ihm zu spielen. Er hat mich immer wieder beeindruckt. Er war überzeugend in seiner nachdenklichen und forschenden Art und hatte großes Format. Eine eindringliche Art von Unerbittlichkeit. Ich war damals jugendlicher, verzweifelter, sehnsüchtiger als er. Der Bruno war schon sehr erwachsen. Das ist ja der Vorzug der Jugendlichkeit, eines letztlich doch unfertigen Zustands. Denn der Hamlet ist in keinem fertigen Zustand bis zum Schluß. Nur daß er zahlt, ist selbstverständlich, mit Tod – mit seinem Tod.

Hamlet ist für mich eine Leitfigur meines Schauspielerlebens. Hamlet, Macbeth und Lear: diese drei Figuren und diese drei Stücke sind für mich die elementarsten. Shakespeares poetische Kraft ist darin ungeheuer. Auf sie kommt es mir an. Auch wenn die Wahrhaftigkeit der Rolle das Entscheidende ist. Macbeth spielte ich in Bochum (Schalla), Lear in Wuppertal (Peymann), davon später. Die Poesie bei Shakespeare hat für mich eine erhebende Funktion, sie ist eine Schutzschmelzschicht gegenüber der furchtbaren Konsequenz der Rolle. Kunst legitimiert so die Wirklichkeit. Der Nebenweg über die Sprachkraft der Autoren hilft sogar einem Schauspieler zur Annäherung an die Rollen.

Mein Hamlet wurde in Darmstadt geboren. Es war Juni. Ich konnte ihn im Herbst von Berlin aus weiterspielen. In der alten Jeßnerschen Inszenierung hatte ich das hohe Glück gehabt, noch Kortners Hamlet gesehen zu haben. Ein von Grund auf zweiflerischer Hamlet, reizvoll, aber höchst einseitig. Es waren die letzten Aufführungen der schon historisch gewordenen Inszenierung. Bei mir war Hamlet ganz anders. Und mein Hamlet in Kiel 45 war kaum anders als der in Darmstadt, nur sicherer, selbstverständlicher im Ausdruck und handwerklich reifer. Dadurch ein sublimer Genuß, ihn zu spielen, leidenschaftlich zu spielen. Ich schwärme noch jetzt, ohne mich »sonderbar« zu finden.

Vor drei Jahren war ich von Berlin in die Provinz aufgebrochen. Daß ich zurückkommen würde, hatte ich erhofft, kaum so schnell erwartet. Jeßner hatte mich nicht aus den Augen gelassen. Ich hatte ihm immer berichtet, was ich machte, und sicher hat man ihm über meine Darmstädter Zeit auch Bericht gegeben. Jeßner hat mich in Darmstadt nie spielen sehen, aber er wußte Bescheid. Anfang Dezember 1929 kam ich zu Patry, einem alten Schauspieler Jeßners, der in der Odenwaldstraße ein Büro hatte, in dem er sehr hoheitsvoll für Jeßner die Verhandlungen führte. Er wollte mich für vier- oder fünfhundert Mark. Ich hatte in Darmstadt im ersten Jahr 350 Mark im Monat, dann sechshundert. Ich höre mich heute noch sagen: »Fünfhundert? Ich hab in Darmstadt doch schon sechshundert.« Da sagte er: »Da haben Sie hier auch sechshundert.« Ich war eigentlich enttäuscht und doch glücklich. Ebert war todtraurig, daß ich ihn verließ. Er meinte, ich sei undankbar. Er gab es mir mit auf den Weg.

Ich wußte aus den beiden Jahren auf der Schauspielschule, was Berlin war, was es mir bedeutete, was es verlangte. In Berlin hatte ich das erregende Theater gesehen. Ich war aus Gera, aus Darmstadt, so oft es ging, nach Berlin gefahren. In Berlin lebten und spielten die Schauspieler, die wirklich Vorbilder für mich wurden, vor allem Werner Krauß und Rudolf Forster – und in gewisser Weise auch der ekstatische Kortner, der mich schon in der Schauspielschulzeit fasziniert hatte: in Wedekinds »Schloß Wetterstein« oder als Hebbels Herodes. Ich hatte eine leidenschaftliche Bindung an Rudolf Forster. Die trieb mich dazu, in der Schauspielschule im »Egmont« den Vansen à la Forster zu spielen, totale Imitation. Es war ein Komplex, den ich dadurch losgeworden bin. Werner Krauß habe ich bewundert, habe ihn aber nie zu kopieren versucht. Aber ich war immer bemüht, hinter seine Methode zu kommen. Ich habe immer wieder erlebt, wie Krauß, während er spielte, gleichzeitig in sich hineinhörte. Für mich war er der Größte auf der damaligen Bühne. Auf der ersten oder zweiten Probe war er oft so großartig wie später während der öffentlichen Aufführungen nie. Im Ursprung war er vollkommen. Es ist auch heute oft mein Problem: Wenn mir eine Rolle am Herzen liegt, wenn ich einsteige, Abend für Abend, glückt es mir manchmal nicht, der Rolle gegenüber so frei, so souverän zu sein, daß sie ganz für sich lebt, in ihrem Dasein, in ihrer Umwelt, wie auf der Probe, wie in Momenten der Ruhe, der absoluten Lockerheit.

Damals wurde noch anders geprobt als heute. Nach der ersten oder zweiten Probe wurde der ganze Akt probiert, das waren dann schon die sogenannten Stückproben. Da war Krauß oft so mit der Figur eins, so innig mit ihr verschmolzen, in ihrem Dasein so unbeobachtet und nur für sich existent, wie ein Tier, das sich bewegt. Dabei hat er ganz mechanisch seine Rollen gelernt; er schrieb seinen Text aus dem Reclamheft in eine Kladde; er behauptete, so am besten lernen zu können. Ich habe es nachzumachen versucht, aber mir half das nicht. Ich muß den Text hören, ich lerne rhythmisch, er mußte es schriftlich haben, visuell. Als ich 33 wurde, hat er mir zum Geburtstag seine Rolle schenken wollen, »Richard III.«, den er gerade mit Fehling probierte, das ging natürlich nicht. Er schenkte mir sein Rollenbuch, einen Kupferpfennig und drei Fässer Bier, die ich den Bühnenarbeitern spendierte – so dachte er sich's: Es gab ein großes Besäufnis. Krauß galt allgemein als Reinhardt-Schauspieler, obwohl er es eigentlich nicht war. Er hat mir mehrmals im Gespräch gesagt, er wäre zu Reinhardt in Opposition gewesen, er hätte mit ihm die größten Schwierigkeiten gehabt und sich bei ihm erst durchgesetzt, nachdem er Wedekind begegnet war und einen Riesenerfolg in einem Wedekind-Zyklus hatte. Er blieb noch kurz bei Reinhardt, kam aber bald ans Staatstheater. Als er bei Jeßner seinen Wallenstein spielte, war ich gerade auf der Schauspielschule. Größeres kann man als Schüler nicht sehen. Ich zehre ein Leben lang davon.

Von den Frauen hatte mich Jeßners Tragödin, Gerda Müller, fasziniert. Ich hatte sie gesehen in Bronnens »Anarchie in Sillian« mit Walter Franck, der da so gut war wie letztlich nie wieder. Ich fand sie grandios in Erich Engels Inszenierung der »Lulu«, die von der Presse gar nicht gut aufgenommen wurde. Natürlich beeindruckte mich auch die energiestarke Agnes Straub, die in mancher Hinsicht eine Konkurrentin von Gerda Müller war, kraftvoller, ungebärdiger. Gerda Müller hatte mehr Form, einen unerhörten nervösen Willen zur Sache und eine großartige sprachliche Disziplin. Ich vermute, es ist ihr nicht leichtgefallen, sich so zu disziplinieren. Wie zum Kontrast zu ihrem Beruf lebte sie privat aus einer unheimlichen Vitalität, fast feministisch. Sie verfügte über feminine Kampfkraft und eine hohe Leidenschaftlichkeit im Einsatz ihrer Mittel, ihres Körpers, der auch gezieltes Wirkungsmittel war. Sie hatte ein großflächiges, schönes, fast slawisches Gesicht – wie Wegener stammte

sie wohl aus Masuren, eine ungewöhnliche Frau. Ich wunderte mich
nicht, daß ich auf der Darmstädter Bühne so in ihren Sog geriet. Ich
habe sie nach dem Krieg noch einmal in Ost-Berlin gesehen. Sie hat
sich damals wohl nicht wieder so richtig fangen können.

Dies alles und mehr betrachtend, dachte ich nur: Ich gehöre nach
Berlin. Vielleicht war das jener Größenwahn, von dem Jeßner gesprochen hatte. Als ich im Sommer 1930 nach Berlin kam, war Jeßner nicht mehr im Amt. Er hatte schon im Januar 1930 demissio-
niert. Die Gründe? Man fand ihn plötzlich schwach geworden. Die
Presse, von der Mitte nach rechts, schon die, die die Deutsche
Volkspartei repräsentierte, vor allem aber der deutschnationale, ein-
flußreiche »Lokal-Anzeiger« Hugenbergs – heute etwa Springers
»Welt« entsprechend – stellte sich nicht nur gegen ihn, sie hat ihn
buchstäblich gejagt. Wir empfanden das teilweise als infam. Sie haben Jeßner nie verziehen, daß er Sozialdemokrat war und blieb, daß
er das Theater – wir meinten gegen die Konvention, seine Feinde
meinten: gegen das Wahre, Gute, Schöne und Heile – führte. Sicher: Jeßner war Ende der zwanziger Jahre künstlerisch in einem
Umbruch. Es war die Zeit, da Kortner ihn verließ, der sich – unter
dem Einfluß von Brecht und Erich Engel – vom expressiven in einen
realistischen Schauspieler gewandelt hatte. Auch Jeßner versuchte
damals den Übergang von einer expressiven Form in einen sachlichen Realismus. Das war einem Teil der Presse, die sowieso gegen
ihn war, ein zusätzliches Argument, die neue Nüchternheit anzu-
klagen, die für mich freilich noch immer Art und Kraft genug hatte.
Jeßners neuer »Don Carlos« – jener, in dem ich den Carlos hatte
spielen sollen, war schon – trotz Kortners Philipp – kein Erfolg
mehr. Jeßner war unglücklich. Die Kritiker, die ihn noch hätten verteidigen können – Kerr und Ihering – haben ihn zu jener Zeit, 1930,
nicht mehr gestützt. Auch sie waren künstlerisch nicht mehr einig
mit ihm. Danach hat er – um einen populären Erfolg einzuspielen –
ein Boulevardstück inszeniert. »Harte Bandagen« von Ferdinand
Reyher, Silvester 1930. Boxen war damals für die Berliner Schickeria *der* schicke Sensationssport. Auch Brecht und Kortner waren damals Boxfans. Mir lag Boxen nie, ich war mehr für Leichtathletik
und Fußball. Vielleicht hat Jeßner mit der Boxmode spekuliert, als
er das Stück auswählte. Das war dann der Einbruch. Danach schrieb
Ihering: »Nein, die Geduld ist zu Ende« und sagte klar, Jeßner habe
sich als Intendant abgenutzt. Er konnte nur aussteigen. Ich habe es
von Darmstadt her miterlebt.

Unter den Großen

In Darmstadt war es leicht gewesen zu leben. In Berlin fing das schwierigere Leben an, auch das bewußtere. Man spürte die Welt anders, unmittelbarer, politischer. Die Weltwirtschaftskrise zeigte von Tag zu Tag deutlicher ihre Wirkungen. Die Zeitungen, die ich bald nicht mehr »feuilletonistisch« las, sondern mehr und mehr politisch interessiert, schrieben von vier Millionen Arbeitslosen. Brüning erließ seine erste Notverordnung »Zur Sicherung von Wirtschaft und Finanzen«; ich begriff die Schwäche der Republik als die Schwäche der politischen Mitte – die sich heute bei uns so schön selbst propagiert, und gegen die ich sehr skeptisch bin, weil ich meine, sie sei eher spekulierend und sehr selbstgefällig und gar nicht so »mittehaft«, wie sie sich »glaubwürdig« versteht. Damals wurden die politischen Auseinandersetzungen heftig, die Nationalsozialisten hatten ihre großen Gewinne in den Wahlen von 1930. Ich versuchte mich in diesem anders gewordenen Berlin zu orientieren, empfand die eigentlich demokratischen und liberalen Blätter als nicht sehr wirksam, las natürlich »Weltbühne« und »Tagebuch« wöchentlich, wurde angeregt, liebte diese scharfe Opposition aber nicht – wegen ihres Kampfes gegen Jeßner und ihrer Haltung zu den geistigen und künstlerischen Fragen, die mich interessierten.

In den Theatern spürte man das Ausbleiben der Zuschauer. Und doch war es die hohe Zeit Berlins. Es hatte das Flair einer Weltstadt wie heute nur noch Paris oder London; noch nachts, nach den Premieren, am frühen Morgen gegen drei und vier Uhr, kamen die Zeitungen mit den ersten Kritiken, den sogenannten Vornotizen. Ich hatte ein Engagement und nicht viel Sorgen. Hier wollte ich mich bewähren. Einige der Schauspieler kannte ich noch als Lehrer von der Schauspielschule her. Die erste Beschäftigung hieß: einspringen. Ich sprang in Jeßners »Ödipus«-Inszenierung ein, in der Theodor Loos schon Kortners Königs-Rolle übernommen hatte. Sie war schon ein Jahr im Spielplan. Ich trat auf als Theseus. Ich sprang mal als v. Sparren, mal als Mörner in Kleists »Homburg« ein, ich war begeistert und fühlte mich.

Mit meiner ersten richtigen Rolle wurde ich dann von der Kritik bemerkt. Ihering kannte mich schon. Von Darmstadt her hatte ich mir in Berlin einen gewissen Namen gemacht. Schönherr, dessen »Weibsteufel« damals über alle Theater ging, hatte ein Zeitstück geschrieben: »Herr Doktor, haben Sie zu essen?« – Wiener soziale

Zustände um 1930. Ich war der junge Student, der sich durchhungert, eine wunderbare Rolle. Die Auguren waren gespannt auf meinen ersten Auftritt. Er wurde angenommen. Und die nächste Aufgabe gehörte in den Geburtsvorgang von Heinrich Georges »Götz von Berlichingen«, mit dem er dann fast auf Lebenszeit – via Heidelberger Festspiele – identifiziert wurde. Ich war Weislingen. Der wunderbare, soviel menschliches Verständnis aufbringende Ernst Legal, der nach Jeßners Abdankung für eine Interimszeit Intendant des Staatstheaters geworden war, sagte noch, man müsse mir eine schöne Perücke geben, üppig kastanienbraun gelockt, damit ich attraktiver aussähe. Ich fand mich bläßlich, auch die Kritiker meinten das. Ich hatte den Dreh nicht gefunden, ein männliches Selbstbewußtsein und ein Schönlings-Bewußtsein zu haben und damit zu wirken. Monty Jacobs schrieb: »Aber was ist in Bernhard Minetti gefahren, ·der schon auf Jeßners Theaterschule auffiel und dem jetzt, zu früh, Weislingen anvertraut wurde. Mit seinem Spitzbart und mit seiner schlaffen Haltung wirkt er wie ein Hofschneider des Bamberger Bischofs, ein müder, verbitterter Lebensinvalide in der Rolle des Glänzenden, der Liebling aller Fürsten und Frauen . . .« Das war hart, aber es stimmte. Dieser Weislingen war fade. Ich fühlte mich ungut, unreif. Ich war deprimiert, aber nicht verzweifelt, denn die Kritik war ja nicht grundsätzlich vernichtend formuliert. Berta Drews war Adelheid. Sie spielte für die wunderbar schöne, attraktive Elfriede Börtemann, die die Rolle nicht schaffte und später Fehlings sinnliche Muse wurde. Die Aufführung brachte die lebensbestimmende Begegnung Georges mit Berta Drews. George hat diesen Götz immer hinreißend gespielt – oft im Suff, aber immer mit gewaltiger Kraft; er war auf seine Art größenwahnsinnig. Nur sein Schwäbisch (Isch dei Vater hingefalle?) war simuliert. Er wurde nie selbstgefällig, billig oder sentimental, sein Götz stand im Saft, er spielte strotzend aus dem Bauch. George war nicht geistig. Das war Krauß auch nicht. Aber Krauß hatte Magie, Kortner hatte Geist, George war sehr gegenständlich. Krauß hatte einen echten komödiantischen Instinkt, George einen dramatischen Sinn. Ich glaube, der »Götz« war Georges Lieblingsrolle. Die Aufführung wurde ein Riesenerfolg. Georges Sympathie hatte ich früh und habe sie nie verloren. Er war von der Volksbühne, wo er unter Piscator gespielt hatte, ans Staatstheater gekommen. Er mochte mich und wurde mein frühes Glück im Staatstheater.

All diese Kollegen, die ich verehrte und wunderbar fand, nahmen mich bald als Partner an. Dieses Partnerschaftliche trug unsere Arbeit und hatte immer wunderbare Zeichen. Zum Beispiel, als wir, Winter 33/34, Carl Hauptmanns »Musik« spielten. Ich bin heute noch ergriffen davon, wie Heinrich George mir in einem langen Monolog – ich spielte den Strolch – zuhörte. Auf dem berühmten Foto (S. 62) sieht man ein bißchen davon. Bei Krauß war es ähnlich im »Michael Kramer«, als ich den jungen Arnold Kramer spielte. Mit diesen beiden Kollegen, von Frauen gar nicht zu reden, mit der Koppenhöfer, später mit Käthe Gold, hatte ich einen spontanen und natürlichen Kontakt. Mit Friedrich Kayßler Kontakt zu finden war nicht so einfach, bedeutete aber sehr viel. Kayßler war geistiger als Krauß oder George. Ich erinnere mich an ein Gespräch mit ihm, in dem er mir das Kompliment machte, ich wäre einer der wenigen Schauspieler, die wirklich zuhören könnten. Das ist unerläßlich für gutes Spiel: Mitzugehen mit dem Text des Partners, dessen Gegenposition mitzuspielen und doch in der eigenen Situation zu bleiben, um dann auf den Partner richtig zu antworten. Zuhören ist ein wesentliches Element für das Spiel insgesamt, den Atem mitfühlen, mitgehen mit den Regungen des Kollegen. Beisammensein der Sinne: Das ermöglicht das wirkliche Ensemblespiel. Ich weiß heute, daß mir diese großen Schauspieler durch ihr Verhalten, die Art ihres Spielens mein Selbstbewußtsein stärkten. So wurde der Einstieg ins Berliner Theater mühelos.

Als ich antrat, führte Ernst Legal schon das Staatstheater. Er war damals neunundvierzig Jahre alt; ein Schauspieler, der sich auf komische oder knorzige Charaktere spezialisierte. Auch in seinen großen Ernsthaftigkeiten war er ein Komödiant. Fehling nannte Legal »das maskuline Exempel echten deutschen Humanismus«. Von 1924 an war er Intendant in Darmstadt gewesen, vor Carl Ebert. Ich habe dort noch seine Nachwirkungen gespürt. Er hatte in Darmstadt Brechts »Mann ist Mann« uraufgeführt, er selbst war der Galy Gay. Seine Zuneigung zu Brecht behielt er auch in den zwei Jahren seiner Berliner Intendanz. Er lud Brecht ein, »Mann ist Mann« am Staatstheater zu inszenieren. Er war selbst nicht unbeteiligt am Ergebnis. Die Aufführung wurde für die Entwicklung des Brecht-Stils ein Durchbruch. Aber damals schien sie ein Mißerfolg. Man konnte sie nur fünf- oder sechsmal spielen. Ich war in der letzten Vorstellung. Im Parkett keine hundert Leute. Trotzdem war sie grandios. Peter Lorre war der Packer Galy Gay, die Weigel die Witwe Begbick, Paul Bildt der »blutige Fünfer« und Theo Lingen, Alexander Gra-

Als Strolch in »Musik« von Carl Hauptmann,
mit Heinrich George (Domorganist)
Staatstheater Berlin 1934, Regie Jürgen Fehling

nach und Wolfgang Heinz die Soldaten; sie liefen auf Stelzen. Ihre Gesichter: weiß geschminkt. Man sah, sie waren als »Gruppe« vorgeführt, und doch behielt jeder hinter der dicken Schminke Gesicht und Individualität, eigentlich entgegen der dramaturgischen Absicht – die Schauspieler waren halt zu individuell, das heißt als Persönlichkeiten begabt. Insofern »früh-kulinarisch«. – Das Militär gesichtslos darzustellen war eine Vision von Caspar Neher. Die Konzeption war die einer Piscator-Aufführung: das Gemeinte wurde deutlich herausgestellt. Der Vorgang – von Brecht didaktisch und auch doktrinär gemeint, wurde klar, wirkte auf mich aber nicht doktrinär, eher unheimlich. Es war spürbar: da war etwas Neues gegenüber anderen Aufführungen. Der Stoff, der Vorgang, der so sehr überzeugte, war für damalige Verhältnisse ganz unaufwendig, schlicht vorgetragen und mich fesselte, daß die Schauspieler, die ich doch kannte, so einfach und demonstrativ spielten. Dennoch war da ein Rest von Individualität. Die wunderbare Aufführung war künstlerisch ein Signal, das das Dritte Reich überdauerte.

Ich hätte damals gern Brecht gespielt. Schon der anarchische Zug in Brechts Lyrik hatte mich erregt. Den Kragler in »Trommeln in der Nacht« empfand ich als absolut anarchisch. Seine Heimkehr aus dem Krieg in diese korrumpierte, versumpfte kleinbürgerliche Welt war bestürzend als Vorgang. Wie er da hereinkommt und seine Braut verlangt und sie sich erobert und dann Revolution Revolution sein läßt: dieses Schicksal ging mir nahe. Die Rolle hätte ich ohne Umwege an mich reißen können. Ich bekam sie nie. In München sah ich jüngst das Stück. Verhunzt, auf Stilgebärden reduziert, mir schien Brecht lächerlich gemacht. Dabei geht es um Kragler. Ausgebrannt nach Heimkehr. – Brechts Lehrstücke, die um 1931 aufkamen, behagten mir weit weniger. Bei aller literarischen Qualität und Verständnis für seine politischen Absichten: Sie entsprachen mir nicht, der anarchische Impetus war aufgegeben, da war Parteidisziplin. Ich kann diese Stücke nur schätzen auf dem Umweg des Erkennens ihrer Absicht.

Legal war im Haus gut gelitten. Er führte es so praktisch wie möglich. Mit seiner ersten Inszenierung, jenem »Götz von Berlichingen«, hatte er seinen stärksten Erfolg. Bei Heinz Tietjen, dem Generalintendanten aller Preußischen Staatstheater, fand er – wie später Gründgens – viel Rückhalt. Legals Basis war das Jeßnersche Ensemble mit dem Regisseur Jürgen Fehling, der jetzt den Höhepunkt seines Genies erreichte. Jeßner selbst war noch im Hause. Er machte nicht den Eindruck als litte er unter dem Bewußtsein, »als Intendant abgedankt zu haben«. Ich bewunderte seine Kraft, weiter zu inszenieren: Feuchtwangers Zeitstück »Wird Hill amnestiert«, dann Strindbergs »Gustav Adolf«, die Uraufführung von Paul Kornfelds »Jud Süß« bei Aufricht am Schiffbauerdamm, schließlich wieder – etwas seltsam – Schillers »Die Jungfrau von Orleans«. Er hat damals auf eine junge Schauspielerin, Toni van Eyck, gesetzt. Ihre Johanna war keine leidenschaftliche, originale, keine gezeichnete Person, sie war nur kindlich auf eine gute Manier. Das war kurz vor Weihnachten, 1930. Jeßner war da kein prägender Regisseur mehr. In seiner »Emilia Galotti« habe ich den Conti gern gespielt. Im Herbst 1931 griff er seinen alten »Wallenstein« wieder auf, wieder mit Krauß, und ich war darin der Questenberg. Ich spielte viel. Durch das häufige Einspringen, Übernehmen von Rollen, weil Kollegen krank wurden oder weggingen, war ich schon »eingegliedert« ins Ensemble.

Zwischen Jeßner und Fehling

Fehling hat mich bald im Ensemble entdeckt. Er hat mich eine Weile beobachtet, studiert, vielleicht auch in Penzoldts »Portugalesischer Schlacht«; Penzoldt war damals en vogue. In Darmstadt hatte ich die Hauptrolle in dem Stück gespielt, in Berlin war ich der Sebastian unter Legals Regie. Fehling setzte mich zuerst ein in Georg Kaisers »König Hahnrei«. Eine Charge. Ich war der Andret, eine winzige Rolle, ein Zwielichtiger, eine Häschernatur, die für König Marke spionierte. Schauspielerisch fast bedeutungslos, aber entscheidend auch: die erste Arbeit mit Fehling. Ich war darauf stolz. Sicher hat meine Darstellung Philipps II. im »Richter von Zalamea«, den Legal mit George inszenierte – es wurde eine seiner besten Rollen –, Fehlings Zutrauen in mich noch verstärkt. Ihering rühmte mich und wiederholte sein Lob nach der Uraufführung von Fred Neumeyers Schauspiel »Die Herde sucht«. Ein merkwürdiges Stück, ein Sektiererdrama, Fehling war darauf ganz versessen. Neumeyer, ein Einzelgänger und etwas scheu, ein eleganter Mann in der Berliner Gesellschaft, war als Autor unbekannt. Fehling gab mir die Hauptrolle des Grünhut; er war der Anführer der »Herde« und scheiterte, weil sein Sektierertum sich überzieht. Diese Begegnung mit Fehling wurde folgenreich. Er nahm mich an.

Ich erinnere mich an eine der ersten Proben. Ich mußte ein Paket packen. Es gefiel Fehling nicht, wie ich es machte, zuerst war ich zu hastig, dann wieder zu genau oder zu umständlich: kurz, wir haben einen ganzen Morgen stundenlang daran geprobt. Ich war völlig fertig. Solch realistischer Umgang mit einem Requisit war neu für mich. Die Kollegen trösteten mich, dann kam der Regieassistent und versuchte dasselbe. Er berichtete, was Fehling ihm auf seinen fürsprechenden Protest hin beiläufig gesagt hatte: »Der Minetti hat Talent, den quäl ich noch mehr. Den kann man quälen.« Von dem Moment an, als ich das hörte, war mir alles egal. Fehling hat mich in diese Rolle, die mir mental so fremd war, hineingedrängt, sie über-reich schattieren wollen und über mein Vermögen abseitig gemacht. Er inszenierte das Stück wild, radikal, berserkerhaft und unge-wöhnlich grausam. Es wurde ein Mißerfolg. Doch ich konnte dann in Iherings Kritik über mich lesen: »Dieser Schauspieler gehört zu den wertvollsten Begabungen des Nachwuchses. Ein Fanatiker sei-nes Berufs. Ein stiller Fanatiker der Kunst. Auch da, wo er irrt, spre-chen seine Irrtümer für sein Niveau.« Fehling hatte mich zwar von mir weggeführt. Aber von da an war ich sein Schauspieler. Er ließ mich nicht mehr aus den Augen. Mir wurde bald klar, daß er mehr von mir wußte als ich selbst. Einundzwanzig Rollen habe ich bei Fehling gespielt.

Auch Jeßner beanspruchte mich. Im Januar 1932 brachte er sei-nen zweiten »Othello« heraus. Werner Krauß war Jago, Heinrich George Othello, eine für Berlin sensationelle Besetzung. Ich spielte den Rodrigo. Es wurde schlimm: Krauß spielte George glatt an die Wand, auf fürchterliche Weise. Krauß war in Hochform. Schon in den Anfangsproben war er überragend, hatte alles zur Verfügung, was sein Talent hergab: ganz dämonisch, wild, verbrecherisch, grauenhaft. In der denkbar vertrauensvollsten Larve. Was für ein treuherziger Bursche! Unbegreiflich war die Mentalität, die Gehirn-funktion eines solchen überdrehten Menschen, der auch mit den Weibern so erbarmungslos umging. Krauß hatte das ganz umfas-send angelegt. Er spielte unerhört prägnant. Sein Genie offenbarte sich dann, als er am Ende eine von sich selbst distanzierte Cleverness des Durchtriebenen gewann. Er war nur noch durchtrieben und gleichzeitig intrigant, böse und komisch. Die komischen Effekte hat er durch rasche Bewegungen hervorgerufen. Er hat den Jago so for-ciert und so selbstherrlich gemacht, daß George als Othello wie aus-geliefert wirkte. Man spürte nicht Othellos fürchterliches Schicksal,

George wirkte nur wie ein dummer Mann. Leider war er auch als Liebender nicht überzeugend, man glaubte nicht, daß dieser Othello Desdemona (Elisabeth Lennartz) liebte und auf Händen trug. Die Koppenhöfer war eine wundervolle Emilia. Ich fand mich mittelgut, Jeßner war gleichwohl zufrieden.

Jeßner verdanke ich auch meinen Durchbruch in Berlin. April 1932: Wir spielten »Die Räuber«. Jeßner hatte eine geniale Texteinrichtung, die heute noch vortrefflich sein müßte. Jeßner konnte streichen: Von allen Regisseuren, die ich kenne, hat er in den klassischen Stücken die genialsten und objektiv richtigsten Striche gemacht, in bezug auf die Handlung, Wirkung und Spannung wie im Herausstellen der Idee des Stücks. Karl Moor war Walter Franck, Jeßner wollte ihn als einen, der an Utopien glaubt. Ich spielte den Franz. In diese Rolle konnte ich meine ganze Verzweiflung an der Welt einbringen und meinen Anarchismus, meine Aggressivität; ich konnte die Rolle bis zum Vernichtungswillen steigern. Jeßner hatte diesen absoluten Nihilismus der Figur von mir erwartet und gelenkt; die Machtgier und das Durchsetzungsvermögen. Ich hatte es nicht schwer, damit zu einem ungewöhnlichen Erfolg zu kommen. Ihering schrieb damals im »Börsen-Courier«: »Minetti . . . spielt den dialektischen Revolutionär. Er zeigt, daß im Grunde diese Figur die geistige Sprengkraft des jungen Schiller hat und zum Verbrecher und Schuft nur deshalb wird, weil er keine revolutionäre Betätigung für seinen Geist findet. Minetti spricht die Duos und Monologe anfangs besser als irgendein Franz, den wir zuletzt in Berlin gesehen haben. Er spricht geistig, gestählt und eisig. Für die Schlußszene . . . wollte er zuviel auf einmal: einen grausigen Humor und eine grausige Angst. Dazu gehorchten ihm die Ausdrucksmittel nicht sicher genug.« Andere – wie Bernhard Diebold in der »Frankfurter Zeitung« – waren noch lobender. Für mich war der Franz zwar einseitig, im hohen Sinne monoton angelegt, gleichwohl hatte ich das seltene Gefühl, eine Figur wirklich deckend gespielt zu haben. Mich faszinierte die Rolle, ihr Vermögen, das Recht auf Häßlichkeit und auf egoistisches Verhalten durchzufechten, da sie das braucht. Franz war für mich eine fanatische Figur. Caspar Neher hatte ein geniales Bühnenbild gemacht: eine riesige, diagonal laufende Wand, die er drehen konnte. Vor der einen Diagonale war die Kneipe, die umgebaut wurde in ein Ährenfeld und in die Böhmischen Wälder, gedreht vor der andern Diagonale war die Galerie, zuletzt mit einem merkwürdigen Venus-Brunnen für die Pastor Moser-Szene. Unvergeß-

Als Franz Moor in »Die Räuber« von Friedrich Schiller,
mit Gerda Maurus (Amalia)
Staatliches Schiller-Theater Berlin 1932, Regie Leopold Jeßner

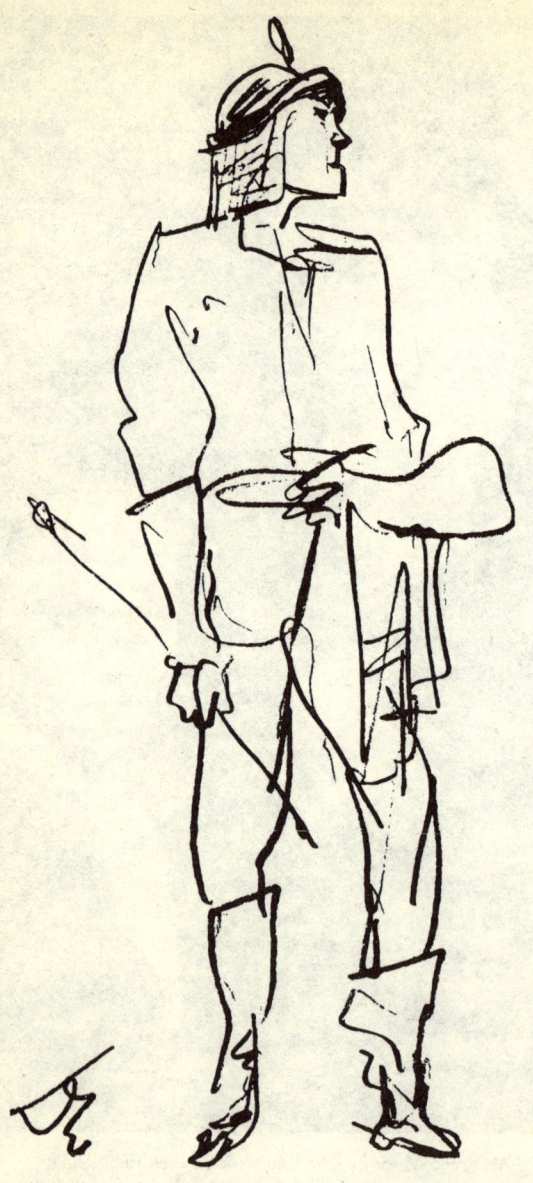

Als Geßler in »Wilhelm Tell« von Friedrich Schiller, Zeichnung von B. F. Dolbin, 1932

bar ist Albert Florath als Pastor Moser. Zürnender Priester bäuerlicher Herkunft, sein ungeschminktes Gesicht lief blutrot an, die Sprache vor Gewalt wie gestoßen. Die Aufführung mußte der Erinnerung an Erwin Piscators »Räuber« standhalten, die 1926 im selben Staatstheater soviel Aufsehen gemacht hatten. Da waren die Räuber-Szenen, vor allem Rollers Befreiung, besonders großartig. Diese »Räuber« lebten vom revolutionären Impetus Piscators, den er so ursprünglich und vital nie mehr zeigen konnte.

Daß ich mich so schnell durchsetzte in Berlin, ist mir ein Hinweis darauf, daß es eine glückliche Veranlagung braucht, Schauspieler zu sein. Man kann sich mit seinen elementaren Zügen, mit seinen Labilitäten wie mit den Variationen seiner Anlagen ins Extreme hineinsteigern und empfängt eine Art Philosophie. Es deckt sich viel Privates mit den Erscheinungsformen der Zeit.

Ich hatte damals eine Neigung zu nihilistischen oder wenigstens extremen Rollen. Ich spürte das abermals, als Fehling mir – nach dem Erfolg des Franz – den Geßler im »Wilhelm Tell« antrug. Das war Herbst 32. Legal war als Intendant schon wieder weg, er hatte die Kroll-Oper übernommen. Tietjen schlug Jürgen Fehling vor, Gründgens, der sich damals in Berlin in den Vordergrund spielte und auf den Tietjen ein Auge geworfen hatte, möge den Geßler spielen. Aber Gründgens gehörte nicht zum Ensemble, Fehling wollte mich. Ich hatte meine Bedenken, hatte Angst, negative Ausdrucksformen des Franz zu wiederholen – ich verlasse mich nicht gerne auf früher gefundene Sachen. – Ich fragte Fehling, wie er meine, daß ich den Geßler spielen solle, und Fehling sagte: »Gar nicht. Ich brauche nur dein Sperma.« Das hieß, er wollte bloß Natur, kein »Theater«. So führte er mich. Er verließ sich auf meine Ausstrahlung; trieb mich nur in ein großes aristokratisches Gefühl. Ich hatte Geßler ausschließlich als einen sturen Funktionär verstanden, jetzt bekam er einen Ausdruck nah an der Perversion, völlig verständnislos für Begriffe wie Freiheit oder Nation. Ich habe den Geßler lässig, souverän, etwas pervers, sehr natürlich gespielt. Das war ein enormer Kontrast zu der zuchtvollen Art, wie Werner Krauß den Tell darstellte: ruhig, kühl, distanziert und gar nicht leidenschaftlich für die Freiheit engagiert. Er blieb nachdenklich und bieder.

Krauß lag die Rolle des Tell vom Wesen her wenig, die Besetzung war eine Überraschung für die Theaterwelt. Als das Staatstheater noch das Königliche Schauspielhaus gewesen war, zu Kaiser Wilhelms Zeiten, hatte Kraußneck dort den Tell gespielt. Er stand bei der Premiere in der Kulisse und beobachtete Krauß. Für Krauß war Kraußneck eine Vaterfigur. Kraußneck genoß das. Über die Inszenierung schrieb Oscar Bie eine begeisterte Kritik, die Rechtspresse hatte viel dagegen, den Nazis, die schon im Kommen waren, gefiel sie gar nicht. Wir standen ahnend, ohne es zu wissen, kurz vor dem Ende der Republik, der Jeßner 1919 mit seiner Inszenierung des »Wilhelm Tell« einen furiosen Auftakt gegeben hatte.

Am Ende der Republik

Im Spielplan gab es in diesen zwei Jahren vor Hitler merkwürdige Stücke, unverhoffte Wirkungen. Neumeyers »Die Herde sucht«, Billingers »Rauhnacht« und Graff/Hintzes Kriegsstück »Die endlose Straße«. Letzteres von Leopold Lindtberg inszeniert, Soldaten in der Etappe vor Verdun, dreißigmal gespielt, eine großartige Besetzung. Für Walter Franck als Kompaniehauptmann eine Rolle, die sein unauffälliges Format, sein Fluidum forderte, dann Florath, Genschow, der von der Gruppe junger Schauspieler kam, Bildt, Harlan ... Ich war der Gefreite, der Urlaub nahm, aber keine Verwandten hat, keine Freunde in der Heimat, der zurückkommt und sagt, er hätte gar nicht weggehen sollen, er sei lieber bei den Kameraden in der Truppe ... Ich habe das auf eine trockene holsteinische Manier gespielt, »in fabelhaft deckender Art, ländlich stockend«, schrieb Kerr in seinem Andachtsgesang auf Lindtbergs Inszenierung. Woher dieser Erfolg kam? Aus der Angst der Menschen vor Hitler. Ich fand, wie Alfred Kerr: es war ein pazifistisches Stück. Die Nazis hielten es für ein patriotisches Front- und Durchhaltestück – dann haben sie es doch, als sie an der Macht waren, argwöhnisch verboten.

Schon ganz als Übergang zu Hitler erscheint mir heute: Maxim Zieses »Siebenstein«, damals ein wichtiges Stück, magisch in dem großen Marsch der Soldaten, gewiß romantisierend. Ziese galt als Nazi; Fehling hat es merkwürdigerweise nicht gemerkt, ich erst recht nicht. Ich spielte auf eine sehr realistische Weise den irrationalen Typ des ewigen Soldaten aus dem Weltkrieg I – der keinen Boden mehr findet. Ich hatte das Lied »Von dem Berge fließt ein Wasser, Wasser wie der kühle Wald« zu singen. Ich konnte gar nicht singen – deshalb wirkten Figur und Situation echt. Es gab ja eine seltsam untergründige, gleichwohl sichtbare Verbindung zwischen den Weltkriegssoldaten und den Nazis, als wären sie der gesuchte mythische Untergrund für die Bewegung Hitlers: diese arbeitete mit der Mystik der Front, des Kämpfers.

Wenn man zurückblickt, sieht man deutlicher, was an diesen Stücken »Übergang« war. Damals, mittendrin, waren das Neuigkeiten. Von heute her schaudert einem. Aber der Schauspieler steht in Prozessen, die durchschaubar, jedoch nicht lenkbar sind. Es war »Zwischenzeit«: an vielen Stellen bewußte Bemühungen, aber das Theater im ganzen machte den Eindruck der Unentschiedenheit. Man darf nicht vergessen, die Wirtschaftskrise war auf dem Höhepunkt: Arbeitslosigkeit, die Stimmung eher hoffnungslos, das Leben schien grau und farblos. Es gab – in entfernten Stadtteilen – Straßenkämpfe. Die Stadt gewöhnte sich meist. Anstrengungen, das engagierte politische Theater durchzuhalten, gab es fast nur noch bei den freien, kommunistisch geprägten Spielgruppen wie der »Truppe 31«, »Kolonne links« und anderen. Man hatte das Gefühl, alles verliert den Zusammenhang mit dem, was die zwanziger Jahre trug. Zu Fehlings »Wilhelm Tell«-Aufführung schrieb Herbert Ihering: »1919 der ›Tell‹ in der Inszenierung von Leopold Jeßner: ein Durchbruch. Aber die Ansätze wurden fallen gelassen. 1932 der ›Tell‹ in der Inszenierung von Jürgen Fehling. Eine Aufführung, die sich geistesgeschichtlich nicht einordnet. Der wilde Ausbruch eines Einzelgängers. Zu bejahen in seiner künstlerischen Leidenschaft. Abzulehnen in seinen Folgen ...« Das sagte genug über unsere Richtungslosigkeit.

Auf diesem Hintergrund muß man wohl den großen Erfolg des »Faust« im Staatstheater sehen. 1932 war das Goethe-Jahr: Man gedachte des hundertsten Todestages. Das Haus brachte keine eigene Faust-Inszenierung zustande. Legal demissionierte, weil er keinen Faust bekam. So mußte man die Lindemannsche Aufführung aus Düsseldorf holen, ihre Konzeption, und mit Berliner Kräften besetzen. Lindemann kannte den Faust durch und durch. Er hatte in seiner Inszenierung zusammengefaßt, was an Faust-Tradition vorhanden war. Er machte die einzelnen Szenen mit aller Behutsamkeit und Besinnlichkeit lebendig. In der Repression jener Monate wirkte die Aufführung farbig. Wie Aquarell und Pastell, nicht Öl, erinnerte das Publikum wohl auch an das, was ihm Max Reinhardt war. Also: ohne Schärfe, ohne hervortretende Leidenschaft. Sie wurde ein durchschlagender Erfolg, vor allem für Gustaf Gründgens, der auf

Tietjens Wunsch die Rolle des Mephisto bekommen hatte. Es war sein erster Mephisto in Berlin; die Rolle war wie geschaffen für ihn, seine Intelligenz, seinen Charme, sein Fluidum, seinen Witz. Gründgens war in Düsseldorf Lindemanns Schüler gewesen, verhielt sich freilich jetzt nicht mehr schülerhaft. Lindemann liebte ihn über alle Maßen, trug ihn auf Händen. Von dieser Aufführung, von diesem Mephisto her sind alle späteren Mephisto-Darstellungen von Gründgens, die zweite in Berlin, in Düsseldorf und Ende der fünfziger Jahre in Hamburg, gewachsen. Gründgens hat die Figur aus eigenen Mitteln weiterentwickelt, zum Ende des zweiten Teils hin. Er wuchs daran zum großen Schauspieler, sein Mephisto wurde ein Begriff und dieser erste Mephisto wurde sicher auch ein Hebel zu seiner späteren Intendanz. Die Presse feierte ihn enthusiastisch.

Das ging etwas auf Kosten von Werner Krauß, der den Faust spielte. Krauß war sich seiner undankbaren Aufgabe durchaus bewußt. Seit jeher lag bei Mephisto die verführerische Wirkung gegenüber der Last des schwer Begreiflichen im Wesen des Faust. Und dazu dieser besonders faszinierende Mephisto. Wie häufig interessiert das sozusagen Böse mehr als das Gute. Franz Moor ist von vornherein wirksamer als sein Bruder Karl, der reale Täter mit klugen Sarkasmen hat es leichter als der ideal-utopische Sucher mit pathetischem Anspruch. Auch der Schauspieler mit wenig oder keinem Text hat mit seinem Charme zu reagieren, es ist die leichtere Möglichkeit, dem Vielredner gegenüber zu wirken, zu pointieren – der – ist er nicht sehr potent – leicht zum unscheinbaren Untermann wird. Die gestenreiche Dame brilliert leicht über die stille Anmut ihrer Partnerin.

Krauß spielte von Anfang an sehr zurückhaltend, verließ sich auf seine künstlerische Solidität. Sein Faust war ein studierter, geistiger Mensch, der meint, mit der Magie noch mehr schaffen zu können. Aber er gab ihm keine absolute Gewalt. Er wäre gewiß fähig gewesen zu übermenschlichen Visionen, umweglos zu spielen, er hätte den so berühmten »Tatendrang« entfesseln können – aber er war vorsichtig, zurückhaltend, hatte eher eine Tendenz zum Studienrat, die man ihm dann auch vorwarf. Dennoch: er war großartig, ein Wissenschaftler, der Würmer sucht und sie nicht findet. Er regte mich an, den Wagner ihm entsprechend zu spielen und er gab mir gleich sein Verständnis der Rolle: »Wagner ist kein dummer Mensch, er ist genausoviel wie Faust: ein normaler guter Wissenschaftler, er studiert wie Faust, er will diskutieren und das ist aller

Ehren wert: Er ist ein geistiger Mensch und hat auf seine Weise recht.« So spielte er denn auch mit mir: Wir diskutierten auf einer Ebene, es war keine Verachtung Wagners in seinem Spiel.

Krauß muß damals in einer eigenartigen Periode seines Lebens gewesen sein. Er verzichtete auf seine enormen Mittel und seine Fähigkeit, außerordentliche Visionen zu haben. Die Gründe? Lagen sie im Privaten, im Politischen, in seinem Verhältnis zur Umwelt, in der Besetzung, in der etwas laienhaft insistierenden Regie Lindemanns, der sehr empfindlich war? Es war nicht zu erkennen. Ich hatte jedenfalls den Eindruck, er habe sich bewußt zurückgehalten. Das erlebte man bei ihm immer wieder: daß er manche gewaltige Rolle ins Bürgerliche zurückbog, während er bürgerliche Rollen ins Dämonische vortreiben und überhöhen konnte. Wir spielten den ganzen Faust – beide Teile – bis in die Hitlerzeit hinein. Es gab damals eine große Sehnsucht nach Dichtung in den politischen Tageskämpfen, Sehnsucht nach einer anderen, humaneren Welt. Die Rollen wurden mit der Zeit vielfach umbesetzt. Das erste Gretchen war Käthe Gold, ihre erste Rolle in Berlin, zauberhaft im Wesen, erschütternd in ihrem Schicksal; später spielte sehr viel unpersönlicher, brav Emmy Sonnemann. Im zweiten Teil war ich ebenfalls Wagner, dazu spielte ich den Wanderer und auch mal als Übernahme leidenschaftlich gern den Pater Profundus. 1982 hat Grüber den Faust selbst zum Wanderer gemacht: eine geniale Eingebung, zum Schluß seiner Inszenierung sogar sichtbar.

Im ganzen waren auch diese schlimmen, schlingernden, lähmenden Jahre vor Hitler eine künstlerisch reiche und anregende Zeit. Als ob der Bedrohung etwas entgegenzusetzen war. Selbst für Theaterleute wie für Historiker ist das heute unbegreiflich, und die Fülle der Erscheinungen auf dem Theater bleibt schwer erklärbar.

Natürlich wirkten die politischen Auseinandersetzungen draußen, die Polarisierung – Nazis rechts, Kommunisten links – auch ins Haus hinein. Als ich die Verhältnisse zu durchschauen begann, stand mir die Schwäche der Republik sehr deutlich vor Augen. Ich bedauerte, daß keine Volksfront zustande kam. Die Sozialdemokratie hat sich für mich erst 1933 durch ihren Widerstand gegen das Ermächtigungsgesetz rehabilitiert. Ich stand damals innerlich sehr weit links, sympathisierend. Die bürgerlichen Parteien fand ich kraftlos oder reaktionär. Ich wollte mich nicht binden, wozu Hans Otto und Wolfgang Heinz, die Linken im Ensemble des Staatstheaters, mich in langen Diskussionen zu überreden versuchten. Daß ich nicht in die Kommunistische Partei eintrat oder mich eindeutig bekannte, erklärt sich aus instinktiver Abneigung: Es war der Rest meines anarchistischen Anfangs. Mir widerstrebte jede Vereinigung, alles Organisierende. Ich hatte und habe bis heute ein anarchisches Grundgefühl. Obwohl ich die Notwendigkeit von Solidarität in einer Partei verstehen kann, auch deren Begründung. Hans Otto und Wolfgang Heinz suchten mich auch für das direkte politische Theaterspiel zu gewinnen. Es gab ja überall politische Truppen, etwa die »Gruppe junger Schauspieler«, die hervorragende Aufführungen brachte. Ich habe viele davon gesehen, aber nur einmal mitgemacht, in einer Matinee, in Zieses Stück über eine Affäre, die in der Reichswehr spielte: »Affäre Bullerjahn«.

Meine Grundposition damals war klar: Hitler bedeutet Krieg. Es war ein Grundgefühl – ich bin da keinem Propagandaspruch erlegen. Das Gefühl hat mich niemals verlassen. Als der Krieg da war und Großbritannien nicht auf Hitler einging – wußte ich: er wird verloren. Hans Otto und Wolfgang Heinz hatten große Sympathien im Ensemble. Sie waren ehrliche Kämpfer, redlich in ihren politischen Absichten, unspekulativ, wollten nichts für sich selbst; sie hätten leicht Erfolg haben können. Viele von uns sympathisierten mit der Roten Gewerkschafts-Opposition, weil wir meinten, die Bühnengenossenschaft habe versagt, tue nichts für die Schauspieler. Es gab lange Diskussionen. Hans Otto war von beiden die stärkere Persönlichkeit. Er war wegen seines offenen Charakters beliebt, als Schauspieler geschätzt. Ich sehe ihn noch vor mir als Prinz von Guastalla in der Aufführung, in der ich den Maler Conti spielte. Seine schönste Rolle in meiner Erinnerung war sein Kaiser im »Faust II« in der Lindemannschen Aufführung. Ich hatte immer den Eindruck, sein politisches Engagement habe viel von seiner künstlerischen Kraft absorbiert. Als Hitler an die Macht kam, ist ihm geraten worden zu emigrieren. Er wollte es nicht; obwohl er wußte, daß seine Existenz gefährdet war und es auch im Untergrund für ihn keine Sicherheit gab. Es war eine Parzifal-Situation. Er bot sich dem Schicksal dar und kam schmählich um, gefoltert. – Eng mit Hans Otto verwandt war unser Dramaturg Adam Kuckhoff. Kuckhoff war, ich kann es nicht anders sagen, vernarrt in mich, er war oft bei uns zu Gast. Wir sprachen offen miteinander, auch in den Hitlerjahren. Daß er und seine Frau Greta Mitglieder der Roten Kapelle waren, hielten sie freilich geheim. Ich wußte, wie er gesonnen war, und er konnte darauf vertrauen, daß ich nichts weitergab.

Als Elis in »Ostern« von August Strindberg,
mit Maria Schanda (Christine)
Staatliches Schiller-Theater Berlin 1932, Regie Adam Kuckhoff

Man kann sagen: im Ensemble des Staatstheaters bildeten sich die politischen Verhältnisse von draußen ab, aber das führte nicht zu offenen Konflikten. Der größte Teil des Ensembles war politisch indifferent. Es gab Nationalsozialisten wie Otto Laubinger und Ernst Keppler. Keppler wurde ein Jahr nach der Machtübernahme Funktionär im Reichspropagandaministerium, und Laubinger wurde 1933 Präsident der neu eingerichteten Reichstheaterkammer. – Laubinger war ein freundlicher Charakter, kein sturer oder bösartiger Parteigenosse: Er hat, soviel er konnte, das Staatstheater gegen Eingriffe abgeschirmt. Dann gab es noch einen Hilfsinspizienten, der hinter der Szene die für die Inszenierungen notwendigen Geräusche machte. Sonst gab es keinen entschiedenen Anhänger Hitlers. Lothar Müthel gehörte zu der kleinen Gruppe von Sympathisanten. Er neigte kurze Zeit zu der ideologisch-idealistischen Gruppe von Otto Strasser. Wir nahmen ihn darin nicht ernst: Es waren Blasen, die ihm rasch platzten; für die Nazipartei war der Strasser sowieso eine Aberration. Und Veit Harlan war damals, Anfang 1933, noch ganz unbezeichnet. Er ist erst nachher aus verfehlt-idealistischen, auch aus vorwiegend karrieristischen Gründen zum Parteigänger geworden.

1933 verschob sich alles. Einige der Kollegen – nicht sehr viele – verließen Deutschland, mußten es verlassen. Jeßner, Kortner, Deutsch, Lucie Mannheim, Wolfgang Heinz, Alexander Granach . . . Daß sie gingen, war ein schlimmer Verlust. Es war klar, sie wollten und mußten sich schützen. Ich betrachtete meine persönliche Situation; ich spürte eine gewisse Gefährdung, galt, wie George auch, als unsicherer Kantonist. Persönliche Verluste waren für mich die jüdischen Kollegen vom Kabarett der Komiker, die in den Charell-Revuen conferiert hatten: Paul Morgan, Bressart, Robitschek, Wilhelm Bendow. Brechts Emigration war mir selbstverständlich; ich spürte, daß mir nun Rollen und Stücke entzogen wurden. Als der Reichstag brannte, sah ich von der S-Bahn aus Rauch und Flammen, ich mußte zur Vorstellung – »Faust«. Es machte mir nicht viel Eindruck. Als die Nazis die Kommunisten beschuldigten, dachte ich nur: Wenn's die Kommunisten waren, warum nicht? Ich fühlte keine Verpflichtung für das Repräsentationsgebäude des Reichstages, die Propaganda nachher fand ich typisch nazihaft. Ich muß heute bekennen, ich war all dem gegenüber gleichgültig, vielleicht auch einfältig. Die Vorgänge hatten mit meinem deutschen Empfinden nichts zu tun, sie waren für mich die Folge der besonderen politischen Verhältnisse, und diese konnte ich immer von mir fernhalten. Heute werden mir Fragen nach meinem Verhalten damals gestellt. Die Probleme, die sie meinen, waren mir zu jener Zeit nicht bewußt. Auf die Frage, warum ich nicht emigrierte, kann ich nur sagen: Ich wurde dazu nicht genötigt, ich konnte die Verhältnisse ertragen. Ich habe – merkwürdig genug – auch keinen meiner engsten Freunde durch die Emigration verloren, ich konnte Kontakt mit jüdischen und halbjüdischen Freunden halten, die noch blieben und abwarteten, und über die Zeit in unserem Haus verkehrten, wie Bessie Hoffarth, wie der uns werte Hans Joachim Weitz, Walter Bluhm oder die stolze Anneliese Cassel, die als Elisabeth Gorn den Krieg überstand.

Ich habe das Politische damals nicht wichtig genommen. Insofern war mein Bleiben noch nicht einmal eine bewußte Entscheidung. Ich war achtundzwanzig Jahre alt, ein junger Schauspieler deutscher Sprache, der Theater spielen wollte.

Wie mir ging es vielen: Das Theater war unser Platz. Er sollte es bleiben. Ich habe mich, ich darf auch das sagen, von der Partei nicht einfangen lassen. Brecht, Barlach und andere standen weiterhin im Bücherschrank; sie blieben Gegenstand unserer Gespräche. Ich habe freilich frühzeitig vermieden, mich politisch zu äußern. Diese Art von Selbstschutz hat man auf vielfältige Weise entwickelt.

1933–1945

Die Verwandlung des Theaters

Die intendanzlose Zeit nach Ernst Legals Abschied wurde nach Hitlers Machtübernahme schnell beendet. Ein neuer Mann kam ins Haus: Franz Ulbrich. Bis dahin Intendant am Nationaltheater in Weimar. Am 1. März 1933 trat er sein Amt an. Göring, als preußischer Ministerpräsident nun oberster Herr der preußischen Staatstheater, war wohl durch seine damalige Freundin und spätere Frau, die Schauspielerin Emmy Sonnemann, auf ihn aufmerksam geworden. In Weimar war die Sonnemann im Ensemble. Ulbrich kam nicht allein. Man koordinierte ihm Hanns Johst, das Paradepferd der nationalsozialistischen Literatur, von dem es schon geheißen hatte, er werde der neue Intendant. Er kam als Chefdramaturg. Daß Johst Nationalsozialist war, überraschte mich; ich hielt ihn seit seinem frühen Grabbe-Stück »Der Einsame« und seinem Revolutionsstück »Der König« – ich war ja von allem Expressionismus affizierbar – für einen bedeutenden Dramatiker. Beider erste Tat war die Uraufführung von Johsts nationalem Widerstandsstück »Schlageter« zu Hitlers erstem Geburtstag als Reichskanzler. 20. April 1933. Was Bassermann, der eine jüdische Frau hatte, veranlaßte, da mitzumachen, ist mir nicht klar. Geschah es, um seine Frau zu schützen? Man hätte diese Ehe gewiß toleriert wie bei manchen Kollegen, die jüdische Frauen hatten. Göring und auch später Gründgens gewährten in einigen Fällen Schutz, etwa bei Paul Bildt oder bei Erich Ziegel, den Gründgens in alter Anhänglichkeit an seinen früheren Chef der Kammerspiele in Hamburg sogar noch später ins Ensemble des Staatstheaters aufnahm. »Schlageter«, das Musterstück der neuen Zeit, das den zum Nationalhelden aufgebauten Ruhrkämpfer als Heros hatte, wurde zweiunddreißigmal gespielt. Ein »forcierter Erfolg«. Die Premiere war mit Parteigenossen und Sympathisanten gefüllt, vom Publikum wurde der neue Stil des »markigen Theaters« mit Distanz aufgenommen. Es war durch die Stücke der Republik eine ganz andere Richtung gewohnt.

Johst sollte das Programm ideologisch ausrichten. Er hatte mich freundlich begrüßt, sagte, er freue sich, daß ich im Ensemble sei. Ich hatte mit ihm nicht viel Kontakt. Was die neuen Herren, Ulbrich und Johst, von mir hielten, zeigten sie mir bald so deutlich wie Heinrich George. In »Schlageter« bekam ich die kleinstmögliche Rolle. Ich war einer der jungen Offiziere, die von dem neuen Nationalhelden Schlageter für den Kampf gegen die französische Besatzungsmacht verpflichtet wurden. Ich hatte ein Wort zu sagen, es klang wie ein Schwur: »Deutschland!« Darüber haben die Neuen sich gefreut, daß ich »Deutschland« sagen mußte. Mit George machte man später etwas Ähnliches: in Mussolini/Forzanos Napoleon-Stück »Die Hundert Tage« mußte er einen Grenadier spielen, der nur »ja« zu sagen hatte. Die Demütigung war offensichtlich.

Johst blieb nur ein halbes Jahr am Staatstheater. Der neue Intendant war ein ziemlicher Biedermann, harmlos, kein politischer Fanatiker. Eine Übergangsfigur. Als er mich zum Gespräch gerufen hatte, war gerade das Bild des ehemaligen Reichspräsidenten Ebert aus dem Rahmen genommen, es sollte ein Bild Hitlers aufgehängt werden. Ich machte eine ironische Bemerkung, worauf Ulbrich in seinem thüringischen Dialekt sagte: »Was wollense, Minetti, där Mann hat och nur das Beste gewollt.« Mir ist nur Anekdotenhaftes von ihm im Gedächtnis. Dies zu seiner Charakterisierung: Als wir Erlers »Struensee« probierten, ließ er die Schauspieler zur Kritik rufen. Er stand hinter dem Regiepult, wühlte im Text und sagte zu Walter Franck, der die Titelrolle spielte: »Herr Franck, ne wohr, das ›Jo‹ auf Seide zweiundzwanzsch, des missen Se doch etwas stärker nähmen, ne wohr?« Das war die ganze Kritik. Alles andere hatte ihm sehr gut gefallen. Als Hans Leibelt nach der Generalprobe zu »Kater Lampe« wissen wollte, ob für die Premiere noch etwas zu ändern sei, war Ulbrichs Antwort: »Wissen Se, Se machen das wunderbor, ich kann Ihnen garnix sagen, ich inszeniere jo das Stick zum erschten mol.« Er war fast wie Striese, nicht unsympathisch. Als in Fehlings Inszenierung von Johsts »Propheten« der Pestkarren nach Fehlings Anweisung laut quietschte, rief Ulbrich der Technik zu: »Hamm mir denn keene Waachenschmiere im Haus?« Im »Struensee« spielte ich den König Christian, einen sexuell ganz verlotterten Fürsten, der durchs Schlüsselloch den Beischlaf seiner Frau mit Struensee beobachtet. Ulbrich sagte dann als Kritik nach der Probe: »Herr Minetti, wenn Se dann durchs Schlüsselloch guckn, ne wohr, dann passen se mer jo auf, daß se mer das Geilheitsmotiv nich weg-

dricken.« Nich wegdricken: das war für Walter Franck jahrzehnte-
lang ein Theaterwitz.

Mit »Julius Cäsar« eröffneten wir die Spielzeit 33/34. Ich spielte
den Octavius, Kayßler den Brutus. Wir hatten Arrangierprobe. Ulbrich forderte Kayßler auf, noch einmal hinten über das angenom-
mene Schlachtfeld in den Horizont zu sehen. »Wissen Se, ne wohr,
Herr Kayßler, da guckn Se nochmol über das Feld, dann merken Se
wieder: Se sin also besiecht, und dann gommen Se einfach nach vor-
ne zum Sterben.« Es war eine groteske Situation: im führenden
Theater des Reichs der Einbruch der Mediokrität. Ulbrich ist dann
an seinem Provinzialismus gescheitert.

Die neue Staatsführung sah bald, daß diese Intendanz nicht aus-
reichte. Das galt auch für Johst. Mir ist der Satz Görings noch gegenwärtig, Johst wolle ja nur seine eigenen Stücke spielen (»Seine
eigenen Klamotten«). Er meinte damit, daß Johst schon ein halbes
Jahr nach dem »Schlageter« sein Luther-Stück »Propheten« ansetzte. Wenige Tage nach der Premiere verließ Johst das Theater und
begann seine politische Karriere: wurde Leiter der Reichsschrift-
tumskammer, Präsident der Dichterakademie. Göring sah wohl,
daß Johst ein Parteigänger Rosenbergs war. Es mag mit ein Grund
seiner Entfernung aus dem Staatstheater gewesen sein.

»Propheten« war kein Nazi-Stück. Es war 1921 geschrieben, lebte noch ganz von Johsts Expressionismus, aber es hatte schon völki-
sches Vokabular. Der junge Luther sollte jetzt Ausdruck sein für die
endlich gelungene, nationale Revolution, für das Entstehen einer
»arteigenen Frömmigkeit«. Die Aufführung war radikal und bildne-
risch unerhört kühn. Zadek oder Neuenfels könnten heute nicht radikaler sein. Vielleicht war es die letzte, die ahnen ließ, was der
deutsche Expressionismus auf dem Theater einmal war. Jürgen Fehling, der ja zehn Jahre zuvor Tollers »Masse Mensch« inszeniert
hatte, entfesselte noch einmal ekstatische Szenen. Man sah Men-
schenmassen, die einer hysterischen Stigmatisierten zuschrien, Bil-
derstürmer, die einem Prior folgten, Verurteilte, die zum Scheiterhaufen gezogen wurden, der Pestkarren rollte über Traugott Mül-
lers Knüppeldamm. Dumpfe, verzückte Bilder des »finsteren Mittel-
alters«, mit der ganzen Furchtbarkeit solcher Atmosphäre. Wunderbar Heinrich George, wie er sich aus den Verzweiflungen des ab-
irrenden Mönchs losriß in seine eigene Glaubensgewißheit. Ich
spielte seinen Widerpart, den Doktor Eck, einen ekstatischen Fanatiker, der für Gott morden und brennen möchte, wie es in einer Kri-

tik hieß. Ich versuchte eine Figur, die ihre Sache scharf, überzeugt, mit aller verfügbaren Kraft führt, die im Dienst des Glaubens zynisch ist, auch hassen kann und ausgerüstet ist mit der Gewalt des Intellekts. »Sein eiferndes Wort hat die Schärfe des Schwertes« war nachher über diesen Doktor Eck zu lesen. Fehling versuchte keine Parteinahme für Luther, der ja auch von bestimmten nationalen Gruppen seit langem als »deutscher Held« verklärt wurde. Ich erinnere mich an ein Gespräch mit Fehling im kleinen Kreis, bei dem er leidenschaftlich politisch gegen Luther opponierte; nicht nur wegen dessen Haltung zu den Bauernaufständen, sondern weil er das Reich gespalten und zerstört habe. Fehling war ganz protestantisch, hing gewiß keinem Habsburger Reich im Sinne Karls V. an: Aber Luther war für ihn politisch verantwortlich für das, was im Reich durch die Glaubensspaltung passiert war. Dafür wollte er Luther auch in dieser Inszenierung noch verantwortlich machen. Natürlich hat Luther ihm als drastische Figur, als Mordskerl, auch imponiert, und er hat George mit Luther und sich auch mit George identifiziert. Er empfand George als Kostbarkeit; er hat ihn aus seiner Fleischeslust in die Ekstase getrieben, und George spielte die Deftigkeit des abtrünnigen Mönchs auch höchst realistisch. Mich wollte Fehling als Kontrastfigur, einen Besessenen der religiösen Überzeugung – heute würde man sagen: der Ideologie –, der seinen Zynismus jederzeit legitimieren kann, der aber insofern spezifisch ist, als er immer weiß, was er macht, auch an Schweinereien; dieser Eck wurde ein Mann mit einem unheimlichen Bewußtsein. Fehling hatte eine große Fähigkeit, mich aus mir selbst herauszubringen.

In der Gegenüberstellung der beiden Figuren kulminierte die Aufführung. Fehlings künstlerisches Verhältnis zu Johsts Stück war sicher in der Vision begründet: hier kann ich Mittelalter abbilden, Massenszenen mit ihrer ganzen Unheimlichkeit und Brutalität machen, die ich doch jetzt auf den Straßen gesehen habe. Er machte das ganz hart, und es hatte etwas Furchtbares. Ich kann mir vorstellen, daß er mit dem Schluß, an dem er George die Glocke läuten und rufen ließ: »Deutschland stürmt sich seinen Himmel. Schlagt zu, brecht ein, euch schlägt ein Herz, ein Herz schlägt euch entgegen!« noch etwas anderes losgeworden ist. Wenige Monate vor der Premiere von »Propheten« hatte der Reichstag gebrannt, die nationale Agitation war in vollem Gange zur Sicherung der Macht.

Fehling hat in politischen Bildern gedacht, wie später seine Inszenierungen von »Richard III.« mit dem Chor der Gehängten noch deutlicher gezeigt hat. Einem Schauspieler, einem SA-Mann, der gleichwohl ein guter Kollege war, sagte er bei der Probe, als er einen Toten auf die Pestkarren zerren sollte: »Weißt du, das machst du dann so: halb Rabauke, halb SA.« Fehling scheute sich nicht vor Deutlichkeit. Johst hatte jene letzten Worte Luthers gewiß propagandistisch gemeint; wenn man jetzt auf Fehlings Inszenierung zurücksieht, spürt man, wie er das Theater als Spiegel des Gegenwärtigen, also des Gefährlichen benutzt hat. Es war gefährlicher Irrsinn, den George zu spielen hatte. Fehling sah nun zum erstenmal: Ich kann auch hier im Dritten Reich auf meine Art arbeiten, ohne Parteigänger zu werden.

Fehling war längst die Säule im Staatstheater geworden, die künstlerisch alles trug. Er machte schwache Stücke zu Ereignissen und entzog andere der ideologischen Einvernahme. Johsts »Propheten« sind nur ein Beispiel. Grieses »Mensch, aus Erde gemacht« ein anderes. »Erde«, das war hier nicht simpel und tendenziös »Blut und Boden«, obwohl die Nazis das so sahen und Griese entsprechend hofierten. Die Figuren – Schlächter, Gutsbesitzer, Knecht und Magd – waren absolut existentiell gesehen und die mystische Person im Stück (von Kayßler gespielt) gab allem eine geheimnisvolle, merkwürdige Atmosphäre. Es war eine von Fehlings großartigsten Inszenierungen, mit der Koppenhöfer, George, Kayßler. Ich spielte den Konrad Godem.

Fehling hat wohl nur einen einzigen, sehr schön ironisch verdeckten »Kompromiß« mit der neuen Intendanz gemacht. Das war Friedrich Bluncks »Land in der Dämmerung«. Blunck wurde damals sehr herausgestellt. Es war ein Stück über die Wikinger, die Amerika vor Columbus entdeckt haben. Friedrich Kayßler spielte die Hauptrolle, großartig als Statur, streng und kernig; und die Fehdmer, seine Frau, war ganz mütterlich, aber doch treibende Kraft, sie war geheimnisvoller als ihr Mann, hatte eine große Aura im Spiel. Ich war einer dieser Wikinger und hatte eine merkwürdige Art zu gehen erfunden, die Fehling gefiel: weitausholender, behender Seemannsschritt. »Du hast da einen herrlichen Gang hingekriegt – wie mit einem Eiszapfen zwischen den Schenkeln.« Wir spielten das ganze nur sechsmal. – Auf diese unbefriedigende Untat lieferte Fehling gleich ein bewußtes Contra gegen Johst und gegen die nationalsozialistische Dramatik, die den Theatern bald ganz allgemein abverlangt werden sollte. Er inszenierte Carl Hauptmanns »Musik«, ein Stück, für das ich heute noch immer werbe, das unter-

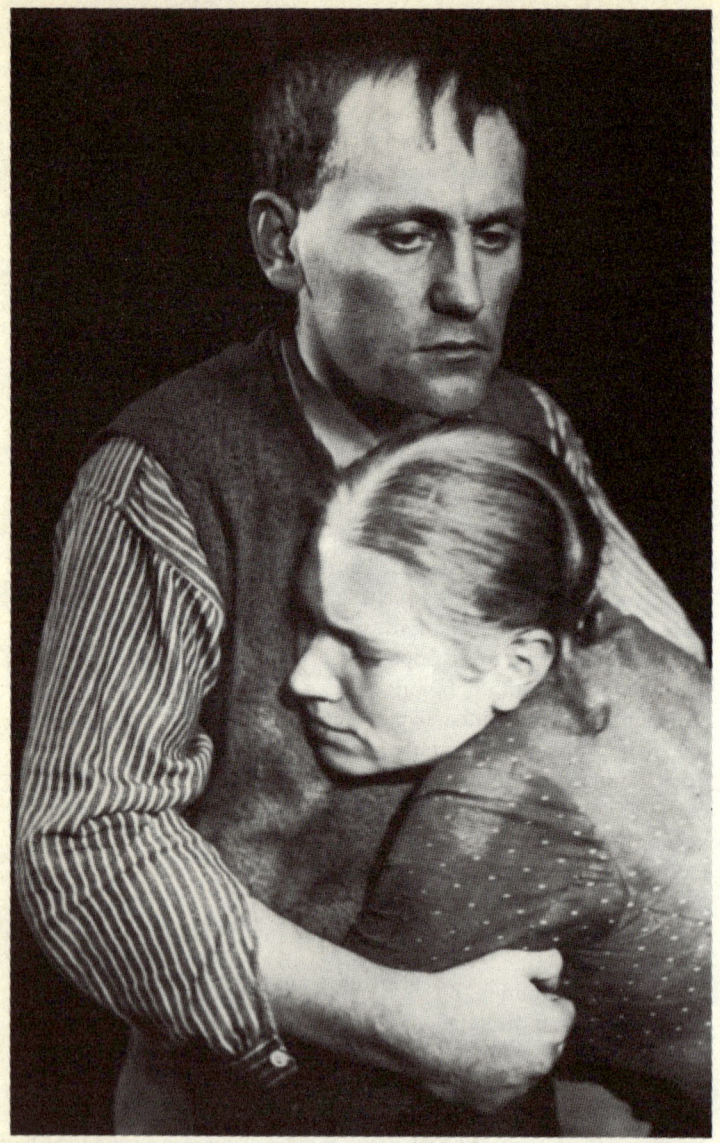

Als Konrad Godem in »Mensch, aus Erde gemacht« von Friedrich Griese,
mit Maria Koppenhöfer (Lena)
Staatstheater Berlin 1933, Regie Jürgen Fehling

schätzt und vergessen ist. Er besetzte es auch gegen die Politik im Hause. Er verlangte wiederum Heinrich George für die Hauptrolle, der kurz davor in Mussolini/Forzanos »Hundert Tage« so schmählich eingesetzt worden war. Wohl nur die Kenner merkten, was da los war, wie sich hier am Anfang ein Widerspruch formulierte, der bis zum Ende blieb. Freilich: Im Publikum saßen nicht mehr viele Kenner. Eine große, aufmerksame Gruppe war schon emigriert, andere waren nervös und unsicher geworden. Den Parteileuten gefiel die Aufführung von »Musik« nicht, obwohl sie zu den besten von Fehling gerechnet werden muß. Es war ein unerhörter, intimer schöpferischer Vorgang zu spielen, ganz musisch, also abseits jeder Politik.

Der erste Spielplan des Staatstheaters im NS-Staat zeigt: Hier arbeiteten jetzt neue Leute mit neuen Direktiven. Sie versuchten, das erste Theater des Reichs auch zu einer politisch führenden Bühne zu machen. Ihr Spielplan war ausgerichtet auf die große geschichtsmächtige Persönlichkeit und auf heroische Gesinnung. »Schlageter« und »Propheten« von Hanns Johst, Böttichers »Der König«, Mussolini/Forzanos Napoleon-Drama »Hundert Tage«, Shakespeares »Julius Cäsar«, Bluncks Wikingerstück »Land in der Dämmerung«, dazu Grieses »Mensch, aus Erde gemacht« und zum Schluß von Ulbrichs Intendanz Erlers »Struensee«, ein von den neuen Machthabern geschätztes Stück, eine historische Scharteke. Das war der Versuch zu einem »deutschen Spielplan«. Fast ganz fremd in seinem Fatalismus, durch seinen statisch-statuarischen Stil aber wieder integrierbar erschien in diesem Programm Schillers »Braut von Messina«. Das selten und danach kaum noch mit Erfolg gespielte Stück war die beste Visitenkarte Lothar Müthels, der damals als Regisseur immer deutlicher einen Sinn für große klassische Form entwickelte, wiewohl ihm später noch eine wunderbar realistische Inszenierung des »Michael Kramer« zu verdanken war. Die Aufführung wurde im klassischen Sinn erhaben, sehr musikalisch in der Tonführung der Verse, ganz aus der Sprache entwickelt. Man kann das Stück wohl auch nicht anders spielen. Es wurde ein Sprechfest, denn fast alle Darsteller waren auch gute Sprecher: Maria Koppenhöfer als Mutter, Günther Hadank als der ältere, Claus Clausen als der jüngere Bruder, Walter Franck und ich als die beiden Chorführer: hier war alles Sprechkultur. Diese Aufführung ist – bis heute – der einzige Fall, in dem ich das scheußliche Wort »Sprechtheater«, mit dem man heute das Schauspiel von der Oper unterscheiden will, gelten lasse, denn »Sprechtheater« nimmt vom »Schauspiel« die entscheidenden Charakteristika weg: Schau und Spiel. Ich weiß, was Sprechkultur für ein gutes Theater bedeutet. Aber ich erkenne nur »Schauspiel« an.

Gründgens: Ich werde es

Anfang 1934 war zu ahnen, daß die neue Führung des Staatstheaters wieder ausgewechselt würde. Die Vermutung ging auf eine Berufung Lothar Müthels. Müthel, ein Schauspieler, der sich als »aufstrebender« Regisseur dargestellt hatte, der Partei nicht fern, wenngleich zu dem Strasser-Flügel gehörend. Niemand im Ensemble erfuhr etwas. Aber die entscheidenden Kontakte wurden wohl schon Ende 1933 geknüpft. Im Ergebnis waren sie überraschend. Seit fünf Jahren war ein Schauspieler in Berlin, der zuerst in Bruckners »Verbrechern« und »Elisabeth von England« auf sich aufmerksam gemacht hatte, dessen Orest und Hofmarschall von Kalb an Reinhardts Deutschem Theater sehr beachtet worden waren; seit seiner Rolle als Robespierre im »Danton«-Film 1931 war er ein Geheimtip. Ein Tausendsassa, wie es schien. Als er 1931 an der Kroll-Oper einen bravourösen »Figaro« inszenierte, wurde der Kontakt mit dem Intendanten der Staatsoper unter den Linden, Heinz Tietjen, ganz eng. Tietjen gab ihm weitere Operninszenierungen und vermittelte ihm die Rolle des Mephisto in der »Faust«-Aufführung des Staatstheaters, die zum Triumph für ihn werden sollte. Gründgens strebte wohl ins Staatstheater, aber manche begehrte Rolle wurde ihm dort – wie der Geßler in Fehlings »Tell«-Inszenierung – verwehrt, weil er nicht zum Ensemble gehörte.

Gründgens war vom Erscheinungsbild, vom nervösen intellektuellen Typus, von seinem Spielen her ein Schauspieler der zwanziger Jahre, der »Systemzeit«, wie es im Nazi-Reich hieß. Aber durch Tietjen, der gute Kontakte zu den neuen Machthabern hatte und auch persönlichen Zugang zu Hitler, wurde er in deren Interessen eingebunden, im Staatstheater eine künstlerisch erstrangige Bühne zu erhalten. Gründgens war Tietjens Persona grata. Als dieser sein Votum für Gründgens als Intendanten des Staatstheaters abgab, hatte Göring keine Einwände. Er kannte diesen Schauspieler, dessen Erfolge sich mit einer starken persönlichen Wirkung im Gespräch verbanden. Görings spätere Frau, Emmy Sonnemann, spielte mit ihm zusammen (Oktober 33) in Bahrs »Konzert«, sie hatte die persönliche Bekanntschaft vermittelt.

Gründgens bekundete auch seinerseits sein Interesse am künstlerischen Rang des Staatstheaters. Er kam Schritt für Schritt näher. Im Januar 1934 hat er in Hermann von Böttichers »Der König« die Rolle Friedrichs des Großen übernommen und nicht verhehlt, daß er hier »in die Bresche springe«, künstlerisch »aushelfe«. Im Februar war er der Fouché in Ulbrichs Inszenierung von Mussolini-Forzanos Napoleon-Stück »Hundert Tage«. Im Mai inszenierte er den »Rebell in England« von Hans Schwarz. So kannte er die Situation im Staatstheater; er beklagte das erbärmliche Niveau der Bühne. Da wir uns aus Kiel kannten, gab es bald vertrauensvolle Gespräche zwischen uns, in denen er sich empört zeigte, wie man George behandle, als solle er dafür büßen, daß er bei Piscator gespielt habe. Er fühlte sich aufgerufen, gegen die Verluderung des Theaters die Kunst zu verteidigen und die Qualität des Hauses zu sichern. Man spürte, er wollte der erste Mann werden, um in den künstlerischen Dingen seine Maßstäbe setzen zu können.

Vielleicht war ich der erste im Ensemble, der von seiner Berufung erfuhr, als alles noch auf die Müthels wartete. Erst hörte ich es vertraulich von unserem Kostümchef Palm, mit dem ich befreundet war. Er hatte guten Kontakt zu Tietjen. Palm war ein musisch gebildeter Mann, ein enger Vertrauter von Fehling, später von Gründgens, aber auch von Traugott Müller, Caspar Neher und Rochus Gliese. Er saß oft in den Proben, man fragte ihn nach seiner Meinung: Obwohl er Parteimitglied war, hielt er Distanz zur Politik der Partei, war unirritierbar im Musischen. Gründgens selbst zog mich am nächsten Tag ins Vertrauen und sagte: »In drei oder vier Wochen wird es soweit sein, ich übernehme das Theater.« Ende Februar 1934 wurde er kommissarischer Intendant. Die Überraschung war vollkommen. Ein Schauspieler als Intendant? Das war seit Jahrzehnten nicht mehr der Fall gewesen. Ich finde das auch heute noch keine glückliche Verbindung. Ich bin für Intendanten vom literarischen Fach: wie Heinrich Laube, wie Otto Brahm. Aber die Ausnahme Gründgens schlägt alle meine Argumente sofort nieder. Auch gab es ein großes Vorbild für Berlin: Iffland. Er hatte 130 Jahre zuvor dem Königlichen Schauspielhaus – dessen Nachfolger das Staatstheater war – seinen Ruf verschafft.

Gründgens hatte Preußisches im Sinn. Sein Einstieg in die Rolle des Fridericus in Böttichers »Der König« war sein Signal gewesen.

Das Preußische Staatstheater war ihm, der mit dem Reinhardtschen Theater nichts anfangen konnte und sich schnell wieder von ihm gelöst hatte, wenn nicht ein Jugendtraum, so doch ein Ziel des Ehrgeizes. Er selbst verfügte über preußische Tugenden; er war fleißig, diszipliniert und gerecht. Er spielte leidenschaftlich gern Friedrich II., suchte sich später in Hans Rehbergs Schauspiel »Der Siebenjährige Krieg« die Rolle des Alten Fritz noch einmal. Vielleicht rührte daher auch seine wachsende und die Hitlerzeit überdauernde Freundschaft mit Rehberg, der einen ganzen Zyklus von Stücken aus der preußischen Geschichte schrieb. Vielleicht gab es über dieses preußische Element auch einen schmalen Grat von Verständnis zwischen ihm und dem preußischen Ministerpräsidenten, dem Herrn seines Theaters, Hermann Göring.

Zur Amtseinführung von Gründgens wurden im Herbst 1934 alle versammelt. Göring hielt eine Ansprache und sagte wörtlich: »Herr Gründgens, Sie sind beauftragt, dieses Haus zum besten Theater Deutschlands zu machen und damit der Welt.« Ein grauenhafter, aber einprägsamer Satz. Er machte Göring keine Schwierigkeiten, drückte nur seine sichere und großsprecherische Art aus: So wird's gemacht. Gründgens dankte dann. Damit war er installiert. Das Entrée wirkte wie eine perfekte Inszenierung. Vier Tage vor der Amtsübernahme am 1. Oktober 1934 hatte er einen neuen Triumph auf der Bühne, nunmehr seinem Theater. Er hatte Lessings »Minna von Barnhelm« inszeniert. Er selbst spielte unübertroffen den Riccaut. Man spricht davon bis heute.

Das Ensemble hat Gründgens liebend gern aufgenommen. Es war tief beunruhigt über die künstlerische Entwicklung der letzten Monate, einige Schauspieler strebten schon in andere Engagements, auch wollte man die nationalsozialistischen Stücke nicht. Gründgens hat schnell Ruhe ins Haus gebracht. Das noch von Jeßner geprägte, nur durch wenige Emigrationen geschwächte Ensemble hatte eine stattliche Zahl von ersten Schauspielern und eine Vielzahl von herrlichen Chargenspielern, deren sonst nirgends zu sehende Qualität und Vielseitigkeit ich noch heute rühme. Neben Gründgens waren auf dieser Bühne zu Hause: Werner Krauß, Paul Wegener, Friedrich Kayßler, Eugen Klöpfer, Viktor de Kowa, Heinz Rühmann, Theo Lingen, Käthe Dorsch, Maria Koppenhöfer, Hermine Körner, Käthe Gold, Joana Maria Gorvin, Marianne Hoppe, Elsa Wagner, Gustav Knuth, Aribert Wäscher, Paul Henckels, Paul Hartmann, Paul Bildt und Albert Florath, der ein unverhohlener

Sozialdemokrat war, was auch die Nazis wußten – ein Bindemittel des Ensembles. Es war wirklich ein Ensemble. Ich fühlte mich wohl. Auch die Regisseure verpflichtete Gründgens nach dem guten Beispiel Jeßners, der neben sich Fehling, Ludwig Berger, Piscator, dann Lothar Müthel und Erich Engel engagiert hatte. Gründgens behielt Fehling, Müthel, auch Erich Engel. Er ließ junge Regisseure wie Helmut Käutner oder Karlheinz Stroux neben sich hochkommen. Sein Ensemble war und blieb fest, so daß auch die Regisseure von diesem Ensemble profitierten.

Gründgens wurde ein vorzüglicher Intendant. Er achtete darauf, daß jeder Schauspieler sich an seinem Haus glücklich fühlte. Er wußte, was schauspielerischer Ehrgeiz ist und hatte eine natürliche Gabe, jeden durch Zuweisung entsprechender Rollen zufrieden zu machen, aber auch die Ehrgeize oft gegeneinander zu führen. Seine wichtigen Schauspieler bedachte er mindestens mit einer großen und einer mittelgroßen Rolle in der Spielzeit, die exzellenten Chargenspieler hatten reiche und vielfältige Aufgaben. Im Mai fand jeder am Schwarzen Brett seine Rollen für die nächste Spielzeit angeschlagen. Er versuchte gerecht zu disponieren. Mitbestimmung brauchte es nicht: Gründgens hatte eine Gabe, sachlich und fachlich über die Besetzungen zu sprechen, er konnte mühelos auf Gegenargumentationen eingehen und einen auch überzeugen. Ich habe es wiederholt an mir selbst erlebt.

Er kannte seine Schauspieler gut, es wurde keiner ausgenutzt, weil er so von Natur oder in einer Rolle so gut war, daß er immer wieder auf eine ähnliche gesetzt worden wäre. Sie wurden in ihren Vorzügen entwickelt, in ihren Schwächen gestützt, und es wurden ihnen oft Rollen gegeben, um über diese Schwächen hinwegzukommen. Das machte Gründgens so wie Fehling. Auf seinem Posten war er gut gelaunt, und aus der guten Laune heraus wurden sehr ernsthafte Vorgänge inszeniert.

Er hielt sein Theater frei von den sonst üblichen Intrigen. Er hielt freilich auch auf Respekt. Vom ersten Tag an war er der Herr Generalintendant, bestand auf der Anrede mit Sie, nur zu mir hielt er das freundschaftliche Du aus den Kieler Tagen. Seine Freundschaften hat er gehütet und auch durch alle Schwierigkeiten erhalten. Seine Treue reichte von Hans Rehberg über Erich Ziegel bis zu Ernst Busch. Seine Persönlichkeit hatte eine weitwirkende Kraft, sein Format war immer etwas hochgespannt und höchst diszipliniert, seine Freundlichkeit so beherrscht, daß man oft nicht erkannte, ob er freundlich sein wollte oder mußte; von Natur aus war alles durch sein rheinisches Temperament liebenswürdig gemildert. Er hatte das Charisma und den Charme des Beglückenden. Er wirkte jenseits von Spekulation und Geltungsbedürfnis. Vielleicht ist sein größtes Verdienst, daß er das Theater mit Tietjens Hilfe und Görings Sympathie sicher und freimachen konnte von Einflüssen direkt-politischer Art. Goebbels hatte hier in Görings Zuständigkeitsbereich nichts zu bestimmen. Rosenberg nahm in unserem Bereich niemand ernst. Das Preußische Staatstheater war und blieb eine Sache für sich, eine Insel im Gewoge. Das Dritte Reich wurde hier nicht bedient durch Kunst, ebensowenig wie bei Hilpert im Deutschen Theater, wenn dieser auch, da er von Goebbels und der Reichstheaterkammer abhing, im Repertoire nicht so souverän und selbständig blieb. Hilpert machte seine Distanz deutlich auf seine ganz stille, selbstbewußte und zurückhaltende Art.

Gründgens hat am Staatstheater wirklich wieder ein Repertoire geschaffen, reich in der Auswahl, von hohem Anspruch und Format. Er diente keinem billigen Pluralismus wie mancher Intendant heute. Noch wenn er Konzessionen machen mußte, war er darin vorsichtig und durchsichtig. Er spielte nicht die neuen NS-Dramatiker wie Eberhard Wolfgang Möller, Heinrich Zerkaulen, Bethge. Von Johst brachte er 1935 nur noch das Stück aus dem amerikanischen Unabhängigkeitskrieg »Thomas Paine«; als er von Langenbeck den »Hochverräter« ansetzte, war das vor allem eine lang gesuchte – und prächtig ausgeführte – Rolle für Kayßler, und Hans Baumanns »Alexander« war schon ein Stück mit Rückschlageffekt. Die Premiere war zu Beginn des Rußlandfeldzuges, und das Stück handelte vom Scheitern eines Mannes, der auszog, ein Imperium zu gründen und dabei umkam: Alexander der Große.

Mir war das Stück zugesandt worden, ich brachte es in die Dramaturgie, sollte erst den Alexander spielen, dann spielte ihn Gründgens selbst, mit einem überraschenden Eifer, den ich mir bis heute nicht erklären kann. Vielleicht war Alexander für ihn eine Wunschfigur, eine historische. Die Aufführung war sehr in die Antike hinein verklärt, wirkte auf mich fast lyrisch, obwohl Baumann, der mir durch Gedichte aufgefallen war, es so gewiß nicht meinte. Gründgens, der auf der Bühne immer eine vorzügliche Erscheinung war, trat als Alexander auf in dem kurzen antiken Feldherrnrock, den Oberkörper gepanzert, mir war das fast peinlich. Wieman war sein Gegenspieler, ich hatte den Eindruck, es fehlte den beiden an Kontakt zueinander. Gründgens wirkte sehr ätherisch. Vielleicht war diese Poetisierung Absicht, um die politische Analogie zum Rußlandfeldzug nicht gar zu stark hervortreten zu lassen. Das Stück wurde plötzlich abgesetzt, und ein Einspruch politischer Instanzen war vermutbar.

Ansonsten – Gründgens spielte mit der preußischen Vergangenheit bewußt gegen den NS-Heroismus. Darum griff er zu Rehbergs Stücken, die die preußische Geschichte nicht verklärten, sondern sie analysierten, shakespearisierten, wahr blieben auch im Peinlichen. Das war auch Gegenposition gegen alles, was an neuen historischen Dramen und Germanenstücken auf die Bühnen drängte. Gründgens war das bewußt, erst recht Fehling; sie wären, hätten sie die platten NS-Stücke inszenieren müssen, künstlerisch impotent geworden an solchen Autoren. Gründgens hatte eine tiefe Beziehung zur Literatur, er las viel in seinen ruhelosen Nächten. Dieses Leben seiner Seele hielt er aber vor allen verschlossen.

Arbeiten im Staatstheater

Gründgens war noch einmal so etwas wie ein Prinzipal: Direktor, Organisator, erster Schauspieler und Regisseur. Er hat eine große Anstrengung gemacht, sich auch als Regisseur so zu qualifizieren, wie er sich als Schauspieler entwickelt hatte. Er hatte sich an Boulevard-Stücken, an Georg Kaiser, Wilde, Shaw, Hermann Bahr als Regisseur erprobt. Bevor er am Staatstheater Ende 1934 mit dem »Lear« als Regisseur hervortrat, hatte er sich nur in Hamburg am »Danton« und in Berlin an der »Minna von Barnhelm« als Klassiker-Regisseur versucht. Er hat seine Lust am Spielerischen, am Parlandostück, auch am Staatstheater nie verleugnet. Aber das Staatstheater: das war sein Aufbruch in die großen klassischen Stücke. »Egmont«, »Gyges und sein Ring«, »Was ihr wollt«, »Emilia Galotti«, »Dantons Tod«, »Wie es euch gefällt«, »Faust I und II« und »Die Räuber«: das wurden seine Klassikerinszenierungen bis 1945. Dazu kamen seine großen klassischen Rollen. Der Hamlet unter Müthels Regie, der Don Juan in Grabbes »Don Juan und Faust«, der Prinz in der »Emilia Galotti«; Shakespeares Richard II., der St. Just in »Dantons Tod«, Schillers Fiesco in der Inszenierung von Karlheinz Stroux 1940, der Julius Cäsar in Fehlings Inszenierung oder Mephisto, Orest. Franz Moor in den »Räubern« wurde seine

Als Marinelli in »Emilia Galotti« von Gotthold Ephraim Lessing,
mit Gustaf Gründgens (Prinz)
Staatstheater Berlin 1937, Regie Gustaf Gründgens

letzte Rolle am Staatstheater, als die Theater schon schließen mußten.

Gründgens hat mit der Ausdeutung der klassischen Texte dem ideologischen Theater ein Gegengewicht zu geben versucht. Er wußte, daß kein Kunstwerk von politischen Interessen ganz integriert werden kann. Wenn es bis in den letzten Winkel ausgeleuchtet und auf der Bühne realisiert wird, ist es absolut und autonom. Es hat dann auch innerhalb eines faschistischen Systems etwas Unkontrollierbares und entfaltet eine nicht regulierbare Wirksamkeit. Darum ist das große, künstlerisch geprägte Theater so unüberholbar und jedem Tendenztheater überlegen. In dieser Überzeugung traf er sich mit Fehling, der zu dem klassischen Konzept des Staatstheaters seine großen Inszenierungen von Kleists »Käthchen von Heilbronn« und des »Prinz von Homburg«, den schon legendär gewordenen »Richard III.«, »Richard II.« und von Hebbel »Maria Magdalene« beitrug; schließlich auch mit Müthel, der sich ebenfalls zum Regisseur klassischer Stücke entwickelte. Nach dem Anschluß Österreichs wurde am Staatstheater auch ein intensiver Versuch mit Grillparzers Dramen gemacht.

Man muß das so deutlich herausheben, um zu sehen, daß die Kompromisse, die Gründgens und seine mit Alfred Mühr und Eckart von Naso besetzte Dramaturgie mit dem Regime schlossen, sich immer auf Stücke bezogen, die eine historische Dimension hatten. Das gilt von Johsts »Thomas Paine« über Baumanns »Alexander« bis zu Hömbergs Komödie »Kirschen für Rom«, in der Gründgens etwas vordergründig, aber pointensicher den Lukullus spielte. Gründgens nahm mit dem Beginn seiner Intendanz gleich die beiden Teile des »Faust« wieder auf, in denen er seinen Mephisto zeigen konnte, ich spielte den Wagner und den Wanderer im zweiten Teil. Es war ein Stück Verbindung in das Theater der Republik. Daß von Eugen Ortner ein »Meier Helmbrecht« gespielt wurde (Regie Müthel), hing wohl mit früher getroffenen Abmachungen zusammen, die übernommen werden mußten: Ich hatte darin die Rolle des Knackfranz, eine ganz derbe Landsknechtfigur, sehr verwegen, Fehling gefiel sie.

Eines Tages hing, überraschend für alle, ein Besetzungszettel für Shakespeares »Lear« am Schwarzen Brett, mit Gründgens' Bitte, die Rollen ohne Widerspruch anzunehmen, wir müßten das Stück in vier Wochen herausbringen. Das war knapp, auch damals gab es schon Probenzeiten von sieben bis acht Wochen. Er zeigte sich als

Chef da plötzlich autoritär, was ihm sonst immer geschmacklos vorkam; hier war die Ausnahme. Er stand wohl unter Druck, wollte einen großen Klassiker als Neuinszenierung, denn Kleists »Hermannsschlacht«, von Müthel inszeniert, war nicht mehr als eine brave Stadttheaterinszenierung geworden. Gründgens verließ sich wegen der kurzen Probenzeit auf die große Besetzung. Praktisch hatte er drei Lear-Darsteller für dieses Stück. Krauß, der den Lear bekam, Klöpfer, der so den Gloster, und Kayßler, der den Kent spielte. Die beiden bösen Töchter waren Hermine Körner und Maria Koppenhöfer, die gute Cordelia die liebliche Käthe Gold. Den Edgar spielte Paul Hartmann, den Edmund ich, den Narren machte Walter Franck. Also: eine enorme Besetzung. Krauß hatte den Lear schon früher gespielt und war auch hier faszinierend genug, er überragte den Abend: sonst befand ich uns alle in unseren Mitteln glänzend, aber ohne eigentliches Leben, unter unseren Möglichkeiten; es war keine gute Aufführung, sie war routiniert, unterbrochen von unfreiwillig grotesken musikalischen Leitmotiven, Auftrittsfanfaren für jede der agierenden Parteien. Ich hatte aufzutreten. Es kam eine Trompete Tatatatatu, dann gleich mein erster Satz: »Natur, du meine Göttin, deiner Satzung gehorch' ich einzig.« So schleuderte ich meine Sätze unkontrolliert hinaus auf furiose Weise, Hartmann brachte im Gegensatz dazu seine Obszönitäten sehr artig. Die Körner donnerte ihre Goneril mühelos herunter: Selbst die wunderbare Käthe Gold wurde sentimentalisch. Ich habe mich als Edmund nicht wohlgefühlt. Es war deutlich spürbar: Gründgens war dieser Shakespeare überhaupt nicht gemäß, für die fürchterlichen Begebenheiten hatte er keinen Sinn. Ihering nannte die Schwäche in seiner Kritik beim Namen: Form vor dem Chaos. »Lear« wurde fast eine Oper.

Gründgens liebte die Form, die geschlossene Form. Fast alle anderen Klassiker lagen ihm deswegen mehr als Shakespeare. Mein Eindruck bestätigte sich mir zwei Jahre später, als er den Hamlet spielte, den Müthel inszenierte. Er hat sich wohl lange mit dem Wunsch getragen, Hamlet zu spielen. Ich erinnere mich noch, wie er – es war wohl Anfang 1935 – während einer Lear-Vorstellung in meine Garderobe kam und sagte, ich sei der einzige Schauspieler, den er als Hamlet in Deutschland sähe und auch besetzen würde, aber er wolle ihn auch seit langem spielen, und »Bernhard, ich muß in diesem Falle mein Vorrecht der Anciennität in Anspruch nehmen!« Er war Intendant, als Schauspieler, meinte er wohl, sei er fünf Jahre älter als ich. Ich konnte nur nachgeben. Dann sagte er: »Du

Als Leonhard in »Maria Magdalene« von Friedrich Hebbel,
mit Käthe Gold (Klara)
Staatstheater Berlin 1938, Regie Jürgen Fehling

wirst dafür den Kronprinzen spielen in Rehbergs ›Großem Kurfürst‹, das ist deine Art Hamlet im Moment.« Ein Ausgleich?

Um Gründgens' Hamlet hat sich eine Legende gebildet wie um seinen Mephisto. Die Mephisto-Legende ist richtig und für mich jederzeit begründbar, die Hamlet-Legende nicht. Gründgens spielte einen Hamlet, den ich viel zu heroisch fand. Jedoch konnte man ihn nicht im geringsten verdächtigen, daß er einen Zeitgeist bediene. Er sprach seinen Text auf eine merkwürdige Weise engagiert, seltsam dozierend – fast monoton, wie unter einer Last von Bedeutung. Es gehört zur Hamlet-Tradition, ihn melancholisch oder heroisch zu spielen. Gründgens vertrat die letztere, bediente sich ihrer auf eine verallgemeinernd ästhetische Weise, ließ sich für mich aber nicht genug mit der Sache ein. – Bin ich ungerecht, habe ich meine eigene Auffassung des Hamlet, von der ich anläßlich meiner Darmstädter Zeit sprach, ihm abverlangt? Ich fand nachher manche Bestätigung meiner Enttäuschung. Ich tue dem Schauspieler Gründgens gewiß keinen Abbruch, wenn ich sage, daß auch sein Orest wie sein Tasso mich nicht befriedigt haben. Ich verlange Wahrheitsfindung in der Darstellung. Ich fürchte, er ist in diesen Rollen einem Wirken-Wollen, seinem Wirkungswillen erlegen.

Vielleicht kann ich die Differenz durch einen Vergleich mit Horst Caspar klären. Horst Caspar und Gründgens: Das war wie Tag und Nacht in bezug auf die Verlebendigung des Textes. Caspars Orest, sein Prinz von Homburg oder auch sein Clavigo waren Wahrheitsfindungen jugendlicher Art: großartig und bestürzend zugleich. Ich war immer wie gebannt von ihm, obwohl mir damals die problematischen Figuren schon wichtiger waren als die jugendlich unproblematischen. Caspar holte alles aus seinem Wesen. Er war ein gläubiger, auch schicksalsgläubiger Mensch, auch utopisch bestimmt; er glaubte an die Kraft des Glaubens, an die Kraft der Überzeugung. Heute würde er sagen: Frieden muß zu erhalten sein und wird erhalten, weil ich daran glaube. Er war in seinem Wollen, in der Prägung der Figuren, die er spielte, unbedingt. In dieser Unbedingtheit war er auch Will Quadflieg überlegen, der auf seine Weise Paroli bieten konnte: Quadflieg war unkomplizierter, handfester, direkter in seiner Wirkung. Sie haben im Schiller-Theater oft miteinander gespielt. Caspar hatte etwas, was ich nur mit dem Wort edel ausdrücken kann. Ich sage ausdrücklich edel, nicht nobel. Nobel kann man einem Schicksal gegenüber nicht sein, nur »edel«, indem man es annimmt und in der Hingabe an dieses Schicksal, das man zu erdulden hat, ganz rein und unmittelbar erscheint. Er lebte das Schicksal, wenn ihn das Schicksal traf. Sein Homburg wurde ganz still, indem er sich unterordnete, Einsicht gewann in den Ablauf seiner Welt. Dann stellte er sich mit einer wieder überraschenden Unbefangenheit, als ob nichts vorher gewesen wäre, dieser schicksalhaften Einsicht. Das war ergreifend. Er war eine unbedingte, reine, idealistische Seele. Da sie so leiblich existent war, hatte sie für mich eine hohe Wirklichkeit. Er war wie die Inkarnation dichterischer Ideen, vor allem der Ideen Schillers. Es war eine ungeheure schauspielerische Leistung, von der eigentlichen Wirklichkeit absehen zu können, unbeeindruckt diese Ideen rein zu erhalten. Er hatte natürliche, verführerisch schöne Bewegungen. Sprachlich war er gewiß durch Saladin Schmitt geschult – er war ja lange am Bochumer Theater, bevor er nach Berlin kam. Er beherrschte mühelos große Satzgefüge aus einem ursprünglichen, rhythmisch-musikalischen Empfinden. Sie waren immer gefüllt vom Seelischen. Caspar hatte im Gang, in den Gebärden, noch in der Kopfhaltung eine anmutsvolle Art des Ausdrucks. Er war ein schöner Mensch, hatte etwas Unangreifbares, was man – in dieser Weise – nur von großen religiösen Menschen, vielleicht von Heiligen sagen kann. Seine Aura war unerhört stark. – Natürlich hatte auch Gründgens eine starke Aura um sich. Aber Gründgens war als Schauspieler fast nie unmittelbar. Noch sein Orest hatte von vornherein eine Attitüde, etwas absichtlich Erstrebtes, Gekünsteltes. Als ob er einem Ideal entsprechen, eine Anforderung erfüllen müsse. Er stellte sich nie als Problem, was unser Problem heute ist: Wie spiele ich wahrhaftig in einer Welt, die immer mechanischer, gesichtsloser, verdeckter wird?

Gründgens ist im Grunde immer Expressionist geblieben, hat höchst intelligent seine Texte bearbeitet und gespielt. Aber er drang nie vor in eine gefährdete Existenz, in das Lebensrisiko seiner Figuren. Er riß die Rollen an sich und wurde damit auf eine elegante und letztlich auch sich durchsetzende Art fertig. Sein Selbstbewußtsein, das schwer erarbeitet und später auch durchlitten war, faszinierte einen großen Kreis. Die seelisch reifste seiner Rollen war vielleicht sein Richard II. Gründgens wollte damals eine schöne, klassische Rolle spielen, und unter Fehlings Anleitung wurde es auch seine reichste. Gründgens war immer in Gefahr, sich in solchen Rollen ästhetisch zu schön anzubieten oder zu meinen, es müsse in der Art des Verkehrs mit den anderen Partnern eine Art Überlegenheit da sein, was man als Absicht dann spürte.

Vielleicht klingt das alles mißgünstig. Ich habe keinen Anlaß dazu, ich habe Gründgens viel zu verdanken. Es geht mir um eine Charakterisierung. Gründgens hatte eine besondere Art von künstlerischer Existenz: eben die ästhetische. In ihr war so viel Persönliches verborgen, daß er mir oft auch rätselhaft blieb. Er war auf eine merkwürdige Art scheu. Er schien mir viel zu früh geformt, sein Impuls war eher rezitativ als darstellend. Insofern ist er mir nie als Schauspieler erschienen, der Einblicke in Schicksal und die Existenz gibt. In den leichten Stücken, in Konversationsstücken wie »Konzert«, »Das Glas Wasser«, in Stücken Shaws war er hinreißend, hatte er einen unerhörten Charme. Der Charme kam dann aus seinem hohen Intellekt, dem Sinn für Form, für Umgebung, aus seiner Wachheit. Er konnte so, in diesem Genre und auf ganz andere Weise konkurrieren – etwa mit dem außergewöhnlichen, direkten und drastischen, sehr männlichen Charme von Hans Albers. Diese beiden waren Gegensatzfiguren, wie auch Rudolf Forster in seiner Gebrochenheit, seinem lässigen Charme eine Art Gegenfigur zu Gründgens war: Bei Forster lag das Aristokratische in seiner Natur, souverän, bei Gründgens, der gewiß auch ein aristokratischer Schauspieler war, kam es aus dem Anspruch, der Forderung, der Intelligenz und der Disziplin. Und noch eine Abgrenzung: Er mochte Heinrich George, der seine kräftige Natur bis zur Selbstentblößung ausspielte, überhaupt nicht; George, der für Fehling wiederum einer der wichtigsten Schauspieler war. Und was mich betrifft, so sagte Gründgens einmal zu Fehling, und das ist eine erhellende Anekdote – es war nach der Generalprobe zu Carl Hauptmanns »Musik«: »Wie kannst du Minetti so spielen lassen, der spielt ja völlig nackt. Das findest du gut?«

Fehling fand es gut. Er wollte es sogar so. Er war für Enthüllung des Seelischen. Insofern war auch ich ein Gegenspieler. Form war mir damals noch nicht wichtig. Unser privates Verhältnis zueinander war gut. Ich habe bis heute seine Warnung, keiner »Näherin« anheimzufallen, nicht vergessen. Er meinte mit dieser Anspielung auf Hebbel wohl, da er mich als naiv einschätzte, was ich auch war, daß ich mich nicht frühzeitig von einer Frau einfangen lassen solle, die dann meine Entfaltung hemme. Ich habe ihn in seinen frühen Hamburger Jahren oft spielen sehen, wiewohl ich nichts von ihm lernen konnte, auch nichts gelernt habe. Ich war zeitweilig von ihm fasziniert, aber er blieb mir fremd, im Grunde zu abstrakt. Ich habe eine andere, radikalere, chaotischere Natur, liebe das rückhaltlose, auch sich preisgebende Spiel, Dinge, die er nur schwer vertragen konnte. Und doch spürte ich, einen Bruch wird es in menschlicher Beziehung nicht geben. Es war wohl etwas Sinnliches in dieser Beziehung, eine Sympathie für die körperlichen und geistigen Bewegungen des anderen.

Es gab nur einmal eine Verstimmung, beruflich, als ich den Mortimer in Müthels »Maria Stuart« nicht spielen wollte – das war rasch in meinem Sinne erledigt, aber danach wollte ich den Karl VII. in der »Jungfrau von Orleans« auch nicht. Es gab einen Konflikt, ich wollte ausbüchsen zu Hilpert. Da aber hatten Göring und Goebbels gerade eine Absprache getroffen, daß beide Theater sich keine Schauspieler abwerben sollten. Ich erfuhr von dieser Verabredung durch Hilpert – der sagte, er habe von den Staatstheater-Leuten nur an der Gold Interesse und an mir – aber: er dürfe nicht. Auch Gründgens warnte mich. So blieb ich.

Er hat gewiß unter vielem gelitten, was er nicht ändern konnte, politisch, seelisch, auch ethisch. Er hat verantwortlich gedacht, für sich und andere. Vielleicht hat dies stille Leiden Gründgens viel Kraft für seine Auftritte am Abend gekostet. Ich spürte diese Leiden in den engen, freundschaftlichen und vertraulichen Gesprächen, die er mehrmals in der Spielzeit mit mir suchte. Ich spürte, wenn ihn etwas bewegte. Ich sagte oft zu mir selbst, er trägt ein Kreuz. Meist ging es um das Theater, um Konstellationen im Haus. Es gab Spannungen mit Fehling, mit Krauß; häufig wollte er im Gespräch etwas loswerden, ich kam mir manchmal vor wie ein Beichtvater; gelegentlich suchte er auch meinen Rat, manches konnte ich vermitteln. Er wollte keine Spannungen, keine Parteiungen im Haus. Ich sehe ihn noch, wie er nach Fehlings Premiere von »Richard III.« in meiner Garderobe tobte, sich auf die Couch warf und rief: »Bernhard, wir sind doch keine Arschlöcher. Aber Gott verschone uns vor diesen Genies, so wollen wir nie sein.« Es war ein emotionaler Ausbruch, denn Fehling und Krauß, die während der Proben Differenzen hatten, weil Krauß seinen Richard so spielen wollte, wie er ihn gerade in Wien gespielt hatte, hatten sich nicht gemeinsam verbeugt. Darüber konnte er sich ärgern. Es verletzte seinen Sinn für Form und Takt im Hause. Er wollte ja mit beiden weiterarbeiten und sah das gefährdet. – Nur einmal wurde unser Gespräch politisch. Es war kurz bevor er das Staatstheater verließ, um zur Wehrmacht zu gehen. Wir fühlten, daß das Dritte Reich fertig und eigentlich schon kaputt sei. Das war Ende 1943.

Zu Gründgens' stillem Leiden gehörten auch die Schwierigkeiten, die sich aus seiner sexuellen Veranlagung ergaben. Er wurde erpreßt. Ich kenne den Namen eines solchen Erpressers. – Es schmerzt mich noch heute, daß ich ihm einmal eine große Enttäuschung bereitet habe. Als er nach dem Krieg aus der Haft entlassen wurde, habe ich ihm nicht telegrafiert. Er mußte meinen, ich kümmerte mich nicht um ihn, während alle Welt Laut gab; es war ein Versäumnis, da ich nur für mich dachte: dann ist ja alles gut. Als er 1950 nach Düsseldorf ging, suchte ich Kontakt, ob wir nicht wieder zusammenkommen könnten, und er antwortete, jetzt wäre das Theater viel zu klein. Am Staatstheater in Berlin hätten wir beide nebeneinander existieren können, unsere Aufgaben gehabt; was er mir jetzt an Rollen anbieten könne, brauche er doch selbst. Wir waren inzwischen auch älter geworden, Wallenstein wollten wir beide nun spielen, einer, gewiß ich, hätte verzichten müssen. So hat er recht gehabt. Ich habe ihm später einmal geschrieben, wo immer er als Schauspieler künstlerisch unsinnig, überzogen gefeiert werde, müsse er meiner Kritik gewärtig sein; wo immer er Anwürfen ausgesetzt werde, meines leidenschaftlichen Beistands. So verhalte ich mich auch heute. Gründgens gebührt heute ein Denkmal, er ist eines für mich. Im Theater war er ein absoluter Geist. Zuletzt hörte ich von ihm 1962, als ich verzweifelt nach einem Regisseur für »Macbeth« suchte, den ich in Recklinghausen spielen wollte. Meine Frau Elisabeth rief ihn auch in Düsseldorf ohne mein Wissen an, um mir eine freudige Überraschung zu verschaffen. Er sagte ihr am Telefon: »Wenn ich unten sitze und Bernhard probiert oben, was soll ich ihm da sagen?« Er war erregt und ungeziert, sagte mir meine Frau.

Ihm ist einmal etwas wirklich Absolutes, Unwiederholbares gelungen; nämlich in seinem Hauptwerk, dem »Faust«. Ihn hatte er von seiner Schauspielschule in Düsseldorf her einstudiert und durch die Jahre hin entwickelt. Sein Mephisto wurde nicht nur die Rolle seines Lebens, sie war eine Lebensrolle. Ich habe mich oft gefragt, warum ihm gerade diese so großartig gelungen ist. Wenn ich vorhin sagte, er hat gewiß sein Kreuz getragen, so meine ich auch, daß etwas schmerzhaft in ihm gearbeitet hat.

Gründgens war ein komplizierter Mensch. Er war ausgestattet nicht nur mit großen Talenten, sondern auch mit höchsten Vorstellungen und Erwartungen an sich selbst. Vielleicht war es der Wunsch, sich ganz und gar durchzusetzen, mit den reinsten Mitteln und den höchsten künstlerischen Zielsetzungen. Er ist ihnen nach-

gegangen, wie Mephisto dem Faust, den er auch zu fassen, einzufangen sucht für sich und der ihm doch letztlich entgleitet. Mephisto
gelingt seine hohe Zielsetzung nicht, gleichwohl entfaltet er sich so
glänzend. Es ist gewiß nur eine Behauptung von mir, aber ich meine: Gründgens hat gewußt, daß der Orest oder der Tasso oder der
Hamlet oder der Franz Moor nicht eigentlich seine Rollen sind. Das
ist ihm durch Fehling, den er verehrte und der ihn faszinierte und,
auf eine ganz andere Art auch über Werner Krauß, eindeutig und
einsichtig geworden. Ich weiß, wie ein Schauspieler lebt, wie er sich
immer vergleicht. Ich sehe, wie ich mich vergleiche, mit Wildgruber,
mit Bruno Ganz, wie ich beobachte, was machen sie, wo wollen sie
hin? Nicht, daß ich unmittelbar für mich verwende, was ich sehe,
aber es rührt mich an und regt mich auf. So muß es Gründgens auch
angerührt und aufgeregt haben, zu sehen, wer neben ihm groß wurde. Er muß viel erkannt haben, er hat viel gewußt. Jeder Mensch
empfindet dem Leben gegenüber einen uneingelösten Rest. Ich habe
den meinen auch. Gründgens hat diesen Rest bestimmt gespürt. Sein
Mephisto war oder wurde ein Bild dieses unaufgelösten Restes. Sein
Einswerden mit dieser Figur erklärt sich mir aus dem Mißerfolg
Mephistos am Grabe Fausts. Da war Gründgens am größten, am er-
schütterndsten. – Der erste Teil seines Mephisto: das war mühelose
Intelligenz, mühelos auch sein Humor, mühelos seine Kunstfertigkeit im Dialog, in seiner besonderen Technik des Sprechens, die
kein anderer übernehmen könnte. Aus seinem letzten Moment heraus, aus diesem vergeblichen, teils vermeintlich, teils wirklich überlegen geführten Kampf mit Faust, den er bedient, den er verführt,
der ihm entgleitet, den er nicht faßt und am Ende nicht hat: Das
muß eine Lebenssituation von Gründgens gewesen sein, die sehr
komplex zu sehen ist. Das war ihm unmittelbar. So wurde er grandios und auf seine Weise elementar. Das Ende dieses Mephisto ist
unvergeßlich und gehört zu den größten Schauspielererlebnissen
meines Lebens.

Es hängt gewiß mit diesem Eindruck zusammen, daß ich mein
Verlangen, Mephisto zu spielen, aufgegeben habe. Ich habe ganz
am Anfang gesagt, daß ich diesen präpotenten, aggressiven, selbst-
herrlichen, unabhängigen und verzweifelten, sadistischen, welt-
durchschauenden, komödiantischen Kerl in all seinen Facetten getrennt packen wollte. Ich weiß heute, ich wollte nicht nur zuviel, ich
hatte auch die Elemente nicht beisammen. Gründgens dagegen war
mit unendlich vielen Nuancen aus einem Guß. Ich habe in Berlin

Als Frank Gardner in »Frau Warrens Gewerbe« von George Bernard Shaw
Staatstheater Berlin 1938, Regie Jürgen Fehling

1935/36 sechsundzwanzigmal (nach Gründgens und ohne nach ihm zu schielen) den Mephisto gespielt. Ich weiß heute, ich war nicht gut, und ein Versuch nach dem Kriege in Frankfurt war auch nicht besser. Es gibt Rollen, von denen muß man lassen, wenn sie durch andere absolut formuliert sind.

Gründgens und Fehling

Gründgens gab sich nicht und verstand sich nicht als der Star des Staatstheaters. Diese Rolle ließ er Werner Krauß. Er war gern nachsichtig und tolerant. Er hatte ein sicheres Qualitätsgefühl. Selbst wenn ihm eine Methode zu inszenieren oder zu spielen nicht gefiel, sah er doch die Qualität. So gefiel ihm die Methode Fehlings gewiß nicht. Beide haben sich im Grunde nie richtig verstanden, denn Gründgens lag auch Fehling nicht, und Fehling war Gründgens ungeheuer und unheimlich. Sie waren zueinander wie Wasser und Feuer. Zwischen ihnen herrschte – schon vom Wesen her – eine dauernde Spannung.

Fehling war das halbe Staatstheater. Er suchte nach Wahrhaftigkeit, nach neuer wirklichkeitsträchtiger Form, die vom platten Realismus weit entfernt war. Das ging nie ohne Krach und Fetzen und Tränen ab. Fehling konnte berserkerhaft wütend sein. Er hatte einen fürchterlichen Ruf – so wie Kortner später. Er sei ein Sadist, ein Zyniker, es sei doch gemein, wie er mit Menschen umgehe. Bei den Proben zu Shaws »Frau Warrens Gewerbe« zum Beispiel gab es Tränen bei der Körner wie bei der Hoppe. Die weinenden Frauen hat Fehling am nächsten Tag dann versöhnt mit Rosensträußen und Kniefall. Das Beispiel zeigt: Er war nicht freundlich, brav, ordentlich, gefällig innerhalb der bürgerlichen Normen. Das war Gründgens, und er machte das mit viel Raffinesse und Charme.

In dieser Spannung ging es nicht um Rivalität. Wenn Gründgens Rivalitätsgedanken gehabt hätte, hätte er sie weggesteckt. Genies leiden aneinander, und er sah, daß Fehling ein Genie war. Gründgens hat unter Fehling als Hausvater gelitten. Fehling war das wildeste Raubtier, das der Zoodirektor Gründgens hatte.

Sie standen gegeneinander, was Herkunft, Natur und Gemüt anbelangte. Gründgens war – wenn man regional vereinfachen darf – Rheinländer, Fehling war der Sohn eines Lübecker Bürgermeisters: Schleswig-Holstein! Gründgens war eine problematische Natur, sensibel, hatte gewiß auch unter sich selbst zu leiden; er war emp-findlich, leicht zu treffen, wenn er nach außen hin auch alles harmo-nisierte. Er hatte Verlangen nach Kontakt, nach Sichverständlich-machen, seine Basis war Liebenswürdigkeit. Fürs Chaotische war er gar nicht empfänglich. Und Fehling war für Chaos, fing da über-haupt erst an, sich wohl zu fühlen. Aber er hatte dann das Talent, dieses Chaos wie den Ursprung selbst zu packen und es mit seiner großen Vision und Formkraft in eine Gestalt zu bringen und zu Theater zu machen, wie Picasso das im Malerischen konnte. Er suchte und fand vom Chaos her seine absolute Form. Er kam im Er-gebnis zur Harmonie, die für Gründgens immer von vornherein selbstverständlich war. Fehling wollte immer die Großartigkeit oder die Armseligkeit des Menschen zeigen. Gründgens seine poetische Verklärung.

Trotz aller Gegensätze wußten beide, was sie aneinander hatten. Fehling war manchesmal sarkastisch gegen Gründgens. Er machte dann vor nichts halt. Wir saßen einmal am Kurfürstendamm im Freien beim Kaffee. Fehling, Gliese und ich. Gliese schimpfte auf Gründgens. Dann sagte Fehling: »Kinder, laßt es nun sein, wir wol-len nicht den PäderAst absägen, auf dem wir sitzen.«

Gründgens hat ihm alle Freiheit gegeben. Er war stolz darauf, Fehling an seinem Haus zu haben. Fehling hat Scribes Komödie »Das Glas Wasser« inszeniert, in dem Gründgens als Bolingbroke brillieren konnte. Der Film gibt ja noch eine Ahnung davon. 1934 hatte Fehling einen Konflikt mit der Partei. Die Gründe sind mir bis heute nicht klar. Der Paß wurde ihm entzogen. War es, weil Fehling nicht rein arischer Abstammung war, weil er noch Kontakt zu seiner Freundin, der Schauspielerin Lucie Mannheim, hatte, die nach Lon-don ins Exil gegangen war? Er muß von irgendwelchen Parteistellen angegriffen worden sein, so daß auch Göring ihn im ersten Moment nicht decken konnte. Fehling war dadurch sehr irritiert, flüchtete in eine neue Arbeit, die sich zuerst in Hamburg ergab. Er inszenierte dort »Don Carlos« und »Minna von Barnhelm«; um beide gab es so-gleich politischen Streit. Beim »Don Carlos« ist klar, wo er ansetzte (»Sire, geben Sie Gedankenfreiheit«), bei der »Minna« war der An-laß Cesar Kleins Bühnenbild mit einem Neger als Säulenfigur (in einem preußischen Gasthof!) und einem Strick, der wie der eines Galgens von der Decke herabhing. Damals hat Gründgens sich vor Fehling gestellt und bei Göring durchgesetzt, daß er nach Berlin zu-rückkommen konnte. Wir Schauspieler haben ihn mit offenen Armen empfangen, wir hatten ihn entbehrt und gespürt, wie wir ihn brauchten.

Jahre später hat Fehling Gründgens als Richard II. dann wunderbar zur Erscheinung gebracht. Gründgens genoß sich in der Rolle, aber Shakespeare war der Autor Fehlings, nicht der von Gründgens. – Im Alter, zu Fehlings 75. Geburtstag, gab es in Hamburg eine Feier, die Gründgens veranstaltete, da zeigten die beiden Genies einander eine deutlich gewordene Zuneigung. Und Fehling faßte seine Erkenntnisse in eine Rede, die ein Vermächtnis geworden ist. Darin stehen bedenkenswerte Sätze. Einer davon lautet: »Wer Bescheid weiß, wer Regie kann, kann Ihnen nur sagen: daß der nackte Mensch hinreißend, berückend schön ist.« Ich las diesen Satz wie eine späte Antwort auf Gründgens' Frage nach der Generalprobe zu »Musik« in bezug auf mein Spiel.

Politische Aspekte

Wir haben am Gendarmenmarkt elf Jahre in der Diktatur Theater gespielt. Man kann diese Arbeit aus zwei Perspektiven sehen. Man kann sagen, und das ist heute das Geläufige, wir hätten die Diktatur durch Kunst legitimiert und verklärt, hätten der politischen Unkultur ein kulturelles Gesicht gegeben. Man kann auch sagen, hier sei versucht worden, der Kunst in der Unkultur überhaupt noch Raum zu schaffen und auf die noch mögliche Weise zu opponieren. Daß 1940 Mussolini/Forzanos »Cavour« gespielt werden mußte, war sicher ein politischer Akt. Gründgens war sich nicht zu gut, da mitzuspielen und zu inszenieren. Dafür konnte er anderes wagen. Als Fehling aus Hamburg zurückkam, inszenierte er Gogols »Revisor«. Dunkel, grotesk, immer kippte das Lachen in den Schrecken, das hart Realistische der Figuren ins Gespenstische. Eine wüste Gesellschaft, die sich von einem Schwindler prellen läßt, und am Ende, bei der Meldung, nun komme der richtige Revisor, erstarrt, als käme das Jüngste Gericht. Klöpfer spielte den Polizeimeister, ich war Chlestakow. Das war keine harmlose Komödie mehr. Man bezeichnete die Inszenierung als eine Provokation, sie sei »Kulturbolschewismus«. Daraufhin wurde sie abgesetzt.

Fehling inszenierte gleich darauf, es scheint: wie zur Sühne, Hanns Johsts »Thomas Paine«. Aber auch das war bei Fehling irritierend. Er spielte immer die Gegensätze, die Kontraste hart aus und gab der Gegenpartei genausoviel Recht. Sie wurde nicht verschlimmert, aber auch nicht verklärt. Ihering schrieb von Fehlings »einsamer Meisterschaft« und nannte die Aufführung »ein Fest des wesentlichen Theaters«. Als Fehling 1941 den »Julius Cäsar« inszenierte, sah man natürlich, daß das ein Stück war, das auch den Tyrannenmord behandelte. Brutus wurde unverfälscht gespielt, er erschien als Idealist. Ich war glücklich, ihn zu spielen. Brutus' Haltung ist eine republikanische, genährt durch eine Idealvorstellung. Dieser Brutus, der die Wirklichkeit durchschaut und doch selbst auch eine utopische Natur ist, der ins Unwirkliche hineinreicht, war mir sehr gemäß. Das war das Merkwürdige, Besondere im »Dritten Reich«: Wenn die großen Stücke »legitim« inszeniert wurden – wie dieser »Julius Cäsar« –, wurden sie politische Stücke.

Republik und Freiheit waren Begriffe, die Fehling und unser Theater rücksichtslos ausspielten. Wir hatten Hinter- und Untergedanken und standen damit nicht allein. Nach dem Aufstand vom 20. Juli 1944 fand man auf Stauffenbergs Schreibtisch in der Bendlerstraße Shakespeares »Julius Cäsar« aufgeschlagen und die Rolle des Brutus war angestrichen. So kann man die Zeichen auch lesen.

Im Dezember 1939 inszenierte Gründgens – gerade war der Polenfeldzug zu Ende – »Dantons Tod«. Das war kein gerngesehenes Stück. Die Nazis hatten mehr Sympathie für die amerikanische als für die französische Revolution. Gründgens ist nicht zurückgezuckt, nichts wurde unterschlagen, nichts vergröbert. Die Aufführung war sein Protest gegen den Kriegsausbruch. Innerhalb des politischen Rahmens, in dem wir spielten, war das kühn. Natürlich war Gustav Knuth, der den Danton spielte, eine Sympathiefigur, vielleicht sehr ins Üppig-Genießerische, Barocke vorgetrieben. Die politischen Probleme, die Danton in sich hat, lagen dem direkten Knuth wenig. Trotzdem war die Figur wunderbar gespielt. Ich sagte schon, Gründgens bevorzugte nicht das Chaotische, holte es also auch nicht aus den Schauspielern heraus. Er selbst als St. Just hatte etwas vom gefallenen Engel seines Mephisto. Er war ein schöner Mann. Er sprach gestochen scharf, als diktiere er etwas. Es war seine spätexpressionistische Art, die neben der Rolle herlief. Die Koppenhöfer war die sehr dumpfe Marion, eine fast somnambule Hurenfigur. Die Lucile spielte Antje Weisgerber.

Diese Aufführung wurde die Geburt meines Robespierre. Als ich ihn lernte, bin ich, was sonst nicht meine Art ist, viel spazierengegangen, ins Freie, als wäre eine Unruhe in mir. Ich habe für die Rol-

Als Chlestakow in »Der Revisor« von Nikolai Gogol
Staatstheater Berlin 1935, Regie Jürgen Fehling

le als Revolutionär viel aus der Zeit vor 1933 geholt. Robespierres Unerbittlichkeit, Fürchterlichkeit, die Konsequenz, seine Anschauungen durchzusetzen, die Idee der Menschheitsbefreiung durch Liquidierung einer ganzen Schicht von Menschen, das war mir in der Konsequenz, die daraus sprach, verständlich. Sie unterschied mich freilich von St. Just, der für mich der theoretische Mensch war. Robespierre handelte, ging in die Praxis, in die Wirklichkeit. Ich war hingerissen von der Diktion Büchners und erlebte auch die Bedenklichkeiten, diese Nachtgedanken, in denen Robespierre mit sich alleine ist als Mensch, als Ich. Diese Gespaltenheit in ihm wurde plötzlich sichtbar. In der Kritik hieß es nachher, man habe meine rebellische Persönlichkeit gespürt.

Das war damals wohl ein Grundzug von mir. Herbert Ihering hat ihn oft beschrieben. Ich zitiere aus seiner Kritik zu dem »Prinz von Preußen« von Hans Schwarz. Da war ich der Dichter Heinrich von Kleist: ».. . Bernhard Minetti spielt diese Begegnung (mit dem Prinzen) zu einer unvergeßlichen Höhe hinauf. Er tritt auf und sofort ist der Eindruck einer rebellischen Persönlichkeit da ... Wenn dieser Heinrich von Kleist den Prinzen Ferdinand ansieht, mit seinen Blicken verschlingt, mit seinem Auge einsaugt, dann steht dem Prinzen nicht nur der geistige Revolutionär gegenüber, sondern gleichzeitig der Künstler, der Dichter Heinrich von Kleist, der den Prinzen unbewußt wie ein Opfer seiner Kunst, wie eine Gestalt seiner Dramen betrachtet, festhält und geistig verhaftet.« Als Fehling mit Gründgens »Richard II.« inszenierte, nutzte er diese Kraft. Ich mußte den Bolingbroke spielen, den »starken Mann« gegen den dekadenten König. Man hat das im Sinn der NS-Usurpation deuten wollen. Das war gewiß von Fehling nicht gemeint.

Im Grunde gingen Fehlings Inszenierungen fast alle über die normale Dimension des NS-Theaters hinaus. Es waren Inszenierungen mit Hintergrund und Hintergründen. Das gilt zum Beispiel für »Don Juan und Faust« von Grabbe. Ich fragte mich oft, warum hat Fehling dieses monströse Stück inszeniert? Weil Grabbe von den neuen Machthabern als ein deutsches Genie herausgestellt wurde? Sicher nicht. Ich nehme an, es war die Konstellation der Figuren, die große, wüste Gebärde Grabbes in diesem Stück. Sie ließen allen Bühnenrealismus, jede Stadttheater-Bravheit hinter sich. Die Möglichkeit, ins Unheimliche vorzustoßen, die Figuren aus dem Nichts heraufkommen zu lassen, die sichtbare Welt im Unsichtbaren verschwinden zu lassen ... das faszinierte ihn.

Als Ritter in »Don Juan und Faust« von Christian Dietrich Grabbe,
mit Eugen Klöpfer (Dr. Faust)
Staatstheater Berlin 1936, Regie Jürgen Fehling

Rochus Gliese hat dafür erstaunliche Bühnenbilder entworfen. Die Bühne hatte zum erstenmal eine ganz frappierende Tiefe, weil jener 1936 neugebaute Übergang von der Hinterfront des Schinkelschen Baus in ein Haus in der Charlottenstraße als Hinterbühne benutzt wurde. Man hatte das Haus gekauft, um die Bühnendekorationen nicht immer aus den weitentfernten Magazinen holen zu müssen. Man sah nun in Räume und noch einmal in Räume. Ganz hinten wurde im Haus des Gouverneurs ein Fest für Don Juan veranstaltet. Es fand in der Tiefe statt, man hörte leise Musik, es bewegten sich stumm einige Paare. Es war ein Effekt, als wenn man mit umgekehrtem Opernglas etwas beobachtet, räumlich, zaubrisch. Klöpfer spielte den Faust, war ganz unsicher in der Rolle, zog sie sich aus dem Souffleurkasten; er hatte dafür eine erstaunliche Fähigkeit. Aber mit seinem bärbeißigen, gemütlichen und auch wieder verdächtigen Schwabentum gab er diesem Faust doch eine merkwürdige, etwas verbrämte physische Kraft und eine vage, aber spürbare Sehnsucht nach der Donna Anna.

Gründgens brillierte dagegen mit seiner lässigen, aber doch spitzen, süffisanten und selbstironischen, gar zynischen Diktion. Ich mehrte als Ritter – quasi als Mephistopheles – dieses Feld der Kräfte; im Gegensatz zu Goethes Mephisto war der Grabbesche mir gar kein Rätsel, obwohl er in der Konzeption gewaltiger und ungeheuerlicher ist als der Goethes. Dieser Ritter hat einen Bezug zum Weltall, er treibt ganz unproblematisch seine Aggression gegen Gottvater, steht auch über der Hölle. Ich sah in ihm einen ganz großen, bösen, strahlenden, harten Engel; so habe ich ihn gespielt, metallisch gesprochen. Ich habe meine Stimme nie wieder so ausnutzen können wie in dieser Rolle. Sie war hell, fordernd über die gebundene Versform hinweg und kam wie von woanders her. Für Fehling zählte sie zu meinen besten Rollen. Wenn ich an sie zurückdenke, habe ich den Eindruck von etwas Kühnem, Ungeheurem, Stählernkaltem, von einer großartigen Kraft. Und die Dorsch als Donna Anna war zwischen all dem so hingetrieben, flirrend, schweifend, weiblich. Sie konnte das in manchen Rollen wunderbar erreichen: eine Weiblichkeit an sich, sie war wie eine der Göttinnen auf Bildern Poussins. Nicht zu vergessen Aribert Wäscher als Leporello. Das waren fünf Elemente, die Fehling – man sah hier das Geheimnis seiner Regie – wunderbar zusammenband, durchaus Grabbisch: extrem, seltsam, keines paßte zum anderen, und es wurde doch ein großer Abend des Theaters. Das Stück entsprach Fehlings barocker

Natur; er konnte uns mühelos zu den Identifikationen mit den fremden Rollen verhelfen.

Künstlerische Opposition in einer Diktatur darf man sich nicht als eine direkte und unmittelbare vorstellen. Offene Diskussionen und Auseinandersetzungen über die Nationalsozialisten gab es nur vor der Machtübernahme Hitlers, als Hans Otto noch gegenwärtig und alles unentschieden war, und solange die Nachrichten von Straßenkämpfen und politischen Morden jeden erregten. Die Parteitruppe um Hanns Johst veränderte schon Anfang 1933 das Klima im Haus. Unter Gründgens wurde es dann wieder moderater; man wagte Anspielungen und vorsichtige Spiegelungen. In »Richard III.« hat Fehling nicht darauf verzichtet, Gloster seinen Hinkefuß zu belassen. Jeder wußte, Goebbels hinkte; Fehling konnte das nach seinen Intentionen ins Bild der Bühne übertragen. Aber als konkreter Bezug wäre das künstlerisch kleinkariert und politisch tödlich gewesen. Es war integriert in das Gesamtbild. Aber die Themen, Zeichen und Vorgänge waren durch Intensität und Großartigkeit, durch die Klarheit und Gewalt der Inszenierung doch durchsichtig, deutbar, entsprachen aber ganz dem Stück. Hier war das erlebbar, was ich die Autonomie der Kunst nenne. Die Dinge waren durch ihre Eigenheit oppositionell und weil ihre Darstellung restlos ausgefüllt war, verstand sie das Publikum.

»Richard III.« war wohl das Äußerste, was damals möglich war. Man kann heute nicht anders und besser inszenieren. Krauß war Richard. Er hatte die Rolle unmittelbar vorher an der Burg in Wien gespielt und kam mit einer Auffassung des Richard, die Fehling nicht behagte. Er konnte sie nicht ändern, deswegen gab es Krach. So hat Fehling alles um Krauß herumgebaut. Er hat uns nicht Krauß angeglichen, aber so inszeniert, daß Krauß sich anpassen mußte. Fehling konnte das kraft seiner großen Phantasie. So ergab es doch einen einheitlichen Stil. Krauß war fast zurückhaltend, hat aber mit unerhörter Lust die Verführung der Anna gespielt; seine Überredungskunst war ungeheuer. Ich spielte den Buckingham und spürte diese Verführungsmacht von Krauß. Ich hatte eine Art von Hörigkeit zu spielen und dann ein fürchterliches Erwachen, als Buckingham zur Hinrichtung geführt wird. Fehling hatte mit Traugott Müller einen Knüppelweg erfunden, der von einer Höhe von drei Metern leicht gebogen schräg über die Bühne führte. Ich gehörte also zu Richards Opfern, die Gloster am Schluß als Gespenster erscheinen, von den Hexen aus den Kesseln herausgekocht. Fehling hat

Als Buckingham in »König Richard III.« von William Shakespeare,
mit Werner Krauß (Gloster)
Staatstheater Berlin 1937, Regie Jürgen Fehling

uns zu einem Haufen zusammengepreßt, wir waren wie Gespenster, aber ganz körperlich – wie hingeschlachtet. Ich erinnere mich genau, daß ich die Position eines Gehenkten hatte, die Arme starr an den Körper gelegt, das Kinn erhoben, der Körper verloren. Fehling sagte: »Wenn Göring das sieht, wird er an etwas denken.« Fehling meinte die Opfer vom Röhmputsch. Das Bild ging auf die Loge Görings. Fehling wollte einen Alptraum erzeugen. Es war das Äußerste, was er in jenen Jahren gemacht hat. Die Kritiken waren hymnisch, die »BZ« nannte die Aufführung arglos ein »herrliches Ruhmesblatt« des Berliner Theaters.

Räume und Bilder

Mit den Inszenierungen wurden auch andere erstaunliche Entdeckungen in bezug auf den Bühnenraum gemacht. Der leere Raum als Spielort ist lange vor Peter Brooks Deklaration durch Traugott Müller praktiziert worden. Er hat ihn erfunden. In »Richard III.« war er zum erstenmal ganz eindeutig vorhanden. Es hingen da nur Schleier in großen Abständen von sieben, acht Metern von oben herab, einer rechts, dann fünf Meter dahinter einer links, dann wieder rechts, dann wieder links und wieder rechts, in Dreiviertelhöhe und jeweils ineinander verschoben; sie hatten Ausschnitte wie Türen, konnten hochgezogen werden. Man sah die Figuren kommen, bevor sie zu reden begannen. In der Gespensterszene war der ganze Raum leer und nur mit einem unheimlichen Licht gefüllt, das die Gehenkten wie Gespenster hervortreten ließ. Dieser weiße Raum, der ganz hell auszuleuchten und zu verdunkeln war, war absolut. Der Boden hatte eine leichte Schräge wie immer in Fehlings klassischen Inszenierungen, weil der Schauspieler, der in der Tiefe steht, höher stehen muß, damit er zur Geltung kommt.

Traugott Müller: das war der Raum an sich. Natürlich fußte er auf der Arbeit von Gordon Craig und auf Ideen der Stilbühne. Aber er faßte alles eigenartig in eins. Müller war der Bühnenbildner für Fehling. Wenn der Raum nicht groß, leer und nackt blieb, dann bestellte er ihn mit Versatzstücken, verkürzte, verknappte, und gab so doch präzise Ortsbestimmungen. Im »Julius Cäsar« war Rom gebaut, »Dantons Tod« war klassisches Paris: die Kanzel, das war historische Architektur, doch nicht vollständig, nur als Zeichen gesetzt. Traugott Müller war Architekt.

Es war das eine Revolution, die die Jeßnersche fortsetzte, die 1919 mit seiner Inszenierung des »Tell« auf der Stufen-Bühne in einem sonst kahlen Raum begann. Diese Abschaffung des volldekorierten Hoftheaters ist die größte Bühnenleistung der berühmten Jahre Jeßners gewesen. Er hat diese Revolution mit Cesar Klein vollzogen, der sicher mehr Maler als Raumbildner war; aber Jeßner hat ihn dahingeführt. Als Fehling in Hamburg Lessings »Minna von Barnhelm« inszenierte, war das Bühnenbild, das soviel Anstoß erregte, von Cesar Klein. Als Persönlichkeit war Cesar Klein, mit dem Fehling gern arbeitete, nicht ganz das Format der anderen.

Neben Traugott Müller und nach Cesar Klein wurde Caspar Neher groß, der sich mit seinen Bildern zu den frühen Stücken Brechts seinen Namen gemacht hatte. Neher war, wiewohl er so eng mit Brecht verbunden war, nicht ins Exil gegangen. Er war ein malerisch-zeichnerisches Genie. Was bei Müller historisch definiert war, geriet bei Neher phantasiehaft. Aber er war nie unrealistisch. Seine Szenen hatten doch alle einen Bezug ins Konkrete, historisch Definierbare. Rochus Gliese, ein romantischer Impressionist sozusagen, war eine Mischung aus beiden. Er war von allen der Genaueste. Er war oft pingelig genau in bezug auf die Petroleumlampe auf einem Billardtisch oder das Mobiliar: alles stimmte, bis in die Kissen und Kostüme hinein. Er war der kulturhistorische Realist. Der Impressionist. Das Wichtige war, daß die regieführenden mit den bildnerischen Persönlichkeiten so ganz harmonierten. Die Regisseure des Staatstheaters, Jeßner, dann Fehling, Engel, der sich ganz an Caspar Neher anschloß, rieben sich produktiv an den Bühnenbildnern, und die Bilder waren Stützen der Inszenierungen, denn die Räume bezogen den Schauspieler mit ein, bedrängten ihn nicht, sondern artikulierten ihn, so wie heute Karl-Ernst Herrmanns Bühnenräume. Gründgens wußte, was er an seinen Bühnenbildnern hatte.

Begegnung mit Rehberg

Als Fehling Hans Rehbergs Stücke kennenlernte, war er von ihnen gleich ergriffen. Er spürte wohl: Der ist nicht konform. Rehbergs Figuren waren ungewöhnlich. Dieser Mann ging ganz unverstellt durch deutsche Ideologie an die preußische Geschichte und gab sie wieder, wie er sie sah: roh, hart, brutal, auch komisch. Er schonte sie nicht, legte auch ihre Schwächen und Gemeinheiten bloß. Rehberg wurde schon in der Weimarer Republik bekannt; sein Stück »Cecil Rhodes« hatte Lothar Müthel am Staatstheater 1931 inszeniert und sich damit als Regisseur bestätigt. Rehberg beschwor mit seiner »Preußischen Komödie« dann die nationale Revolution und war dem, was 1933 geschah, nicht feindlich; aber sein Verhältnis zu den neuen Machthabern wurde und blieb merkwürdig. Er hatte einen Freund namens Heidebreck, der bei der Liquidierung der Röhm-Gruppe mit erschossen wurde. Rehberg fühlte sich damals sehr gefährdet; bei den strengen und sturen Nationalsozialisten war er nicht gern gesehen, mit Goebbels war er wohl nie zusammen, Göring mochte ihn auch nicht. Und die Rosenberg-Leute haßten ihn. Sie fanden, daß Rehberg das Land Preußen schlecht und mies mache, daß er die politischen Leitbilder herabsetze. Er mußte sich öfter deutlich gegen Vorwürfe wehren, daß er die preußische Geschichte bösartig verzeichne.

Rehberg war eigenwillig, hatte das, was man in Berlin eine Schandschnauze nennt, sprach oft rücksichtslos und mit einer beißenden Ironie. Er war in der Partei und hatte auch irgendwo eine hohe Protektion. Er war nicht nazihaft, hatte viele Freunde, in Bankkreisen, auch im Widerstand. Er war ein typischer Grenzdeutscher, war in Posen geboren, ganz und gar ein Preuße und hatte also sehr patriarchalische Beziehungen zum polnischen Volk. Eines Tages besuchte mich Rehberg, ich fuhr mit ihm auf dem freien Oberdeck des Omnibusses Linie 5 nach Steglitz ins Theater. Da ergab sich das erste Gespräch mit ihm. Er war sehr intelligent, er breitete seine Pläne für künftige Stücke aus. Rehberg hat sich gegen die Zeitvorgänge abgeschirmt durch seinen Umgang mit der Historie. Ich war von ihm gleich fasziniert.

Er und Fehling verstanden sich gut. Fehling hat fast alle seine Stücke inszeniert. 1934 »Der Große Kurfürst« mit Eugen Klöpfer, den er pfäffisch bauernschlau, breit, horrend und pompös nannte. Dann 1936, wieder mit Klöpfer, »Friedrich Wilhelm I.«, der den Freund des Kronprinzen, den ich spielte, hatte erschießen lassen. Ein großartiges, unvergeßliches Bild: die Generale, die auf dem nebligen Feld schweigend auf den Gnadenerlaß warten, vergeblich.

Auch Gründgens hat gespürt, daß Rehberg der einzige Autor war, der unter den historisierenden Dramatikern im Dritten Reich wirklich historischen Stoff greifen und dem Schauspieler Rollen geben konnte. Er hat die Uraufführung von Rehbergs »Der Siebenjährige Krieg« 1938 für sich reserviert. Er spielte leidenschaftlich den Alten Fritz. Mir schien, Gründgens wolle durch seinen fast zu großen Einsatz für die Rolle und das Stück etwas Besonderes betonen. Es war das Jahr der Sudetenkrise, der Vorabend des Zweiten Weltkriegs. Es kann sein, daß er das Stück, diesen großen Konflikt Preußens mit der Vormacht Österreich, auf diesem Hintergrund sah. Ich hatte den opponierenden Prinzen Heinrich zu spielen; aber der gehört nicht zu meinen besten und wesentlichen Rollen.

1942 hat Fehling noch Rehbergs »Heinrich und Anna« herausgebracht, das Stück um Heinrich VIII. von England und die machtgierige Anna Boleyn. Fehling inszenierte hart die Geschichte einer mörderischen Liebe. Mir war die Aufführung mit Otto Wernicke als Heinrich und Lola Müthel als Anna auf einmal zu unpolitisch, merkwürdig harmlos, zu wenig zerrissen. Wernicke war mir nicht stark genug, die Müthel zu hübsch, die Flickenschildt zu aufgeregt. Fehling hat mich dann für den alten Kardinal Wolsey gebraucht, probierte aber nicht mit mir, sagte zu mir und Walter Werner, der mir in der Szene als eine Art Faktotum zuzuhören hatte, bloß: »Macht das mal alleine.« Ich baute mir Rolle und Auftritte selbst zusammen, und er war, als ich's zeigte, ganz begeistert. Ähnlich war's in »Maria Magdalene«, wo ich den Leonhard spielte; auch da sagte er kaum ein Wort. Er ließ mir freie Hand.

Fehling hatte wohl ein untergründiges Empfinden für mich, für meinen seelischen Raum, also für mein Lebenselement. In Rehbergs Rollen konnte ich leicht einsteigen. Und dieser Wolsey, der erst in die Verbannung geschickt und dann an den Hof geholt wird, weil man ihn braucht: das war mir sehr gemäß. Ich liebte Rollen, in denen die Funktion politisch war. Man sagt, ich sei ein politischer Schauspieler; nicht, weil ich mich für politische Inhalte engagiere, sondern weil ich politische Menschen darstelle, Menschen, die von der Politik geprägt sind und wiederum die Politik prägen.

Fehling, Rehberg und ich: Wir waren über lange Jahre eine fast freundschaftlich verbundene Gruppe im Staatstheater. Paul Bildt, George oder Klöpfer kamen dazu. Ich habe erzählt, wie Fehling auf mich aufmerksam wurde, wie er mich zu Rollen heranzog, mich bevorzugte, Anfang der dreißiger Jahre. Ich fühlte mich bald als Fehling-Schauspieler. Er sprach Lübeckisch, ich Kiel'sch. Das ist fast dasselbe. Die Lübecker, die die schöne Stadt haben, waren andere Formate als die Kieler, gebildeter, genießerischer. Die Kieler sind trockener, »plietsch«, wie man dort sagt.

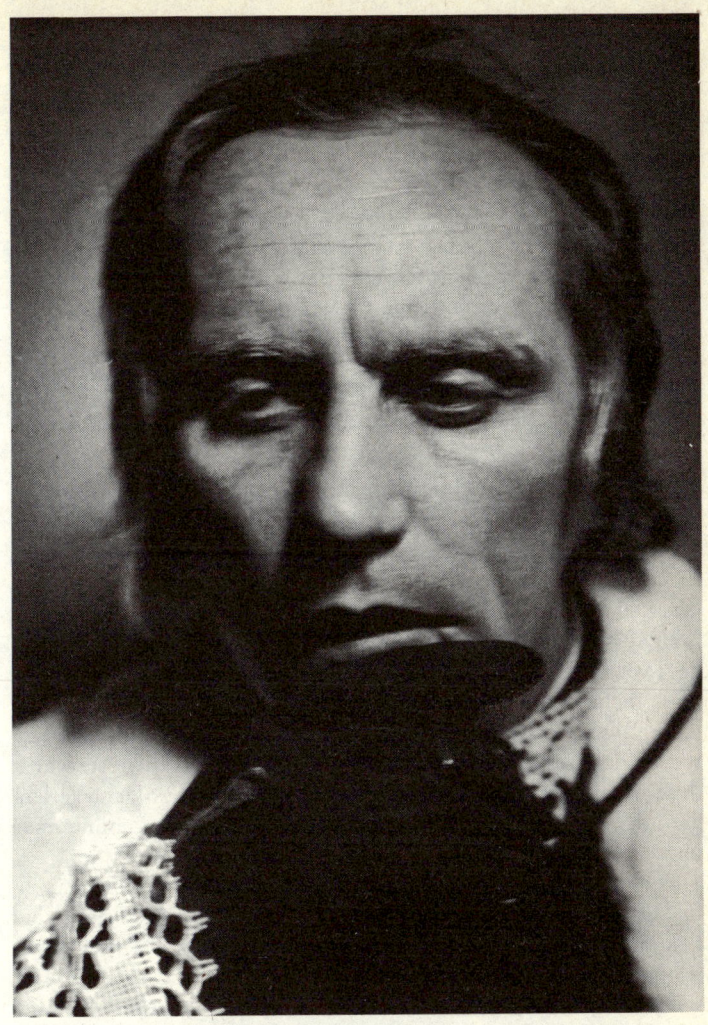

Als Kardinal Wolsey in »Heinrich und Anna« von Hans Rehberg
Staatstheater Berlin 1942, Regie Jürgen Fehling

Fehling liebte die Schauspieler, mit denen er arbeitete. Besonders auch die Chargenspieler, die er immer auf neue Art einsetzen konnte und herrlich herausbrachte: Florath, Dunskus, Trutz, Werner, Bildt, Weber, Aribert Wäscher. Aber seine Lieblingsschauspieler waren in der langen Zeit wohl die Mannheim, Maria Koppenhöfer, George und ich. Die Kombination hatte er zum erstenmal in »Mensch, aus Erde gemacht«. Und das Foto davon war das einzige Foto vom Theater, das in seiner Wohnung hing.

Fehling hat die Schauspieler in den Figuren geliebt. Sie lebten für ihn, und er sah sie in deren Situation und Verhalten. Er wollte, daß man alles höchst bewußt machte, was man spielte. Er sagte oft: »Ich habe ihn gepiesackt, damit er es bewußt macht, was er macht.« Alles bekam bei ihm barocke Züge. Auch wenn er nüchtern spielen wollte, wurde es eine Nüchternheit in einem überfließenden, großen Rahmen.

Alle Figuren seiner Inszenierungen hatten ihr Schicksal von vornherein mit sich zu tragen. Sie waren gezeichnet und konnten auch ihre kleinen Spießigkeiten und Genüßlichkeiten sehr realistisch und prall ausspielen. Kein Regisseur hat mehr erreicht, was Fehling Ende 1930 in der Inszenierung von Barlachs »Blauem Boll« gelang: diese dichte Atmosphäre, die Realität des Kleinstädtischen mit der Überhöhung ins Mystische; die Welt der kleinen Beter und die Hysterien der Grete. Das waren ja nicht gemeine Hysterien; sie waren durchtränkt von einem Verlangen nach Erlösung, von dem Verlangen, doch noch gebären zu können. Solchen Figuren konnte man im alten Lübeck begegnen.

Fehling liebte diese Figuren und spielte sie auch oft vor, manchmal etwas ungelenk. Er war ja einmal Schauspieler gewesen, sicher kein allzu guter, und hatte deswegen das Metier gewechselt. Aber wenn er spielte, hatte er doch gleich die Situation. Er sagte oft: »Ich spiele mal vor, ich versuche es, ich bin ja kein Schauspieler.« Aber man konnte immer ablesen, was er wollte. Bei ihm war alles emotional, weil es im Grunde biologisch war. Ich spürte es körperlich. Plötzlich war der Hintern einer Person eben ein anderer Hintern als der private.

Er drängte auf lebendigen, lebensnahen Ausdruck; aber er wollte ihn nicht naturalistisch. Er wollte alles in Spannungen, wie er selbst immer in Spannung war. Er sagte hinsichtlich der Reaktion einer Figur: »Jetzt denkt sie: du Arschloch, aber sie sagt: du bist eine liebe Person. Wie das eben im Leben ist.« Eine problematische Situation wurde auf ganz direkte und einfache Art gelöst und war dadurch auch lebendig. Sein Regie-Vorschlag: »Die Person denkt: Du gefällst mir, aber ich hab ne Hemmung; woran liegt es eigentlich, daß ich ne Hemmung hab und es dir nicht sage?« Oder er sagte: »Guck in ihre Augen. Dann guck weg und denke: Ich sehe nur ihre Augen und sage daneben den Satz: ›Ich bin gezwungen jetzt zu gehen‹, verlier aber nicht, daß du eben in ihre Augen gesehen hast.«

Das waren seine Elemente, sein Geheimnis des Lebendigen. Da war nichts vorgeplant, wie etwa bei Noelte, der sich Fehlings Schüler nennt, alles generalstabsmäßig vorbereitet, aber damit der krasse Gegensatz zu Fehling ist. Allerdings im Ergebnis kommt Noelte ihm oft nahe. Fehling hat immer improvisiert, sich dem Augenblick überlassen, alles aus der Vision entwickelt, die tief in ihm drin gewesen sein muß. Er hatte ein starkes Raumgefühl, darum hat er auch die Bühnenbilder oft selbst gemacht oder sie durch Rochus Gliese ausführen lassen.

Ich bekam einmal einen Eindruck von den Anfängen seines Arbeitens. Ich besuchte ihn, kam aber zu früh, die Haushälterin hatte mich in die Wohnung gelassen, unbemerkt. Ich sah Fehling dann tief in seinen Sessel versunken, und hörte, wie seine Freundin, Frau Sachs, die seine geistige Muse war, ihm vorlas. Es war wohl das Ende von »Julius Cäsar«. Sie las den Text gleichmäßig, ohne Betonung und Ausdruck. Er nahm das Stück wahr wie einen ruhig fließenden Strom und sah es wahrscheinlich vor sich. Ich vermute: da entstand es in ihm. Da geschah das, was man Fehlings Konzeption, seine Empfängnis, nennen kann.

Fehling lebte ein intensives, vitales Leben, voll barocker Züge. Zur Probe kam er oft erst um halb elf oder elf, dann aber probierte er bis gegen vier. Abend- oder Nachtproben gab es nicht, das ist erst eine Erfindung der Nachkriegszeit. Ich vermute, Kortner, der viel Zeit für seine Arbeit brauchte, hat sie benötigt, und junge Regisseure, die nicht wissen, was sie wollen, und probieren statt zu proben, haben aus Mangel an Wissen und Fähigkeit den Unsinn der Nachtprobiererei eingeführt. Zu Zeiten des Staatstheaters war der Abend, an dem man nicht spielte, frei für die eigene Arbeit, für das Überdenken der Proben vom Vormittag und für die Vorbereitung auf die nächste Rolle.

Fehling fing kaum eine Probe gern an. Er suchte nach etwas, was ihn erfreute, etwa die gute Stimmung der Käthe Gold am Morgen. Er sprach über eine Aufführung, die er gesehen hatte oder das, was er erlebt hatte. Sieben, acht Wochen Probenzeit waren damals ungewöhnlich lang. Der Schluß geriet immer – wie bei Kortner – unter Zeitdruck.

Fehling war ein Augenmensch und auch ein Musiker von hohen Graden. Über Bach und Mozart ging ihm nichts, von Orgeln schwärmte er, und es war dann, als wäre er in den Kirchen Lübecks. Er sprach gerne über das Wesen der Musik und über Komponisten. Er liebte Musik in seinen Inszenierungen. Und ihn interessierte Politik, Geschichte und die neuere Literatur. Nicht gerade Thomas Mann. Aber er war begierig nach Dichtung. Darum hatte er mit den Dichtern einen eigenen, stillen Umgang. In unserer Runde schwärmte ich einmal von Shakespeare; ich hatte gerade Herbert Maischs Inszenierung von »Heinrich IV.« gesehen und berichtete lang und leidenschaftlich darüber. Wir müßten das Stück spielen. Da sagte Fehling in seinem grausam gütigen Humor: »Kinnings, wißt ihr denn nicht, Shakespeare, das ist ein Protégé von Minetti.«

Er war auch in der jungen Literatur immer auf Entdeckungen aus. Als einer der ersten hat er den Dramatiker Hans Rehberg erkannt. Er setzte gerne Eugen Klöpfer in Rehbergschen Rollen ein und sagte scherzhaft: »Das hat alles der Klöpfer gedichtet, und der Rehberg hat es ihm geklaut und unterm Hintern weggerissen.« Fehling war gern drastisch und gar nicht philosophisch. Er hatte auch keine Lebenstrauer, lebte heiter das Leben voll aus. Er hatte eine geistige Muse, jene Frau Sachs, und eine sinnliche, Elfriede B. Nach Proben gingen wir mit ihm. Wie oft saßen wir bei Baarz in der Mittelstraße (in der Friedrichstadt). Danach ruhte er sich zu Hause aus; abends hatte er meistens Gäste. Um acht oder halb neun gab es bei ihm ein Essen, und wenn dann die Tafel aufgehoben war, ging es erst richtig los. Entweder mit intensiven Gesprächen, oder man zog mit ihm in die Kneipen. Er liebte die langen Nächte. Auch in Nachtlokalen war er gern gesehen; er ließ springen, und die Gesellschaft kam in gute Stimmung. Das dauerte bis drei oder vier Uhr morgens – Höhepunkt nachts zwei Uhr eine »berühmte« Erbsensuppe, gelb, legiert.

Fehling war eine ganz originäre Persönlichkeit, vielfältig, reich, als stünden ihm alle Mittel zur Verfügung. Lothar Müthel, der – wie Fehling – die Schauspielerei gegen die Regie eintauschte, war ihm

Als Arnold Kramer in »Michael Kramer« von Gerhart Hauptmann
Staatstheater Berlin 1937, Regie Lothar Müthel

gegenüber eine fast schlichte« Erscheinung. Was Müthel machte, war immer solide, zuverlässig, nachprüfbar, im guten Sinne werktreu. Er diente der Sache. Seine große Liebe war die Musik und die Literatur. Von Jeßner hatte er die Gliederung und Akzentuierung von Texten gelernt und entwickelte dann aus seiner Musikalität die Fähigkeit, komplex auf einen Sinn hin zu sprechen. Musiker sind Gefühlsmenschen. Er hatte ein Gefühl für Ausdruck, er hatte wohl selbst große Gefühle in sich. Insofern auch seine Tendenz, großräumige, fast monumentale Gebilde auf die Bühne zu stellen. Er hatte auch viel soziales Verständnis, gemütvolles, hing deswegen auch dem Strasserschen Nationalsozialismus an und hat das wohl abgeworfen, als die Strassersche Richtung eliminiert war. Sein Idealismus wurde benutzt und ausgenutzt. Als er nach dem Anschluß Österreichs ans Reich Direktor des Burgtheaters wurde (der »Retter«, sagten manche), konnte er sich und seinen historistischen Stil ganz darstellen. Meine schönste Arbeit mit ihm war »Michael Kramer« von Hauptmann. Krauß spielte den alten Maler, ich den Sohn Arnold, der unter dem Vater und der Familie leidet und im Widerstand zugrunde geht. In dem einfachen Realismus war eine wunderbare Freiheit. Krauß hatte auf den Proben die Möglichkeit, den alten Kramer bis zur Charge herunterzuspielen, einen Provinzmaler, einen kleinbürgerlich-engen Menschen zu zeigen und ebenso faszinierend die Alternative: ein Genie, einen Gott, der sein Unverständnis und seine Ablehnung Arnold gegenüber ganz daraus entwickelte, daß er fern gegenüber den Vorfällen hoch über der Sache stand. Ich höre Müthel noch sagen: »Werner, gestern hast du ihn schrecklich chargiert, heute spielst du ihn, als wärest du Prospero.« Krauß konnte beide Möglichkeiten – eine Symbiose – einen Tag vor der Generalprobe mühelos kombinieren. Er blieb der Kleine und hatte ein großes Herz. Er spielte Arbeit und Leid. – Als ich in »Maß für Maß« den Angelo zu spielen hatte, eine Rolle, mit der ich nicht zurechtkam, hat Müthel mir gar nicht helfen können. Ich weiß nicht, warum der Text mir nicht körperlich wurde. Die Rolle hätte mir liegen müssen, aber ich konnte sie nicht aufreißen. Ich war nur äußerlich heftig. Ich glaube, auch Müthel lag das Stück nicht. Er tendierte zu geschlossenen, rhetorischen Formen. Dieser Shakespeare war für ihn viel zu zerklüftet. (Zu viel späterer Zeit gelang dann Zadek in Bremen mit »Maß für Maß« ein großes Experiment.)

Als Fehling Rehbergs »Heinrich und Anna« inszenierte, 1942, spürte ich plötzlich eine gewisse Distanz zu Fehling, es war irgend etwas
los mit ihm, mit mir. Ich sagte schon, daß mir seine Inszenierung zu
harmlos, zu unpolitisch erschien. Ich kann nicht sagen, woran das
lag. Ich habe mit Rehberg darüber gesprochen, der es nicht wahrhaben wollte; vielleicht um des lieben Friedens willen.

Fehling hatte unmittelbar vorher die Uraufführung von Gerhart
Hauptmanns »Iphigenie in Delphi« gemacht. Es ist das letzte Stück
aus Hauptmanns Atriden-Tetralogie, das zuerst fertig war und freigegeben wurde. Es war zu Hauptmanns 79. Geburtstag. Eine große
Premiere. Fehling hatte die Inszenierung sehr ernst genommen. Er
wußte: Da tun wir etwas, was ankratzt, was hineinbohrt oder split-
tert. Wir spürten etwas von Opposition, ohne sie genau benennen zu
können. Die Aufführung hatte enorme Spannungen. Der Umgang
der Geschwister miteinander, der Iphigenie und der Elektra, hatte
inzestuöse Züge. Schon deswegen war es nicht gern gesehen. Die
Szene war ein hohes Felsplateau vor dem Tempel. Gliese hatte eine
einsame riesige Säule daraufgestellt. Da war nichts Klassisches, sondern Archaik, und die menschlichen Spannungen waren bis zur
Furchtbarkeit ausgespielt. Es war Chaos darin und damit etwas Revolutionäres. Die Körner spielte die Iphigenie, Maria Koppenhöfer
die Elektra, wild und verlumpt und mit durchdringenden Tönen. Da
tobte noch der Lebensschmerz vor der fast schon entrückten Iphigenie. Ich war Orest, Knuth der Pylades.

Die Atmosphäre war gespannt. Gerhart Hauptmann war ange-
reist. Alles war von großem Ernst. Der Rußlandfeldzug hatte begonnen, dieses angstmachende Abenteuer der Unvernunft, und wir
spielten hier das letzte Stück aus der Familientragödie, die mit dem
Opfer Iphigeniens beim Auszug in den Trojanischen Krieg begonnen hatte. Aus der Rückschau sieht man Bezüge, die man damals
wohl nur unbewußt spürte. Eine rückhaltlose Betonung einzelner
Schicksale gegenüber dem Massenwahn. Fehlings Inszenierung hatte eine ungeheure Wucht. Wir mußten am Ende mit Hauptmann zusammen immer wieder auf die Bühne, und ich empfand es wie eine
persönliche Beglückung, wie er die Koppenhöfer, mit der ich besonders gern spielte, und mich an die Hand nahm und sich verbeugte.
Am 18. November 1941, drei Tage nach der Uraufführung, hat
Hauptmann in sein Tagebuch in Agnetendorf notiert: »Erst in der

Als Orest in »Iphigenie in Delphi« von Gerhart Hauptmann
Staatstheater Berlin 1941, Regie Jürgen Fehling

Darstellung wurde mir das Werk ganz geschenkt. Ich fühle die Hauche von der menschlichen Bühne herab noch heute und dränge hinein fast wie in ein erquickendes Bad. Die Namen bekränze ich mit Lorbeer: Gründgens. Fehling. Koppenhöfer. Körner. Minetti.«

»Iphigenie in Delphi« war ein Stück, das auch Rehberg sehr liebte. Er hatte eine starke Verbindung zu Hauptmann. Er war stolz, daß Hauptmann ihn anerkannte und in ihm einen Nachwachsenden seiner dramatischen Arbeit sah. Der Orest war meine letzte Rolle mit Fehling. Er inszenierte am Staatstheater noch Knut Hamsuns »Abendröte« mit Krauß und der Koppenhöfer, drei kurze Stücke von Pius Alexander Wolff, Adolf Glaßbrenner und Iffland – ein Genre, das er schon in seinen frühen Jahren geliebt hat, dann den »Biberpelz« mit Krauß als Wehrhahn, Shaws »Heilige Johanna« mit Käthe Gold als Johanna und dem vorzüglichen de Kowa als Dauphin, schließlich ein rumänisches Stück »Ein verlorener Brief« mit Paul Wegener. Seine letzte Arbeit am Staatstheater war »Johannisfeuer« von Sudermann, Mai 1944, mit Wegener, Lina Lossen und der jungen Joana Maria Gorvin. Betrachtet man die Folge dieser Stücke, dann fällt auf: daß er nach »Julius Cäsar« und »Iphigenie in Delphi« keine Tragödien mehr inszeniert hat, nur noch Komödien. Es wirkte fast wie ein Rückzug. – Ich kam in diesen Inszenierungen nicht mehr vor.

Es hing wohl mit Rehberg zusammen; vielleicht hatten Fehling meine Einwände gegen »Heinrich und Anna« getroffen. Eines Tages kam er zu mir und sagte: »Bernhard, du mußt dich entscheiden in nächster Zeit – Rehberg oder ich.« Ich akzeptierte das, war wieder mit Rehberg zusammen. Dann brach Fehling die Beziehungen ab, ohne daß wir uns aussprechen konnten. Ich wurde auch nicht mehr in sein Haus in der Von-der-Heydt-Straße gebeten. Ich litt darunter.

Ich habe den Gründen nicht nachgeforscht, weil mich eine Aufgabe, eine Rolle, die kommt, immer ganz betäubt gegenüber der Umwelt. Vielleicht hatte er auch gehört, daß Rehberg mich verführte, sein neues Stück »Die Wölfe« zu inszenieren. Es war das erste Stück von ihm, das kein historisches Thema hatte, sondern sehr zeitnah war. Rehberg hatte eine Leidenschaft für U-Boote. Er war zur See gefahren, hatte sich im Ersten Weltkrieg für die U-Boote begeistert, kannte wohl auch den Stabschef des Oberbefehlshabers der Marine, Dönitz. Durch dessen Vermittlung gelang es ihm, eine berühmt gewordene Feindfahrt mitzumachen, nämlich im U-Boot des Kapitänleutnants Rasch. Sie fuhren in den Sankt-Lorenz-

Strom, nach Amerika hinein, eine sicher aufregende und spektaku-
läre Fahrt; sie kamen heil wieder zurück

Ich hatte mit ihm deswegen gestritten, fand, die Fahrt sei ein
Wahnsinn. Wir haderten immer wegen seiner Neigung zum Militärischen, denn ich war pazifistisch, anti-militaristisch gesonnen. Es
war der einzige Punkt, in dem wir differierten, in den menschlichen
und philosophischen Dingen verstanden wir uns vorzüglich. Eines
Tages kam er mit diesem neuen Stück, machte mich mit Rasch bekannt, ich las es, war erschüttert von der Situation und der Spannung. Die Situation: die Frauen in der Heimat, die wartenden Familien, die jungen Leute draußen mit ihrem mehr militärischen als na-
zistischen Fanatismus. Ich wurde in den Kreis der jungen U-Boot-
Fahrer nach Lübeck eingeladen, und das Erlebnis ihrer Todesbereit-
schaft, alles einzusetzen (für ein System, mit dem ich eigentlich
nichts zu tun hatte), verstärkte den Eindruck, den das Stück auf
mich machte. Ich empfand ihre tragische Situation. Ich erfuhr von
den hohen Opfern der U-Boot-Waffe, daß von hundert ausfahren-
den Booten derzeit vielleicht dreißig zurückkamen. Es war schon zu
sehen, daß auch der U-Boot-Krieg des Zweiten Weltkriegs sinnlos
war. Es war die Zeit von Stalingrad und danach.

Ich selbst war auf die merkwürdigste Weise von den militärischen
und politischen Vorgängen des Krieges ergriffen. Mein Bruder war
seit Kriegsbeginn an der Front, und ich fühlte mich gezwungen,
meine Gedanken auf ihn zu richten, ihn immer wieder zu mir her-
zudenken, damit er in dem Krieg nicht verlorengehe. Mein Sohn
Peter stand jetzt mit siebzehn Jahren vor der Einberufung. Da habe
ich, ganz widersprüchlich, mein Schicksal nicht mit dem Dritten
Reich und dem Faschismus, aber mit dem nun in einen Lebens-
kampf gedrängten Volk verbunden. Es war ein Gefühl, das ich vorher gar nicht hatte, weil mich – jenseits der geistigen und künstlerischen Äußerungen – »Volk« nie interessierte, sondern immer nur
Individuen. Ich fühlte mich plötzlich einem allgemeinen Schicksal
verbunden. Unversehens stand ich allein. Wenn sich Kollegen weiterhin, wie ich bis etwa Stalingrad, über die feindlichen Bomberer-
folge freuten, dachte ich: Freust du dich ebenso darüber, passiert
deinen beiden Lieben etwas. Sie sollten durchkommen. Diese jungen Offiziere und diese Art Kriegsführung: All dies hat mich betroffen und brachte mich in einen bis dahin ungeahnten Konflikt. Ich
fühlte mich erschüttert, ich verlor meine Bedenken, das Stück zu inszenieren, das man als Durchhaltestück bezeichnen mag. Man

konnte es freilich auch anders lesen, und es gab genug Einwände von der »Partei«. Im Stück gibt es dringliche Fragen der Frauen an ihre Männer, gefallene U-Boot-Männer tauchten geisterhaft auf und stellten ihrerseits ihre Fragen nach dem Sinn ihres Sterbens. Es war das kein Stück des Hurras oder primitiven Opferungswillens, ein oppositioneller Gärtner drängte auf Wahrheit. Es war ein spannungsvolles Stück, auch in politischer Hinsicht.

Rehberg wollte, daß ich es inszenierte. Er hatte es wohl erst Gründgens angeboten, der ablehnte. Er kam dann zu mir und erklärte: »Wenn Gustaf es inszeniert, wird es aristokratisch. Du kannst es adelig inszenieren, in diese Richtung will ich es haben.« Er legte Wert darauf, das Stück aus der Zeit hinwegzuheben in seine überzeitliche Tragik, in ästhetisch-klassische Form.

Das Stück kam dann in Breslau heraus, der Intendant Hans Schlenck hatte es noch angenommen und sich dann, als er sah, daß Hitlers Krieg verlorengehen werde, verzweifelt zur Front gemeldet. Er ist dann auch gefallen. Ein Mann, sicher ein Idealist, der seine Konsequenz zog. Er hatte in Breslau ein wunderbares Ensemble zusammengeführt. Dieter Borsche war einer dieser U-Boot-Kommandanten. Es spielten Hermann Menschel und Eva Vaitl, die nach dem Krieg in München so prachtvoll herauskam. – Die Premiere von »Wölfe« war ein großer Erfolg, wohl der letzte im Breslauer Theater. Gründgens hatte Alfred Mühr geschickt und erfuhr so von meiner Arbeit, sagte das wohl Tietjen, der mich, als wir uns vor der Staatsoper in Berlin begegneten, ansprach und gleich für eine Opernregie gewinnen wollte. »Ich brauche Sie, Sie müssen Glucks ›Alcestis‹ inszenieren«, und als ich Vorbehalte in bezug auf meine nicht ausgebildete Musikalität machte, begann er sie gleich zu zerstören, indem er mir schon einen Korrepetitor zuordnete. Es kam nicht mehr dazu. Die »Alcestis« war mein letzter Auftrag vor dem Zusammenbruch.

Dem Ende entgegen

Von 1941 an wurde das Theaterspielen schwieriger. Die Luftangriffe, die Unterbrechungen des Spiels, oft zwei, drei Stunden lang, nahmen zu. Vor allem wurde es seelisch belastender. Wir spürten es von Jahr zu Jahr mehr. 1941 begannen wir am Berliner Staatstheater noch einen Zyklus Grillparzerscher Stücke, die auf den norddeut-

schen Bühnen ja nie heimisch geworden sind. Es war wohl eine Geste gegenüber den nun ins Reich eingegliederten Österreichern, daß
ihr Klassiker nun auch in Berlin gegenwärtig sein sollte. Auch von
solchen Gesichtspunkten wurden die Spielpläne damals bestimmt.

Wir begannen mit »König Ottokars Glück und Ende«. In dieser
Saison spielte Gründgens auch Hans Baumanns »Alexander«, das
Stück vom Scheitern eines großmächtigen Mannes. Man kann und
darf die Beziehungen sehen. Auch Ottokar ist ein Kämpfer, ein politischer Mensch, der sich einen Auftrag gab, der ihm mißlingt, der
dem großen Ziel, das er sich steckt, doch nicht gewachsen ist, der
unsicher blieb, immer auch selbstzerstörerisch.

Das waren Figuren, die mir lagen, die mich fesselten. Sie hatten
Ziel, Situation, man mußte zeigen, wie sie sich verhalten. Ottokar
war für mich eine herrliche Rolle, nach längerer Zeit auch wieder
eine, die einen Abend trug. Es gibt ein gutes Foto davon, das die innere Besinnlichkeit, aber auch die selbstzerstörerische Unsicherheit
zeigt. Die Rollen waren gut besetzt mit Paul Hartmann, der Koppenhöfer, die Tochter spielte Pamela Wedekind. Kurt Meisel hatte
einen seiner ersten Auftritte. Regie führte der junge Hans Schalla,
den Gründgens ausprobieren wollte. Er suchte nach jungen talen-
tierten Regisseuren.

Die Grillparzer-Stücke wurden eine Probe für sie. – Fehling erkundigte sich, wie es mit Schalla gehe. Ich sagte: »Weißt du, der sagt
mir überhaupt nichts«, und Fehling erwiderte: »Du Dummkopf, der
lernt doch von dir.« Alle Renommierten konnten ihm was anbieten,
aber an den anderen wollte er zeigen, was er konnte. Florath nannte
ihn dann einen Oberlehrer. Gründgens, der Schalla kannte und beobachtete, hat ihn schließlich auch nicht engagiert. Es folgte dann
»Ein Bruderzwist in Habsburg«, in den Werner Krauß seine ganze
Phantasie von und über Habsburg einbrachte, die so völlig von der
Wiener Freundlichkeit herkommt. Er spielte mit wenig Differenzierungen, war sehr weich, sehr schön; das übertrug sich als Schicksal.
In solchen Untergängen war Krauß groß. Walter Franck war Mathias, der böse Bruder. Mir gab Müthel, der die Regie führte, den
Obristen Wallenstein. Wallenstein hat hier nur einen kurzen Auftritt, ist auch von Grillparzer gar nicht ausgeführt. Er hat nichts von
der Weite im Menschlichen und Politischen, nichts von der Überlegenheit, die Schiller ihm mitgab. Ich fand, so wie er da hereinkommt, ist er eigentlich ein Fatzke. So habe ich ihn gespielt, verwegen, jugendlich frisch, ein Fremdkörper in diesem Ambiente; ich

Minetti als König Ottokar, Schattenriß von Jürgen Engert, 1940

Als Ottokar in »König Ottokars Glück und Ende« von Franz Grillparzer
Staatstheater Berlin 1941, Regie Hans Schalla

tat aber doch etwas auf Schiller hin dazu: In der Dekoration lag die Krone der Habsburger, die in einer anderen Szene gebraucht wurde. Ich sah sie, ging auf sie zu, betrachtete sie und habe dann als Wallenstein eine kleine Vision vom Griff nach der Kaisermacht gespielt, die Müthel auch akzeptierte. Eine Figur auf diese phantasierende Art zu finden, ist für mich immer ein Antrieb gewesen.

Zu Grillparzers Stücken habe ich nie eine stärkere innere Beziehung gefunden. Aber sie haben zwei große Rollen, den Ottokar und den Kaiser Rudolf, in die man hineingehen, die man ausfüllen kann mit einer schönen Menschlichkeit. Grillparzers Sprache ist nie die meine gewesen: mittelmäßige Poesie, gut geahndet, gut gemeint, aber nicht körperlich. Wenn ich spüre, die Sprache läßt sich nicht ins Körperliche übertragen, werde ich wie gelähmt.

Der letzte Grillparzer war dann »Des Meeres und der Liebe Wellen« unter dem jungen Karlheinz Stroux. Stroux war Regieassistent bei Hilpert gewesen. Er war hochbegabt, verliebte sich, künstlerisch, in die Heidemarie Hatheyer, die ein junges kräftiges Weib war und ihre Filmerfolge gehabt hatte. Herbert Ihering meinte: »Das Betreten der Leidenschaft ist verboten« wäre ein guter Titel für die Aufführung. Das war auch meine Meinung. Ich hatte den Oberpriester zu spielen und machte das, weil die Rolle keine Phantasie in mir freisetzte, nüchtern und monoton. Wir haben »Des Meeres und der Liebe Wellen« bis in die letzten Wochen vor Schließung der Theater gespielt.

Das gilt auch für Goethes »Iphigenie auf Tauris«, die Müthel schon Anfang 1943 inszeniert hatte. Die Koppenhöfer war wunderbar, von einer dumpfen Triebhaftigkeit, imstand, zu überzeugen, daß sie mit den Göttern und den Ahnen im Bunde stand. Man spürte, daß sie mit dieser Belastung fertig werden mußte, und daß es ihr Glück war, daß sie ihren Bruder trifft. Sie belebte herrlich das Stück. Gründgens als Orest war wieder schön, aber diese tiefe Verlorenheit, dies »es ist der Weg des Todes, den wir treten«, das fand doch nicht statt. Ich glaubte ihm nicht. Ich muß freilich ebenso ehrlich sagen, daß auch ich große Probleme mit der Rolle des Thoas hatte. Ich hatte in jenen Jahren noch immer eine Hemmung gegenüber Goethe. War es Unreife, Unverständnis? Dieser Thoas war ein Barbar, aber ich konnte das Barbarische in der Sprache Goethes nicht finden. Die Sprache gab mir keine Möglichkeit, barbarisch zu erscheinen, und in der zweiten Hälfte verwehrte sie mir, meine Verzweiflung darüber auszudrücken, daß eine Geliebte, das Idealbild einer Frau, mich verläßt. Alles war mir zu verhalten. Ich war den Barbarismus Shakespeares gewöhnt; Shakespeare hat ihn in Gestalten sichtbar gemacht. Thoas ist mehr Dichtung als Gestalt.

Daß ich auch in Goethes Mephisto eine Gestalt suchte, das wurde mein Mephisto-Problem. Das war mein Goethe-Problem überhaupt. Gründgens löst das seine, indem er genial sagte: Mephisto ist ein Handlungsreisender in Geist; da hatte er die ganze Palette seiner Ausdrucksarten. Man mag daran begreifen, wie man sich den Zugang zu Rollen durch falsche Begriffe verstellen und durch richtige erschließen kann. Man braucht oft nur ein Wort als Schlüssel – und müht sich und irrt, wenn man ihn nicht hat.

Unser Abgesang, mein Abgesang am Berliner Staatstheater, wurde der Sigismund in Calderons »Das Leben ein Traum«. Es war eine der besten Inszenierungen des jungen Stroux, und ich war mit Feuer dabei. Franck war ein sehr gesammelter König Basilius. Ich hätte heute Furcht, so eine Rolle zu spielen, das Stück ist mir in der Tendenz inzwischen zu katholisch, aber damals empfand ich das anders. Obwohl das Katholische nicht ausgespielt war, wirkte es doch fast oppositionell, als beschriebe es die politische Situation, nämlich das Recht auf Fesselung der Unerzogenen, Unangepaßten durch den Mächtigen und die Pflicht zur Selbstdisziplinierung. Es war Wildheit und war Ordnung, leidenschaftlich und präzise. 26 Aufführungen in einer Spielzeit: das war ein echter Erfolg auf dem Hintergrund der sich verdüsternden Zeit.

Im Staatstheater gab es damals keine heroischen Töne, keine staatskonformen Stücke, die Belastung des Krieges war zu groß. Kurz vor Schluß gab es noch ein Boulevardstück: »Vagabunden« von Juliane Kay. Gründgens traute mir nicht so ganz. Helmut Käutner, der die Regie hatte und das Stück wunderbar und mühelos inszenierte, auch nicht: ob ich locker sein und Boulevard spielen könne. Ich hatte da mit wunderbaren Frauen zu tun: mit Ebba Johannsen, einer intimen Freundin der Sonnemann, und Marianne Simson, der man nachsagte, sie sei eine Geheimagentin. Gründgens hat auch sie geschützt. Ich sehe mich noch, wie ich mich mit ihr auf der Couch wälze. – Ich spiele gerne Boulevard, auch leicht, wie sich viel später an »Sonny Boys« ja für alle gezeigt hat. Ich finde es immer so lustig, wenn geschätzte Kollegen wie Harald Juhnke, der auf seinem Gebiet ein großartiger Schauspieler ist, sagen: Boulevard sei schwer. Ich schätze die Kollegen vom Unterhaltungstheater genauso wie die Tragiker, aber ich muß auch sagen: Boulevard ist leichter, man ist anders stimuliert, hört das Lachen des Publikums, wird davon getragen, kann ganz anders mit ihm spielen. Es ist dankbarer, Boulevard zu spielen. Das Publikum nahm das auch damals dankbar an.

Gründgens geht

Im Sommer 1943 war die Ahnung nicht mehr abzuweisen, daß Hitlers Krieg nicht zu gewinnen war und Deutschland einem bitteren Schicksal entgegenging. Gründgens wußte das; er machte mir gegenüber auch keinen Hehl daraus. Er fühlte wohl, daß er eine exzeptionelle Stellung hatte, die in Widerspruch geriet zu dem, was auf uns zukam. Er sagte eines Tages, er halte das nicht mehr aus, er müsse aus dem Konflikt heraus und werde als einfacher Soldat Dienst tun. Er meldete sich zur Wehrmacht und ging dann zur Luftwaffe, zur Flugabwehr. Darüber ist viel geredet, viel gemunkelt und gelacht worden, die meisten haben diesen Schritt nicht verstanden, aber dann doch akzeptiert.

Eine Lösung für meine eigenen Konflikte zeigte mir sein Weg nicht, aber ich verstand ihn, deutete seinen Schritt auch nicht als Flucht aus dem Amt, eher als ein Sich-Stellen und Eintreten für die Allgemeinheit, als Sich-Hineinbegeben in das allgemeine Schicksal. Es war auch sicher keine Vorsichtsmaßnahme, keine Sicherung für die Zukunft; Gründgens war dafür zu großartig. Er wußte wohl, daß die Theater in absehbarer Zeit geschlossen würden und sagte sich auch: »Ich, Gründgens, schließe kein Theater.« Und gewiß war auch ein preußisches Element in seiner Überlegung; er veränderte sein Dienstverhältnis, weil er sich sagte, diesen Mächtigen, die mich hervorhoben, die uns nun aber auch dieses Schicksal bescheren, kann ich nicht mehr dienen, ich diene nun bei denen, die den Krieg aushalten müssen. Vielleicht wollte er sich damit auch reinigen. Insofern war es doch ein Sich-Stellen. – Am Ende unseres Gespräches, das sich darauf bezog, sagte er noch: »Außerdem bin ich nicht ganz weg. Hier ist ja noch eine Art Feldwebel, der Alfred Mühr, der mich fragen wird und muß für wichtige Dinge.« Am Ende sagte er ganz eindeutig: »Bernhard, der Krieg ist verloren.«

Gründgens kam dann doch noch einmal zurück. Kurz vor der Schließung aller deutscher Theater kam der Plan auf, Schillers »Räuber« zu inszenieren. Stroux sollte Regie führen, als Besetzung war vorgesehen: Gründgens als Franz, ich sollte den Karl Moor spielen. Das war gewiß eine Intention von Fehling, der das immer wollte und sagte: »Du bist Karl, häng' dich nicht an deinen Franz Moor, du bist Karl mit deinem Glauben, auch mit deiner Radikalität, alles niederrennen zu wollen.« Die Proben begannen, ich habe leidenschaftlich angefangen, es war ja schon eine wilde, furchtbare Zeit. Die Bombenangriffe wurden fast unerträglich, in Berlin sah man schon die schlimmen Zerstörungen, an der Ostfront gab's die ausweglosen Bedrängnisse, denen kaum noch begegnet werden konnte. Ich habe mich wahrhaft in die Schiller-Rolle gestürzt, wie um alles zu vergessen, aber nach fünf, sechs Proben kam Stroux und sagte: »Gründgens bittet dich, zu verzichten, er will umbesetzen. Die Gründe wird er dir noch selber sagen.« Ich war erschrocken. Gründgens kam dann am nächsten Tag und sagte: »Du bist hervorragend. Aber alle um dich herum sind jünger, sie sind zu jung, du zu alt, das geht nicht, das ist ein zu großer Kontrast.« Unter den Jungen waren Erich Schellow, Ullrich Haupt, alle zehn Jahre jünger, untereinander gleichaltrig, insofern gut ausgewählt. Ich war gerade vierzig. Es war eine tiefe Enttäuschung. Ich bin in dem Schauspielhaus damals an dem Glaskasten vorbeigegangen, in dem unser Spielplan aushing, und habe mit der bloßen Faust hineingeschlagen, die Scheibe zertrümmert, aus Zorn. Das war das Ende. Ich habe mir die Vorstellung dann aus Trotz und Schmerz nicht angesehen. Ich bin aber dann, nach der Schließung des Theaters im Herbst 1944, noch einmal in das leere Haus gegangen, auf die Bühne und habe das offene Geviert ganz allein für mich abgeschritten, einmal, zweimal. Das wurde mein Abschied vom Gendarmenmarkt. Es war, als wollte ich diesen idealen, engen, in den Rängen hoch aufsteigenden Raum, den ich in keinem der nach dem Krieg erbauten Theater wiedergefunden habe, noch einmal für mich still in Anspruch nehmen. Ich habe dann später, nach der Bombardierung, noch vor dem abgebrannten Haus gestanden – als wäre meine Geschichte da zu Ende gegangen, als wäre mir selbst etwas zerstört. Aber was da zerstört war, begriff ich erst viel später.

Das Ende der Kritik

Damals wurde gesagt, und es war auch der allgemeine Eindruck, daß Klöpfer – um sich gegen die Kritik zu wehren – den Anlaß gegeben hat, daß Goebbels mit seinem Erlaß vom November 1936 die Kritik verbot und in die »Kunstbetrachtung« umwandelte, die nicht mehr hart zupacken durfte. Berlin war seit den Tagen Fontanes, Kerrs, Maximilian Hardens, Emil Faktors, Jacobsohns, Iherings die Stadt der Kritik gewesen. Was Theaterkritik sein konnte und sollte, ist hier, maßgebend für das ganze Jahrhundert, formuliert und eingeübt worden. Theater war ohne Kritik hier gar nicht denkbar. 1933 gab es auch eine große Veränderung in der Kritik. Alfred Kerr ging sofort in die Emigration, mit ihm eine große Zahl der jüdischen Kollegen. Herbert Ihering, der als Brecht-Freund doch auch links stand, übernahm Kerrs Position am »Berliner Tageblatt«. Das ging nur kurze Zeit. Dann rettete sich Ihering in die Dramaturgie.

Goebbels war die scharfe Kritik der zwanziger Jahre immer ein Dorn im Auge gewesen. Sie war ihm ein Produkt der ungeliebten Intellektuellen, von denen er ja selber einer war – nur einer am rechten Ufer. Als überlegt wurde, ob die Kritik nicht zu beschränken sei – das Dritte Reich lebte ja davon, daß es Kritik auf der ganzen Breite ihrer Möglichkeiten auslöschte –, gab wohl auch Gründgens sein Einverständnis. Gründgens hatte einen Konflikt mit dem Kritiker Alfred Mühr. Er hatte in der »Deutschen Zeitung« Gründgens' »Hamlet« verrissen. Ich konnte Mührs Argumente verstehen, wenn mir auch der Schreiber, der liebedienerisch und eitel war und sehr hinter den Frauen her, gar nicht lag. Es gab noch andere bösartige Angriffe auf Gründgens. Sie bezogen sich nicht nur auf das Künstlerische, sondern meinten auch Persönliches. Gründgens fand es unerträglich, so in seiner Stellung angegriffen zu werden. Deswegen hat er Goebbels' Verbot durchaus toleriert. Gründgens hatte schon vorher, in einer Einzelaktion, geschickt diesen Gegner Mühr mundtot gemacht, indem er ihn als Dramaturgen engagierte, neben Eckart von Naso.

Die Veränderung nach dem Goebbelsschen Erlaß wurde schnell sichtbar. Ich will und kann nicht sagen, daß die ganze Kritik damit ausgelöscht war. Es änderte sich bei ihren besten Vertretern der Stil. Sie schrieben nun verdeckt. Herbert Iherings Kritiken waren noch bis 1936 zu lesen. Er beschrieb nie, er argumentierte. Karl Heinz Ruppels Kunst des verdeckten Schreibens ist gar nicht hoch genug einzuschätzen, weil er sich innerhalb der Beschreibung sehr kritisch äußerte. Ruppel berichtete aus Berlin für die »Kölnische Zeitung«. Helmut Henrichs schrieb im Kölner »Mittag«, Gerhard F. Hering in der »Magdeburgischen Zeitung« und später in der »Kölnischen«. Auch die Kritiker der »Frankfurter Zeitung« mogelten immer dies und das an kritischen Einwänden in ihre Berichte.

Eine merkwürdige Erscheinung war und blieb Paul Fechter, der schon während der zwanziger Jahre in der »Deutschen Allgemeinen Zeitung« die Theaterkritik versah und Zuckmayer mit entdeckt hatte. Er war konservativ, sehr gebildet, immer distanziert. In der »DAZ« kritisierte auch Bruno E. Werner, der, meiner Erinnerung nach, immer schwächer wurde. Auch Richard Biedrzynski rezensierte weiter, nun am »Völkischen Beobachter«, der Parteizeitung – ein bißchen angeberisch, mit Begriffen arbeitend, die ihm nicht gemäß waren. Wir haben den »Völkischen Beobachter« zu der Zeit kaum gelesen. Ich habe mich einmal bei diesem Blatt gegen eine als ungerecht empfundene Kritik mit einem Leserbrief beschwert; er wurde nie gedruckt. Theatermenschen können sich ja gegen Kritik kaum wehren. (Am besten sie steigern sich in ihrem Spiel.) Jeder Politiker, der angegriffen wird, auch der jeweilige Bundestrainer im Fußball, hat es besser. Sie werden zu der Kritik befragt, die gegen sie vorgebracht wird, und können sich so erklären. Der Schauspieler kann das nicht. Da fehlt das öffentliche Interesse; es wird durch Debatten über Regie und über Intendantenfunktionen überdeckt.

Für mich war die Auslöschung der Kritik ein Verlust. Es wurde ja doch im ganzen damals hervorragend Theater gespielt. Es gab im Staatstheater und im Deutschen Theater kaum Aufführungen, die ich als schwach in Erinnerung habe. Ein Glaube an das, was wir spielten, stand immer hinter unserer Arbeit. Mit dem Ausbleiben der Kritik fehlte dann die leidenschaftliche Auseinandersetzung, die das Theater in der Öffentlichkeit nach der Premiere noch einmal wichtig macht. Es ging die Möglichkeit verloren, Schauspieler zu definieren und zu analysieren. Als Herbert Ihering die Kritik aufgeben mußte und dann als Dramaturg nach Wien und schließlich zur Tobis, einer großen Filmgesellschaft, ging, war für mich die wichtigste Position geräumt.

Gewissensfragen

Nach dem Durchgang durch eine so wirre, alle Kräfte beanspru-
chende Zeit, deren schlimmstes Gesicht sich erst nach dem Ende des
Regimes enthüllte, fragt man sich: Wie hast du das durchlebt, mit
welcher Verantwortlichkeit, was hast du von all dem gewußt? Ich
war kein Parteigänger der nationalsozialistischen Bewegung, galt
1933 den neuen Leuten als eine Art Kulturbolschewist. Kurz vor
Hitlers Machtübernahme hatte ich Erich Mühsam und seine Frau
kennengelernt, war einen langen Nachmittag und Abend bei ihnen
in ihrer Münchner Wohnung. Mühsam hatte mir großen Eindruck
gemacht. Man erlebte die ersten Signale der Unmenschlichkeit:
Reichstagsbrand, das Röhm-Massaker, auch die Bücherverbren-
nung wie einen ängstigenden Spuk, suchte sich selbst für sich zu erhalten, abzuschirmen, verkroch sich immer mehr in die Arbeit, in
ein Einzelgängertum. Meine Reaktion auf das SA-Gemetzel 1934
war: »Das ist deren Sache, laß diese fürchterlichen Leute unter sich
machen, was sie wollen, es geht mich im Grunde nichts an.«
Bald habe ich's anders begriffen, als ich spürte, daß die Geschichte, die die Hitler-Leute machten, meine eigene Geschichte mit präg-
te. Natürlich spürte man bald, daß hier Recht gebrochen wurde,
fragte sich, wo soll das hintreiben, und gab sich doch keine Antworten. Natürlich hatte ein Mann wie Gregor Strasser, mit dem die Nazis wie mit einem Abtrünnigen abrechneten, auch innerhalb ihrer
Bewegung einen Eigenwert; er wollte etwas anderes, Besseres. Aber
wer konnte und wollte das beurteilen, wenn er sich aus den ideologischen Auseinandersetzungen dieser Bewegung heraushielt? Es
war ja nicht nur eine Einstellung zu der Hitler-Bewegung zu finden.
An sie, und das war ja der größte Teil ihrer Macht, banden sich andere, vielseitige Interessen, nationaler wie wirtschaftlicher Art: heraus aus den politischen Demütigungen, Beendigung der Arbeitslosigkeit, Überwinden der Weltwirtschaftskrise. Man kann das nur
komplex sehen, um zu verstehen, warum es keinen Aufstand gegen
diese schlimmen Mächtigen, diese Selbstermächtigten gab. Man
empfand sich nicht als Held, hoffte auf eine allgemeine Besserung.
Fehling war gewiß kein Nazi, auch ihm ging es so. Man entwickelte
dann eine Art Selbstschutz durch Abschirmung, und das war wohl
der Anfang jener Verdrängung, der nachher das ganze Volk gezie-
hen wurde. Ich habe frühzeitig vermieden, mich politisch zu äußern.
Man hörte bald von Konzentrationslagern, verband aber damit

nicht die Vorstellung wie später mit Auschwitz oder Maidanek. Man sah sie an als eine Art Haftanstalt, in der die Absonderung der Häftlinge ein gutes Ende haben würde. Von diesen Anfängen her hielt sich der Begriff »KZ« harmloser, als die Sache dann von 1940 ab wurde.

So gehörte auch dieses Wissen in das Arsenal der Verdrängung. Natürlich hatte ich immer Momente, in denen ich dachte: Was passiert da jetzt? Ich wollte es mir nicht vorstellen. Ich wußte auch nichts von Mühsams Schicksal. Wen hätte ich fragen können? Freunde von mir waren von KZ-Haft nicht betroffen. Natürlich beobachtete ich die Politiker. Ich habe ja eine Fähigkeit, vom Verhalten, von Bewegungen her Menschen zu durchschauen. Ich kann sehen, wie sich ein Politiker gebärdet. Das galt natürlich auch für Hitler, der mir als fürchterlicher Narr erschien, dem es mit ungeheurer Raffinesse gelang, den Idealismus junger Menschen und die Treuepflicht der Beamten auszunutzen. Die Justiz hat sich vor ihm ja völlig gebeugt. Ich sage das nicht, um die Künstler zu entschuldigen. Auch mich nicht. Ich kann mich nur auf mich selbst berufen, auf die Natur in mir, die mit dem Intellekt durchschaut und mit dem Instinkt das Verhalten bestimmt. Ich wußte, was es bedeutete, aufsässig zu reden; ich wollte spielen und nicht in ein »KZ«. Das war meine Wirklichkeit, meine Natur, die sich nur in der äußersten persönlichen Not wehren kann, wenn der Selbstschutz, den man als Abkehr, Distanz, Nicht-zur-Kenntnis-nehmen lange üben kann, in Handeln umschlagen muß. Dazu war ich persönlich nie gezwungen.

Aus solchem Verhalten kann man mir heute viele Vorwürfe machen, man kann mir auch Hans Otto oder Wolfgang Heinz – für die ich eine höchste Achtung habe – als Vorbilder hinstellen: Ich gehörte nicht zu ihrer Gruppe, ihre Aktivitäten entsprachen nicht meinem Wesen. Einem Schauspieler wie Ernst Busch konnte ich aber nach dem Krieg in Ost-Berlin ohne Scheu begegnen. Adam Kuckhoff, unser Dramaturg, der Mitglied der Roten Kapelle war und hingerichtet wurde, suchte meine Freundschaft bis kurz vor seiner Verhaftung. Wenn er in unser Haus kam, gab es immer politische Gespräche. Er machte aus seiner Abneigung gegen Hitler keinen Hehl, gab aber nichts von seinem politischen Aktivismus im Untergrund zu erkennen. Wir haben zusammen gearbeitet, als er Strindbergs »Ostern« im Staatstheater inszenierte, und wir waren über unseren gemeinsamen Erfolg sehr glücklich. Er brachte mir auch sein »Eulenspiegel«-Stück, an dem er lange gearbeitet hatte; es war viel zu episch, zu breit, auch letzten Endes zu harmlos, verlor sich in die Eulenspiegel-Anekdoten. Ich versuchte, dem Stück eine straffere szenische Fassung zu geben. Wir fanden auch einen schönen Schluß, und ich bemühte mich, das Stück ins Theater zu bringen; es war aber vergeblich. Kuckhoff dankte mir in einem Vorwort für meine Mitarbeit (das Stück war noch als Bühnenmanuskript in einem Theaterverlag gedruckt worden). Er hat immer gehofft, mich für die Rolle des Till Eulenspiegel gewinnen zu können. Aber es kam nicht dazu. Kuckhoff wurde im September 1942 verhaftet und in Plötzensee hingerichtet. Das traf mich hart.

Ich erwähne das, weil ich meine, diese Freundschaft hätte nicht gehalten, wenn ich ein Nazi oder Antisemit gewesen wäre, wie eine üble Nachrede sagt, deren Quelle ich nie ausmachen konnte. Ich war und bin kein Antisemit. Noch jahrelang gingen jüdische Kolleginnen wie Bessie Hoffarth aus Darmstadt oder Anneliese Cassel bei uns ein und aus. Ich konnte sie, solange es ging, beschützen, bis Bessie Hoffarth eines Tages verschwunden war. Ich suchte über Hans Hinkel, der den Preußischen Theaterausschuß leitete, Auskunft zu erhalten. Vergebens. Anneliese Cassel konnte sich mit einem anderen Namen tarnen und überstand die schlimmen Jahre. Ich sage das nicht, um mich für irgend etwas zu rechtfertigen. Ich treibe keine Apologie. All das gehört zu den Selbstverständlichkeiten jenes Lebens in der Diktatur, wie widersprüchlich es auch erscheinen mag.

1934 machte ich eine Drei-Tage-Tour nach London. Ich wollte eine Klassenkameradin besuchen, Ilse Lask, eine Jüdin. Ich kundschaftete nach Leopold Jeßner, der in London im Exil lebte, traf ihn auch, wir machten einen langen Spaziergang in London, an Westminster vorbei. Ich berichtete, was im Theater los war und von den Kollegen. Er sagte mir: Wie sich das mit Hitler auch entwickle – wenn er, Jeßner stürbe, wolle er in Königsberg begraben sein. Es war wie ein Auftrag, damit einer in Deutschland es wisse. Als wir über die politische Entwicklung sprachen, sagte er, wenn es Hitler gelänge, Österreich an Deutschland zu binden, wäre er doch ein großer Mann in der Geschichte. Ich staunte darüber; ich habe den Satz gut im Gedächtnis, weil er so überraschend war. Aber Jeßner fühlte sich als Deutscher und dachte so. Diese rassische Scheidung, die Hitler den deutschen Juden auferlegte, verstand und akzeptierte er nicht. Ich weiß nicht, wie es später war, als er in Amerika im Exil war. Er hat dort noch mehr Unglück gehabt als Max Reinhardt; beide gehören für immer zum deutschen Theater.

Man mußte kein Nazi sein, um die deutschen Dinge zu bedenken. Und natürlich war auch Nazi nicht gleich Nazi. Unter den Par-
teimitgliedern gab es sehr ehrenwerte, ordentliche, gerecht denken-
de und handelnde Leute. War ich ein Nazi? Die Frage muß ich mir
stellen, weil ich ja eine gewisse Rolle in dieser Ära gespielt habe. Ich
war nicht in der Partei, habe keinen Nutzen vom Regime gehabt.
Meine Existenz gründete nach wie vor auf meiner Leistung als
Schauspieler, auf den Aufgaben, die ich von künstlerisch kompeten-
ten Leuten wie Gründgens und Fehling erhielt.

Curt Riess hat in einem seiner Bücher berichtet, Dieter Borsche,
der in Rehbergs »Wölfen« mitspielte, wisse zu berichten, ich hätte
einmal bei den Proben gedroht, zum Gauleiter zu gehen, wenn man
mir (künstlerisch) nicht folge. Falls ich das gesagt habe, war es ein
Gipfel meiner Ironie, der er nicht imstande war zu folgen. Sinnloser,
unverständlicher Vorwurf! Ich habe auch nie verstanden, daß man
Werner Krauß als Antisemiten beschimpfte und bis in die Nachkriegszeit ächtete. Es gab unrühmliche Szenen, auch von Kollegen,
und ich erspare mir hier die Namen. Wenn Krauß sich einmal antisemitisch geäußert hat, dann sicher aus einem jähen Verdruß, nicht
aus Nazi-Ideologie. Er mochte Reinhardt nicht, fühlte sich unver-
standen. Krauß reagierte in solchen Dingen primitiv; und sicher ist
eine Äußerung dann absolut »privatistisch«.

Als Göring das Staatstheater übernommen hatte, bat er uns der
Reihe nach zu sich. Immer etwa zwölf Personen. Er lud uns in sein
Ministerium zu einem Essen. Hierbei ergab sich im Gespräch etwas,
das seine Einstellung zum Theater kennzeichnet. »Also«, sagte er,
»Gründgens muß es jetzt gut machen. Ich freue mich, die Mitglieder
des Hauses hier zu sehen. Wir werden jetzt ja wohl richtige und gute Stücke spielen. Ich war vor Jahren in Berlin und sah ›Gespenster‹.
Das ist doch das Stück, wo der Sohn nach der Sonne verlangt. Ja,
wen habe ich denn da gesehen?« – »Sie haben Kortner gesehen«,
sagte ich. »Ja, richtig, den Juden Kortner, das war sehr gut gespielt.
Da wurde man fast verrückt. Aber stellen Sie sich heute vor, Minetti, heute von unseren Künstlern doppelt so gut gespielt, man wird ja
doppelt verrückt. Nein, das Stück wird nicht gespielt!« Den Inhalt
wollte er nicht wahrhaben; der hat ihn tief getroffen, da hörte die
Neigung zum Theater auf.

Göring lebte theatralisch. Mir war dieser Stil fremd. Ich lebe
nüchtern, ohne Prätention. Bei Kriegsausbruch, als England nicht
auf Hitlers Vorschläge einging, war mir klar: es geht schief. Ich

wußte aus meinen Studien zum Ersten Weltkrieg, als Kieler, was eine Flotte auf dem Globus bedeutet. Die englische war noch immer die mächtigste, die Entscheidung bestimmende. Amerikas Kriegseintritt, Stalingrad waren dann nur die riesigen Zusätze.

Eines Tages wurde ich in einer wichtigen Angelegenheit in die Leipziger Straße gebeten. Vor der Tür traf ich Herbert von Karajan; wir gingen zusammen hinauf, und wir bekamen die Einladung zu der großen Veranstaltung im Sportpalast, in der Goebbels die bis heute nachhallende Frage stellte: »Wollt ihr den totalen Krieg?« Vorher hatte ich nur zwei-dreimal beim verordneten »Gemeinschaftsempfang« im Theater die sogenannten »Führerreden« gehört, auch manche zu Hause am Radio. Diese Veranstaltung war etwas Neues. Es war die erste nationalsozialistische Versammlung, die ich besuchte. Man war gebeten, was soviel hieß wie: hinbefohlen. Ich stand zusammen mit Eugen Klöpfer, hinter mir stand Theodor Loos, die ganze Prominenz der Berliner Gesellschaft wie der Künstlerschaft war versammelt. Es gibt ein Foto von dieser Veranstaltung. Es sagt nichts anderes, als daß wir da waren; ich habe nicht mitgeschrien. Mir verschlug es die Sprache. Ich habe die Lippen zusammengepreßt.

Von jener Qualität sind auch einige andere Angriffe oder Hinweise auf Beteiligung an Filmen. Das Attentat vom 20. Juli nahm ich fast so distanziert zur Kenntnis wie die Röhm-Affäre, dachte, das sind deren innere Auseinandersetzungen. Ich ahnte freilich, daß alles schnell zusammenbräche, was noch von der Partei mit aller Gewalt aufrechterhalten wurde, wenn das Heer sich der Haltung der Attentäter anschlösse. Ich wünschte es sogar. Dennoch: Unter dem Propagandadruck, der über das Ereignis gelegt wurde, bekam man keine Klarheit über die Vorgänge. Man spürte nur eine allgemeine Depression, die wohl die Form der Angst war, daß nun das Ende nahe sei. Ich spürte in diesem letzten Jahr eine wachsende Verwirrung, sah mit Sorge auf das, was an der Front geschah, wo ich meinen Bruder wußte, hatte die schrecklichen, heillosen Erlebnisse des Bombenkriegs; das Schicksal der brennenden Stadt Dresden verstörte uns, man konnte die Skepsis und Opposition gegen die Innen- und Außenpolitik nicht mehr in Bezug setzen zu den Handlungen der Gegner. Ich, der ich einmal ein Einzelgänger war und es noch bin, spürte zum erstenmal so etwas wie jene Volksverbundenheit, von der ich sprach; es war keine im Sinne der nationalsozialistischen Partei. Ich spürte das Gemeinsame der Situation, in die wir hineingezogen waren, auch, daß in Zukunft Fürchterliches zu sühnen sein werde. Das hatte mit den gängigen Begriffen von Volk, Nation, nationalem Schicksal kaum etwas zu tun. Ich kann mit diesen Begriffen wenig anfangen, bei aller Einsicht, daß Staat sein muß, habe ich zum Staat ein sehr distanziertes Verhältnis. Und »Deutschland« war mir nie ein geschlossener ideologischer, sondern immer ein vielfältiger, an die Unterschiede der Landschaften, Lebensformen und Mentalitäten gebundener Begriff. Als Idee kann ich Deutschland nicht erleben. Damals aber spürte ich so etwas wie ein gemeinsames Schicksal. Ich konnte mich auch über den Untergang des national-sozialistischen Reiches nicht unmittelbar freuen, weil mein Bruder und mein Sohn Peter, der mit siebzehn noch mit der Flak an die Front mußte, dafür zu kämpfen hatten. Ich wollte, daß sie überleben. Ich merkte plötzlich, daß ich für sie betete, spürte eine merkwürdige Form von Religiosität, weil ich der Meinung war, beiden geschähe etwas; wenn alles zusammenbräche, kämen auch sie nicht mehr zurück. Man mag das von heute her nicht mehr verstehen, ich spürte in diesen letzten, ungeheuren, vom Zerreißen jeder Menschlichkeit bedrohten Monaten und Tagen die Widersprüche in mir zwischen Weitermachen oder Sich-Verweigern, Reden oder Schweigen. Es war eine elementare Erfahrung.

Rede ich mich doch heraus? Was habe ich gewußt von den schlimmen Dingen, von Auschwitz, Maidanek, Treblinka? Nichts. Auch kaum einer meiner Kollegen dürfte etwas gewußt haben, auch Fehling nicht. Wir lebten alle mit einem Mantel um uns herum, einem Mantel von Verdrängen, von Nicht-Neugier, Nicht-den-Dingen-nachforschen. Ich nannte das: Selbstschutz.

Wir wußten zwar von früh an von Lagern. Welche Greuel, welche Massenverbrechen in ihnen geschahen, und wo sie existierten, blieb uns verborgen. Hätten wir es erfahren, es hätte uns den Atem verschlagen müssen. Aber wir waren alle geschichtlich in die Dinge mit einbezogen, kollektiv gebunden in das, was geschehen ist. Ist Verblendung dafür der richtige Begriff? Ist Lebenstrieb eine Rechtfertigung? Gar Edgars (der Kapitän bei Strindberg) Maxime: »Durchstreichen und weitergehen« etwas Elementares? Insofern können wir, die wir nicht emigrierten, eine kollektive Verantwortung nicht wegdrängen. Sprächen wir aber von Kollektivschuld, würden wir die wirklichen Täter durch das Allgemeine entschuldigen, auf das das Wort zielt. Wenn wir die Schuldigen namhaft machen wollen, müssen wir auch bei denen suchen, die Hitler möglich gemacht haben. Hindenburg, Hugenberg, von Papen. Die Verstrickung in unsre Geschichte ist größer als die Vereinfacher wahrhaben wollen.

Fazit: Gewählt habe ich Hitler und seine Partei nie. Die Demokratie hat ihm zur »legitimen« Machtergreifung verholfen. Vor diesem fürchterlichen Datum 30. Januar 1933 wußte ich, »Hitler bedeutet Krieg«. Nur ein Bündnis SPD-KPD hätte Hitler verhindern können. Das war mir damals klar. Vor 33 liegt der Keim, der auszumerzen war. Immer wußte ich, daß Institutionen wie Gewerkschaften, Generalstreik, versagt haben, daß die Rechtspresse und jene Parteien, für die sie schrieben, Hitler mittelbar förderlich waren. Hindenburg, für dessen Andenken heute noch Straßennamen werben, bereitete den Weg. Als Hitler einmal da war, lief alles so konsequent zur Katastrophe, wie vorauszusehen war. Das Geschehen ist eine deutsche allgemeine Schuld, das mißlungene Attentat stärkte die Brutalitäten des Machthabers. Der 20. Juli als ein Alibi – Widerstand befreit uns nicht. Das persönliche Verhalten des einzelnen innerhalb dieses Sturzes bleibt dem Gewissen des einzelnen überlassen.

Zwischen den Zeiten

Nach der Schließung der Theater im September 1944 standen wir Schauspieler nun da, ohne Möglichkeiten zu spielen, unsere Arbeit zu tun, die ja auch, insofern sie auf Kunst, auf den Entwurf großer Schicksalsbilder bezogen ist, etwas von jedem politischen System Unabhängiges, etwas Absolutes hat. Es gab eine Liste von etwa hundert Künstlern, die nicht einberufen werden sollten. Ich stand darauf. Wenn Gründgens mich nicht daraufgesetzt hat, dann gewiß Tietjen, der für den Fortgang der Arbeit in den Staatstheatern verantwortlich war. Ich war froh, freigestellt zu sein. Ich kann mir mich als Krieger nicht vorstellen. Ich weiß nicht, wie ich mich verhalten hätte, wenn man mich einberufen und zum Schießen gezwungen hätte, wie ich mich, situationsbedingt, hätte aufputschen lassen, ein anderes Volk als minderwertig oder als bösartig einzuschätzen. Ich habe Nietzsches Ausführung aus »Der Wanderer und sein Schatten« immer zum Zitieren bereit, daß jede Nation immer behaupte, die andere, angegriffene sei die böse, und man selber verteidige nur sich selbst. Nietzsches Durchsicht ist für mich etwas absolut Anarchistisches. Ich kann nur dankbar sein, daß dieser Zwang, schießen zu müssen, an mir vorüberging. Es gab im Kriege manchen, der zu Exekutionen befohlen war und sich geweigert hat zu schießen und dann erschossen wurde. Nicht schießen zu können, gilt gern als eine Unfähigkeit im menschlichen Verhalten, die dann politisch interpretiert wird. Ich stelle mir manchmal vor, das wäre auch meine Unfähigkeit gewesen, aber wer kennt sich, wenn er vom Äußersten so verschont bleibt?

Die Schauspieler, die seit der Schließung der Theater nicht mehr beschäftigt waren, wurden dienstverpflichtet. Ich war drei oder vier Wochen in einem Industriebetrieb, stand mit der Kollegin Friedel Schuster, einer bezaubernden Frau, am Fließband und mußte in vorgestanzte Werkstoffteile Leuchtfarbe eingeben, so daß im Dunkeln Ziffern leuchteten. Das war enervierend: Ich machte schlechte Arbeit, meine Konzentration reichte für zwei Stunden, dann wurde es Pfusch. Manche sagten, das sei absichtlich. So war es nicht. – Wenige Wochen später kam eine andere Einberufung: zu neuer künstlerischer Arbeit. Sie hatte einen politischen Zweck: Kulturarbeit in der Truppe. Matthias Wieman, Will Quadflieg und einigen anderen erging es ebenso. Ich wurde mit einem Pianisten zusammengespannt, »Künstlerabende« bei der Truppe zu machen. Den größten Teil davon habe ich bei der Marine veranstaltet; die Leitung für diese Programme saß in Neustadt an der Neustädter Bucht bei Lübeck. Ich rezitierte Gedichte von Goethe, von Hebbel, von Liliencron, von Hölderlin, sicher war »Mein Vaterland« dabei; aber auch mein liebstes Gedicht damals, »Hälfte des Lebens«, dann aber auch Goethes Hochzeitslied; der Zauberlehrling und der Fischer, keine Parteiliteratur. Ich konnte das Programm selbst zusammenstellen, der Pianist Lorenz Konrad (hieß er so?) spielte dann Beethoven oder Mozart.

Axel Eggebrecht hat nach dem Krieg Mathias Wieman Vorhaltungen gemacht, die er auch gegen mich hätte richten können: Er, Wieman, habe den Krieg durch diese Arbeit »für die Front« verlängern helfen. Wieman hat es dann so verstanden und Eggebrecht bestätigt. Wieman durfte nach dem Krieg eine ganze Zeit nicht mehr spielen. Hier stoßen wir an die Frage nach der individuellen Schuld. Ich kann mit freiem Gewissen nichts anderes sagen als: Dieses mein Leben wollte Rollen spielen, und schließlich auch dieser »Dienst« in der Diktatur, im Krieg, gehört zu meiner Biographie. Ich habe andererseits erlebt, was diese Abende für ältere und junge Menschen, die als Soldaten in der immer aussichtsloseren Lage ihr Leben einsetzen mußten, bedeuteten. Wie viele dankten dafür, durch Dichtung und Musik mit menschlicheren Ausdrucksformen, mit Menschlichkeit, in Berührung gebracht worden zu sein. Ich kann mir wegen dieser Vorträge keine Vorwürfe machen, kann aber auch niemanden hindern, das zu tun.

Ein Seitenweg: Der Film

Als ich 1930 in Berlin zu spielen begann, hatte sich der Tonfilm als neues Medium mit einigen Meisterwerken schon durchgesetzt. Meine Kollegen von den Berliner Theatern waren – von Wegener über Krauß bis zu Albert Florath – längst im Filmgeschäft. In meinen frühen Berliner Bühnenrollen hat auch Kortner mich beobachtet, ich wurde für meine erste Filmrolle engagiert. Der Mörder Dimitri Karamasow wurde einer der ersten künstlerisch besonders hoch bewerteten Tonfilme. Hier war zum erstenmal eine dichterische Dialogbearbeitung. Kortner spielte den Mörder Dimitri, ich den Iwan. Ich war da in einem mir ganz fremden Milieu. Ich hatte viel mit meinen Nöten und Unsicherheiten zu tun, wie man sich vor der Kamera verhalte. Ich hatte auf einmal ein ganz feminines Gefühl, voyeuristisch beobachtet und mißbraucht zu werden. Aber ich wurde bald zutraulich, denn man konnte ja Nicht-Gelungenes wiederholen.

Ich weiß heute, warum ich nie Filmschauspieler geworden bin. Ich bin zu sensibel, ich mache zuviel, mein Gesicht spricht zuviel, es zeichnet zuviel ab, die Filmleute fanden mich immer leicht outriert; ich kam nicht zum Ausprobieren, zur Ausschaltung von zu viel Phantasie, zu einfachem Sein. Ich hätte mich gerne unbedenklich in die Rolle hineinbegeben, mich in den Stoff eingelebt, wäre gern lässig gewesen und hätte mich so fotografieren lassen. Hans Albers ist das ideal gelungen. Ich war nicht mit mir zufrieden, muß aber wohl eine mir unbekannte Wirkung gehabt haben, sonst hätte man mich gewiß nicht für »Berlin, Alexanderplatz« engagiert, für den schrecklichen Rabauken und Zuhälter Reinhold, den ich sehr zynisch, unforciert, zurückhaltend spielte. Ich habe aber – wenn ich heute den Film noch einmal sehe – den Eindruck, ich hätte die Figur am Schluß nicht durchgehalten; dennoch bekomme ich jetzt viel Zustimmung von jungen Menschen, die diesen Reinhold verblüffend schön finden.

Ich hätte mich im Film vielleicht durchgesetzt, wenn ich mich mehr für ihn interessiert hätte. Mir waren aber die Aufgaben auf dem Theater wichtiger; Film, das war für mich von früh an Industrie, für die ich keine zweite Kraft hatte. Ich habe immer nur kleine und mittlere Rollen gespielt, in »Fridericus« einen österreichischen Diplomaten, der den großen König, Otto Gebühr, aufs Kreuz legen wollte. In »Revolutionshochzeit« war ich der Gegenspieler zum edlen Paul Hartmann und der zarten, originellen Brigitte Horney: Da nutzte man, die NS-Filmkammer wußte das, meine revolutionär-anarchistischen Neigungen. Im »Geheimzeichen M 17«, einem Kriminalfilm, genoß ich das spontane Einverständnis mit Hans Albers, den ich sehr bewunderte wegen seiner Direktheiten, seiner prächtigen Herzlichkeiten. Im »Seidenen Faden« war ich ein wissenschaftlicher Mensch, neben Willy Fritsch, in »Henker und Soldaten«, einem Krimi, spielte ich einen Asiaten. Im »Kaiser von Kalifornien« mit Trenker, der in mich vernarrt war, war ich ein Geist in einem Turm, in »Frau ohne Vergangenheit« mit Sybille Schmitz ein mieser Kerl, unbedenklich kräftig und frech gespielt, im »Ewigen Quell« ein bäuerlicher Mensch, in »Robert Koch« mit Jannings war ich ein Gesundbeter: Ich hielt da, ganz sektiererisch, grotesk, skurril eine Versammlung ab. In dem George-Film »Das nürnbergisch Ei« war ich ein leidenschaftlicher Luther, in einem Jeanne d'Arc-Film ein fanatischer Mönch und in einer Verfilmung von Ibsens »Volksfeind« spielte ich den Ministerpräsidenten, der für den Arzt eintritt, der die Quellen reinhalten will. Das war vielleicht, im Sinn des »gesunden Volksempfindens« läppisch propagandistisch, von heute aus gesehen, ich habe das damals nicht als wesentlich empfunden. Somit war alles eine Abwechslung, willkommen zur Aufbesserung der monatlichen Gage vom Theater. Politisch wurde es dann mit den »Rothschilds«. Der Film hatte natürlich eine Tendenz, ich hatte das ganze Buch aber nicht gelesen. Ich war der Fouché, der mit den »Rothschilds« eine Geldaffäre hatte: Arbeit von einem Tag.

Eines Tages erreichte mich ein Angebot, in dem großen Projekt von Goebbels, dem »Jud Süß«, den Juden zu spielen. Die Rolle war zuerst Willy Forst angeboten worden, der ablehnen konnte; ich könnte mir denken, daß er begreiflich machen konnte: er habe für einen Juden zuviel Charme; so listig mochte dieser genialische Charmeur-Spieler wohl sein. Der zweite war Gründgens, der sich auf seine Stellung als Reichskultursenator berief, in der er diese Rolle nicht annehmen könne. Der dritte war also ich. Der Produktions-

Als Reinhold in dem Film »Berlin, Alexanderplatz«, 1931. Regie Piel Jutzi

Minetti in dem Film »Tiefland« von Leni Riefenstahl, 1940–1945

leiter Otto Lehmann bot sie mir an. Ich las das Buch, angewidert, und konnte die Rolle mit der Begründung ablehnen, die könne ich nicht übernehmen, da müßte ich chargieren, und wie sollte ich mit meinem Gesicht da Maske machen, da ginge ja wohl jede Natürlichkeit des Spiels verloren. Das wurde wohl so weitergegeben, und ich wurde nicht mehr behelligt. Als ich das Gründgens erzählte, lachte er und sagte: »Weißt du, du warst der dritte.« Dann kam das unselige Angebot an Ferdinand Marian, und er fühlte sich gezwungen, es anzunehmen und hat dann später – nach dem Krieg – die furchtbare und bittere Konsequenz gezogen.

Leni Riefenstahls »Tiefland«, den letzten Film, in dem ich im Dritten Reich mitspielte, habe ich erst nach 1945 gesehen. Er schien mir romantisch-verblasen, unkontrollierbar im Emotionalen, nebulös. Ich hatte da zwei Szenen als Verführer und war allerdings über meine Ausstrahlung ganz verblüfft. – Die Riefenstahl hatte mich im Theater als Grillparzers Ottokar gesehen, verstand in unserem Gespräch gar nicht, wie man das allabendlich wiederholen könne. Sie kam ja vom Kulturfilm her, hatte bei Fanck Landschaftsfilme gemacht, war gar keine Schauspielerin. Sie war, trotz ihrer guten Kontakte zu Hitler, keine Nationalsozialistin, dazu war sie zu objektivistisch. Sie war ein Seh-Mensch, eine große fotografische Begabung, was sie in den Filmen von den Parteitagen der NSDAP und von den Olympischen Spielen 1936 in Berlin bewiesen hat. Sie war im Fotografischen höchst anspruchsvoll, penibel. Das war auch der Grund, warum sich die Dreharbeiten für »Tiefland« – eine Adaption der Oper von d'Albert – über vier Jahre hinzogen. Natürlich lag es auch an der mangelnden Organisation; noch nicht einmal die Hälfte der angesetzten Termine wurde ausgefüllt. Sie hatte sich auch etwas fast Unvereinbares zugemutet: zu spielen, ohne doch Schauspielerin zu sein. Sie war ungeheuer ehrgeizig, aber ebenso selbstkritisch, revidierte immer wieder, nahm sich selbst kaum an; das wurde für mich schwierig, weil ich immer die kurzen Partien wiederherstellen mußte und mich dabei abnutzte. Das ist für mich das große Problem im Film: es zu beherrschen macht aber die Fähigkeit des Filmschauspielers aus. – Dazuhin war sie auch noch Regisseurin, mußte fortwährend die Dekoration prüfen und durch die Kamera gucken. Sie sah dann Fehler in der Technik, ihren vorzüglichen Kameramann Belitz brachte sie fast zur Verzweiflung. Sie sah Fehler, die kein andrer sah, das Publikum erst recht nicht. Das Drehbuch versachlichte zwar den Stoff, aber filmisch wurde alles doch wieder zur Romanze. Das hing gewiß mit der eigentlichen Naivität der Riefenstahl zusammen, die die Welt wohl nie konkret gesehen hat. Aber ihre Besessenheit zu sehen, zu sehen, zu sehen, war genialisch.

Sie hatte eine Ausnahmestellung. Hitler war von ihren Filmen begeistert; er spürte wohl, was sie für ihn selbst und seine Propaganda bedeuteten. Der Film »Tiefland« kostete viel Geld. Bei Goebbels war die Riefenstahl nicht gut angeschrieben. Ihr Etat wurde von der Filmkammer, die Goebbels unterstand, heftig angegriffen. Sie verhandelte nur mit Hitlers Sekretär Bormann, das heißt, sie hatte einen unmittelbaren Zugang. Diesen Vorzug handhabte sie sehr geschickt; wenn etwas nicht zu beschaffen war, drohte sie, vorstellig zu werden. Sie sagte dann: »Es geht sofort«, und es ging. Man sah hier, was man auch im Theater spürte: Es gab zwischen den Dienststellen und ihren Leitern viele Differenzen und Spannungen, die man, wenn man klug war, ausnutzen konnte. Alle Beteiligten waren auch aus einem anderen Grunde glücklich. Sie waren »uk«-gestellt, »unabkömmlich«, das heißt, sie wurden nicht zur Wehrmacht eingezogen. Kein Kabelträger galt als ersetzbar in diesem Team. Der Film ist damals gar nicht mehr in die Kinos gekommen, wurde konfisziert, obwohl nichts Politisches an ihm war.

Jüngst hat ein Filmograph zusammengerechnet, daß ich im Dritten Reich insgesamt siebzehn Filmrollen gespielt habe. Das hat mich verblüfft, es war aber so merkwürdig: daß sich das in der Erinnerung so verwischt hat, zeigt mir nur, daß mich der Film als Kunst im Grunde nicht angeregt hat. Ich bin nicht mit dem Celluloid verheiratet. Aber im Bühnenraum schwimme ich wie ein Wal im Wasser.

Gab es ein NS-Theater?

Man spricht heute gerne vom Theater der Nazi-Zeit, als wäre es ein in sich geschlossenes System gewesen, das sich den kunstpropagandistischen Interessen der Partei untergeordnet hätte. Das ist gewiß nicht richtig. Aus dem, was ich erzählte, ist die Position des Berliner, des Preußischen Staatstheaters deutlich geworden: Es war nicht das erste Theater des Staates, sondern die erste und mächtigste Kunstbühne in diesem Staat, eigenwillig, soweit es ging. Daß seine letzte Premiere »Die Räuber« hieß, mag man so verstehen. Auch in der Provinz gab es Theater, die sich nicht haben überwältigen lassen.

Saladin Schmitt in Bochum gehörte gewiß dazu. Ich habe schon von der Autonomie, von der eigenen Macht der Kunst gesprochen, auf die der Künstler sich in schwierigen Verhältnissen immer zurückziehen kann. Das haben viele getan. Erst recht, wenn die Mächtigen meinten, man erfülle damit ihre Absichten. Daß die Klassiker so viel gespielt wurden, mehr als in den zwanziger Jahren, hängt gewiß damit zusammen. Die Partei, Goebbels, aber auch Schirach als Führer der Hitlerjugend haben immer wieder in dieses Theater ihre Festspiele gesetzt, hauptsächlich mit Klassikern, aber auch mit Schwulst wie den hehren Stücken von Eberhard Wolfgang Möller. Reichstheaterwochen, Reichsfestspiele, Festspiele der Hitlerjugend erweckten den Eindruck, das Theater sei insgesamt ein Instrument des Nationalsozialismus. Ich habe nicht den Eindruck, daß die Nazis sehr erfolgreich waren, wie immer man auch zusammenzählen kann, was an »neuen Stücken« in diesem Theater gespielt worden ist. Oft waren das Pflichtübungen. Und die Autoren, die die neue Gesinnung vertraten, waren künstlerisch nicht bedeutend. Es blieb nichts von ihnen. Rehberg kann für die Nazis nicht in Anspruch genommen werden, wenn er auch nachher offiziell Gaukulturwart in Breslau wurde, eine groteske Art Ehrentitel, wie es viele gab.

Zu den NS-Autoren zählte Friedrich Bethge mit seinem absolut verstiegenen Idealismus, der der Wirklichkeit gegenüber dumm war; sein einzig potentes Stück, der »Hungermarsch der Veteranen«, war schon vor Hitlers Machtübernahme geschrieben und wurde von den Nazis groß herausgestellt. Das war ein Aufstieg für ihn, er wurde stellvertretender Intendant in Frankfurt, aber seine »Dichtungen« erledigten sich dann von selbst. Eberhard Wolfgang Möller hatte mit seinem Talent alle Möglichkeiten, hat sich aber, trotz des »Frankenburger Würfelspiels«, das zur Olympiade 1936 groß herausgebracht wurde, nie richtig durchgesetzt. Und Curt Langenbeck träumte von der Erneuerung der antiken Tragödie. Er war – wie sein »Hochverräter« zeigt – formal noch der sicherste und interessanteste. Er dachte wenigstens in dichterischen Begriffen, rannte sich aber, wie Möller mit seiner Tragödie »Das Opfer«, auch fest mit seinen Stücken, etwa mit dem »Schwert«. – Natürlich gab es Leute im Theater, die den alten deutschen Traum vom Nationaltheater auf nationalsozialistische Weise mitgeträumt haben.

Heinrich George war gewiß kein Nazi. Die meisten im Dritten Reich konnten sich erinnern, wie links er sich in den zwanziger Jahren hielt. Er war einer der Hauptspieler bei Erwin Piscator gewesen.

Er stand immer unter Volldampf: eine berstende Natur, die die neue Situation dann auch für sich genutzt hat, und weil sie soviel Erfolg hatte, dann auch das Interesse von Goebbels fand. Er hat ihn zum Intendanten des Schiller-Theaters in Berlin gemacht. George hat sich in die Sonne hinein begeben. Er wollte ein sonniger Patriarch sein, war als Theaterleiter sehr autoritär. Im Grunde gab es nur ihn, obwohl er ein beträchtliches Ensemble hatte, mit Horst Caspar, mit Will Quadflieg, denen die Frauenherzen zuflogen. Mit den beiden konnte er Klassiker spielen, zu denen er selbst – trotz seines Erfolgs mit Goethes »Götz« – kein glückliches Verhältnis hatte. Sein Kurfürst im »Prinz von Homburg« ist ihm gewiß mißlungen. Er war da unsicher, obwohl ihm Fehling das an seinem Haus inszeniert hat, mit Horst Caspar als dem Prinzen. Da war die alte Liebe Fehlings zu George noch einmal ausgebrochen und setzte sich ein Zeichen. George spielte viele Volksstücke, mit Vorliebe skandinavische, durchaus mit Niveau und hatte mit Recht dafür ein großes Publikum. Als Gastgeber gebärdete er sich mehr als selbstherrlich, wenn während des Krieges Theatertruppen aus den verbündeten Ländern nach Berlin kamen. Da forderte er mit herrischer Gebärde sein Publikum auf, aufzustehen und stehend zu applaudieren. Er war nicht uneitel, hatte andererseits aber eine echte, unverbrauchbare Urwüchsigkeit; seine Unmittelbarkeit im Wirklichen war faszinierend. Zornige Momente und auch solche von Empörung konnten grandios sein; gelegentlich, wenn er unkonzentriert war, rutschte er ins Oberflächliche ab. Er spielte halt den Götz zu oft. Aus seinem Charme konnte er auch einen wunderbaren Zauber entwickeln. Auf den Wehrmachtstourneen hat er sich sehr engagiert, weil er, wenn er etwas machte, es gründlich machte und auflebte, wenn er die Aufmerksamkeit seiner Zuschauer hatte. Ich möchte ihn unangetastet lassen im Ethischen. Vielleicht hat er sich abends, von seiner Genußsucht hingerissen, oft leicht verbrüdert. Wer weiß, welches Gewissen er sich zu Hause machte. Ich scheue mich, so rigoros zu urteilen, wie manche es heute zu tun belieben, die – aus der Sicherheit der heutigen Zeit heraus – eine primitive Schwarzweißmalerei betreiben. Ich bin nicht für Schubladenordnung. Ich sehe, was diese mächtige Person als Künstler war: starke Farbe auf der Landkarte des Theaters.

Hilpert, als Leiter von Max Reinhardts früherem Deutschen Theater, hat sich intelligent und geschickt und im ganzen auch mit Erfolg gegen die Politisierung seines Theaters gewehrt, obwohl er mit Goebbels als Vorgesetztem eine viel schwierigere Position hatte als Gründgens mit Göring. Er führte es auf einer sehr, sehr menschlichen Basis. Die Faszination, die Reinhardt auf alle ausgeübt hat, ist auch bei Hilpert geblieben. Er hat Reinhardts farbige Kraft zu bewahren versucht, auch in etwa mit dessen künstlerischen Mitteln. Er brachte wunderbare Aufführungen zustande, etwa Shakespeares »Wintermärchen«, dessen schwierigster Akt, der in Böhmen, mir mit Bruno Hübner und Wilfried Seiffert noch so deutlich vor Augen steht, daß ich heute, wäre ich aufgerufen, beiden Kollegen noch einen Theaterpreis verleihen würde. Das Stück war wirklich ein Märchen, nicht »staatsbewußt«, eher eine schöne Intimität, ohne falsche Weichheit. Hilpert verlor nie die Intimität des Menschlichen, auch nicht im politischen Stück, etwa im »Don Carlos«.

Den größten Einfluß hatte Goebbels im Berliner Theater wohl auf Eugen Klöpfer, der die alte Volksbühne leitete. Klöpfer leistete nicht viel Widerstand. Dort wurden die meisten neuen politischen Stücke gespielt, historische und auch neu-»germanische«. Klöpfer und George waren sich spinnefeind, privatim sagte George nur Klopper; Klöpfer sprach von dem Herrn Schulze (George war ein Pseudonym). Es war das eine Art nord-süddeutscher Konflikt. Gerhard Scherler, ein Dramaturg im Ministerium von Goebbels, wollte unbedingt Regie führen und ließ George beordern, daß er an der Volksbühne in Gerhart Hauptmanns »Schluck und Jau« den Jau spiele. Da hatte er eine Szene im Suff zu absolvieren, in der er ins Phantasieren kommt. Klöpfer nahm die Generalprobe ab, fühlte sich bemüßigt, in der Pause bei einer Spielkritik des ersten Teils seinem Kollegen George zu sagen: »Hören Sie, lieber Kollege, wenn Sie an dieser Stelle da so vor sich hinphantasieren, da sehen Sie doch weiße Mäuse vor sich. Das kommt nicht raus. Da würde ich weitergehen und eine große Bewegung machen, sie zu verscheuchen.« George spielte seine Verblüffung aus, sagte aber dann: »Na hören Sie, wenn ich das mache, dann sehe ich sie nicht mehr.« Er ließ sich die Mäuse nicht nehmen. Der Eindruck, daß die Volksbühne unter Klöpfer verschlampe, war allgemein; sie wurde von der Kritik, die bis 1935 ja noch intakt war, auch kräftig vorgenommen.

Die Frage, ob es gelang, das deutsche Theater zu einem NS-Theater zu machen, kann man gewiß mit nein beantworten. Es gab den angestrengten Versuch dazu, gewiß auch hier und dort sichtbare »Erfolge« – vor allem in der Provinz –, im ganzen blieb es ein intaktes Kunstinstrument innerhalb der Diktatur.

1945-1965

Gerettet und was nun?

Die Familie war während der Berliner Jahre gewachsen. Anne, mein Sohn Peter und ich wohnten seit Ende der dreißiger Jahre in einer Villa in der Podbielski-Allee in Dahlem. Am 8. Januar 1940 wurde unsere Tochter Jennifer geboren, die später, wie ihr Bruder, zur Bühne ging. Wären die politischen Umstände besser gewesen, wir hätten gute Jahre zusammen haben können. Der Bombenkrieg auf Berlin wurde von Monat zu Monat heftiger, in der Nähe des Hauses baute man einen Bunker, in den abends die kleinen Kinder gebracht wurden. Jennifer war dort die zweitjüngste. Nach ein paar Wochen ertrug meine Frau diese Gänge, diese Nervenanspannungen nicht mehr. Sie wollte im Haus bleiben und sagte: »Wenn, dann gehen wir alle miteinander zugrunde.« Ich dachte daran, Mutter und Tochter in eine ungefährdetere Gegend zu evakuieren, wie das Tausende von Familien damals machten. Anne wehrte sich, wollte mit dem Kind bei mir bleiben. Als die Angriffe aber schlimmer wurden, gelang es mir, sie für meine Ansicht zu gewinnen. Sie ging mit Jennifer in die Prenzlauer Gegend der Mark Brandenburg, zu einer Familie von Winterfeld, die viele Kontakte mit den Witzlebens hatte. Das Winterfeldsche Gut war groß, bot etwa dreißig evakuierten Personen ein Unterkommen. Die Frau des Hauses versammelte sie um sich zur Mittagstafel. Frau von Winterfeld war eine jener caritativen Frauen, von denen es in der adligen Gesellschaft wunderbare Beispiele gibt, liebevoll, aber innerhalb ihres Haushaltes doch alles beherrschend und organisierend. Sie empfand dies als eine besondere Situation. Sie bestand darauf, die Jüngste fürs Bett zu entkleiden, denn es war dort die Vorschrift, daß die Älteren die Jüngeren zu Bett bringen – um das Personal zu entlasten. Ich lernte einige der Familienmitglieder kennen, spürte wohl, daß der Adel mir eine ferne gesellschaftliche Schicht war und blieb, daß er mir aber doch auch imponierte durch eine unbefangene, tolerierende Art und eine große menschliche Haltung. Ich gab der Gesellschaft Leseabende.

Mit dem Näherrücken der Front im Osten begann die Verlegung der Evakuierten in die westlichen Teile des Reiches. Unser Freund Kurt Naue, ein ehemaliger Tänzer, der Schriftsteller geworden war, hatte eine Beziehung zur Familie von dem Busche, die im Widerstand eine Rolle spielte. Sie nahm uns in ihr Schloß Dötzingen bei Hitzacker auf. Ich kam immer auf wenige Tage von Berlin herüber. Im April 1945, die Russen marschierten schon auf Berlin, kehrte ich nicht nach Berlin zurück. In Dötzingen habe ich das Ende des Krieges erlebt. Ich fürchtete, die Amerikaner könnten das Schloß stürmen; es war von deutschen Soldaten belegt, die ihren Sanitäter veranlaßten, die weiße Fahne zu hissen. Mir war das zu unsicher. Ich überredete die Familie, die Nacht im Wald zu verbringen. Als wir am nächsten Morgen zurückkamen, war das Schloß besetzt. Nichts war passiert. Ein amerikanischer Soldat kontrollierte meinen Wehrpaß, in dem meine Befreiung vom Wehrdienst eingetragen war. Er sagte etwas vom Zurückgehen hinter die Kampflinien auf die deutsche Seite, ich verstand es nicht, blieb am Ort, niemand fragte mehr. Für ein paar Tage hatten wir das Schloß zu räumen, es wurde zur Plünderung an die polnischen Hilfsarbeiter freigegeben. Wir kamen später in ein verwüstetes Haus. Kleine Mühsal gegenüber dem Grundgefühl einer Befreiung. Ein spontanes, überraschendes Gefühl, das dann, vom Alltag überschattet, verging, als sich meine Gedanken mit meinen fernen Lieben beschäftigten.

Während dieser Zeit fiel Stettin, wo mein Sohn Peter noch bei der Luftwaffe (Flak) Dienst tat, im Erdkampf eingesetzt. Ich sorgte mich um ihn. Eines Tages ging ich wie gewöhnlich zum Bauern, um etwas Milch zu holen, da verwickelte mich ein Hausbewohner des Gutes in ein Gespräch; es war Claus von Amsberg, der später die holländische Königin heiratete. Übergangslos sagte er plötzlich: »Wie schön, daß Ihr Sohn zurückgekommen ist.« Ich rannte los und fand ihn, auf dem Rokokosofa in dem riesigen Schlafzimmer, in dem wir uns eingerichtet hatten. Er saß zwischen den beiden Frauen. Die kleine Jennifer hatte ihn, den Heimkehrer in der abgerissenen Uniform, bereits im Vorgarten erkannt und nach oben gebracht. Die Mutter hatte erst gefragt: »Wen bringst du da mit?« Dann erkannte sie ihren Sohn, umarmte ihn. Er hatte sich von Stettin aus durchgeschlagen, war aus der amerikanischen Gefangenschaft entwichen. Ich stand da, erschüttert vor Freude, und ich spürte die Tränen. Ich weiß keinen Tag in meinem Leben, der dem Tag dieses Wiederzusammenfindens gliche.

Wo ging es weiter für den Schauspieler? Gab es noch eine Zukunft für die Kunst in der allgemeinen Not? Nach Berlin konnte ich nicht. Es gab keinerlei Reisefreiheit. Unter größten Schwierigkeiten, innerhalb der britischen Besatzungszone, fuhr ich nach Kiel, es war ein natürlicher Trieb. Und kaum war ich angelangt, war ich im Theater, traf dort Karlheinz Streibing, den Regisseur des Hauses, der mich sofort engagierte. Er war ein musischer, wunderbarer Mensch, dem ich immer ein gutes Gedenken bewahre, dessen Schicksal mich erschütterte, als er sich später in Nürnberg das Leben nahm – er wurde mit seiner Verurteilung wegen eines homosexuellen Vergehens nicht fertig.

Keiner konnte damals wieder mit der Arbeit beginnen, ohne daß er der politischen Überprüfung unterzogen wurde. Für die Entnazifizierung holten die Behörden Erkundigungen ein, man mußte vielseitige Fragebögen ausfüllen. In Berlin war Ernst Legal von der Bühnengenossenschaft mit der Überprüfung der Schauspieler beauftragt. Er kannte mich aus der gemeinsamen Zeit am Staatstheater. Paul Wegener gab ein Gutachten über mein Verhalten im Dritten Reich ab. So war ich »entlastet«. In Hamburg zogen die britischen Behörden, deren Leiter der emigrierte Schriftsteller Joachim Maaß war, Erkundigungen über mich ein. Maaß residierte im Nordwestdeutschen Rundfunk, ließ mich kommen und erklärte mich dann für nicht belastet. Ich konnte meine Arbeit aufnehmen. Auch beim Funk.

Im April war mein Vater gestorben. Es war immer sein Traum und Ehrgeiz als Architekt gewesen, einmal ein eigenes Haus zu besitzen. So hatte er, sparsam, aber sehr schön, in der besten Gegend von Kiel seine Villa erbaut. Ich habe dort nicht mehr gewohnt, sie wurde erst fertig, als ich schon ins Studium gegangen war. Gleichwohl: sie war sein Stolz. Im April 1945 wurde sie durch einen Bombenangriff zerstört. Als ich ihn besuchte, fand ich ihn auf den Trümmern seines Hauses sitzend. Diese Zerstörung hat ihm das Herz gebrochen, der Hunger schwächte zusätzlich die Kräfte. Er hatte sich auf dem Sterbebett, bei Bewußtsein, noch die Fotos von mir und meinem jüngeren Bruder Theodor zeigen lassen. Nachdem er sie zurückgegeben hatte, sagte er nach langer Pause zu meiner Mutter: »Der Tod spielt mit mir.« Letzte Worte beleuchten die Menschen. Mein Vater war ein ehrlicher, gehemmter, wenig cleverer Mann, den die Not drückte. Enden und Neuanfangen wurden mir so eng ineinander verschlungen.

Verschiedene Anfänge

Daß er in Kiel einmal Theater spielen, dort gar zum Theaterdirektor »avancieren« würde, hätte sich Bernhard Minetti, als seine Theaterleidenschaft hier geweckt wurde, gewiß nicht träumen lassen. Das Leben beschert uns die seltsamsten Überraschungen – auch aus den widrigsten Umständen. Das große Haus des Kieler Stadttheaters lag fast ganz in Trümmern, aber das kleine Theater in der Holtenauerstraße, es hatte etwa fünfhundert Plätze, war unversehrt. Wir wohnten in dieser Straße. Wir nannten es bald »Neues Schauspielhaus«. Es war damals die dürftigste Zeit. Der Hunger plagte uns. Wäre der Krämer in der Nähe nicht ein Theaternarr gewesen, hätte er uns nicht ab und zu mit Kartoffeln und Gemüse, das nicht rationiert war, geholfen, ich hätte die Zeit nicht so durchgestanden. Ich spürte, was es heißt, nicht ernährt zu sein. Das Gedächtnis funktionierte nur schwer, es mangelte an der täglichen Kraft für die Rollen. Die Butter fehlte, Kaffee. Aber ich war noch jung und begeistert; es war auch eine Zeit schönster menschlicher Erlebnisse.

Ich führte, wozu ich nur zu selten Gelegenheit hatte: ein offenes Haus. Die Schauspieler kamen, es wurde diskutiert, und so gut es ging gefeiert. Inge Stolten hatte ich aus Hamburg ins Ensemble gelockt. Sie hatte in der Nazizeit schwere Jahre durchgestanden, die Biographie, die sie schrieb, ist wegen des klaren Durchblicks durch die Zeit lesenswert. Darin erzählt sie von unserer Kieler Geselligkeit, zum Beispiel, wie meine Frau durch eine verwandtschaftliche Beziehung zu dem Ober-Melker eines Riesengutes, über vierzig Kühe, einen ganzen Kübel Schlagsahne aufgetrieben hatte und wir daraus einen Anlaß für ein Fest machten. Inge war eine hochbegabte Schauspielerin, eine kluge Frau. Sie verließ die Bühne, hat dann Axel Eggebrecht geheiratet. Sie war meine Rosalinde.

Es war damals fast leicht, Theater zu machen. Theater war die große Abwechslung, das Geschenk im nur notdürftig zu bestehenden Alltag. Für Schauspieler und fürs Publikum. Man spürte das Bedürfnis nach Literatur und nach Stücken, die bisher in Deutschland nicht zu sehen waren. Man wollte wieder die Verbindungen zu dem, was in den zwölf Jahren »draußen« passiert war. Die Besatzungsmächte brachten durch ihre Kulturoffiziere die Theater wieder in Gang, kontrollierten sie auch, vermittelten aber auch die ausländischen Stücke. Ihre Frage war: Was hatten die Deutschen nicht, was

brauchen sie, was können wir geben? Sie spürten wohl eine Verantwortung. So spielten wir in Kiel jene Stücke, die damals auf fast alle
Bühnen kamen: »Antigone« von Anouilh, ein Labsal, ohne den hohen klassischen Anspruch, ohne den Zwang zur Hochsprache; von
Thornton Wilder »Wir sind noch einmal davongekommen«. Wir
spielten nicht, um nun eine neue Ära des Theaters zu begründen, einen neuen Stil, sondern aus Freude, mit anderen zusammen überhaupt wieder künstlerisch frei arbeiten zu können. Aus diesem
Grund begann ich auch Regie zu führen, ganz abgesehen davon,
daß ich mich als Leiter des Schauspiels zum Regieführen verpflichtet fühlte. So inszenierte ich Anouilhs »Eurydike«, Wilders »Wir
sind noch einmal davongekommen« und Shakespeares »Wie es euch
gefällt«.

Natürlich habe ich mich – sozusagen als Einübung ins Regiefach
– an Hamburger Inszenierungen orientiert. Als Eurydike hatte ich
die junge, wunderbare Kuzmany, als Orest Horst Braun, der dann
mein Freund wurde, einer der nicht allzuvielen, die ich am Theater
wirklich als Freund bezeichnen kann. Wir hatten ein gutes Ensemble. Ich rechne das Verdienst daran Streibing an, der für Menschen
und für schauspielerische Qualität immer ein gutes Gefühl hatte. Ich
glaube, meine Hauptbegabung beim Regieführen bestand darin, die
Schauspieler zu einem eigenen Selbstbewußtsein zu bringen, locker
zu machen in bezug auf ihr Spielen, und die Fähigkeit zu entwik-
keln, daß sie wirklich aufeinander hörten, daß sie gern miteinander
spielten, »timing« verstanden, wodurch Atmosphäre zustande kam.
Das hieß aber auch, daß es nicht mein Interesse sein konnte, den
Stücken durch die Regie ein besonderes Gesicht zu geben, noch etwa einen unverwechselbaren »Stil«, meinen persönlichen Stil, zu
entwickeln, wie etwa Heinrich Koch, wie Gustav Rudolf Sellner es
bald taten und wollten.

Ich fühlte mich nicht als Neuerer, nicht als Avantgardist. Mein
Respekt vor der Eigentümlichkeit und dem Eigenwert des Autors
war so groß, daß ich nichts antasten, keine falschen Akzente setzen
mochte: Mein Ehrgeiz ging nicht auf Effekte, und ich fühlte mich
auch nicht dem Zeitgeist verpflichtet zu einer ganz und gar »aktuellen« Inszenierung. Ich wollte im Theater Kunst erleben. Ich wollte
ein Stück und Schauspieler sehen; keine Problematik in der Art von
künstlerischer Auseinandersetzung damals. Ich wußte, was ein
Schauspieler nötig hat, auch für sein Handwerk. Meine Schauspieler haben das wohl auch gespürt und durch ihr Verhalten herzlich

Als Lomow in »Der Heiratsantrag« von Anton Tschechow
Neues Stadttheater Kiel 1946, Regie Volker Soetbeer

gedankt. Ich habe gewiß ein sicheres Gefühl dafür, wie ein Stück inszeniert werden muß, damit es seinen Sinn erfüllt, für uns, für unser natürliches Verständnis der Gegenwart. Aber im Grunde hatte ich doch eine Scheu vor dem Inszenieren, fürchtete, daß man von mir mehr erwartete, als ich geben konnte. So habe ich es denn – bis auf ganz wenige »Rückfälle« – auf Dauer sein gelassen, denn ich wollte aufs Schauspielen nicht verzichten.

Rollen hatte ich genug; ich konnte sie mir zumessen. Zuerst spielte ich den Hamlet; ich wiederholte ihn so, wie ich ihn in Darmstadt gespielt hatte. Ich war überrascht, wie präsent mir die Rolle geblieben war. Dann spielte ich meinen ersten Faust; einer der älteren Schauspieler des Theaters führte Regie. Ich erinnere mich, daß er mich in der Walpurgisnacht mit der jungen Hexe tanzen ließ, die völlig nackt war – wir fanden es toll –, es war ja lange Zeit, bevor mit der »O Calcutta«-Revue in London Nacktheit auf der Bühne sowohl modisch wie selbstverständlich wurde. Mein Faust, fürchte ich, war das Konventionellste, was ich je gemacht habe, und ich suche vergebens nach einer Erinnerung daran; ebenso geht es mir mit dem Robespierre in »Dantons Tod«, den ich – von Kiel aus – in Hamburg spielte, obwohl die Rolle mir doch auf den Leib geschrieben schien. Warum sind mir diese Aufführungen so gut wie vergessen, während anderes ganz deutlich blieb, zum Beispiel der Holofernes in Hebbels »Judith«, den Streibing mir abverlangte? Es war meine zweite Rolle in Kiel. Ich sah die Figur vor mir: gewalttätig, aber ich habe sie nicht in diese Richtung gedrängt, blieb intellektueller, schmaler. Streibing hat mich großartig geführt, ein geglücktes Experiment – das ich aber nie mehr wiederholen wollte. Oder »Der Heiratsantrag« von Tschechow. Eine herrliche Rolle; mein Gutsbesitzer Lomow – ich spielte ihn grotesk, clownesk, expressiv, sehr verwegen und sehr körperhaft und extravagant. In den phantasievollen Bewegungen, in den Kühnheiten – Sado-Macho-Art würde man heute sagen – bin ich viel losgeworden. Ein merkwürdiger Vorgriff auf das später entdeckte Komische in mir.

Kiel war schneller zu Ende, als ich ursprünglich erwartete. Meine Heimat war beruflich doch nicht mein Platz. Nach einem halben Jahr gab es den großen Krach. Ich wollte eine Komödie aus dem Arztmilieu spielen, die ich heute noch für witzig halte, weil sie die Ärzte mit Shawscher Ironie behandelt. Der neugewählte Kulturausschuß der Stadt fand das Stück miserabel. Er griff mich über die Volkszeitung an; deren Theaterkritiker verriß das Stück schon, bevor ich es angenommen hatte. Darüber wurde ich so wütend, daß ich mit diesen Leuten nicht mehr zusammenarbeiten wollte. Sicher war der Kulturausschuß den Besatzungsbehörden gegenüber mit für das verantwortlich, was im Theater gespielt wurde. Aber das ging mir zu weit, diese Vorsicht oder Ängstlichkeit; oder war es Opportunismus? Ich entschied mich gegen Kiel und muß mich heute noch fragen, was entscheidet in uns, wie bilden sich und wie kommen Entscheidungssituationen auf uns zu? Gewiß war es Zufall: Gleichzeitig mit der Kündigung in Kiel kam ein Angebot von Arthur Hellmer aus dem Hamburger Schauspielhaus. Und es gab ein Angebot aus Darmstadt, dort Intendant zu werden. Ich hatte genug vom Intendantsein. Ich war froh, das Kieler Amt loszuwerden. Also sagte ich Hellmer zu.

Hamburg. Oderbruch und andere

Arthur Hellmer war ein sehr geachteter Mann aus dem deutschen Theater der zwanziger Jahre. Er hatte damals in Frankfurt das »Neue Theater«, eine neugierige, couragierte Bühne, die – die Nase im Wind – ein Talentschuppen war. Für Autoren wie für Schauspieler. Hellmer hat früh auf Georg Kaiser gesetzt, hatte – unter anderem – dessen »Bürger von Calais« uraufgeführt, aber auch Hasenclever, Pirandello, Schnitzler. Er hat Paul Graetz, Theo Lingen entdeckt. Ein wendiger Mann, als Privattheaterdirektor gewöhnt, aus seinem Instinkt für Stücke und Darsteller zu disponieren. Er war raffiniert direkt, schnell in den Entscheidungen. Ihm verdanken wir eine der berühmtesten Theateranekdoten dieser Zeit. Hellmer spielte 1924 in Frankfurt als erster »Kolportage« von Georg Kaiser, ein Stück, das wie ein Rückfall Kaisers in den Naturalismus und in die alte Klamotte aussieht. Hellmer nahm das Stück ernst. Als er kurz nach der eigenen Uraufführung das Stück in einer Berliner Aufführung sah, telegrafierte er nach Hause: »Von morgen ab ironisch spielen.« – Dieser Hellmer hatte den Krieg im englischen Exil überstanden. 1946 war er Intendant in Hamburg geworden. Er machte mir sofort ein schönes Angebot. Er lockte mit allen Mitteln: »Wenn Sie bei mir den Franz Moor spielen, garantiere ich Ihnen jeden Monat zwei Pfund Butter.« Im Hamlet sollte ich den König spielen, neben Quadflieg als Hamlet. Auf diesen Claudius hatte ich Lust.

Diese fürchterliche Reue, in die dieser König sich in seinem großen Monolog zu begeben hat, das wollte ich einmal wissen, wie das spielbar ist. Ich war froh, wieder in einer großen Stadt, in einer neuen Situation, vor einem aufgeschlossenen Publikum spielen zu können. Noch immer war ja Hungerzeit, und Theaterspielen war noch etwas Außerordentliches. Das unversehrt gebliebene Deutsche Schauspielhaus hatte die englische Besatzungsmacht für die Unterhaltungsbedürfnisse ihrer Soldaten requiriert. So spielten wir in dem Behelf am Besenbinderhof. Noch immer waren die Belastungen des Dritten Reiches zu spüren. – Als Hellmer dann auch mit Carl Zuckmayers Stück »Des Teufels General« ankam, war es wie ein Schritt über eine Grenze. Da war der NS-Staat, nun von außen gesehen. Das rechtens grauenhaft Kaputtgegangene: wieder intakt, sichtbar gemacht in seinen Zumutungen, Verführungen, falschen Idealismen, seinen moralischen Fakten – ein verführerisches Bild von Verblendung. Wir brachten die Uraufführung. Hellmer hatte sich in England von Zuckmayer privat versprechen lassen, er dürfe die Uraufführung machen. Wir spielten, ohne die Uraufführungsrechte zu haben. Es gab einen großen Krach, aber wir spielten das Stück, das bald über alle Bühnen ging, vierundsechzigmal. In den meisten Darstellungen dieser Jahre findet sich als Uraufführung die Inszenierung Heinz Hilperts im Zürcher Schauspielhaus vom Januar 1947 und als deutsche Erstaufführung die Hilpertsche Inszenierung in Frankfurt angegeben. In Zürich spielte Gustav Knuth den General Harras, in Frankfurt Martin Held. In Hamburg war es Robert Meyn. Er war der erste Harras und ich der erste Oderbruch, der Saboteur, der Flugzeuge mit Konstruktionsfehlern freigibt, um den Krieg schneller zu Ende zu bringen.

Dieser Oderbruch wurde die umstrittenste Figur der Nachkriegszeit auf dem Theater. Er löste einen Sturm der Meinungen und des Widerspruchs aus. Er hatte im Stück den Tod von jungen, unschuldigen Menschen, die in Hitlers Krieg mehr oder weniger idealistisch für »ihr Volk« kämpften, auf dem Gewissen. Schon Zuckmayer ist diese Figur zum Problem geworden. »Dieser Oderbruch war schon damals mein Schmerzenskind. Er ist es noch heute – besonders wenn morgens die Post kommt«, schrieb er 1948 im Rückblick auf das Stück und seine heute unvorstellbaren Wirkungen. Er entwarf Oderbruch als eine Figur, die den Zeitkonflikt in sich austrug: Wie weit darf man in einem verbrecherischen Staat mitmachen, was sind die Folgen des Widerstands? Zuckmayer sah ihn als eine Person, die nicht entsühnt werden konnte, die mit ihrer zu rechtfertigenden

Schuld doch ungerechtfertigt weiterleben mußte! Für Oderbruch blieb es »eine Tragödie der Verzweiflung«, sagt Zuckmayer. Mir fiel die Rolle des Oderbruch nicht leicht. Ich habe mich sehr dazu zwingen müssen, denn meine Meinung war eindeutig: man dürfe nicht so handeln wie er. Ich wußte aber auch, daß Oderbruchs Handeln die Konsequenz war aus dem Leben in einem so ideologischen Regime, in dem das Individuum plötzlich eine eigene Wirklichkeit bekam. In diesem Zwiespalt habe ich einen radikal Überzeugten gespielt. Ich frage mich, warum? Ich konnte mich mit der Rolle wohl nur beschäftigen, indem ich mir sagte: ein solcher Mensch kann nur aus der Idee heraus existieren. Die öffentliche Diskussion um das politische und ethische Verhalten dieses Oderbruch, dessen Person innerhalb der dramatischen Konstruktion unbedingt notwendig ist, verstand ich gut. Aber ich hatte mich selbst in den letzten Jahren des Hitler-Regimes nicht so verhalten wie Oderbruch. Natürlich kam Oderbruchs Frage auch an mich heran: Ist dein Verhalten richtig? Es ist die Frage, die vor jeder Entscheidung steht. Dennoch: man wird oder fühlt sich nicht immer zur entscheidenden Konsequenz gezwungen.

Nun, wie gern ich mich auch selbst überprüfe: in bezug auf die Schauspielerei, auf einzelne Rollen, sind mir persönliche Anschauungen wenig interessant. Was Zuckmayer für das Stück als notwendig erachtete, fand ich richtig. Oderbruch war eine Figur des Schriftstellers, die ich als Schauspieler zu reproduzieren hatte. Als Schauspieler kann ich vom Persönlichen Abstand nehmen. Ich weiß nicht, ob ich das Problem mit einem Vergleich klären kann: Ich bin nicht kirchenfreundlich, aber religiös sehr empfindsam. Ich bin gar nicht geeignet, Soldat zu sein, verstehe mich als Antimilitarist. Aber ich bilde mir ein, so gut wie einen Priester auch einen Offizier in der verantwortungsvollsten und extremsten Situation nachempfinden, nachgestalten zu können. Es reizt mich sehr, auf der Bühne ein vollendeter Soldat zu sein – aber schon mit vier Menschen innerhalb eines Kasernenbetriebs zusammenzuleben, eines strengen zumal, ist mir unvorstellbar und wäre mir gewiß unerträglich.

Mich reizt es aber, und das ist auch meine Aufgabe als Schauspieler, das Fremde herzustellen, auch im »fremden« Milieu. Das Publikum – falls es von meiner persönlichen Haltung weiß – mag darüber verblüfft sein und sich fragen: Wieso kann er das? Das Wort »herstellen« bezeichnet meine Vorstellung von Theater, vom Verhältnis Autor – Schauspieler – Publikum. Es beleuchtet auch das Risiko des

Schauspielers: Wie kann er bei solcher Einstellung eine Rolle begreifen und sichtbar machen, wie kraß stellt er sie dar? Zum Beispiel den Oderbruch. Wir wissen, wie weit ein Schauspieler mit solcher Darstellung kommen kann und wie hoch das persönliche Risiko dann auch wird. Die Anekdote erzählt, der Darsteller des Franz Moor sei, zur Zeit der Erstaufführung des Stückes, vom Publikum verprügelt worden. Insofern beleuchtet die Frage: wie kann er den Oderbruch herstellen – obwohl er ihm vom Verhalten, vom Geist und von der Gesinnung, von der Ethik und vom Menschlichen her unbegreiflich ist – jenen Typ des Schauspielers, dem ich verhaftet bin. Es ist ein anderer als der, den etwa Ernst Busch verkörpert. Ernst Busch tritt in die Rollen mit seiner ganzen Existenz ein. Er will und kann nicht das Konträre, ihm Fremde spielen. Ernst Busch hat dafür meine größte Hochachtung. Ich war von seinem Spiel immer wieder fasziniert und fand ihn großartig in seiner menschlichen Haltung, in seiner überragenden, genialischen künstlerischen Leistung. Sein Galilei war für mich ungeheuerlich, präsent, gegenwärtig. Ich halte die Art des Schauspielerdaseins, wie ich sie repräsentiere, nicht für die einzige und richtige. Mich reizt es, gerade auch gegen meine eigene Anschauung, gegen meine eigene Lebensweise, gegen meine eigenen Glücksgefühle zu spielen. Man kann dabei sehr viel Spaß gewinnen oder muß die Kontraste ausleben.

Beim Oderbruch war es schwierig für mich, meinen Widerspruch gegen die Figur hintanzustellen. Aber ich habe mich auch nicht von Aufführung zu Aufführung gequält. Ich habe ihn gewiß nicht sympathisch gespielt. Wenn ich mich recht erinnere , war viel Mieses an meinem Oderbruch. Ich habe ihn nicht als einen gespielt, der ideologisch mit sich im reinen ist, der überzeugt ist. Er war dann doch wohl nur der benötigte, funktionelle, menschlich niedrige Charakter gegenüber dem des Harras, den Zuckmayer so sympathisch-großartig entworfen hat. Ich meine heute noch: Zuckmayer hat die eigentliche Mentalität des Oderbruch nicht so klargelegt, wie es möglich gewesen wäre, sonst hätte man diese Figur nicht so zum Gegenstand der öffentlichen Diskussion machen, so mit Wörtern in sie hineinschießen können. Manchen Kritikern war – wenn ich mich recht erinnere – meine Darstellung des Oderbruch dann auch nicht entschieden genug und zu psychologisch. Zuckmayer kam nicht zur Uraufführung – wegen der Auseinandersetzungen um die Rechtmäßigkeit der Aufführung. Er hielt sich wohl an die Auffassung seines Theaterverlags. Hellmer war darüber enttäuscht, blieb aber unbekümmert. Es gab wohl keinen größeren Erfolg eines neueren Stückes auf dem Theater der Nachkriegszeit als den des Zuckmayerschen Stücks, in dem die Welt des Nationalsozialismus aus dem Exil so verblüffend echt, so deutlich gesehen war.

Hatten wir damals ein neues Anfangsgefühl im Theater? Gewiß, wir waren ja, wenn auch die tägliche Not uns belastete, aus den geistigen Bedrängnissen heraus, und ins Sterben wurde nun niemand mehr abkommandiert. Daher die Lust aller, wieder spielen zu können. Wie schnell stellten sich überall die Theater wieder her! Aber hatten wir auch den Willen zu einem neuen, anderen Theater? Es ist später bekannt geworden, wie um 1947/48 das Nachkriegstheater in Deutschland auf die aus der Emigration zurückkehrenden Theaterleute gewirkt hat. Brecht, Berthold Viertel, auch Fritz Kortner hatten denselben Eindruck. Brecht formulierte ihn so: »Weitermachen ist eine Parole. Es wird verschoben, es wird verdrängt. Alles fürchtet das Einreißen, ohne das das Aufbauen unmöglich ist.« Damit mag er recht gehabt haben: Wir haben »weitergemacht«, wie das Theater nach allen Katastrophen bisher weiterging, weitermachte. Es war genug eingerissen, wir suchten, froh, dem Druck der Ideologie entronnen zu sein, nach dem, was wir ihm retten, bewahren und als Substanz wieder vorzeigen konnten. Auch Kortners Diagnose von »Nachkriegsexpressionismus« ist kaum bestreitbar. Es war uns sehr darum zu tun, uns wieder auszudrücken. Vorstellungen von einem grundsätzlich anderen Theater gab es kaum. Wohl gab es Erinnerungen an das Theater der zwanziger Jahre. Viele hatten es ja miterlebt und mitgemacht. Fehling, Gründgens, Hilpert: sie führten ihre Arbeit weiter – an den neuen Stücken, die uns bisher verschlossen waren. Fehling zum Beispiel mit Sartres »Fliegen«, Gründgens mit dem »Schatten« von Schwarz. Im Repertoire war die Veränderung zu merken. Was mit Wilder, Anouilh formal Neues kam, war eine andere Methode, Themen ans Publikum zu bringen, ohne den klassischen Anspruch, ohne den Duktus der Verse; es war alles viel ziviler, alltäglicher, ohne Kothurn, und so, als ob jedem das Schicksal der Antigone täglich und in der Nachbarschaft zustoßen könne. Aber es blieb doch bei dem alten Thema: die Vergewaltigung des Individuums durch eine höher gesetzte Staatsräson.

Für mich – der ich aus Experimentierlust immer offen bin – war das kein »neues Theater« mit neuer Zielsetzung: Wie hat Fehling während des Dritten Reiches in Berlin solche Themen gemeistert? Etwa mit dem falschen Kothurn? Mit Liebedienerei? Mit Bedienung

168

politischer Tendenzen? Darum sage ich: der neue Stil dieser Stücke, das waren für mich formale Probleme, sozusagen ein reizvoller Dialog.

Aber natürlich gab es auch einen neuen Impuls: Die Wiedergewinnung des Gefühls für die Werte, die im Dritten Reich verlorengegangen oder unterdrückt worden waren. Diese wollten wir, darstellend, wiederherstellen; wollten zeigen, was die Literatur dazu anbietet und was vernachlässigt oder vergessen war. Das war gewiß kein neuer Aufbruch. Ich wenigstens kann es nicht so nennen, dazu waren die Belastungen zu groß, denn jeder war in die Lösung seiner eigenen Überlebensprobleme verstrickt. Hinzu kam: die Schubladen deutscher Autoren waren leer – mit Ausnahme des großen B. B. Aber eine neue Verantwortung für das Theaterspielen war spürbar. Wir lebten von einem echten Suchen, gewannen als Begriff aber nur den eines »neuen Humanismus«. Es kam damals viel auf die geistig geprägten Leute in den Dramaturgien an, die Fragen stellten wie: Was müssen wir nun tun, wie können wir uns wieder an die große Zeit des Theaters anschließen? Ein so idealistisch geprägter Mann war in Hamburg unser Dramaturg Benninghoff, mit dem ich immer wieder das Gespräch suchte. Gegenüber Hellmer, dem Nur-Theatermenschen, war er ein guter, immer auch kritischer Geist. Daß wir in Hamburg Goethes »Iphigenie« spielten, gehört in diese Rubrik: Neuer Humanismus. Iphigenie, Nathan: das waren damals die notwendigen Erinnerungen an die sittliche Kraft des Theaters.

Ich war nun der Thoas, und das brachte mir die erste Begegnung mit Maria Wimmer. Wir spielten »Iphigenie« später noch einmal gemeinsam in Düsseldorf. Ich hatte das Stück vorher in Berlin mit der Koppenhöfer als Iphigenie gespielt. Zwei seltsam verschiedene Erlebnisse von Frauen: die Koppenhöfer dumpf, somnambul, aus der Erinnerung höre ich dunkle Töne, ein im Grunde archaisch-mythischer Zug ging durch ihre Gestaltung der Rolle. Bei der Wimmer helle, kluge, sehr weibliche, sehr sinnliche, verführerische Töne, ich spüre diese sächsische Vitalität, diese Herkunft aus der barocken Atmosphäre Dresdens, die – in der Umgebung ihrer Wälder – dann auch ihre Dunkelheiten hat. Die Wimmer hat eine beglückende Natur, auch wenn sie ihre tragischen Figuren spielt. Immer hat sie einen vertrauenerweckenden, harmonischen, tief liebenden Zug zur Menschheit; all das ist gepaart mit einer ganz hohen Kunst und höchster Verantwortung und kommt aus ihrer Persönlichkeit, die sich ihrer Mittel ganz sicher ist und sich dadurch auch verströmen kann. Ihre Iphigenie war eine faszinierende Darstellung. – Ich traf sie viel später – Ende der siebziger Jahre – wieder in Düsseldorf, wo wir den »Totentanz« Strindbergs in Leo Mittlers Regie spielten. Das war für mich das Wildeste, was sie je gemacht hat; sie war voller Leidenschaft, hatte aggressive, feministische Züge, wehrte sich ihrer weiblichen Haut mit absoluter Kraft und Entschiedenheit. Das war eine ganz andere Person als jene große Sentimentale, die viele in der Wimmer sahen. Sie hat gewiß in der Zeit des »Regietheaters« dann ihre Probleme und Schwierigkeiten gehabt, aber sie ist eine Persönlichkeit und eine Schauspielerin, die sich immer behaupten wird. Im übrigen bin ich ihr dankbar, daß sie meine musische Begegnung mit Hans Karl Zeiser vermittelte, dem ich als meinem damals wichtigsten und verständnisvollsten Regisseur seit Fehling unendlich viel verdanke. Er wurde mein Freund.

Neben der Wimmer war ich also der Thoas: Die Rolle gehört in das Kapitel meiner Schwierigkeiten mit Goethe, mit dem ich lange nicht fertig wurde. Ich habe immer die Schwierigkeit empfunden, den sehr poetischen, gedankenreichen Text mit einer Gestik, mit meiner realen Körperlichkeit zu verbinden. Kleists Text ist von vornherein plastisch, expressiv. Goethe dagegen fließend, episch, breit, beschreibend. Dynamik gegen Statik könnte man formulieren. Der Thoas ist ein Barbar, aber er spricht diese wunderbare Sprache. Und alles, was Handlung sein könnte, die bei Shakespeare so starke, eigenwillige Existenzen hervorruft, ist hier eingegangen, verpackt in die herrliche, poetische und gedankliche Kraft Goethes. Gerade darum habe ich mich diesem Thoas nie unmittelbar nahe fühlen können und hatte ihn bald – wie meine Vokabel für diesen Bezug zu einer Rolle heißt – »ausgelebt«. Ich spüre dann, ich spiele nur »Theater«, gebe was vor, ohne daß ich noch eine wie immer geartete, sympathische oder widerborstige Bindung an die Rolle habe. Und dann reizt sie mich nicht mehr. Ich habe sogar ein Angebot für eine Tournee mit der Wimmer für 48 000 Mark, was damals sehr viel Geld war, ausgeschlagen. Ich konnte nicht mehr. Als ich später einmal mit Franz Mertz, dem großartigen Bühnenbildner, darüber sprach, wunderte er sich nicht. Er sagte bloß: »Dir liegt das auch nicht im Leben. Wenn eine Frau, die du möchtest, nicht auf dich eingeht, gibst du die Werbung auf, kaum, daß sie davon etwas gemerkt hat.« Ich möchte dies dennoch mehr auf »Iphigenie« beziehen.

Es ist sicher ein sehr männliches Element, das mich da regiert. Als wir nach der Iphigenie »Viel Lärm um nichts« spielten, war mir das

Spiel mit der Wimmer ein großes Vergnügen. Wir bekämpften uns heftig, ich war locker, gelöst und frech, konnte etwas von meinem (damaligen) Charme hervorholen: Es muß erotisch schon interessant gewesen sein, was wir beide da geliefert haben. Liselotte Strelow hat in einem ihrer treffenden Schauspielerporträts festgehalten, als was ich damals galt: ein Männerschauspieler mit erotischer Wirkung. Ich hatte nichts gegen eine solche Betrachtung, es war ja kein Schönling darunter zu verstehen, in dem manche Frauen den Inbegriff von Männlichkeit sehen. Meinen »Othello« spielte ich dann als einen großen Liebenden. Das war draußen auf der Behelfsbühne im Gemeindesaal von Eppendorf. Die Bühne nannte sich »Die Auslese«. Paul Mundorf führte die Regie. Wer war damals die Desdemona? Mir war nicht das Thema Eifersucht wichtig, sondern das Getäuschte in der Liebe, die doch wieder nur eine Täuschung ist. Ich weiß nicht, warum ich Othello, den ich so gerne spielte, nie wiederholt habe.

Manchmal spüre ich eine starke Scheu in mir, die von meiner Verehrung für die Leistungen großer Schauspieler herrührt, die vor mir die Rollen spielten. Ich habe noch selbst ferne Eindrücke von Josef Kainz, Oscar Sauer, von Ludwig Hartau. Ich habe auch festgefahrene körperliche Vorstellungen von Rollen. Ich war immer schlank. Für viele große Figuren des Theaters wird an starke, oft auch dicke Männer gedacht. Auch habe ich dummerweise oft gemeint: das schaffst du nicht mit deiner Art Konstitution; diese Urkraft, diese Atmosphäre um einen Menschen kannst du nicht herstellen. Das war natürlich falsch. Man kann sich eine Figur auch aus dem Gegenaspekt gewinnen – was die Regisseure des Regietheaters in den späten sechziger und siebziger Jahren dann beinahe systematisch versuchten. Ich entwickelte den Othello also aus der Kraft der Seele. Ich verströmte mich im Gefühl. Ich habe ihn später mit anderen Darstellungen des Othello verglichen, ich muß mich nicht schämen. Rolf Boysen war unter Kortners Regie in München ein großartiger Othello. Er war mir nah in seinem Schicksal und unvergeßlich. Ein einziges Wort von ihm, beim ersten Begreifen der angeblichen Untreue Desdemonas, das »Schade!«, ist mir bis heute lebendig. Laurence Olivier empfand ich gegenüber Boysen nicht ursprünglich und naiv genug. Ich will mich mit ihm, seinem ungeheuren Können, nicht messen. Er erschien mir grandios in seinen Möglichkeiten, auch ethnologischer Art. Er ging wirklich wie ein Schwarzer, in federndem Schleichgang, mit bodenhaftender Sohle, wie auf Samt. Er verfügte über eine Fülle schauspielerischer Details; Nuancen, die virtuos, aber zu effektvoll eingesetzt waren. Im Kern blieb er mir fremd. Ich stellte aus meiner anderen Sicht einen anderen Anspruch. Peter Fitz, der damals in Hamburg noch Schauspielschüler war, erzählte mir später, dieser Othello sei »ein Urerlebnis« für ihn gewesen. Zwei Ansichten, warum nicht.

Mit ungefälligen Stücken war es in Hamburg schwierig. Wir hatten ein wunderbares von Hans Henny Jahnn, der damals (wie heute) fast ganz vergessen war, »Armut, Reichtum, Mensch und Tier«. Sogar eine Uraufführung. Sehr skandinavisch: Menschen in Armut, eine Art parzifalischer Held, von größtem Mitgefühl für Mensch und Tier. Das Stück war nicht richtig zurechtgestutzt, schlecht und falsch gestrichen, die Inszenierung durch einen mittelmäßigen Regisseur auch verunglückt: aber ich fühlte mich wohl in der Rolle des Manao Vinje. Nach vier Aufführungen war es aus. Ich erkannte daran, daß ich mit literarischen Regisseuren nicht gut kann. Besser geht es mit bloßen Handwerkern oder auch jungen, die noch selbst ihr Handwerk suchen. Literarische Regisseure irritieren mich – Intuition und Phantasie fördern jedoch meine Potenz. Text in Raum und Handlung zu bringen forciert mich, weil ich meine Vorstellungen von der Sache deutlich machen muß durch mein Spiel – ich outriere dann bis in die Premiere hinein – nach vielen Krächen manchmal.

In meiner zweiten Hamburger Spielzeit hatte ich prächtige Rollen. Etwa den Warwick in der »Heiligen Johanna«, der ein diplomatisierender Dummkopf ist, dessen leicht komische Züge ich sicher zeichnen konnte. Dann den »Saul« von André Gide. Man sollte das Stück prüfen, ob man es nicht wieder spielen kann. Dieter Zeidler war der David. Er erzählt gern eine Anekdote von mir. Ich hatte einen Monolog zu sprechen; er stand als David hinter meinem Sessel. Da hätte ich mich plötzlich unterbrochen und gesagt: »Zeidler, ich merke, daß du nicht zuhörst. Hör mir gefälligst zu!«, dann sprach ich weiter. Es war auf einer der letzten Proben, gewiß ein Extremfall; aber das ist »typisch Minetti«, daß ich spüre, ob einer zuhört. Ich habe eine starke körperliche Sensibilität, die oft als unheimlich empfunden worden ist und sich auch im Leben unmittelbar in Zutrauen, Sympathie oder Antipathie äußert. Schadet teils, teils erleichtert es – lebendig. Die vielen leblosen Gesichter oft ringsum . . .

Und nachdem ich den Hofmarschall von Kalb in »Kabale und Liebe« ziemlich ausgefallen, chargierend und etwas verrückt gespielt habe – eigentlich einen Unmenschen – Verlogenheit und Eitelkeit an sich – fand ich eine Bombenrolle, die eine neue Bestätigung für meine Lust an der Clownerie brachte, das Komödiantische an sich. »Wem Gott ein Amt gibt« hieß das Stück, von Wilhelm Lichtenberg. Ich war der Steuerbeamte Wunderlich, eine Art früher Aussteiger, der zugunsten seiner Mandantin (»Parteien« würde Kafka schreiben), zugunsten der Steuerzahler eine Unterschlagung nach der anderen macht, so daß er vom Ende des ersten Akts ab als verrückt gilt. Er wollte als verrückt gelten, denn er mochte zum 25. Dienstjubiläum nicht geehrt werden, sollte es aber, sollte auch weiter Dienst tun, wollte aber nicht, wollte in Pension gehen und machte sich schließlich über seine vielen Akten her und warf sie um sich, daß sie nur so durch die Luft wirbelten. Jubel im Parkett. Das wurde durch die Art des Spielens exzessiv, clownesk, mir fiel unheimlich viel ein, Gag um Gag sozusagen. Es war eine sprühende, im Tempo fast unwiderstehlich gesteigerte Unternehmung, die den kleinen Steuerbeamten in seinem Konflikt mit seinen Vorgesetzten zeigte. Das Stück strandete dann im dritten Akt, sollte da auch ein bißchen tragisch sein, wenn der kleine Mann, aus der Finanz- in die Landwirtschaft strafversetzt, scheitert, wie das so üblich ist in derlei Stücken. Robert Meyn hatte als Regisseur eine Hand für so was; ich wüßte heute in Berlin keinen, der ihm zu vergleichen wäre. Vierzigmal haben wir das gespielt.

Das war die Bestätigung für mich: Ich kann auch Boulevard, mit Lust. Es wurde dann selten in Anspruch genommen. Aber »Die Liebe der vier Obersten« oder später in Berlin »Sonny Boys« mit Martin Held, das war diese Linie der puren Spielwonne. Doch ich war für andere Rollen da; »man benötigte mich«. Fürs Ernsthafte, für die Klassiker. Ich weiß natürlich nicht, ob jene Rollen mich auf die Dauer befriedigt hätten; auf jeden Fall hätten sie mir eine ganz andere Richtung gegeben.

Hellmer war schon 1948 gegangen. Warum? Vielleicht lag er den Hamburger Verantwortlichen nicht; er war sehr selbständig, tat, was er wollte, er mochte kein Dreinreden. Als seinen Nachfolger holte man einen Schauspieler, der am Staatsschauspiel in München gewesen und dann Intendant in Oldenburg geworden war: Albert Lippert. Er kam, als das Geld durch die Währungsreform knapp geworden war. Die Zeit des großen Zustroms zu den Theatern war vorbei. Er konnte mit dem Ensemble wieder in das alte Deutsche Schauspielhaus einziehen. Mit Lippert und mir ging es aber nicht gut. Er war freundlich, aber was bedeutet Freundlichkeit in dieser Position, wenn man keine Anregungen bekommt? Er sprach sich nicht aus. Ich konnte von Anfang an wenig mit ihm anfangen. Wir waren konträre Naturen. Ich war mir nicht klar, was er eigentlich wollte, verstand freilich, daß er in dieser Situation mit den drei Spielstätten viele Probleme hatte. – Wir kamen dann auch bald in Konflikt miteinander. Er wollte den »Faust« inszenieren, mit Ruth Leuwerik als Gretchen, Erich Schellow als Faust. Ich sollte Mephisto spielen. Ich weiß nicht, warum: Er wollte ihn ganz glatt haben, ich wollte mit der Rolle experimentieren. Ich fand seine Inszenierungsidee platt und vordergründig, er beharrte auf der von den Germanisten ausgeklügelten These, Faust und Mephisto zusammen wären Goethe und wollte beide Figuren auch im Spiel einander angleichen. Nach dem Beginn der Proben stieg ich aus, Robert Meyn übernahm die Rolle. Der kaum verdeckte Zwist erneuerte sich, als 1949 zum zweihundertsten Geburtstag Goethes eine Feier arrangiert wurde. Das Ensemble machte das Programm in der Matinee, ich hatte die letzte Nummer. Mir schien aber das Programm nicht füllig genug zu sein. So las ich auf eigene Verantwortung, unangekündigt, improvisierend aus dem Schluß des zweiten Teils von Goethes großem dramatischen Gedicht. Das war undiszipliniert. Solche Aktionen sind bei mir, so spontan sie sein mögen, doch ganz entschieden vorgebracht. Mein Handeln bedeutete natürlich auch die Explosion einer Grundhaltung, daß ich mit der Leitung des Hauses nicht einverstanden war. Ich suchte eine Entscheidung. Lippert stellte mich tags darauf zur Rede und meinte, ob nicht eine Anstalt angebracht wäre für mich, ich sei wohl überhaupt nicht zurechnungsfähig. Ich war von diesem Vorwurf, der mir ernsthaft vorkam, so betroffen, daß ich auf Gegenwehr verzichtete. Das war der Bruch mit Hamburg.

Da saß ich nun, wollte gern nach Berlin, wollte mich dort aber nicht selbst anbieten. Meine Frau bestärkte mich in meinem Entschluß, Hamburg zu verlassen. Da begann dann etwas für mich Neues. Ich wurde ein Vagabund, lebte fortan von Gastverträgen, vom Herumspielen an vielen Theatern.

Ich hoffte, es würden gute Jahre werden. Aber sie wurden eher trüb. Ich habe mich verheuert, bin über Land gezogen. Es war der Herbst 1949, die ärgste Not lag wohl hinter uns, das Geld war wieder etwas wert. Ich hoffte vergebens auf Berlin. Es gab Kräfte dort, die mich nicht gern sahen, Berufsneid mit angeblich politischen Belastungen kaschierten. Kein Zeichen. Es kam auch keines von Gründgens, der damals schon in Düsseldorf Intendant war. Ich nahm Kontakt auf, vorsichtig, über seinen Dramaturgen Rolf Badenhausen; es gab dann eine eher flüchtige Begegnung. Gründgens war freundlich und freundschaftlich wie immer, aber auch irgendwie fremd. Ich hörte dann später über Rehberg, zu dem Gründgens noch immer stand, was der Grund war. Er verzieh mir noch immer nicht, daß ich nach seiner Entlassung aus der russischen Haft kein Zeichen von Freude, Verbundenheit, keinen Glückwunsch geschickt hatte.

Ich habe bei solchen Begebenheiten oft – auch innerhalb meiner Familie – eine dämliche Scheu, habe Hemmungen, zu gefühlig zu erscheinen, obwohl ich mich aufrichtig freute, daß er wieder da war, wieder spielte. Nun fragte er, sehr objektiv, wie es seine Art war: »Was willst du, willst du etwa an meinem Theater spielen?« Und sagte dann: »In Berlin am Staatstheater war Raum für uns, da störten wir einander nicht. Hier brauche ich die Rollen, die wir beide spielen können, für mich.« Es befiel mich eine tiefe Unsicherheit, die mir freilich lange unbewußt blieb. Ich hatte keine Heimat, kein Haus. Ich weiß heute – wiewohl ich es damals nicht so empfand –, daß ich dadurch auch künstlerisch verloren habe.

Ich sehe mein Rollenbuch durch, in dem ich – von meinem Anfang an – alles notiert habe, was ich spielte, mit Ort und Häufigkeit, und mir steht alles wieder vor Augen: Essen, Köln, Wuppertal, Rheydt, Düsseldorf, Kurfürstendamm Berlin, Oldenburg, Hannover, Goslar, Peine, Wolfenbüttel, Bad Pyrmont, Hildesheim, Braunschweig, Lübeck, Bonn – gelegentlich ein halbes Jahr – oft nur eine einzige Vorstellung, die Rollen öfters mehr ertastet als gestaltet, wie der Herzog in Goethes schöner »Natürlicher Tochter«. Ich spielte zum erstenmal den Edgar in Strindbergs »Totentanz«, diesen allerdings unter der Regie Leo Mittlers mit Brisanz, Maria Wimmer die großartige Partnerin; ich versuchte den Bruder Dominik in Honeggers »Johanna auf dem Scheiterhaufen«. In der Hamburg-Bergedorfer Schloßkirche, im Dom in Schleswig spielte ich den Thomas

Becket in Eliots »Mord im Dom«, ein Hauptstück damals, ein »Kultstück«, würde man heute sagen; es kann alles nicht wesentlich gewesen sein. Den Holofernes aus Kiel habe ich in Aachen wiederholt. Ich sehe in meinem Buch, ich spielte einen Ödipus von André Gide: keine Erinnerung. Nicht die geringste. Nur von Macbeth, unter Hans Schalla in Bochum, Parkhaus, hat sich im Kopf etwas festgesetzt, Erinnerung an einen Ausdruck von Ehrgeiz, an vehemente Rücksichtslosigkeiten, diese merkwürdige Bindung an die Frau, die Monologe am Ende, die den Verlust beklagen und die Erfahrung bergen, die sich am Ende aller Shakespeare-Figuren – auch bei Lear – einstellt, dieses merkwürdige Gebaren: sie lieben einander – entblößt vor Gott und der Welt, treiben sich in die Vernichtung und bekennen sich auf getrenntem Wege zu sich selbst. Dieser zwanghafte Weg in die Einsamkeit, das klare, standhafte Eingehen auf die Unwiderrufbarkeit des eigenen Schicksals war mein Erlebnis der Rolle.

Das sind für mich die schönsten, wahrsten Momente; sie vitalisieren meine Spiellust. Ich möchte sie nie missen. Aber dieser Macbeth war, insgesamt, doch zu unausgegoren, kam zu früh, zu plötzlich. Die Lady war die Mutter von Maria Becker, Maria Fein, eine Schauspielerin der alten Façon, aber großartig. Schalla, an dem mich immer der etwas biedermännische Bauch störte, konnte seine Schauspieler vom Temperament her entzünden, konnte herauslokken und steigern. Er mußte fertige Figuren haben, die er dann, in seiner vitalistischen Art, einander gegenüberstellen konnte. Er schloß die Figuren nicht auf, funktionalisierte sie aber in wirksamer Weise.

Ich bedauere, daß ich danach Macbeth nie mehr gespielt habe. Etwas Vernachlässigtes, Liegengebliebenes: so kommt er mir vor. Die Vagabundenjahre also: zerronnene Zeit – hätte sich mir nicht eine Gunst gezeigt. Die Gunst des Schicksals trug einen noch unbekannten Namen: Recklinghausen.

Das neue Fest

Recklinghausen war als Erfindung eine wirkliche Kostbarkeit. Ich kann das, was sich später »Ruhrfestspiele« nannte, nicht hoch genug einschätzen, es wirkte für lange Zeit maßstabbildend. Das war gewiß das Verdienst des außerordentlichen Otto Burrmeister, der in der Gewerkschaft in Hamburg die kulturellen Angelegenheiten betrieb, in engem Kontakt mit dem großen Mann, dem Gewerkschaftsvorsitzenden Hans Böckler. Dessen Persönlichkeit, dessen Ausstrahlung war von einer natürlichen und unaufwendigen Geistigkeit, Selbstverständlichkeit und Souveränität. Er war ganz entfernt von irgendwelcher Wirkungssucht, seine schöne Menschlichkeit beeinflußte die politische wie gewerkschaftliche Arbeit. Man muß bedenken: Die Gewerkschaftsbewegung war erst vor wenigen Jahren wiederhergestellt worden, nachdem sie im Dritten Reich verboten worden war. Mit der Gründung der Ruhrfestspiele tat sie den ersten Schritt, um ihre neue gesellschaftliche Kraft auch der Kunst zuzuwenden. Walter Dirks hat diese Anfänge trefflich beschrieben und die damalige Sorge benannt, daß die Arbeiterbewegung nicht nur müde, sondern auch stumm zu werden beginne. Man brauchte also neue Impulse.

Otto Burrmeister war Böckler ähnlich. Diese Art Menschen haben das soziale Gefühl, also das für Menschen und für ihre Bedürfnisse im Materiellen wie im Ideellen und Künstlerischen, alles in eins. Burrmeister war ein geschäftiger, praktischer Mann. In Hamburg war er, unter Hellmer, Betriebsrat im Theater. Er fühlte sich verantwortlich, daß es den Leuten am Theater, auch den Schauspielern, gut gehe; er hatte in der Mönckebergstraße ein Lokal ausfindig gemacht, das uns monatelang mit Fisch versorgte, die einzige Möglichkeit, zu den Lebensmittelrationen, die jedem damals durch besondere Karten zugeteilt wurden, etwas hinzuzufügen. Und da er eine echt tätige, sorgende Natur war, kam er auf die Idee mit Recklinghausen, indem er jenen heute schon legendären Tausch von Kunst und Kohle einleitete, um unser Hamburger Theater heizen zu können. Er hatte Beziehungen zur Zeche König Ludwig in Recklinghausen, überredete die Zechenleitung, Kohle nach Hamburg zu bringen, das Theater werde sich durch Gastspiele in Recklinghausen im nächsten Jahr bedanken. Das erste Gastspiel war dann jene Hamburger Inszenierung der »Iphigenie«, in der die Wimmer die Iphigenie, Quadflieg den Orest und ich den Thoas spielten. Da war ich das erste Mal in meinem Leben in Recklinghausen. Es gab einen spontanen Kontakt zwischen dem Theater, der Stadt und dem Publikum dort.

Das Publikum dieser Arbeiterfestspiele hatte damals und auch noch in den kommenden Jahren eine schöne, produktive Homogenität. Sie unterschied sich sehr von der anderer geschlossener Gruppen im Theater, etwa bei Kongressen von Zahnärzten, Rechtsanwälten und anderen, sicher sehr gebildeten Leuten. Diese sind oft – das sagt meine Erfahrung – in ihren Reaktionen recht gehemmt, weil sie zu stark mit einer gegenseitigen, gesellschaftlichen Kontrolle untereinander beschäftigt sind: Wie reagiert der oder die ...? Das Publikum in Recklinghausen war an Theater nicht gewöhnt; es setzte sich überwiegend zusammen aus wirklichen Arbeitern, denen in den Betrieben die Karten angeboten wurden. Ein aufgeschlossenes, neugieriges, unbefangenes Publikum; man spürte seine Erwartung an der erregten Stimmung, so daß es eine Lust wurde, dort zu spielen. Begegnete man den Leuten in den Straßen, in den Lokalen, erhielt man dieses freundliche Lächeln: Du gehörst zu uns. Es war das Festspiel einer Stadt. Für sie gemacht, etwas Außerordentliches, etwas Gestiftetes, originär, aus einer gegenseitigen Leistung erwachsen, ungeplant – und aus Instinkt für die Gunst von Ort und Stunde entwickelt. Keines von den Tourismus-Festspielen, die es heute überall gibt. Die Sympathie, die Otto Burrmeister und der Bürgermeister von Recklinghausen füreinander fanden, war die Triebkraft, aus dem Dankgastspiel die Festspiele werden zu lassen, die sich bald verselbständigten. Burrmeister übernahm die Leitung. Es wurden eigene Inszenierungen gemacht, für die Festspielzeit ein Ensemble zusammengestellt, bekannte Regisseure verpflichtet. Burrmeister, der – ohne besonderen Bildungsweg – ein natürliches Gefühl für Qualität entwickelte, war nichts gut genug: Er gewann Werner Krauß für den Lear. Werner Hinz, Quadflieg und Ernst Deutsch, Hanns Ernst Jäger und Käthe Reichel (Brechts Grusche) spielten. Es wurde bald eine Auszeichnung, nach Recklinghausen berufen zu werden. In den ersten Jahren hatte der Bonner Dramaturg Karl Pempelfort die künstlerische Leitung.

Vielleicht gehört es wieder zu meinem Glück, daß Burrmeister schon in meiner Hamburger Zeit meine Mitarbeit suchte. Er wollte mich als Faust, machte viel Wesens aus meiner Zusage, sagte mir gegenüber aber auch, es sei ein großes Risiko mit mir. Er hatte schon einen wunderbaren Mephisto engagiert, Wilfried Seiffert von Hilperts Deutschem Theater, und die Kuzmany als Gretchen. Ich ahnte nach dem Faust noch nicht, daß mich Recklinghausen wieder zu mir selbst bringen würde. Das Arbeiten hier war ungewöhnlich. Man konnte die ganze Zeit in fertigen Dekorationen proben, man spielte in hoher Besetzung. Im zweiten Jahr inszenierte Karlheinz Stroux »Don Carlos« mit Ullrich Haupt, Martin Benrath, der Hatheyer als

Eboli, ich spielte den Domingo und fand mich sehr anerkannt von der Kritik.

Domingo war für mich eine schauspielerische Existenzfrage. Ich habe ja kein positives Verhältnis zur katholischen Kirche, aber die Rolle brachte mir das Gefühl einer rückhaltlosen Bindung an sie. Dieser Domingo war der absolute Vollstrecker seiner geistig und existentiell vollzogenen Weltanschauung, ihre Gesetze sind ihm absolute Selbstverständlichkeit. Man mußte ihn gar nicht als einen gewaltsamen Mann spielen, sondern fleischlich, milde, er hat ja alles im Körper und im Bewußtsein, und verfügt über ein großes Raffinement, die unmittelbar akute Situation zu beherrschen. Er spekuliert mit seinen Wirkungen auf Carlos und die anderen und auf das Verhältnis zu Philipp in der Eboli-Affäre. Ich sah ihn als großen Intriganten, er hatte keine Spur von Charge. Das ist mein Ehrgeiz: keine Chargen zu spielen, sondern Figuren, die ihre Rechtfertigung in sich haben und zu denen der Zuschauer sich verhalten kann, so oder so.

Das »keine Chargen« spielen heißt nicht, daß ich kleine Rollen verweigere. Ich spiele sie mit großer Lust. Ob kleine oder große Rollen ist für mich kein Problem; das Problem ist: wie fülle ich sie aus? Es gibt Kollegen, die sich mühen, aus einer kleinen Rolle durch besondere Virtuosität eine Hauptrolle zu machen, nur mit Beifall abzugehen und dem großen Kollegen, der den ganzen Abend tragen muß, sozusagen das Nachsehen zu geben. Das ist nicht meine Art. In der kleinen Rolle gerate ich in eine Verkürzung, die besondere Aufgaben stellt. Sie ist ein Teilstück von einem Menschen, von einer Handlung, die in der kleinen Rolle ins große Drama reicht. Vielleicht rechtfertigt sie nur ein Moment, den einzubringen dem Autor wichtig erschien. Aber in diesem Moment begegnet man der Hauptfigur, muß sich in Beziehung bringen zu einem Partner, der die ganze Fülle der Rolle zur Verfügung hat, muß ihm einen Stein, einen Apfel reichen, ihn verführen, irritieren, auf einen Weg bringen. Dieses Movens bewegt mich selbst, treibt mich an, auch in der Charge ein Mensch zu bleiben. Das deckt sich nicht nur mit einem Gefühl von Verantwortung (und Dankbarkeit), daß ich für Autoren und die Figuren da bin, die sie entwerfen. Es kommt auch meiner Experimentierlust entgegen: Wie schnell muß ich hier lebendig da sein, was für Perspektiven muß ich entwerfen? Oft ist die Charge im Stück ja nur ein Anstoß für etwas; das Leben dieser Figur selbst ist dann gar nicht interessant; aber wie viele dieser Figuren haben ihr eigenes Leben in sich. Das muß man als Schauspieler sehen.

In diesem Sinne habe ich auch in Recklinghausen meine kleinen Rollen gespielt. Etwa den Tibault in der »Jungfrau von Orleans«, die Skopnik mir zuwies, weil er mich unbedingt »dabei haben« wollte. Antje Weisgerber war die Jungfrau. Ich hatte wenig Bezug zu dieser Rolle, ich war zu jung. Die Bühne steht mir noch ganz deutlich vor Augen. Sie hatte abstrakte Gestalt, mit schräg gestellten Masten, die wie gespreizte Schenkel auf der Bühne standen, aber auch ein kahles Schlachtfeld abgeben konnten. – Im nächsten Jahr beherrschte Will Quadflieg als Peer Gynt die Bühne im Saalbau: Ich hatte am Schluß den Knopfgießer zu spielen, die Phantasiegestalt eines Irrenarztes, der den irren Peer behandelt. Irresein auf der Bühne ist meist nicht schwer zu spielen. Ein Irrer gibt dem Publikum und der Kritik selten Maßstäbe, er kann sich also viel erlauben. Jedoch kann man ihn in eine gerechte Form bringen. Es muß mir damals gelungen sein. Ich machte ihn nicht unheimlich, sondern primitiv und verbindlich statt nur phantastisch. Ich glaube, ich fand doch eine wirkliche Existenz.

Es war eine Wonne, diese Szene mit Quadflieg zu spielen. Er war ein großartiger, energievoller Peer Gynt. Ich kannte ihn ja gut aus Berlin. Ich schätze seine Prägnanz, die Wirkung seiner Persönlichkeit, er ist eine Ausnahmeerscheinung in unserem Berufsstand, als Schauspieler ist er klar und übersichtlich. Er ist immer stark, eigen und entschieden. Aber ich entdecke im Leben gerne Menschen, die ich nicht sofort definieren, verstehen und dann auch schnell vereinnahmen kann. So geht es mir auch mit den Personen auf der Bühne. Quadflieg ist mir eine sehr leichtverständliche und erklärbare Art des Künstlers. An einem Beispiel aus der Malerei gesagt: malerisch gibt mir Magritte keine Rätsel auf, nur Thema und Inhalt sind Rätsel; während Tapies mühelos Geheimnis ist und bleibt. Ich habe immer gern einen Rest von rational nicht Kontrollierbarem, von Unerklärbarkeit. Ich sprach schon vom »Geheimnis«, das bleiben muß. Als ich Bruno Ganz als den Ignoranten in Thomas Bernhards Stück gesehen habe, war ich verblüfft und zwar nicht nur, weil die Figur so gelungen war, sondern weil er so viel Inkommensurables brachte, das mir bestürzend naheging. Trotz größter Genauigkeit im Einsatz seiner Mittel war eine Faszination des Sinnlich-Wahnsinnigen, eben Rätselhaften vorhanden. Nebeneinander gestellt sind hier nicht nur verschiedene Naturen, sondern sie repräsentieren auch verschiedene Arten zu spielen, verschiedene Tendenzen zur Wirkung – glücklicherweise.

»Peer Gynt« war die erste Regie von Heinrich Koch in Recklinghausen. Koch war mehr ein ums Theater bemühter als ein vom Schicksal auserwählter Mann, ehrlich und mit seinen Aufgaben ringend. Er liebte es, geistige Bewegungen in den Stücken auszumachen und sie dann auf die Bühne zu übertragen. Man legt ihn auf seine Erfindung, die »Koch-Platte« fest, eine im Zentrum der Bühne arrangierte runde Plattform. Diese Erfindung mag signifikant gewesen sein für eine stilistische Tendenz der fünfziger Jahre, Stichwort: geistiges Theater, aber sie gab dann doch nicht viel her. Sie war bald abgenutzt. Koch war auch für solche vereinfachende Festlegung zu souverän, obwohl er sicher keine ursprüngliche Regiebegabung besaß. Wenn ich kraß formuliere, gehörte er zur pädagogischen Richtung im Theater; auch interessierte ihn Psychologie. Das ist nicht abwertend gemeint. Er ging ganz und gar auf in seiner Sache, redlich, untadelig um Kunst bemüht, und was er inszenierte, war auch nicht gerade langweilig oder fade. Er verstand es, ausgezeichnete Schauspieler für sich zu gewinnen. Sie entsprachen ihm und waren bei ihm glücklich. In dem, was wir miteinander zu tun hatten, war er mir nicht konsequent genug. Er gab, wenn ich meine Ansprüche ins Ungemessene steigere, was ich während der Arbeit gern tue, für mich zu wenig her. Er bot zu wenig Widerstand, zu wenig Anregung, ich fühlte mich nicht begriffen in dem, was ich wollte.

Das gilt insbesondere für Wallenstein, den ich 1960 unter seiner Regie in Recklinghausen spielte. Wallenstein war für mich eine Herausforderung, auch ein großes Glück. Wallenstein wollte ich wirklich sein. Literarisch wie historisch ist er für mich eine ungewöhnliche Figur. Ich begriff ihn als einen politischen Menschen, der in der deutschen Geschichte zu früh in Erscheinung trat, um ein Reich zu gründen und zu beherrschen; nicht aus Eigensucht wie Macbeth oder aus überzogenem Ehrgeiz, sondern aus einer politischen Verantwortung, auch schon unter nationalen Aspekten, soweit sie damals möglich waren. Heraus kam leider nur ein einsamer, verunglückter Mensch. Koch wollte oder konnte meiner Vorstellung nicht folgen. Vielleicht hat Koch sich auch zu sehr zu Matthias Wieman hingeneigt, der den Octavio Piccolomini spielte. Meine Umwelt (Illo, Terzky) war so schwächlich auf mich bezogen, daß ich wirklich isoliert war; um so leichter konnte man Wiemans Octavio, dessen menschliches Fluidum großartig war, erliegen. Die kaiserliche Seite bekam schließlich so ein Übergewicht, auch durch einen großartigen Butler, Walter Richter, daß ich nach der ersten Spielzeit sagte, das Stück müsse heißen: »Vivat Ferdinandus«. So kam es heraus: Wallenstein erschien wie eine Art Verbrecher. Plötzlich stand ich in einem CDU-Stück, dessen Motto war: »Bleib bei Kaiser und Reich. Störe keine Ordnung«. Ich aber wollte die Tragödie dessen, der an falscher Einschätzung der Lage scheitert. So konnte ich ihn dem Publikum gegenüber nur rechtfertigen als einen einsamen Verirrten. Dessen Zuneigung zu Max Piccolomini spielte ich gern. Martin Benrath war ein besessen Liebender seiner Thekla, ein friedenssüchtiger, junger entschiedener Held. Als Beobachter der langen Probenzeit meinte Benrath später, er wundere sich, warum ich die Rolle nicht hingeschmissen hätte, bei so geringem Verständnis seitens der Regie für meine Arbeit, meine Phantasie.

In der zweiten Spielzeit, ein Jahr später, habe ich die Rolle dann aus der Vereinsamung des politischen Menschen erklärt, der seiner Zeit voraus ist. Ich stieß da gleichzeitig an die Frage: Wie weit ist der Schauspieler für seine eigene Vorstellungskraft, für das Bild, das er gibt, allein oder gemeinsam verantwortlich? Wie weit reicht die eigene Durchsetzungskraft, wovon ist sie abhängig? Ich glaube auch heute noch, daß meine Interpretation möglich ist. – Mir war es zu wenig, Wallenstein nur als Frondeur zu sehen. Ich wollte einen bewußt handelnden politischen Menschen, sehr entfernt von dem Wallenstein des Werner Krauß. Der war unheimlich sternengläubig. Der spielte einen Menschen, der fast nicht von dieser Welt ist, mit Sendungsbewußtsein, aber abhängig von ganz anderen Welten. Krauß war für mich in Berlin überwältigend. Auch Gründgens spielte damals, erst in Düsseldorf, dann in Hamburg, Wallenstein; aber nur den letzten Teil, »Wallensteins Tod«. Er spielte Wallensteins Weg als einen großen Verzicht. Die Aufführung gehörte wohl schon in die Depressionsphase von Gründgens, die dann in seinem »Don Carlos«, den er als Philipp mit Quadflieg in Hamburg spielte, so erschütternd zum Ausdruck kam.

Wallenstein gehört zu den Rollen, die ich nie aufgegeben oder beiseite gestellt habe. Ich hätte ihn gerne noch einmal gespielt. Inzwischen fühle ich mich überreif oder auch zu alt dafür, diese Probleme noch einmal anzugehen. Ein Machtmensch, der sich selbst verunsichert. »Wallenstein« halte ich für eines unserer wichtigsten Stücke. Im Theater kann nicht genug an politischen Weltbildern gezeigt werden, damit der Bürger sich die Beziehungen zu seiner Gegenwart selber herstellen kann.

Wenn man das Theater dieser fünfziger Jahre beschreiben will, kann man gewiß darüber nachdenken, wie der politische Inhalt der Stücke hervorgebracht oder verbogen worden ist. Als wir in Recklinghausen die Komödie von Giraudoux »Der Trojanische Krieg findet nicht statt« spielten, passierte etwas Ähnliches wie im »Wallenstein«. Mich interessierte an dem Stück der politische Stoff, weniger die Eloquenz, Intelligenz und Eleganz des Giraudoux. Schon Burrmeister hatte das Stück aus einem Mißverständnis heraus gewählt. Er verstand es als ein Werk, das gegen den Krieg sei, wollte es aus einer pazifistischen Tendenz heraus sehen. Gustav Rudolf Sellner, der damals in Darmstadt mit seinen expressiv-formalistischen Inszenierungen Furore machte, inszenierte. Er galt als Präzeptor des »Aussagetheaters«, wie man das damals nannte. Aussage: Das Thema war alles, der Inhalt wichtig, nicht der Ausdruck; Mitteilung genügt. Erich Schellow spielte den Hector, ich den Odysseus. Bei Sellner fühlte ich mich in einem Korsett. Ich sah den Odysseus als einen sehr unabhängigen Mann, etwas von Abenteuer war in ihm, weniger in seinen Gedanken, als in der Art sich zu geben und in seiner Diskutierfreude: Ich begriff ihn auch als einen Politiker von Format, der eine echte Überzeugung konsequent und listig vertrat. Sellner wollte das große Streitgespräch des Odysseus mit Hector sehr objektivistisch, auf die Ideen hin gerichtet. Das war gewiß richtig und gut, aber ein homerisches Tableau wurde so daraus nicht. Was ich davon sinnlich, atmosphärisch anbot, schnitt er weg, und ich habe dann auf meine Vorstellung des Odysseus verzichtet. Es war vielleicht kein Verlust für die Aufführung, »nur« für mich.

Das Beispiel beleuchtet etwas von den Spannungen, die zwischen Schauspieler und Regisseur bestehen können, auch von den Verzichten, die fast in jeder Inszenierung vom Schauspieler verlangt werden. Natürlich war und ist Sellner ein hochqualifizierter Regisseur; er versteht viel vom Handwerk des Schauspielers, kann ihn kritisieren und durch viele theatralische Mittel auf der Bühne auch stützen. Er ist ein »Diener am Werk«, ein Vollstrecker dichterischer Intentionen und immer auf höchstem geistigem Niveau, bei aller Betonung der Form auch sehr radikal und radikaler fast als jene, die jetzt wieder die Poesie und die Klassizität der Dichter auf der Bühne herstellen wollen: Verlustgefühle zu überwinden – etwa die Absicht Ernst Wendts. Ich habe einen Sinn für Radikalität. Der verrückteste Zadek ist mir – wenn ich seiner heute berühmten Inszenierung von »Maß für Maß« auch nicht bis zum Ende folgen konnte –

wichtiger fürs Theater als eine Flucht in irgendeine Literarisierung. Es ist fruchtbarer, radikal zu sein. Aber Giraudoux' Stück: ein pazifistisches? Odysseus sagt mit guten Argumenten, daß es eine übermenschliche Konstellation zum Krieg gebe, gegen die der einzelne mit seinen Argumenten machtlos ist. Sicher unter Verzicht des Autors auf die Gründlichkeit einer Ursachenforschung über Kriegsanfänge. In der Premiere von Recklinghausen saß damals auch Franz Josef Strauß. In vollem Genuß und so saftig kraftvoll, wie er damals noch war, sagte er nachher: »Nicht Hector hat recht, sondern Odysseus.« Sellners Inszenierung ließ auch für solche Interpretation noch Spielraum.

Soll ich noch über meinen Prospero sprechen, die Rolle, die mein Traum ist, und die mir nie ganz gelang? In Recklinghausen nicht, auch später nicht in Berlin. In Recklinghausen fiel es kaum auf. Ich hatte mir ja schon zu großen Kredit erspielt. Was mir fehlte, habe ich nach der letzten Vorstellung gemerkt. Ich bin am Morgen danach, als alle schon abgereist waren, noch einmal in den Saalbau gegangen und habe, auf leerer Bühne, ohne Publikum, Prosperos Monolog für mich gesprochen. Da wußte ich, wie es hätte sein müssen. In den Aufführungen fehlte das Blühen. Mir geriet Prospero zu sehr zu einem Sinnierer. Ich begriff zu spät, daß er ja am Ende weiterregiert, und daß er nun, nachdem er rächend durchgegriffen hat, beweisen muß, daß er imstande ist, zu regieren, Menschen zu führen wie die eigenen Kinder. Ich war zu solcher Einsicht noch nicht reif. Ich wußte immer noch zu wenig vom Menschen. Mir gelang nur, im großen Monolog den Traum zu schaffen; da war ich locker und konzentriert zugleich. So hätte alles sein müssen. Aber ich war bedrängt – auch von privaten Dingen. Albert Schulze-Vellinghausen, dieser wunderbare, von mir geliebte Kritiker, sagte mir auf einem Spaziergang damals: »Minetti, du hast den Fehler, du unterschätzt deine Begabung. Du willst alles nachdrücklich zeigen. Du bist zu deutlich. Du verdeutlichst dich. Kunst verdeutlicht nicht, sondern ruft hervor.« Darüber habe ich lange nachgedacht.

Ich kann über die Sellnerschen Inszenierungen nicht sprechen, ohne des Franz Mertz zu gedenken. Er war Sellners Bühnenbildner, ein ungewöhnlicher Mann. Er hatte für mich das Format eines Caspar Neher oder Traugott Müller. Mertz kannte ich schon seit den Jahren in Kiel. Streibing hatte ihn geholt; Mertz hatte eine feine Saloppheit, war ein gepflegter, sensibler, genüßlicher Mann, ein heiteres rheinisches Temperament. Er baute mir schon die Dekoration für »Eurydike« in Kiel. Wir hatten rechts auf der Bühne plötzlich ein Loch, das wir füllen mußten. Mertz war gleich zur Hand und sagte: »Bernhard, dort mache ich irgendeinen Traumschutt hin.« Er besaß eine souveräne Selbstironie. Seine Bühnenbilder, die immer Raum schufen, waren durchdacht, durchkonstruiert und architektonisch. Er hatte auch viel Gefühl für Farbe. Seine Bilder waren von großer Einfachheit, das Monumentale an ihnen hatte klare, geistige Kontur. Er war vom Bauhaus, von Malern wie Baumeister inspiriert. Er hat moderne Kunst richtig übersetzt, indem er aus ihrem Geist eigene Räume schuf, die auch dem Menschen eine geistige Kontur gaben, ihn zur Form anhielten. Diese Übersetzungen waren so, daß man nicht festzustellen brauchte: das ist Picasso, das Roy Lichtenstein, wie dann bei Wilfried Minks' Anfängen, der in den sechziger Jahren in Bremen moderne Kunst in die Bühne transportierte. Mertz hat sie verarbeitet, Minks hat sie adaptiert, entliehen. Mertz hat damals das deutsche Theater entrümpelt, rigoros und faszinierend. Es war ein Gegenentwurf zum historisierenden Monumentalismus der Nazizeit. Er knüpfte an die verbotene Kunst der zwanziger Jahre an, verstand sich selbst als moderner Künstler. Das Lichte und Übersichtliche seiner Bilder wirkte nicht nur intelligent, es berührte den Intellekt durch einfache, sinnfällige Schönheit.

Bei Caspar Neher war das Besondere, daß er die Dramaturgie des Autors so großartig sichtbar machen konnte, daß er die Verwandlung der Szenen in Rücksicht auf Tempi so mühelos zustande brachte. Die Gefahr mancher Bühnenbildner unserer letzten Jahre ist, daß sich ihre Bilder gegenüber dem Stück wie der Inszenierung verselbständigen, den Extremismen der Regisseure folgen oder sie übertrumpfen und damit auch die Sache preisgeben. Die Gefahr ist, daß sie selbstisch werden. Auch Mertzens Bühnenentwürfe hatten eine eigene, bildhafte Selbständigkeit. Aber sie riefen durch die Leere, die man räumlich empfand, nach Menschen, also nach Schauspielern.

Ich sagte vorhin, ich fühlte mich eingeengt. Die Bedrängnisse kamen aus der privaten Sphäre. Meine Frau Anne war damals schwer krank, sie war in Trunksucht verfallen, lag mit einem Schenkelhalsbruch seit zwei Jahren darnieder, eine Operation war nicht möglich: es gab keine Aussicht auf Besserung. Wir hatten im ganzen ein gutes Leben geführt. Anne hatte einen mütterlichen Zug, den sie bei mir, der ich immer auf Selbständigkeit drängte, nicht ausleben konnte. So hatten wir immer gute Freunde im Haus. Es waren keine Drei-

Minetti, 1959

ecksverhältnisse, sie beruhten auf Gebefreudigkeit. Erst war es Richard Crodel, der Regisseur werden wollte, dann Franz Kutschera, der Kollege, später Kurt Naue, dann mein Bruder. Die Krankheit von Anne, ihre Sucht, ließ uns aneinander leiden, entfernte uns auch voneinander, die Ehe war nicht mehr zu halten. Da trat – in Recklinghausen – schicksalhaft, eine andere Frau in mein Leben. Es war eine Liebe auf den ersten Blick, obwohl wir beide verheiratet waren. Es gab Gewissenhaftigkeit, Selbstprüfung, Trennung und den Zug der Leidenschaft, der mich schließlich der Fliehenden, die zu ihrem Mann nach Ägypten ging, nachfolgen ließ. Schwere Zeiten, bis ich sie – nach dem Tod meiner Anne – endlich heiraten konnte, nachdem sie sich selbst aus ihrer Ehe befreit hatte. Elisabeth, eine Frau mit einer bis in den Widerstand unter Hitler reichenden persönlichen Geschichte; ihre Schönheit, ihre Leidenschaftlichkeit, ihre Unbedingtheit beglückten mich. Es war eine Liebe, die mich seelisch, körperlich jung machte. Im Zusammensein bekam ich das Gefühl einer neuen künstlerischen Kraft. Sie trägt bis heute.

Ich war Ende Fünfzig, spürte deutlich, das war auch biologisch ein Übergang. Ich fühle die Lebensrhythmen. Das jugendliche Alter ging bis fünfundzwanzig, war so herrlich bedenkenlos in bezug auf die Ideale und Lebensvorstellungen eines jungen Menschen. Die reiferen Jahre kommen mit vierzig, weil einem bewußt wird, daß die absolute Verschwendung mühelos hergestellter Kraft nun von einer anderen Basis her gegeben werden muß. Mit fünfzig ergab sich ein dritter Höhepunkt des Daseins. Mit siebzig kommt dann ein großer Einschnitt; man spürt die Abnutzungserscheinungen, empfindet die verbliebene Kraft als Gnade, muß sich auch geistig neu orientieren, fühlt den Abstand zum Beruf, zu den Stücken größer werden, wiewohl man sich in der Öffentlichkeit gefeiert findet. – Es kann also sein, daß diese neue Liebe der notwendige Zwischenschub war. Wahrscheinlich wäre ich ohne sie am Ende, und wäre der Prospero ein Schlußpunkt gewesen.

Recklinghausen, die Ruhrfestspiele, wurden in diesem Jahrzehnt zum großen Fest der neuen Republik. Burrmeisters Träume gingen angesichts des Erfolgs schließlich ins Gigantische, manifestierten sich dann im Bau eines Festspielhauses, der mir schließlich Schauder erregte, weil er unsinnig war. Es schien mir verfehlt, ein großes Parkett zu bauen, den ersten Rang nur für die Technik zu reservieren und darüber einen zweiten Publikumsrang zu legen. Burrmeister, der immer von einem Theater für siebenhundert Menschen als Publikum sprach, ist in diesen Gewaltbau hineingeschlittert. Ich, der ich immer das alte Schinkelsche Staatstheater am Berliner Gendarmenmarkt trotz seiner steil hochsteigenden Ränge als einen Musterbau empfunden hatte, sah in dem Recklinghäuser Haus das ganze Elend des deutschen Theaterbaus nach 1945 Gestalt geworden.

Diese Bauten sind fürchterliche Irrtümer der Architekten. Sie haben die Theater nach dem Geschmack der Kulturausschüsse, die ein neues Zentrum in ihrer zerstörten Stadt wollten, und nach ihrem eigenen Ehrgeiz, aber nicht der Sache entsprechend wiederaufgebaut. Man hat die Bühnenleute zu wenig gefragt. Das gilt auch für die Häuser in Köln, in Düsseldorf, in Bochum und schon gar für Frankfurt, dessen breites, großes Schauspielhaus unmöglich ist und dessen Kammerspiel, wiewohl es dienlich ist, doch zu kleine Dimensionen hat. Es sind Häuser mit falschem Anspruch. Wieviel von der Kraft, die man aufwenden muß, um in diesen Bühnen zu wirken, könnte auf das Eigentliche, das Spiel, das Drama verwendet werden.

Anfang der sechziger Jahre war die große Zeit von Recklinghausen vorbei: Fast mit der Eröffnung des neuen zyklopischen Hauses. Und nach Burrmeisters Tod zeigte sich, was er für ein Motor, ein Kräftesammler gewesen war. Es schien, als habe man mitgemacht, weil es ihn gab. Ich kam noch einmal wieder nach Burrmeisters Tod mit einem Gastspiel aus Berlin, dem »Marat/de Sade« von Peter Weiss. Ich wollte alles noch einmal sehen, bevor ich mich anderem zuwandte.

Weltgefühl und Schauspielerei

Ich mochte die Landschaft um Recklinghausen. Ich empfand sie als übersichtlich. Das habe ich gern. Darum war ich gerne auf Helgoland. Heute verbringen wir die Ferien fernab in der hohen Eifel. Ich kann in solchen Abgeschlossenheiten ein klares Lebensgefühl entwickeln. Ich weiß: Jener Ort, dieser Höhenweg oder diese Insel, um die ich in dreiviertel Stunden herumgehen kann, sagen mir, wo ich auf der Welt bin. In der Großstadt habe ich das Gefühl nicht, sie lenkt mich ab. Ich habe ein Bedürfnis nach Abgeschlossenheit. An solchen Orten bekommt man ein Gefühl für Land und Leute: Wie man da lebt, ist für mich nicht nur interessant (der Begriff ist mir zu zivilisatorisch), das Leben ergreift mich dort in seiner Substanz.

Warum war ich so gerne unter den Helgoländer Fischern? Ich sah, wie sie die anfallende Arbeit verteilen, wer die Passagiere der Touristendampfer ans Land bringt, wer zur See fährt, wer die Fischerei macht, wie sie durch ihre Abgeschlossenheit eine andere Mentalität, menschliche, unheimliche Ruhe entwickelt haben, mit der sie Geschehnisse angehen und ein Interesse an Menschen zeigen, obwohl sie sich dem größten Teil der Besucher gegenüber mit Recht abweisend verhalten. Aber wenn man bei Rum oder am Kai mit ihnen zusammensitzt oder mit ihnen hinausfährt zum Heringsfang, dann spürt man in ihrem Erzählen wie in der schweigenden Verrichtung diese in sich ruhende Art, ihre Einfachheit und Sicherheit, obwohl sie doch gewiß auch ihre Sorgen haben. Dies ist eine ganz andere Welt. Daß ein Schauspieler sie erlebt, ist für ihn so wichtig wie zu wissen, was Hunger oder was Liebe ist. Ohne solches erfahrene Wissen geht es nicht; auch Kinder zu haben erscheint mir in diesem Zusammenhang sehr wichtig. Man muß als Schauspieler Natur und Landschaft und Menschen in sich aufnehmen können, muß sie begriffen haben. Ich habe sieben, acht Jahre lang immer wieder verschiedene Punkte an der Westküste Irlands aufgesucht, um an dieser vielgestaltigen Küste angeschlossen zu sein an das Meer mit seinem uns fast noch unsichtbaren Leben, das diese Küste umspült, die sich ständig verändert und doch eine hohe Majestät entwickelt, je nach Lage des Orts. Sie ist teils steil, teils bröcklig, steinig oder schlammig, grünes Unterland verläuft sich in die See und Urgestein und Felsen haben eine übermenschliche Kraft, mit der wir nichts zu tun haben, die außer uns da ist. Man erfährt die Zeit hier als Ewigkeit. Wenn man diese Größe und Gewalt spüren muß und dann abends mit den einfachen Menschen beisammensitzt: das sind einmalige Erlebnisse. Ich habe viel über Becketts Figuren dort erfahren.

Ich frage mich manchmal: Braucht ein Schauspieler Weltgefühl? Ich habe eine ganz starke Lust an dem, was ich tue, also eine Lust am Konkreten und Gegenwärtigen. Aber ich habe auch ein Verlangen nach Landschaft, Natur. Ich habe auch ein deutliches Gefühl für etwas weit Entferntes, ein Verlangen, im Unsichtbaren Sichtbares zu umfassen, es vor mir zu sehen. Ein Verlangen nach Ewigkeiten. Ich spüre eine Bereitschaft, riesiges, unfaßbares Gebilde umarmen zu wollen und mich dem Umarmten hinzugeben. Es ist ein Gefühl, das sich ähnlich auf Landschaften wie auf Städte erstreckt. Es bezieht aber auch unser Dasein auf dem Planeten ein, wie er im All sich herumtreibt; es bezieht sich auf etwas Globusartiges, mündet ein in die Vorstellungen von etwas Rundem jenseits des Horizonts. Es sind das vielleicht metaphysische Empfindungen; sie retten mich oft aus der Einsamkeit.

Ich meine, ohne ein kosmisches Gefühl kann man Shakespeares Stücke nicht spielen. Darum sage ich: Ein Schauspieler, der sich nicht mit Shakespeare auseinandergesetzt hat, ist, was seine absoluten Fähigkeiten anbelangt, nicht zu beurteilen. Bei Shakespeare gibt es dieses Verhaftetsein an Kräfte, die jenseits aller Ideologien oder moralischen Kategorien ihre Existenz behaupten, und dieses Hamlet-Gefühl, ausgesetzt zu sein in eine Welt, in die uns ein weiblicher Schoß ausstieß, ohne nach Kriterien und Werten und Zukunft zu fragen.

Freilich: Dieses Weltgefühl ist dann schließlich doch immer wieder auf den Menschen bezogen, auf seine Existenz, auf das Allgemeine im einzelnen. Ich stelle damit keine eigene Philosophie her; das überlasse ich den Philosophen, aber ich kann die Welt auch nicht von der zynischen Seite her betrachten; alles mit Mephistos Augen zu sehen, darauf eine Philosophie zu gründen, das ist mir zu billig. Vielleicht ist mir auch deswegen der Mephisto als Rolle nicht recht gelungen. Weltgefühl, das kann ein Gefühl für die hohe physikalische Ordnung im Kosmos sein, aber auch ein Gefühl für das Chaos, ohne das ich mir nichts Gewordenes vorstellen kann, und das mir immer die Furcht eingibt, es könne auch aus unserer gestalteten Welt wieder Chaos werden; damit ist der radikale Gegensatz erklärt, Franz Moor in seinem nihilistischen ersten Monolog unmittelbar herzustellen.

Wenn ich von der atomaren Rüstung höre, von den ökologischen Problemen der Vernutzung der Natur, rückt mir das Schicksal der scheiternden Menschheit bedrängend vor Augen. Ich kann es nicht verhindern, dazu müßte ich einen anderen Beruf haben. Meiner ist: sich hineinfühlen und hineinverlieren in diese Weltgefühle. Es gelingt mir leicht. Die Shakespeareschen Naturen sind mir nahe wie die Figuren von Pinter, Beckett oder Thomas Bernhard; sie haben das Weltgefühl unserer Zeit: daß etwas Schlimmes seinen Gang geht. Das Verglühen des Literaten Spooner bei Pinter hat noch dieses Weltgefühl, keines von Shakespeareschem, sondern von unserem Ausmaß.

Philosophische Fragen haben mich immer interessiert, auch die Fragen und Antworten der Philosophen. Die Philosophie eines alternden Mannes, wie ich nun einer bin, besteht aber vornehmlich in der dauernden Frage: Wie wirst du mit deinen vielen Erlebnissen, Erfahrungen, deinem Wissen um dich selbst und um die Menschen, auch mit den Erfahrungen der beiden Kriege, so fertig, daß du etwas davon weitergeben kannst. Meine Möglichkeit ist beschränkt – außerhalb der Familie besteht sie nur in der Kunst. So wird mein liebendes Verhältnis zur Welt letztlich doch ganz egozentrisch.

Das eigentliche Element philosophischen Lebens gründet doch in der Frage: Was erhält am Leben, was kann man verantworten, sich selbst und den anderen gegenüber. Da wird man doch wieder eine einsame Zelle. Insofern wiederhole ich die Einsamkeit, die mein Jugenderlebnis war, auch in diesen vorgerückten Jahren. Der letzte Punkt ist doch das Gewissen, vor dem man steht, und das uns plagt, mit richtigen und falschen Handlungen fertig zu werden. In meinem Fall ohne Beichthilfe, wiewohl ich sehe, wie förderlich sie manchen sein kann. Mir kommt letztlich alles, was sich auf die Welt bezieht, doch spekulativ vor, und mein Verhalten zu Menschen und mein Umgang mit ihnen bleibt mir wichtiger. Alles das, Weltgefühl und Einsamkeit, fließen dann doch ein in den Beruf.

Soviel man im Umgang mit Rollen oder Menschen auch von sich enthüllen will, man enthüllt immer nur einen Teil. Es gelingt nicht – das ist jetzt meine Philosophie – sich ganz und gar mitzuteilen. Ich halte es sogar für undenkbar. Es bleibt ein Rest. Ich nenne das: das Geheimnis. Auch Lebenserinnerungen wie diese vermögen es nicht ganz zu erschließen. Aber man kann sich mitteilen. Ich habe meinen Beruf nicht gewählt, um mich selbst zu finden. Ich glaube auch nicht, daß Kunst eine therapeutische Funktion hat, einen Menschen zu sich selbst zu bringen (Kleist!). Ich meine nur: Wenn einer als Wesen sich selbst fühlbar ist, kann er sich äußern, und das kann Kunst werden.

Natürlich verstehe ich den Satz: Er schreibt, um sich zu retten. Ich verstehe, daß mancher, der nicht schreibt, etwas tun würde, was er nicht verantworten kann. Und doch will ich auch das nicht gelten lassen. Jemand, der schreibt, der malt, hat die Verantwortung, etwas herzustellen, aus dem sich Menschen ein Bild machen, das ihnen hilft, Erkenntnisse zu gewinnen, Durchsichten zu schaffen, Erlebnisse zu vermitteln, die weiterbringen. Es ist das auch die Aufgabe des Schauspielers wie des Theaters überhaupt. Auch die der Philosophie. Darum meine ich, daß meine Schauspielerei nicht Flucht ist, sondern Tätigkeit; ein Handeln, das den Menschen Bilder gibt, die sich einprägen. Ob diese die Menschen verändern können, wie Brecht meint, ist eine andere Frage. Brecht erwartete das. Ich nicht.

Frankfurt, neue Heimat?

Ich bin vorausgeeilt und abgeschweift. So geht es einem nicht nur beim Sich-Erinnern. Plötzlich tut sich einem auch im Leben eine Gelegenheit auf, und erst später sieht man, was sich daraus entwikkelt hat. So war es mit den Ruhrfestspielen und mir; so geht es mit dem Nachdenken. Was bedeutet ein Schauspieler, der im Erinnern nicht auch ins Nachdenken gerät? Wieviel von unserer Arbeit ist sowieso Erinnerung. Wir sind als Schauspieler auf der Bühne stets von höchster Gegenwärtigkeit, Artisten des Augenblicks. Wozu? Um an anderes zu erinnern: an andere Menschen, andere Schicksale, andere Lebensvorstellungen. Je gewisser man sich der eigenen Existenz ist, um so deutlicher sieht man die anderen. Natürlich war Recklinghausen kein auserwählter Ort zum Bleiben. Es war Festlichkeit zwischendurch. In meiner Vagabundage suchte ich doch den festen Platz für neue, kontinuierliche Arbeit. Im Umherwandern zeigte sich meine Krise, und mancher Kritiker sah sie. Wann war sie überwunden? Ich lese in alten Rezensionen aus Bonn, wo ich 1950 den Philipp im »Don Carlos« spielte, hier sei ich mit neuer Energie hervorgetreten. Man schrieb von der Wiederkehr Minettis.

Möglicherweise. Lothar Müthel, mit dem ich in Bonn zusammengetroffen war, hat mich nach Frankfurt mitgenommen. Er empfahl mich Harry Buckwitz, dem man dort die Leitung der Städtischen Bühnen angetragen hatte. Buckwitz war damals ein noch nicht sehr renommierter Theatermann. In den zwanziger und frühen dreißiger Jahren war er Schauspieler gewesen, 1946 kehrte er – nach Hotelierjahren in Lodz, um die man später ein politisches Rätselraten begann – ins Theater zurück, wurde Verwaltungsdirektor an den Münchner Kammerspielen, führte auch Regie und gab damals schon – also sehr früh – mit der »Dreigroschenoper« ein Signal für Brecht, für dessen Durchsetzung er sich im Westen dann große Verdienste erwarb. Er war der neue Mann, der dem Frankfurter Theater nach den kurzen Intendanzen von Toni Impekoven, Heinz Hilpert und Richard Weichert, der um 1920 einer der jungen Träger des Frankfurter Expressionismus gewesen war, neue Kontinuität gab.

Frankfurt sollte mein neues Zuhause werden, das ich weder in Bonn noch in dem von Hillebrecht imponierend wiederaufgebauten Hannover finden konnte. Frankfurt wurde ein Ziel. Ich hatte für die Stadt, den Römer, den Main Sympathie. Ich brachte Ehrgeiz mit, hier wieder etwas aufzubauen, und Buckwitz seinerseits bot mir neben einem guten Vertrag begehrte Rollen. Die neuen Umstände meines Lebens schienen wunderbar. Endlich kam hier auch die in meinen Wanderjahren in Hamburg verbliebene Familie wieder zusammen. In der Wolfgangstraße, seitlich der Eschersheimer Landstraße, fanden wir in der vom Krieg noch immer schwer gezeichneten Stadt eine Wohnung, die uns behagte.

Lothar Müthel war Leiter des Schauspiels geworden. Die Spielzeit 1951/52 war unsere erste gemeinsame Saison. Sie begann mit »Wallenstein«. Ich hatte ihn nach Hamburg unter Franz Reicherts Regie in Hannover gespielt. Ich hätte ihn gern jetzt verbessert, aber die Intendanz votierte für Ewald Balser, der vom Burgtheater aus gastierte. Ich überwand die Enttäuschung. Im »Egmont«, der zu den Eröffnungspremieren gehörte, war ich Alba, also eine jener Figuren, die mir fast automatisch damals zugeschrieben wurden. Denn Rollen wie diese gehörten schon zu jenen für mich leicht herzustellenden intransigenten, politischen Menschen, die fast jenseits von Gut und Böse aus einem Prinzip heraus leben und handeln. Das Vergnügen, solche Figuren zu spielen, ging einher mit der Problemlosigkeit, sie zu erkennen, sie zu begreifen.

Eröffnungsphasen haben im Theater oft ihre eigene Anspannung und Beschwingtheit. Wir spielten die großen Stücke in dem ehemaligen Schauspielhaus, das nun das Haus der Oper war; die meisten anderen in dem engen Börsensaal, der gleichwohl eine schöne, dampfende Atmosphäre hatte. Als nach den großen politischen Stücken »Die Irre von Chaillot« von Giraudoux gespielt wurde, hatte Hilde Hildebrandt ihren großen Auftritt, eine Frau voller Furor und augenzwinkerndem Charme. Sie spielte etwas auf alte Art, war auf Wirkung und Kollegialität eingestellt, im ganzen gab sie eine andere, leichtlebigere Darstellung der Rolle, als sie von der großen Heroine Hermine Körner in Erinnerung war. Ich spielte den Lumpensammler, es gab einen etwas sportiven Kampf zwischen Buckwitz und mir um die Auffassung, das Spiel war dann mühelos, eine dankbare Rolle. Meine komödiantischen Elemente regten sich und kamen in der wunderbaren Produktivität, die man wohl als Fünfziger hat, auch zum Vorschein. Einen Vergleich zum Wein bevorzugend, möchte ich meinen, »vollsaftig« sind Männer mit 50 Jahren. So empfand ich mich in »Die Liebe der vier Obersten«, einem Erfolgsstück von damals, in dem die vier Vertreter der Besatzungsmächte sich – getrieben, verkuppelt und verwirrt durch die »böse Fee«, die ich spielte – um das deutsche Schneewittchen bemühen. Wie das dahin und dorthin schürt, das war in aller Billigkeit doch von solchem Witz, daß man als Schauspieler vom Vergnügen der Zuschauer »absahnen konnte«, soviel man wollte. Wir hatten eine vortreffliche Besetzung. Emil Lohkamp voll männlicher Schönheit, der scheue Mitulski, der – hätte er nur gewollt – mehr aus sich hätte machen können, der trefflich glänzende Fritz Saalfeld und die spitze, hübsche, kokette und gar nicht naive, nur so scheinende Hannelore Hinkel. Es machte uns allen Spaß und der war mir der Beweis dafür, daß ich mich für eine gewisse Zeit hätte damit begnügen können, im Unterhaltungstheater gut zu sein.

Ich habe schon gesagt, wie sehr mich Meister dieses Fachs, etwa Harald Juhnke, faszinieren können. Aber gerade auf diesem Gebiet sieht man oft, daß die verehrten Kollegen nur die schwankhafte Situation ausnutzen, von den Pointen leben anstatt einen Menschen zu spielen, und daß man das Spiel mit mehr Reiz, Charme oder gar mit Persönlichkeit ausstatten könnte. Wir haben ja an Peter Steins Inszenierung des »Sparschweins« von Labiche später gesehen, wie auch im Schwank Dialoge gespannt, Personen und Situationen anscheinend mühelos herausgespielt wurden und doch ein historischer und gesellschaftlicher Hintergrund entstand, ohne daß das Vergnügen zu kurz kam; das war ein Meisterstück.

Ein Bravourstück dieses leichten Genres machten wir auch in Frankfurt: Scribes »Das Glas Wasser«. Da spielte ich unter Weicherts Regie die berühmte Rolle des Bolingbroke, die viel Disziplin, Sprachbeherrschung und Witz braucht. Weichert nannte mich damals »einen seltsamen Schauspieler«; ich sei so »pedantisch wie genial«. Er hatte, was das Pedantische betrifft, wohl nicht unrecht: Ich bestehe auf Genauigkeit, übertreibe gelegentlich die Sorgfalt, auch im Kleinsten. In der Aufführung war ein junger Anfänger: Boy Gobert. Es war meine erste Begegnung mit ihm. Anita Mey war die Herzogin von Marlborough, die Hinkel die Anna. Die Mey gehört zu jenen Schauspielerinnen, die vielleicht nicht sehr bedeutend, aber doch wunderbare Partnerinnen sind, eine subtile Frau, von einer natürlichen Selbstverständlichkeit und sicherer, souveräner Weiblichkeit. Sie könnte heute – aus dem kleinen Finger heraus – eine theatralische Realisierung von weiblicher Emanzipation geben, so souverän war sie. Ich mochte sie. Die Hinkel, eine echte schauspielerische Begabung, sehr patent, sehr versiert, ließ mich eher kühl, aber es war praktisch, einen Theaterabend mit ihr herzustellen. Diese Damen hatten eine direkte und sehr persönliche Beziehung zum Publikum. Man sagte damals in Frankfurt noch: Heute gehe ich ins Theater, die Mey spielt, die Hinkel spielt oder die Elisabeth Kuhlmann spielt. Diese persönliche Art der Theaterbeziehung ist in späteren Jahren ja fast ganz abhanden gekommen.

Auf jeden Fall: Rollen wie in der »Liebe der vier Obersten« sind Theatergeschenke für den Schauspieler. In den neuen Stücken gab es damals viele begehrte Rollen. Zum Beispiel den Mr. Antrobus in »Wir sind noch einmal davongekommen«, den Spielleiter in »Unsere kleine Stadt«. Man ließ sich von der »Neuigkeit« der Themen oder der Andersartigkeit einer offenen Spielweise tragen, konnte sich dann aber auf seine persönliche Ausstrahlung verlassen. Es war die sogenannte billige Tour zum Erfolg. Mit der kollagierenden Manier wurde ich gut fertig.

Was mich aber ganz ergriff, war Molières »Menschenfeind«. Ich hatte ihn unter Streibings Regie schon in Hannover gespielt. In Frankfurt inszenierte ihn Lothar Müthel. Wenn ich die Register meiner Rollen durchgehe, und mich frage: Was ist dir ideal geglückt, bei höchstem Anspruch an dich selbst, komme ich immer auf Molières menschenfeindlichen Alceste. Ich habe irgendwo gelesen, Goethe habe dieses Molièresche Stück als das unheimlichste bezeichnet, es auch mit »Hamlet« in Beziehung gesetzt. Ich kann mich dem nur anschließen. Diese Rolle ist zusammengesetzt aus ganz konträren Lebenskräften: Da lebt ein Mensch kontrovers zu seiner Umgebung, zu seinen Bekannten, ist auf Selbstvernichtung aus und doch gleichzeitig erfaßt von einer unmittelbaren, fast reinen, verzückten, sinnlichen Liebe zu einer Frau aus der Gesellschaft, die er verabscheut. Beide Verhaltensweisen haben eine Unbedingtheit, Heftigkeit, sind voller Verzweiflung und die Überzogenheit darin drängt ins Komische, ins Groteske und zur gleichen Zeit auch ins Tragische. Insofern ist Alceste für mein Spielen ein erstes Erlebnis späterer Thomas Bernhardscher Figuren. Man muß also einen wirklich an der Gesellschaft, an den Menschen verzweifelnden Menschen darstellen, der gleichzeitig eine Frau leidenschaftlich liebt, sie fordert und enttäuscht wird. Maßlosigkeiten, tief leidend und rasant fordernd. Dennoch darf man ihn nicht denunzieren oder kritisieren, sondern muß die große Spannung in diesem Menschen fühlbar machen und die beiden so sehr divergierenden Zielvorstellungen und konträren Verhaltensformen im Komischen so binden, daß das Tragische durchscheint. Und umgekehrt. Ich habe mich immer wieder darin versuchen können, nach Frankfurt noch einmal in Berlin unter der Regie des wunderbaren Hans Bauer.

Walter Karsch schrieb dazu im »Tagesspiegel« vom 14. Januar 1959: »Minetti spielt einen Mann, der zwar unser Kopfschütteln, nicht weniger aber unser Mitleid erregt. Bewundernswert wie Minetti das Spiel und seinen Alceste von der Sprache her entwickelt. Wie genau da die Nuancen sitzen, wie Mimik, Gestik und Bewegung vom Wortsinn bewegt werden, wie da eine schwermütig-cholerische Musik um die Figur erklingt. Das ist ein Vergnügen für sich. Angenehm auch, daß Minetti die ständige Verärgerung nicht als konstante Größe spielt; man ist immer gespannt darauf, wie er jetzt, wenn eine neue Situation eintritt, reagiert. Wenn er Oronte die Wahrheit über dessen miserable Verse sagt, wenn er den Klatschereien der beiden Marquis mit Celimène zuhört, wenn die männergierige Arsinoe ihn umgarnen will, wenn er endlich die Oberflächlichkeit Celimènes durchschaut und am Ende noch nicht merkt, daß die rührend-reine Eliante ihm allein zugetan ist – immer ist das anders, neu, überraschend, immer spielt Minetti eine Variation des Themas von der Menschenfeindschaft, nie nur die Grundmelodie.«

Ich möchte mich ungern überheben, merkwürdigerweise habe ich den Alceste verhältnismäßig oft von Kollegen, auch von mir hochgeschätzten gesehen – er war mir immer zu einseitig. Entweder zu ruhig-ironisch oder zu rüde-verklotzt oder zu bös-rasant, auf jeden Fall zu linear. Ich meine, er ist eine Fülle von Mensch, sozusagen. Ich spielte ihn einhundertundzwölfmal. Meine meistgespielten Rollen sind der Edgar im »Totentanz« und Al Lewis in den »Sonny Boys«; jenen spielte ich zweihunderteinundvierzigmal, diesen zweihundertundsechzehnmal.

Unser »Faust« mit Jungbauer und Minetti als Mephisto war kein Erfolg, obwohl das Stück doch »von einem Hiesigen« war, wie ein Frankfurter mir einmal sagte. Ich spielte in Frankfurt eigentlich Wiederholungen von Rollen, die schon anderswo entwickelt worden waren: den Robespierre in »Dantons Tod«, schließlich wieder den Philipp im »Don Carlos«, mit dem ich nie ganz fertig geworden bin. Ich hatte immer noch nicht den richtigen Regisseur, nicht die richtigen Partner. Lag es an Lothar Müthel? An Jeßner, Fehling, an

Gründgens konnte ich ihn nicht messen; meine glücklichste Arbeit mit Lothar Müthel ist jener »Michael Kramer« in Berlin geblieben, von dem ich erzählte. Der junge Arnold Kramer ist mir mit Alceste und Edgar, abgesehen von den Rollen meines hohen Alters und neben dem Hamlet, immer die wichtigste Rolle geblieben.

Ich glaube, Müthel hat sich deswegen nicht zur Bedeutung eines großen Regisseurs entwickelt, weil er nicht bereit war, an und über Grenzen zu gehen; er war kein Mann des hohen Risikos, eher lebte er in einer harmonischen Welt, die stark von der Musik geprägt war. Fehling machte deswegen auf Müthels Kosten einmal einen grausamen Scherz, als er ihn »Hitlerjunge Beethoven« nannte. Müthel war im Dramatischen ohne Radikalität; er war ein Ästhet. Das Radikalste, was ich je von ihm gesehen habe, war der junge Gottlieb Hilse, den er in der Jeßnerschen Inszenierung der »Weber« spielte. Da war er von einer Eindringlichkeit, die ich nie vergaß.

Müthel war 1939 – nach der Angliederung Österreichs an Deutschland – Direktor des Burgtheaters in Wien geworden und hatte das ehrwürdige Haus in einer sehr persönlichen Aktion in der Zeit des Zusammenbruchs vor der Zerstörung gerettet. Wir arbeiteten in Frankfurt gut zusammen. Ich schätzte ihn als einen ehrlichen Kontrolleur. Es bleibt eine Dankbarkeit für ihn. Vielleicht habe ich ihn manchmal verunsichert, gar verletzt oder falsch berührt, er wußte es immer auszugleichen. Seine Frankfurter Jahre wurden immer deutlicher von seiner Krankheit gezeichnet. Die Gehbehinderung zehrte an dem eitlen und behenden Manne, den ich in seiner vollen Kraft in Berlin erlebt hatte. Auch Fehling muß das gespürt haben, als er damals nach Frankfurt kam. Er jagte seiner Idee, das »Weiße Rössl« zu inszenieren, nach, die er dann nicht mehr verwirklichen konnte. Es kam zu einer drastischen, rätselhaften Begegnung zwischen beiden. Ich sehe noch genau den Bürogang vor mir. Wir traten gerade aus einem Zimmer, da stand Müthel vor uns, und Fehling sagte wie im Wahn: »Lothar, du stirbst vor mir.« So war es. Fehling, der 1968 starb, hat ihn drei Jahre überlebt – in der Nervenheilanstalt, aber Müthel hat noch einige Jahre länger Regie geführt als Fehling. 1956 gab er in Frankfurt auf. Es war das Jahr, in dem Brecht starb.

In Frankfurt stellte sich mein altes, freundschaftliches Verhältnis zu Fehling wieder her, das sich zehn Jahre zuvor wegen meiner Freundschaft mit Hans Rehberg so verschlechtert hatte. Ich suchte ihn in seinem Hotel in Frankfurt auf, da war es wieder wie eh und je. Er wollte mich für sein »Weißes Rößl«. Ich ging mit ihm in das einst berühmte Café Rumpelmayer schräg gegenüber dem Theater, wo er dann die Zigarettenverkäuferin engagieren wollte. Er war schon in einer ganz wilden, irritierenden und irritierten Situation. Er lebte weit über seine finanziellen Möglichkeiten, kaufte Geschenke, ließ andere die Taxirechnungen bezahlen; die großartige Gorvin – »seine« Schauspielerin und letzte Gefährtin – hatte die größten Schwierigkeiten, ihn auf der Erde zu halten. In jenen Tagen habe ich ihn noch einmal in seiner ganzen Großartigkeit erlebt, nämlich in jenem Künstlerkeller, der später unter der berühmten Toni im Karmeliterkloster ein stadtbekannter Treffpunkt der Frankfurter Künstler wurde. Noch standen die großen Weinfässer da, an groben Tischen saß an jenem Abend, von dem ich spreche, ein ganz junges Publikum, Studenten, Künstler. Da zog Fehling sein Reclamheft aus der Tasche und begann, den fünften Akt aus Goethes »Egmont« zu lesen. Er schlug die Hälfte des Publikums schnell in seinen Bann, die andere zechte unbekümmert weiter; es war eine ganz ungewöhnliche Situation. Ich fühlte mich schnell fasziniert. Fehling las überwältigend: in die Figur Egmont verwandelt, wie besessen, verkündigend. Die Selbstbefreiung Egmonts von allem Vorhergegangenen, den Enttäuschungen, Hoffnungen; seine Einsicht in seine falsche Politik, der Verzicht auf alles noch Mögliche in der Annahme des Todesurteils, in der Erwartung des Vollzugs: das war von einer so überwältigenden Kraft, daß ich mir nicht vorstellen kann, es könne je einer meiner Kollegen oder gar ich das einmal wieder so groß lebendig machen wie Fehling. Freilich: Ich war und wurde nie ein Egmont, weil ich diese Goethesche Heiterkeit, Großartigkeit und Selbstverständlichkeit in Egmonts Natur gar nicht erfüllen kann. Aber Fehling hatte in dieser Lesung eine ungeheure Todesfreude in einer unirdischen Glut hergestellt, wie sie mir heute unspielbar vorkommt. Es war ein unvergeßlicher Vorgang, erhaben über jeden Theaterabend und kaum je wiederzugewinnen.

Das Glück, mit Fehling nun wieder vertraut zu sein wie früher, war wunderbar. Wenig später erschreckte er mich bis ins Mark. Ich besuchte ihn wieder im Hotel, er stand unter der Dusche in der Badewanne; er rief »Herein«; als ich eintrat, wollte er mir die Hand reichen, er glitt aus, schlug hin mit dem ganzen schweren Körper. Mir fuhr es durch alle Glieder, aber er hatte sich nichts getan. – Wir ahnten damals, daß seine Pläne für künftige Inszenierungen wohl nur Pläne bleiben würden. Er hatte in Berlin (1952) »Maria Stuart« inszeniert; es sollte seine letzte Arbeit gewesen sein.

Ich spürte erst allmählich, was mir in Frankfurt fehlte: Ein Regisseur wie Fehling, der fähig war, meine Ansprüche an mich und an meine Partner zu befriedigen. Darum habe ich mich oft verkrampft; ich wollte zuviel, gab Reaktionen im Dialog an meine Partner, die sie gar nicht hervorgerufen hatten durch ihr Spiel. Wenn so etwas passiert – und es geschieht oft auf der Bühne – ist der Regisseur zu tadeln. Er müßte sagen, wie das eine neben das andere, wie eines ins andere geht: Zusammenspiel. Ich habe mich dann selbst forciert, oft leichtfertig, selbstüberheblich auch einen Stil zu diktieren versucht, der dann gar nicht der des Autors war. Die Kritik hat es richtig bemerkt. Ich kam – wie später auch im Schiller-Theater – eine Zeitlang in Gefahr, sehr formbewußt, also formal und nicht unmittelbar und elementar zu spielen. Ich hatte gewisse Schwierigkeiten, einen neuen Ton zu finden; mich zu finden.

In jenen Frankfurter Jahren kam meine Frau Anne auf einen unheilvollen Weg; sie war dem Alkohol verfallen, die Ärzte konnten nicht helfen, Entziehungskuren nützten kaum. Einmal stand sie sogar bei meinem Premierenauftritt in den Kulissen, betrunken – ich mußte spielen, spielte auch – vielleicht hat das alles auf mich eingewirkt. Frankfurt empfand ich als Zeit der Krise. Meine größte Enttäuschung war, daß ich Hamlet nicht spielen durfte. Buckwitz wollte den jungen, weichen, wienerischen, umschwärmten Oskar Werner; der spielte ihn zum Entzücken der Damen, weniger zu dem der Kritik. Da dachte ich zum erstenmal: Frankfurt ist doch nicht das Ende deiner Tage.

Meine wichtigste Arbeit in Frankfurt war die mit Fritz Kortner. Wir haben nur einmal etwas gemeinsam gemacht, damals: Frischs »Graf Oederland« in Frankfurt. Es war die zweite Fassung des Stücks, Kortner hatte sich sehr für diese bemüht, Frisch war wunderbar gutwillig, arbeitete noch während der Proben am Text, schrieb öfters um, aber das Ende des Stücks hat Frisch doch nicht formulieren können, es wurde nichts Richtiges und Klares. Und doch war die Arbeit unerhört spannend. – Kortner wußte viel von mir. Er hatte meinen Franz Moor in Fehlings Inszenierung von 1930 noch gesehen, wußte viel aus meiner Berliner Zeit, hatte sich wohl auch umgehört. Er war ja wach in bezug auf Mittäterschaft im Dritten Reich; aber weil er selbst Schauspieler war, konnte er sich auch mit Werner Krauß verständigen, für den ja lange ein Spielverbot wegen seiner Mitwirkung im Film »Jud Süß« bestand. Kortner konnte das einordnen, er hat auch nie ein Wort über meine Arbeit während der Hitlerzeit verloren. – Ich wunderte mich sehr, daß er mich bei den ersten Proben alles machen ließ, was ich mir dachte. Er probierte zwei, drei Tage immer nur die erste Szene, er ironisierte die Figur, ich verstand nicht warum, folgte ihm aber. Nach der dritten Probe warf er alles bis dahin Erarbeitete weg. Ich bin heute überzeugt, er unterwarf mich einer Art Prüfung: Folgt mir der Minetti, vertraut er mir, versteht er mich? – dann kann ich mit ihm, folgt er nicht, kann ich nicht mit ihm.

Dieser absolute Anfang hat mir so imponiert, daß ich ihn oft als Beispiel für die Arbeit von Schauspieler und Regisseur benutzt habe. Ich fand es unheimlich, aber mir entsprechend, daß Kortner nur schwer anfangen konnte. Er glich darin Fehling, der den Probenbeginn fast immer verschleppte, aus Produktionsangst zu spät kam oder eine Weile Anekdoten erzählte, oder man besprach Ereignisse des Tages und der Zeit. – Kortner war sich seiner Schwierigkeit sehr bewußt. Er formulierte sie, indem er fragte, ob es uns auch so schwerfalle anzufangen, er wisse nicht, von wo ich auftreten solle: Er probierte so und so, es dauerte endlos, bis er sich vorläufig entschloß. Ich staunte über seine Fähigkeit und Fertigkeit, die Dialoge des Stückes zu führen: Ein Schauspieler konnte sich bei ihm ganz und gar auf den anderen verlassen, man wurde sicher in der Arbeit mit ihm, viel sicherer, als ich mir bei irgendeinem anderen vorstellen konnte. Er unterschied sich durch seine Konsequenz, die absolut sichere Handhabung des Textes und der Abwicklung der Szene. Den Ablauf, der sich allmählich während der Proben ergab, legte er genau fest. Das Paradoxe für mich war, daß Kortner in mir eine fast absolute Naivität erzeugte. Ich merkte während der Arbeit, daß ich mich immer mehr auf ihn verließ. Und der Traum, in den Frischs Staatsanwalt verfällt und der ihn dazu bringt, aus dem Amt zu flüchten, um auf einer Insel die beste aller Welten herzustellen, der in einem Mörder auch sich selbst sehen konnte und nicht mehr fähig blieb, Anklage gegen diesen Mörder zu erheben – er war mir fast wie ein eigener Traum. Für die Aufführung hatte Kortner einen genialen Einfall. Frischs Staatsanwalt schwingt eine Axt und spielt auch damit. Kortners Staatsanwalt schwang zweimal die Axt wie in einem Taumel um sich selbst und bereitete so seine Flucht vor. Ich seh mich heute noch diese Bewegung ausführen und mich so herausschleudern aus der gewohnten Welt. Mein Glück mit Kortner war: daß er mich wegführte aus allen Spekulationen in bezug auf Rollen. Ich konnte mich ihm ganz anvertrauen. Das war seine Würde.

Als Staatsanwalt in »Graf Oederland« von Max Frisch
Städtische Bühnen Frankfurt a. M. 1956, Regie Fritz Kortner

Fritz Kortner war ganz anders, als ich vermutete. Als Schauspieler war er ins Exil gegangen und mit den menschlichen und politischen Erfahrungen und Erlebnissen des Exils als Regisseur zurückgekommen, um hier – auf eine ganz neue Art – »weiterzumachen«. Ich muß ihn nochmals mit Fehling vergleichen: in seiner Energie, seinem unbedingten Kunst-Wollen. Bei aller Intelligenz, bei allem Wissen, bei aller Erfahrung und Menschenkenntnis, die Fehling in hohem Maße besaß, bei seiner Fähigkeit, Stücke zu lesen, das Wesentliche zu erkennen, war seine Phantasie doch unmittelbar fleischlich; er hatte eine sinnliche Vorstellungsgabe, wie sich Menschen, die er sich selbst ausgewählt hatte, verhalten und bewegen. Lebenskraft war das beherrschende Element seiner Männer und Frauen, ob sie alt oder jung waren. Bei Kortner hingegen war alles auf geistige Durchdringung des Stoffs angelegt; sein Intellekt, seine Erfahrung war von Skepsis und Prüfung geprägt. Oft hatte man den Eindruck von Bitterkeit. Ob er persönlich verbittert war, kann ich nicht sagen. Vielleicht ist die Fülle seiner von bösartiger Ironie geprägten Sottisen, die schnell Anekdoten wurden, ein Ausdruck davon. Viele haben ihm große Vorwürfe gemacht wegen seiner Härte, seinem Sarkasmus, seiner scharf schneidenden Intelligenz. Aber während der Arbeit hat all das nur wenig zu besagen: Es ist das eine Befreiung auch von der Verzweiflung darüber, daß er nicht so verstanden wurde, wie er hoffte. Sich nicht verstanden zu fühlen, führt leicht zu Aggression, zu Zynismus und Ironie. Auch Fehling konnte »verletzend« sein, konnte Schauspieler zur Verzweiflung bringen. Ich sagte schon, wie er Hermine Körner und die Hoppe in den Proben zu »Frau Warrens Gewerbe« – was eine herrliche Aufführung wurde – zum Weinen brachte. Es geschah in der Arbeitswut; er brauchte Ausfälle, um weiterzukommen. Sechs verschieden geartete Menschen unter einen Hut zu bringen: das ist schon eine ungeheuer vermessene Anstrengung für einen Regisseur. Der Maßstab ist Wirklichkeit und Wahrheit.

Kortners Ironien erzeugten Lust in ihm und befreiten seine Fähigkeiten und seine Phantasie zur Arbeit. Sie gehören zu ihm. Ich erinnere mich, wie er einen Schauspieler behandelte, der einen primitiven juristischen Angestellten darzustellen und mir mit einem Löffel etwas zu erklären hatte. Er hieß mit Nachnamen Knur. Als er es am nächsten Morgen falsch machte, sagte Kortner: »Ich habe Ihnen doch gestern vorgemacht, Sie müssen den Löffel so halten, so – Herr Nur. Der Löffel ist nämlich begabt.« Das Weglassen des einen

Buchstabens im Namen des Schauspielers war boshaft. Kortners Zynismus kam aus dem Widerwillen gegen die Routine, gegen die innere Nichtbeteiligung an dem, was zu spielen war, nicht aus einer allgemeinen Bitterkeit. Sein Zynismus war eine Waffe, um sich zu behaupten und zum Wesentlichen zu kommen.

»Graf Oederland« war die Inszenierung, die uns alle verwirrt zurückließ. Ich weiß nicht, ob ich wirklich gut war. Ich habe auch immer das Gefühl, Frisch sei hier nicht mehr geglückt als ein schemenhafter Aufriß. Diese gemeinsame Arbeit war aber der Grund, warum Kortner mich mit nach München haben wollte. Er wollte mit mir den Faust machen, Ginsberg sollte Mephisto sein. Das erstaunte mich. Kortner sah mich, entgegen der allgemeinen Einschätzung, nicht als Mephisto, sondern als Faust. Kortner sah mich auch als Doktor Schön in Wedekinds »Erdgeist«; Faust und Dr. Schön: das waren sehr männliche Rollen. Daß er mich für sie so geeignet sah, obwohl ich scheinbar eher dem weichen, sensiblen Typus angehörte, machte mich glücklich. Ich habe später bedauert, daß es zu dieser Arbeit mit Kortner nicht kam. Ich meinte, die bereits eingegangene Verpflichtung nach Düsseldorf und Berlin nicht brechen zu dürfen. Noch später, im letzten Jahr seines Lebens, machte er in Hamburg Pläne mit mir. Er wollte den Alba im »Egmont« von mir, auch den Seher Teiresias im »Ödipus«: Es waren Pläne, die ich wie Ehrungen empfand. Es blieben nur Pläne. Aber Pläne sind die Flügel des Theaters.

In Frankfurt habe ich mich noch einmal in der Regie versucht: »Elektra« von Giraudoux. Mit Hoffnung begonnen, viel Befriedigung bei den Proben, die Schauspieler freuten sich, es gab auch produktiven Krach mit der Hauptdarstellerin, ganz à la Fehling, aber die Premiere platzte beinahe. Ellen Daub, die großartig die Klytemnästra geprobt hatte, war betrunken. Dabei war sie eine große Schauspielerin, eine Tragödin voller Kraft, sie hat es dann lange an der Burg, in Wien bewiesen. In die siebzehnte oder achtzehnte Vorstellung ging ich erstmals wieder in »meine Elektra«. Ich fand entsetzlich viel von dem, was anfangs vorhanden war, nicht mehr vor. Ein Schock. Nie mehr Regie, zog ich die Konsequenz. Die Gerechtigkeit gebietet nicht zu vergessen: Das Frankfurter Theater, ich damit auch, hatte ein hervorragendes Ensemble spielbereit. Januar fünfundfünfzig: Ich werde das nicht vergessen. – Es war wohl die Einleitung meines Abschieds von Frankfurt. Was folgte, war wie ein Tauziehen: hie Düsseldorf, hie Berlin.

Mit Barlog in Berlin hatte ich schon seit geraumer Zeit verhandelt. Ich wollte wieder in diese Stadt zurück. Ich machte vorsichtige Schritte. Ob Noelte mich damals schon verlangte, weiß ich nicht, aber ich begann mit ihm im Schloßpark-Theater meine erste Arbeit. Ein seltsames Stück, »Von Mensch zu Mensch«, unter Kleinbürgern spielend über die Erfindung des Radios. Der Autor Boone war ein Pseudonym; böse Zungen behaupteten, das Stück sei von Hans Rothe, dem Übersetzer Shakespeares. Die Arbeit mit Noelte war schon damals sehr fruchtbar. Ich mochte seine Genauigkeit. Dann lockte mich Stroux nach Düsseldorf für Peter Lotars Stück »Bild des Menschen«; es handelte vom Grafen Moltke und seinem Schicksal im Dritten Reich. Peter Lotar, ein dramatisch nicht sehr begabter Autor, war sorgfältig in der Darbietung des dokumentarischen Materials. Ich hatte den Freisler-Typ, den Gerichtspräsidenten zu spielen, Hans Caninenberg war der Moltke. Es war ein noch sehr gegenwartsnahes Stück, denn die Geschichte des Widerstands war das Thema, das die Auseinandersetzung mit der Hitlerzeit einleitete. Es war ein Stück Aufklärung über die Bestialitäten, die hochachtbaren Individuen angetan worden waren. Auschwitz – das Massenschicksal in der Menschenvernichtung – wurde ja erst mehr als ein Jahrzehnt später, als die großen KZ-Prozesse geführt wurden, in der »Ermittlung« von Peter Weiss ein Thema für die Bühne. Insofern war Lotars »Bild des Menschen« auch charakteristisch für die Auseinandersetzung mit der Nazizeit nach dem Zusammenbruch. Peter Lotar selbst gefiel mir wegen seiner menschlichen Haltung.

Frankfurt, Berlin, Düsseldorf: die Bühnen unterschieden sich damals nicht sehr in ihrer Mentalität, im Ehrgeiz ihrer Direktionen und nicht in den Inszenierungen, die sie herstellten. Die deutsche Theaterlandschaft, die früher sehr auf Berlin konzentriert und an dem, was dort gemacht wurde, orientiert war, ordnete sich neu. Sie dezentralisierte sich. Viele Städte wollten ein Klein-Berlin werden. So gab es ein ehrgeiziges Wettstreben der Theater bei der Herausbildung der neuen Zentren Düsseldorf, Köln, Hamburg, Frankfurt, München. Man war örtlich sehr gebunden und wußte wenig von den anderen.

In Düsseldorf traf ich zum letzten Mal Hans Rehberg. Gründgens hatte ihm auch während seiner dortigen Direktion die Treue bewahrt und dessen »Klytemnästra« noch aufgeführt, ein Stück, das nur Verrisse in der Presse bekam. Stroux hatte wohl von Gründgens auch die Spielverpflichtung für Rehbergs Rembrandt-Stück geerbt, das nicht sehr gelungen ist, das anekdotisch blieb und wenig Substanz hat. Ich hatte darin eine unerhebliche Rolle. Die Aufführung leitete das Ende der Theaterkarriere von Hans Rehberg ein. Rehberg hatte ein doch wohl ungerechtes Schicksal. Man machte ihn, der im Dritten Reich durch Gründgens' Eintreten eine so besondere Erscheinung als Dramatiker geworden war, rücksichtslos verantwortlich für das, was geschehen war. Was er sich möglicherweise als Mitschuld auch immer selbst zuzuschreiben hatte, eines brauchte er sich nie vorwerfen zu lassen: daß er Antisemit sei. Was immer er andererseits an Sympathie für die »nationale Revolution« aufgebracht haben mag, es kam aus einer sehr konservativen Grundhaltung.

Rehberg, der in den frühen vierziger Jahren ein Schloß in Schlesien bewohnt hatte, lebte damals in Duisburg. Er hatte eine große, sicher nicht teure Wohnung, hatte einen geistig anregenden, bis in die Industrie reichenden Freundeskreis, zu dem Hans Zehrer gehörte, der ihn – wie auch Gründgens – noch immer unterstützte. Er hatte eine große Familie, vier Söhne, zwei Töchter. Der Älteste der Söhne, Nikolaus, starb früh, der zweite ist in der Industrie. Der dritte, Hans Michael, wurde der Schauspieler, der mich jetzt immer wieder fasziniert; der jüngste, Fritzchen, wurde Jurist. Beide haben eine Scheu zu sprechen; Hans Michael, der von seiner Faszination auf mich weiß, ist in den Kontakten auch eher zurückhaltend. Die Familie war unter sich sehr verbunden.

Rehberg empfand sein Schicksal als sehr hart. Er war aus Schlesien nach Bayern geflüchtet in die Nähe von Pullach, bevor er – aus welchen Gründen? – nach Duisburg zog. Er litt darunter, daß man ihn mit einfachen Verdächtigungen treffen wollte; er hat sich gegrämt und ist wohl auch an diesem Gram gestorben. Es war ein Herztod. Ich erfuhr später davon, konnte bei der Beerdigung nicht sein. Ich bewunderte an Rehberg, daß er die Heroisierung, das heißt: die Verplattung der preußischen Geschichte nicht mitgemacht hatte, die im Dritten Reich gang und gäbe war. Er blieb unbeirrbar. Er ging nach Shakespeares Stern.

Als ich nach Düsseldorf kam, war Gründgens schon in Hamburg. Stroux, den ich ja aus Berlin als jungen Regisseur am Staatstheater kannte, kämpfte nicht lange mit dem Schatten seines Generalintendanten von einst; er hatte bald schöne Erfolge. In Gorkis »Nachtasyl« spielte ich den Luka. Ihm fehlte etwas: der Filou; Stroux wollte ihn eher als lieben Onkel verstehen. Die Aufführung war lebendig. Das ist immer wichtig im Theater: Lebendigkeit. Das Schlimmste ist ein Abend, der in sich tot ist. Stroux war schlau und raffiniert. Für O'Neills »Eines langen Tages Reise in die Nacht« – ein Stück, das damals durch sein insistierend behandeltes Thema wie ein Schock war, das Publikum erregte – hatte er sich den Liebling der Berliner von einst, Elisabeth Bergner, aus London geholt. Die Bergner lebte dort, seit sie ins Exil gegangen war, und kehrte nur zu Gastspielen und Besuchen nach Deutschland zurück. Sie war die Mary, die durch ihre Trunksucht gefährdet ist, ich war der Schriftsteller James Tyronne, ihr Mann, eine Rolle, für die ich mich eigentlich zu jung fand. Das Stück spielt in bürgerlichen Verhältnissen und Situationen, Stroux wischte aber den ganzen Narzißmus der Figuren beiseite, begriff den Vorgang aus den antiken Konstellationen des Euripides. Er zeigte die Urkräfte innerhalb einer Familie, fragte: Was ist der Mann, was die Frau, was geschieht, wenn Schicksal eingreift, und was geschieht mit den Söhnen, die – ganz verschieden geartet – dem Elternhaus ausgeliefert sind? Man sah also einen Urstand der Familie, die auch im Streit und in der Versöhnung geprägt ist von der Notwendigkeit, zusammenzuleben. Es war ein merkwürdiges Erlebnis, zu spielen, was sich in meiner eigenen Familie nicht mehr übersehen ließ; meine Frau stand ähnlich unter einer Sucht wie jene Mary. Dadurch war ich in den ersten Proben wohl sehr verkrampft. Nach etwa zehn Tagen sagte ich zu Stroux: »Karlheinz, ich finde keinen Kontakt und du sagst nichts. Du sitzt da, fasziniert von der Bergner; das bin ich auch. Sie kommt mit der gelernten Rolle und ganz präzisen Vorstellungen. Ich aber suche einen Weg.« Ich fand die Rolle nicht, beschwichtigte mich mit den Worten der Bergner, daß man sogar in der Premiere immer nur erst die Geleise gelegt hätte, obwohl man sich die Freiheit nähme, uns so zu beurteilen, als ob wir schon voll auf der Strecke wären. Stroux beantwortete meinen Hilferuf entwaffnend: »Mach mir keinen Vorwurf, mache es wie ich, hier ist die ›Tour de France‹, ich hänge mich bei der Bergner ans Hinterrad.« Das war eine typisch Strouxsche Replik, voller Ironie und Schlagfertigkeit, denn in diesen Tagen fand die Tour de France statt. Am nächsten Tag nach der Probe stellte mich die Bergner und sagte: »Minetti, ich merke, Sie werden nicht fertig mit der Rolle.« Ich konnte es nicht leugnen. Da lud sie mich in ihre Villa, die sie am anderen Rheinufer in der Oberkasseler Gegend gemietet hatte. Als ich zu ihr kam, sagte sie direkt und unverzüglich: »Minetti, ich fürchte, Sie haben eines in Ihrer Rolle nicht verstanden. Dieser Mann ist nicht entsetzt oder bedrückt durch seine Frau, sondern er liebt sie auch so, wie sie ist. Was immer er über ihre Krankheit und ihr Verhalten sagt, er liebt sie. Sie dürfen die Rolle nicht auf die Konflikte reduzieren, die dieser Mann mit sich selbst hat.« Das war die Lösung. Ich habe dann die Rolle leidenschaftlich gern gespielt: Elisabeth Bergner war eine unerhört verständige Partnerin. Seelisch hochüberlegen.

Als wir dann die dreißigste Aufführung spielten, glaubte ich eines Abends zu spüren, daß die Bergner nicht mehr spontan reagierte, nicht mehr wie bisher mitspielte. Ich brauchte, wollte das aber. Es kam eine Liebesszene, in der ich sie zu umarmen hatte. Sie hatte bis dahin ungewohnt unbeteiligt gespielt und nicht zu mir hin. Da drückte ich sie in dieser Umarmung so leidenschaftlich, daß ich merkte, ihre Rippen knackten. Nach dem Ende der Vorstellung kam der Inspizient, rief mich zur Bergner. Sie sah mich beim Eintreten mit ihren großen Augen an und sagte: »Minetti, das machen Sie nie wieder! Ja?« Damit war alles erledigt. Sicher hatte sie mich verstanden.

Sie hat den Fall wohl auch nicht vergessen: Für das kleine Bändchen, das Hans Lietzau mit Ruprecht Gier zu meinem fünfundsiebzigsten Geburtstag herausgebracht hat, schrieb sie einen Brief an mich, der ja eigentlich ein Liebesbrief ist. Ich setze ihn hierher, weil er mich sehr berührt hat.

»Lieber, lieber Bernhard Minetti!

Höchste Zeit, daß ich Dir zum 75. ein Geständnis mache: Ich liebe Dich. Und das fing so an: Du weißt, im Anfang hatten wir es gar nicht leicht miteinander, Du und ich. Ich sagte zu Stroux, ich glaube, mit dem kann ich nicht. Er will auch gar nicht. Stroux sagte: ›Ja, er ist sehr gehemmt mit Ihnen, aber einen besseren kann ich Ihnen nicht bieten. Vielleicht sollten Sie einmal mit ihm allein probieren.‹ Taten wir auch, sehr vorsichtig. Und daraus wurde dann, was ich heute meine allerliebste Rolle nenne, ich glaube sogar, auch meine beste. Wie Du mir dabei geholfen hast, ohne daß Du es wußtest, und wie sehr ich Dich dafür liebte, das wußte ich damals auch nicht. Erst ein oder zwei Jahre später – Du warst längst nach Berlin ausgewandert –, als ich das geliebte Stück mit einem anderen in Deiner Rolle auf eine Tournee nahm – in den Armen dieses anderen habe ich gelernt, wie ich Dich liebte. Höchste Zeit, daß Du es auch weißt.

Sei gesegnet und umarmt und weiter geliebt von Deiner Elisabeth Bergner«

Als ich sie drei, vier Jahre später im Schloßpark-Theater wiedertraf – in der Pause einer Vorstellung der »Schwärmer«, die Neuenfels inszeniert hatte –, ging ich schuldbewußt auf sie zu, entschuldigte mich, daß ich ihr nicht mit einem Brief gedankt hatte – ich bin ein sündiger Mensch, der auf viele Liebestaten und Anerkennungen nicht reagiert. Nicht mit Briefen. Sie stand allein und wie verloren im Publikum, niemand erkannte sie, die doch einst die Augen der Berliner, ihre Gemüter, auf sich gezogen hatte. Ich stellte ihr meine Frau Elisabeth vor. Die Bergner sagte zu ihr: »Nicht wahr, er ist ein Schuft. Das wissen wir beide wohl.« Sie sagte es in ihrer leisen, großzügigen und verständnisvollen Art – in Charme verwandelt.

Die Aufführung des O'Neill war ein großer Erfolg, die anschließende Tournee steigerte ihn noch. Ich konnte nur den Anfang mitmachen, nach etwa fünfzig Vorstellungen mußte ich abbrechen. Ich hatte Magenbeschwerden, Auswirkungen einer Depression, die aus den familiären Zuständen herrührte; Stroux, der die Termine einzuhalten hatte, besetzte um. Meine Rolle übernahm Paul Hartmann. Die Bergner spielte weiter, und die Tournee wurde ihr großes Comeback in Deutschland. – Es gab nur noch einmal einen ähnlichen Triumph für sie. Als sie mit O. E. Hasse den Shawschen Briefwechsel »Geliebter Lügner« spielte. Wer sie sah, hat die Melodie ihrer Stimme und ihrer Bewegungen für immer in Erinnerung.

Damals veröffentlichte Dürrenmatt sein wohl bestes Stück. Es faßte unsere Verführbarkeit zusammen in einem großen Bild von Rache, Heimsuchung, Schuldgefühl, Unterwürfigkeit und Korruption. Es war sowohl im Hinblick auf unsere Geschichte im Nazireich wie in der dem Mammon anheimfallenden wohlstandssüchtigen Nachkriegsgesellschaft vielfältig ausdeutbar. Die Hauptfiguren: eine Art Rachegöttin und ihr Opfer – ein braver Bürger, eher ein kleiner Mann namens Ill, der die große alte, reichgewordene Dame, die in ihre Heimatstadt Güllen zurückkehrt, einmal hatte sitzenlassen. Dürrenmatts »Besuch der alten Dame« gilt uns heute noch als ein erinnernswertes Stück.

Ich habe es damals nicht sofort erkannt. Barlog schickte mir das Stück nach Düsseldorf. Lietzau sollte es in Berlin inszenieren. Ich unterschätzte die Rolle, Lietzau reiste an, überredete mich, sie anzunehmen, und schon bei den Proben spürte ich, daß für die Isolation, in die jener Ill getrieben wird, nachdem sein Gewissen geweckt

Als Ill in »Der Besuch der alten Dame« von Friedrich Dürrenmatt
Schiller-Theater Berlin 1957, Regie Hans Lietzau

und in Gang gesetzt worden ist, eine ganz stille Art des Spiels zu finden war. Dieser Mensch wird von heute auf morgen hilflos, bekennt sich zum abverlangten Schicksal und nimmt seine Verfolgung und sogar seinen Tod an. Dieses Annehmen des Schicksals ist eine harte Sache, der seelische Prozeß läuft ganz im Inneren ab: Man muß ihn nach außen spürbar machen, ohne weich oder gar larmoyant zu werden. Als Quangel in »Jeder stirbt für sich allein« habe ich später eine ähnliche Situation zu spielen gehabt. Aus der Rückschau ist jener Ill wie ein Vorläufer des Quangel, obwohl Ill eine ganz passive Figur ist, Quangel durch seinen stillen Widerstand gegen das Nazi-Regime aber aktiv, weil er ja etwas bewirken will. Jedoch im Wissen, wie es enden wird, im Aufsichnehmen des Erkennens, was das Ende sein wird, ähneln sie einander. Walther Karsch schrieb damals in seiner Kritik im »Tagesspiegel«: »Minetti ist ein Ill, der in der Szene seiner vergeblichen Flucht plastisch macht, daß allein er es ist (nämlich sein Gewissen), das ihn von der Flucht zurückhält. Minetti ist schon leer, aschgrau, ausgebrannt, bevor Claire das Urteil über ihn spricht. Das Leben hat ihn schon verurteilt, als er seinerzeit seine Liebe verriet. Von da aus spielt Minetti seinen Ill als einen Mann, der die seelische Entfernung von seinen Jägern körperlich sichtbar macht. Erschreckend einsam steht er im Raum, und sein Selbstopfer wirkt gar nicht mehr als Buße, sondern als Verlöschen einer heruntergebrannten Flamme.« Friedrich Luft war anderer Meinung. Er verriß mich, fand, ich bewegte mich wie »Hänschen im Blaubeerwald«. Karsch beschrieb, was ich darstellen wollte, ich meine heute, es war in meiner Spielweise ein Vorgriff in die siebziger Jahre hinein, in denen ich plötzlich sehr still, zart und unaufwendig spielen konnte. Käthe Dorsch war die Claire Zachanassian. Sie spielte sie gar nicht in Richtung der bösen dämonischen oder gar mänadischen, rachedurstigen Frau, sie forderte schlicht und sehr bestimmt etwas ein wie eine Rechnung, und zwar mit einer sozusagen feministischen Selbstverständlichkeit: hier, das muß beglichen werden. Das war für sie eine klare, im höheren Sinne sogar heitere Angelegenheit. Mir hat das großen Eindruck gemacht. Wir waren nicht psychologisch oder realistisch miteinander verbunden, sondern standen da, jeder in seiner Natur. Wenn ich je das mir Wichtige erreicht habe: unbetont Theater zu spielen, so ist es mir hier geglückt. Eine für meine Bemühung so ideale Rolle bekam ich lange nicht wieder. Viele meiner späteren Figuren waren in ihrem Verlorensein zerrissener. – Die Claire ist damals von fast allen großen Schauspielerinnen dargestellt worden, von Maria Becker, der Flicken-schildt ... immer wurde sie mit Wucht, mit Rasanz gespielt, oft rücksichtslos und gar häßlich im Einfordern ihrer Vergeltung. Die Dorsch war ganz entsprechend dem, was ich als ihren Wesenszug empfand: blank, offen, direkt, herzhaft, humorvoll und sinnlich, aber auf eine so unverwechselbare, entschiedene Art, daß diese gro-ße Besonderheit ihre hohe Schauspielkunst auszeichnete. Wir rühr-ten damals an das Geheimnis der Schauspielkunst: zu vereinfachen.

Barlogs Lockruf: Nach Berlin

Elf Jahre nach dem Ende des Krieges, der mich aus Berlin vertrieben hatte, kam endlich der Ruf, zurückzukehren. Boleslaw Barlog ließ nicht locker, er gab mir eine Rolle nach der anderen, um mich fester zu binden. Erst den Riccaut in Lessings »Minna«, dann den Octavio im »Wallenstein«. Ich hätte betrübt sein können, hier in Berlin, wo ich Krauß als Wallenstein erlebt hatte, nun Walter Franck in der großen Rolle zu sehen. Ich konnte es auf meine Weise symbolisch nehmen. Für mich gelangte Franck durch das Glück der Umstände in die Position seines Vorgängers Krauß. Mit einem Vergleich aus der Opernwelt: der sogenannte Zweiterste Baß spielte den Ersten. Franck hatte nicht Kraußens Persönlichkeit. Ich fühlte mich in den Octavio ein und habe das Ringen eines Vaters um die Seele seines Sohnes zu spielen versucht. Den politischen Auftrag des Octavio verstand ich als eine Sache seiner Routine; er wußte, wie er das erle-digen mußte, er war ein kalter, zweckorientierter Politiker, nicht einmal aggressiv oder besonders intrigant. Mir war jenes Ringen des Vaters um seinen Sohn Max und seine Verzweiflung darüber, ihn in Wallensteins Gruppe zu sehen, wichtiger. Sicher schlugen da auch die Erlebnisse in der eigenen Familie durch. Ich weiß, was es heißt, Vater zu sein, was es für eine Familie bedeutet, Schutz auszuüben für die Nachfolgenden. Octavio will seinen Sohn in die kaiserliche Politik zwingen, will ihn von Wallenstein entfernen, weil er weiß, daß Wallenstein erledigt wird und daß dann eine tragische Situation entsteht. Dieser Gesichtspunkt machte die Angst des Vaters aus, we-niger die Sorge, ob er ins kaiserliche Lager zu ziehen sei. So hat die Rolle mich erfüllt. Ich hätte gern mit einem komplizierteren Wallen-stein um diesen Sohn gekämpft. Walter Franck, der die Rolle auf seine einfache, hartgesichtige Art ausfüllte, beeindruckte mich nicht sehr. Immerhin, hier war wieder Berlin, Anknüpfung an einen Typus meiner großen Rollen: die hohe politische Figur. Es war ein glückliches Gefühl, wieder Schauspieler in Berlin zu sein.

War das Herrische, das ich im Spiel oft vorbringe, waren die Vereisungen, Einsamkeiten, die ich um meine Figuren schaffen kann, der Grund, daß Barlog mir – für September 1957 schon – den Hamm in Becketts »Endspiel« antrug? Die damals sehr fremde, heute sehr begehrte Rolle sollte mein offizieller Anfang werden in Berlin. Wir hatten die deutsche Erstaufführung. Hans Bauer führte die Regie, Rudi Schmitt spielte den Clov. Es war das zweitemal, daß das Schiller-Theater Beckett wagte. Die Lektüre Becketts hat mich sofort fasziniert durch die vielen Umbrüche der Stimmungen, die scheinbaren Widersprüchlichkeiten, die absoluten Endsituationen. Solange ich solche spontane Berührung von neuer dramatischer Literatur erfahre, darf ich vermuten, daß ich noch jung bin. Natürlich war ich auch gleich nach dem Krieg auf engagierte Weise berührt von den damals für uns neuen Stücken, Ardreys »Leuchtfeuer«, auch von Anouilh, Cocteau oder Wilder. Ihre Stücke zu spielen, weckte wohl Neugier und Ehrgeiz: Es war ja eine Literatur, die jene aus dem Dritten Reich fast mit einem Schlag ersetzte. Aber die Begeisterung für sie hat nicht sehr lange gehalten. Sie war doch nicht sehr wesentlich.

Daß Beckett ein wesentlicher Autor war, spürte ich sofort. Er weckte alle Möglichkeiten in mir. Und so neu und ungewöhnlich mir diese Literatur auch war, vom Theater her erschien die Figur mir sofort herstellbar und auch Hans Bauer, der für solche Erspürungen der gegebene Regisseur war, ging es nicht anders. Wir sahen deutlich die Grundsituationen in den Äußerungen der Figuren, die Ausweglosigkeit ihrer Bindung in dem Verhältnis von Herr und Knecht, das ja nicht vordergründig gesellschaftlich, sondern als eine Urgegebenheit begriffen war und sich ausdrückte als ein unbedingtes Aufeinander-Angewiesensein bei so völlig verschiedenen Gefühlswelten der beiden Hauptfiguren. Als Kontrast zu dieser Lebenssituation war die absolute Abgestorbenheit zu begreifen, das nur noch babyhafte Annehmen von Nahrung und die ferne Erinnerung an eine eheliche Gemeinschaft der beiden Eltern in den Mülleimern. Der Herausforderung wegen, die in diesem kühnen Bild des Absterbens lag, drängte sich das Mülleimerbild in den Vordergrund der Rezeption des Stückes.

Ich will von meinem Umgang mit Beckett später erzählen, wenn ich über »Meine Moderne« spreche. Hier nur etwas über den wunderbaren Regisseur Hans Bauer, der mitten in seiner Entfaltung starb. Bauer hatte eine erstaunliche musische Unbefangenheit der Handlung gegenüber – es war fast eine Unterbewertung –, aber eine ganz intime Fähigkeit, den Menschen aus den Figuren, die das Theater bereithält, hervortreten zu lassen. Dieses Erscheinen wurde stets ein Vorgang aus Behutsamkeit und Andacht und konnte – vermittels einer starken Reflexion – in eine behutsame Komik oder in eine ganz unbetonte Tragik führen. Das war der Wert von Hans Bauer. Von diesem Vermögen lebte auch unsere Aufführung des »Endspiel«. – Mit wem von den jungen Regisseuren heute würde ich Bauer vergleichen? Nur Luc Bondys Arbeit erscheint mir als eine Fortsetzung der Bauerschen auf heutige Art.

Für uns Schauspieler war Hans Bauer wohl ein deutlicherer Begriff als für die Öffentlichkeit. Er war einer von den leisen Regisseuren, die sich nicht in Szene setzen und nur durch hohe Qualität auf sich aufmerksam machen. Er war auch fast nie auf längere Zeit in festen Engagements, hat dadurch befruchtend auf viele Ensembles gewirkt; er war einige Jahre in Köln, in Berlin, in Wuppertal, in Darmstadt, in Basel. Eine seiner schönsten Inszenierungen sah ich in Wuppertal: »Die Wupper« von Else Lasker-Schüler, die er zuvor in Köln mit so großem Erfolg herausgebracht hatte; sie war wunderbar schon in der Besetzung der Rollen, merkwürdig und seltsam in der szenischen Poesie, in ihrer Verschlossenheit und dann in ihrem unheimlichen Aufblühen, also ganz und gar anders als die, die Fehling mit Lucie Mannheim 1927 in Berlin gemacht hatte; die Fehlings war saftiger, wollüstiger, auch theatralischer im Effekt und in den Vorgängen; sie war schon fast niederdeutsch, auf Barlach hin bezogen, zu dem Fehling ja ein ganz eigenes Verhältnis hatte. Hans Bauer dagegen war ein großer Melancholiker. Als ich im Schiller-Theater in seiner Inszenierung des »Menschenfeind« den Alceste spielte, mischte er mir alles Material, was ich aus den früheren Darstellungen der Rolle bereithielt, mit dieser Melancholie. Er gab der Rolle damit eine starke Basis, erleichterte mir, sie zu fassen. Es wurde eine großartige Aufführung. Immer lag über Hans Bauers Inszenierungen unausgesprochen eine Trauer. Er selbst aber setzte gegen sie die Farbigkeit des Lebens und die Kraft der Figuren, ihre trotzigen Gebärden. So hauste das Drama in den Dramen, die er inszenierte. Später, 1960, habe ich mit ihm in Köln Strindbergs »Wetterleuchten« gespielt, diese späte Begegnung mit der gewesenen Frau:

Alles verlief ohne die Kämpfe, wie wir sie im »Totentanz« zu spielen hatten. Ich war der sehr empfindsame, ruhige, alternde und sich seiner selbst bewußt werdende Mann; alles blieb sachlich, war ohne Sentimentalität, vor der sich Bauer immer trotz höchster Empfindlichkeit bewahrt hat. Die Inszenierung war atmosphärisch sehr dicht, als hätte Strindberg nur für Hans Bauer geschrieben. – Als er am 4. November 1970 plötzlich in Basel starb, spürten wir, was dem Theater mit ihm verlorenging.

Strehlers Kernfrage

Ich war also in Berlin. Und doch noch nicht ganz. Die Bindung an Stroux hielt noch über einige Jahre. Er wollte den Düsseldorfern als Gründgens-Nachfolger »großes Theater« bringen. So hatte er sich Giorgio Strehler engagiert, dessen Stern in Deutschland durch seine Gastspiele mit dem »Diener zweier Herrn« aufgegangen war. Sie hatten sich auf Pirandellos großes Fragment »Die Riesen vom Berge« geeinigt, eines der schönsten Stücke über Schauspieler. Pirandello war während der Arbeit an diesem Stück gestorben. Das Stück hat in der Rolle des Cotrone, des Zauberers, eine übermächtige Vaterfigur, eine Art Zeus des Theaters. Stroux sagte Strehler, er habe keine rechte Besetzung für die Rolle, schlug mich gleichwohl dafür vor; ich hatte Bedenken, als ich das Stück las, war aber auf die Begegnung mit Strehler erpicht. Wir trafen uns in Strouxens Büro, sprachen eine Viertelstunde über das Stück, Stroux redete mir meine Bedenken vor Strehler aus, dieser hörte nur zu, äußerte sich kaum, wollte dann nach näherem Kennenlernen entscheiden. Ich bekam den Cotrone.

Meine Partnerin war Maria Wimmer. Ich habe von unserer Bekanntschaft erzählt. Wir gingen in die Proben, und schon fand ich mich irritiert. Strehler verbrachte einige Tage nur mit dem Lesen des Stücks. Wir lasen es mit verteilten Rollen, saßen alle an einem großen Tisch. Es zeigte sich: Strehler ging es nur um den Fluß des Dialogs, er sprach immer wieder von »Lirik« und meinte damit die Poesie des Textes, an der ihm viel lag. Sie war für ihn das Fundament der Inszenierung. Grundlage vorerst also: Melodie.

Meine Fundamente waren andere: nämlich das Erlebnis des Autors und jene Menschlichkeit, der ich nachspürte im Text, um sie der meinen zu verbinden, um sie auf mich und mich auf sie zu übertragen. Es gab unendliche Schwierigkeiten. Strehler verlangte zunächst das schauspielerische Handwerk als eine Art von Hülle, um dann die Handlung und erst ganz zuletzt eine Figur, einen Menschen herzustellen. Er entwickelte alles mehr aus einem rhythmischen Ablauf, man kann auch sagen aus einer Musikalität, für die ich eigentlich sehr empfänglich bin. Aber ich fand keinen Halt, ich begann zu verzweifeln. Schließlich tröstete mich die Wimmer. Sie sagte, ich machte es mir viel zu schwer. »Du übst eine Renitenz, die dir schadet, du bist schwerfällig. Mach es wie ich, versuche einfach zu folgen, dann wirst du sehen, es geht dann auch weiter.« Ich redete mir schon ein, ich sei für Strehlers Methode verdorben durch Fehling. Mein Dilemma kam dann auch bald zur Sprache.

In diesem Zusammenhang muß ich bei Strehler Fehling erwähnt haben: Von da an versuchte er, immer mehr über ihn zu erfahren. Er wollte wissen, wer er war, wie er war, wie er was gemacht hat. Ich sagte ihm in diesen Gesprächen, was Fehling einmal über den deutschen Schauspieler gesagt hat: Der deutsche Schauspieler sei Ritter, Tod und Teufel, wie auf Dürers Grafik. Und der deutsche Schauspieler fange mit »Ich« an, mit den Fragen: Wie bin ich, was ist los mit meinem »Ich« und der Figur? Und Strehler fing dann wirklich bei den Äußerungen der Figuren an zu inszenieren. Ein größerer Kontrast als Strehlers Commedia-Methode und meine Fehling-Figürlichkeit war gar nicht denkbar. Eigentlich haben wir uns dann erst in der letzten Woche gefunden. Da begann ich plötzlich zu sehen, weil alles um mich herum blühte und wuchs. Ich beteiligte mich, war plötzlich dazu fähig.

Damals lernte ich Walter Schmidinger kennen – in einem fürchterlichen Krach. Er fand mich zu selbstisch, ichbezogen, als wolle ich alle Wirkungen für mich. Das ist nie meine Absicht, es ist ein Eindruck, den ich erwecke, wenn eine Sache mich zutiefst fesselt und bestimmt. Wir haben uns dann gut zusammengerauft, und ich habe auf meine Art einen Zeus gespielt.

Da Pirandellos Stück nach dem zweiten Akt abbricht, hat Strehler es mit einer Pantomime zu beenden versucht. Zum Schluß dieses zweiten Akts war die Düsseldorfer Aufführung am Kippen, ein Theaterskandal schien auszubrechen. Laute, empörte Unmutsrufe. Strehler hatte zum Aktschluß einen surrealen, an sich großartigen Matrosentanz inszeniert, den das von viel Schickeria durchsetzte Publikum nicht begriff. Es fühlte sich verhöhnt. Ich hatte von den Vorgängen vor dem Vorhang nichts bemerkt, hatte aber durch den

Vorhang in der Mitte hinauszugehen und zu sagen: »Hier ist das Werk beendet, weil Pirandello starb.« Und: »Wir versuchen, den Autor zu vollenden.« Als ich durch den Vorhangschlitz trat, war ich entsetzt über diese Unruhe und Gestikuliererei im Saal, aber ich muß so in mich versammelt gewesen sein, daß meine Konzentration, meine Haltung vor dem Werk und dem in ihm spürbaren Tod dieses Schriftstellers mir die Fähigkeit gab, auf die Menge zu wirken. Sie wurde sofort still, ich sagte die wenigen, wie uneingeübten Sätze: die Leute hielten den Atem an. Ich hatte den Eindruck, sie waren alle beschämt. Es war plötzlich eine ganz neue Situation hergestellt; das Publikum war in den Stand gesetzt, sich die zwanzig Minuten dauernde Pantomime anzusehen, die das Fragment komplettierte. Es wurde aus dem Abend ein großer Erfolg.

Ich habe einige Male erfahren, daß Unterbrechungen die Konzentration der Schauspieler so erhöhen können, daß ihre Wirkungen jenen Bändigungen nahekommen, mit denen Demagogen oder Rhetoren ihr Publikum fesseln können. Auch nach einem sogenannten »Hänger« – wenn für einen langen Augenblick der Text weggeblieben ist, oder einem Versprecher, besonders natürlich bei einem schwerwiegenden – tritt solche Extrakonzentration ein. – Als wir alle nachher bei der Premierenfeier zusammensaßen, fragte mich Strehler plötzlich: »Minetti, sag mir, bist du Engel oder Teufel?« Ich bin nicht oft schlagfertig, diesmal aber sagte ich mühelos und schnell: »Beides, Giorgio, beides!« – Ganz klar: beides. Dieser kurze Dialog traf den Kern unserer Begegnung.

Immer wieder Edgar

Mein Abschied von Düsseldorf war der Anfang einer langen Auseinandersetzung mit einer Rolle, die mir fast zur zweiten Natur geworden ist. Keine habe ich in meinem Leben öfter gespielt als diese. Es war der Edgar in Strindbergs »Totentanz«. Die Rolle gehörte schon zu den großen Eindrücken meiner Jugend. Damals war Ludwig Hartau zu einem Gastspiel in Kiel, Alberti führte Regie. An dieser Darstellung erfuhr ich, was ein großer Schauspieler ist. Hartau war unerhört eindrucksvoll. Er hatte eine wunderbare Schwermut, den tiefen Charme seiner Rasse. Ich spielte Hartau für mich lange aus gegen Paul Wegener, den ich später als Edgar sah. Wegener war der direktere, realistischere von beiden, beide waren bedeutende

Menschen. Ich kann die Rolle nicht erinnern, ohne beider zu gedenken.

Ich spürte, wie dieser Edgar nun auf mich zukam: Die zweite Phase des männlichen Daseins brach an. Strindbergs Edgar ist ein Mann, dem sich die Liebe zu seiner Frau in einen permanenten Kampf mit ihr verwandelt hat. Er hält ihn aus, wie er seine Frau aushält, die sich zu wehren versteht. Kampf der Geschlechter, sagt man, wenn man vereinfacht von Strindberg spricht. Mich faszinierte die Situation, der Charakter dieses Mannes; eingesperrt in seinen Beruf und in diesen Turm, beherrscht er noch seine Insel. Ich verstand seine Einsamkeiten, seine Heftigkeiten, die Zuckungen einer ungeheuren Vitalität sind, die er aber nicht auslebt. Ich liebe diese Rollen, die von männlicher Präpotenz bersten, sie sind in mir drin. Ich kann sie mit Wollust herstellen.

Meinen ersten Totentanz tanzte ich in Düsseldorf unter der Regie von Leo Mittler. Mittler, aus der Emigration zurückgekommen, war ein handfester Arbeiter auf dem Theater, bezog seine Vorstellung von ihm aus einer guten Tradition. Was meine Rolle betraf also aus den Darstellungen, wie Ludwig Hartau oder Paul Wegener sie geprägt hatten. Er mühte sich kaum um eine neue, interessante Interpretation; er wollte, daß das Publikum den Schauspieler erleben konnte. Wieder war Maria Wimmer meine Partnerin; diesen Ehekampf bis zum Ruin und voll lauernder Heimtücke zu führen, wurde uns eine Lust. Wir haben das Stück in Düsseldorf so oft gespielt, daß wir anscheinend nicht mehr aufhören wollten. Denn eines Tages kam die Wimmer, die Verbindung zu einem Schweizer Tourneetheater hatte, mit dem Vorschlag, auf Tournee zu gehen. Sie hatte auch einen Regisseur aufgetan, der das Stück für die einfacheren Erfordernisse des Umherwanderns mit seinen von Tag zu Tag wechselnden Bühnenräumen neu inszenieren sollte. Ich war skeptisch, dachte, na ja, ich mache dann das Spiel mit, wir wollten es ja. Dieser junge Regisseur war mir unbekannt. Er hieß Hans Karl Zeiser. Mit ihm begann damals eine unerwartete, ungeahnt herzliche, fruchtbare gemeinsame Arbeit. Obwohl meine aktive und aggressive Auffassung des Edgar eigentlich die gleiche blieb, änderte sich durch Zeisers Eingreifen in die Inszenierung doch Entscheidendes. Sie wurde sensibler. Zeiser machte gute Striche, er enttheatralisierte, straffte, das Ganze gewann eine humanere, auch intimere Atmosphäre. Wir gingen damit in dreiunddreißig deutsche Städte, spielten das Stück insgesamt siebenundfünfzigmal, die Strapaze nahmen wir gerne auf uns. Wir brachten damals freilich nur den ersten Teil des gewaltigen Stücks. Als Erwin Piscator es in Essen mit mir als Gast inszenierte, gewann ich den zweiten Teil dazu, ohne daß ich die Auffassung aus der Zeiserschen Inszenierung ändern mußte.

Es war das damals für Erwin Piscator eine schlimme Zeit. Er, der in den zwanziger Jahren mit seinen technischen und ideologischen Instrumentationen die Bühne revolutionierte, war nach seiner Rückkehr aus der Emigration in Amerika ohne festes Theater. Er lebte von Inszenierungen, die ihm in Marburg, Darmstadt, in Essen, in Tübingen, Frankfurt und anderen Orten angeboten wurden. Er war als Kommunist abgestempelt und sollte in einem Land arbeiten, das in den Jahren des Kalten Krieges die alte antikommunistische Ideologie neu als seine Haltung formuliert hatte. Er kam wohl zufällig zu Strindberg. Er erzählte uns von der Emigration, von der Sowjetunion, von Amerika, von Brecht. Ich fand in ihm einen zarten, liebenswerten Menschen, der intensiv lebte, wie ich es an Erich Mühsam schon erlebt hatte. Was ich – so ging und geht ja die Fama – befürchtete, daß er im Handwerklichen nicht sicher sei, erwies sich als falsch; nur war er völlig rücksichtslos in der Organisation, in der Handhabung und der Bewertung des technischen Instrumentariums; er ließ die Schauspieler fast beiseite oder probierte mit ihnen ohne Rücksicht auf ihre Kondition. Er war mit seinen sechzig Jahren noch ein frischer junger Mann voller Arbeitswut. Er diskutierte alles gründlich, sprach darüber, was er im Stück und an uns entdeckte; manchmal war das langatmig, auf seinen Proben ermüdete man schon gegen drei Uhr, während ich auf Fehling-Proben noch um vier Uhr nachmittags wach war. Aber er war eindringlich und nüchtern, kontrollierte sehr (ich konnte es ertragen) und beanspruchte alle Kräfte. Die Generalprobe des »Totentanz« wurde nicht zu Ende gespielt, es war schon nachmittags gegen vier, ich konnte nicht mehr, ich brauchte die Kräfte für den Abend. Dafür hatte er dann keinen Sinn. Er forderte von uns soviel wie von sich.

Letztlich blieb mir der menschliche Eindruck von Erwin Piscator größer als der berufliche. Aber das mag an der ganz anderen Beurteilung vom Wert des Schauspielerischen liegen. Den »Totentanz« I und II haben wir unter seiner Regie eigentlich vom Blatt gespielt. Die wilden Szenen waren gemäßigt, das Verhalten der Hauptfiguren gegeneinander war eher nüchtern. Im zweiten Teil des Stücks begegnete ich zum ersten Male Gisela Stein; sie spielte meine Tochter im Stück. Ich wurde sofort auf sie aufmerksam durch die Unbedingtheit ihres Ausdrucks, den direkten Zugriff zur Rolle. Sie hat mir imponiert durch ihre Ehrlichkeit und Rücksichtslosigkeit gegen sich selber, im mutigen Erkennen unserer Fähigkeiten, unserer Grenzen. Ich liebe kritische Menschen. Wir verständigten uns schnell und mühelos. So ist es heute noch.

Ich habe den Edgar später – 1972 – noch einmal unter Rudolf Noeltes Regie im Schloßpark-Theater gespielt. Das war ein neuer Glücksfall. Noeltes Interpretation war der Zeisers konträr. Noelte verschob den Strindbergschen Kampf – der hart und klar ist, der innerhalb der Tradition, auch von mir immer wieder als radikal, exzessiv, exaltiert und rücksichtslos vorgeführt wurde – in Richtung der Tschechowschen Stücke. Er gab allem eine vorsichtige und konsequente Wendung ins Resignative. Zu meiner Verwunderung blieb innerhalb dieses Resignativen der Konflikt der gleiche. Die Geschlechterfeindschaft, dieses Nichtvoneinander-Lassenkönnen und unentwegt Reibende blieb, obwohl dann viel von dem Kleinkampf eher verdeckt verlief – mit all seinen Spitzen, Gemeinheiten, Lächerlich- und Verletzlichkeiten, dem Verlorensein und beider Hilflosigkeit. Man sah zwei erwachsene, alt gewordene Menschen, hilflos im Kampf miteinander; dann plötzlich das Hervortreten des lange verhaltenen Unmuts, von Haß und Vergeltung in dem Schlag mit dem Säbel nach der Frau. Herzstück von Noeltes Aufführung war der Tanz des Kapitäns, der ein Tanz zum Tode hin war. Wegen dieses großen Bildes hat er das Stück umbenannt: er sagte »Todestanz« statt »Totentanz«. Das fand ich schöner und richtiger.

Wenn ich die Geschichte meiner Rollen betrachte, merke ich, daß mir wesentliche und wichtige Aufgaben oft nicht ohne weiteres zufielen. Ich hatte mit der Rolle gerechnet, aber Noelte hatte sie mit Ernst Schröder besetzt. Als sie miteinander nicht harmonierten, kam Noelte auf mich zu. Als ich annahm, stieg die Darstellerin der Alice aus. Ich war ihr nicht prominent genug. Noelte suchte lange nach einem Ersatz für sie, fand keine Kollegin, die frei und geeignet war; er wollte gerade den Regieauftrag zurückgeben, da traf ich ihn im Theaterbüro bei Frau Koch, der Dramaturgin, der ich, wissend, daß immer noch gesucht wurde, von Elfriede Rückert erzählen wollte, mit der ich in Köln Strindbergs »Wetterleuchten« gespielt hatte. Das konnte ich nun prompt Noelte sagen. Noelte traf sich mit ihr, engagierte sie sofort, sie wurde eine hervorragende Alice, von großartiger Bestimmtheit im Ausdruck, behielt aber auf rätselhafte Weise eine Unbestimmbarkeit des Wesens bei – eine Mischung von femme fatale einerseits und Unausgelebtheit andererseits. Ungemein reizvoll, fesselnd. Es machte keine Schwierigkeiten, mich auf Noeltes für mich neue, andere Vorstellungen einzulassen. Mich interessiert immer, wieviel verschiedene Auffassungen es von einer Rolle geben kann. Das Vertraute konnte ich lassen, das Neue war mir sogleich vertraut. Wir hatten sehr schöne Proben. Noelte plant seine Inszenierungen vor Beginn der Proben wohl noch genauer als einst Max Reinhardt. Er legt die Gänge, die Positionen, noch die kleinsten Kleinigkeiten vorher fest und ändert dann nur noch wenig auf der Bühne. Er rechnet genau, präzisiert und hat daher immer den Überblick über den Ablauf bis zur Premiere.

Noelte ist ein Antityp zu Fehling, der Regiebücher haßte. Er ist es auch zu Peymann, der das Textbuch dauernd zur Hand hat und die Gänge und Haltungen, die man vorschlägt oder findet, am Buch kontrolliert, bis eine sinnvolle Transparenz gefunden ist. – Mir behagte Noeltes Art der Regieführung sehr, sie war von Beginn an überlegt, ohne zeitverschlingendes Suchen. Bei den letzten Proben ließ er ein Bandgerät mitlaufen, in das er alle kritischen Einwände während des Durchspielens hineinsprach; er benutzte es dann bei der Probenkritik. Das war nützlich. Er ist ein Mann von hoher Sorgfalt.

Noelte, so erzählte mir später der Chefdramaturg Bessler, hatte große Angst vor der Premiere. Er sagte sich, eine so wichtige Rolle wie die Alice sei mit einer »Provinzschauspielerin« besetzt, Wilhelm Borchert, der den Freund spielte, sei den Berlinern so bekannt, daß er ihnen kaum etwas Neues mit seiner Rolle bringen könne, und Minetti sei ja in einer schwierigen Situation, man wisse nicht, wohin er wolle, er habe es so schwer, sich durchzusetzen, er sei unbeliebt beim Publikum, das alles sei doch eine große Belastung.

Natürlich war man dann selig, daß die Aufführung ein so starker Erfolg wurde: für Noelte wie für uns Schauspieler; es schien fast, als nehme man mich auf eine andere und neue Weise wahr. Barlog kam nach der Aufführung zu mir und sagte: »Das war Bassermann«, was sein höchster Maßstab war. Einige Theaterkritiker feierten meine Darstellung sogar als Anfang eines »Altersstils«.

Natürlich ist an einer solchen Feststellung etwas dran. Trotzdem mag ich es nicht so sehen; was voraufging, war für mich nicht unwichtiger als dieses. Aber meine Bindung an diese Rolle ist stark. Ich finde dafür nur einen Grund. Hier habe ich das, was sich als körperliche Männlichkeit darstellt, als geistige ausgedrückt. Dieser Edgar ist ein Haustyrann, und da er sich nicht überwinden kann, eine neue Einstellung zum Leben und zu seiner Frau zu finden, obwohl er aus dem Beruf ist, obwohl er kränkelt, sich schon geistige Störungen spürbar machen, will er nur die absolute Beherrschung seiner engeren Umwelt, auch die seiner Frau. Er will seine Position behaupten und muß doch spüren, daß schon andere Kräfte in Bewegung sind. Das Drama zeigt den Umschlag. Die Frau wird stark. Was wir unter weiblicher Emanzipation verstehen, kommt ja vom Norden, von Ibsen, von Strindberg her. Mir war diese Auseinandersetzung mit der Frau, die körperlich geführt wird, wesentlich. Darum bin ich immer versucht, Männlichkeit auszustellen, um diesen Kampf, diesen Jahrhundertkampf spürbar zu machen; er wird seelisch und körperlich geführt und wird auch durch die Emanzipation nicht aufzuheben sein, weil wegen der verschiedenen Körperfunktionen doch die Geschlechtskontraste als dramatische Kontraste bleiben.

Daß ein neues Matriarchat sich durchzusetzen beginnt, ist in meiner Vorstellung schon denkbar, wie fragwürdig manche Überzogenheiten der Frauen in diesem Kampf derzeit auch sein mögen. Die Veränderungen aber sind zu sehen. Und notwendig.

Alt und neu

Ich liebe das Neue, weil es das Bestehende verändert und alt macht. Ich habe nichts gegen das Alte. Es hat seine eigene Nachdrücklichkeit. Natürlich ist eine Figur wie Edgar eine »alte« Figur, eine des »alten Theaters«, wenn man sie von Becketts Figuren her sieht. Und doch gibt es zwischen ihnen unterschwellige oder sogar direkte Verwandtschaften. Ich liebe das Neue auch, weil ich erfahren will, was zu meinen Lebzeiten noch ankommt.

Zu solchen Ankünften gehörte für mich Jean Genet. Manche hielten ihn für ein Schrecknis, für eine Zumutung. Hans Lietzau, damals ein wichtiger Mann in Barlogs Schiller-Theater, war von ihm fasziniert – wie zwanzig Jahre später Hans Neuenfels. Lietzau hat eine hohe Intelligenz und eine handwerkliche Übersicht über Material und Bedingungen für eine Inszenierung. Er ist ein echter Regisseur, wenngleich in Fragen der Rollenbesetzung nicht immer konsequent. Auch in der deutschen Erstaufführung von Genets »Balkon« war das so. Ich fand den »Balkon« als Stück so großartig wie Lietzau. Wir spürten die Herausforderung des Stoffs in der

Koppelung von Hurenmilieu und Revolution, auch in der Irritation, die die Dunkelheit der Vorgänge auslöste, wie in den schockierenden Bildern des Anfangs mit drei Huren, die den phantastischen Bedürfnissen ihrer Kunden nach Steigerung ihres Ichs zu willen sind. Das war extremes, groteskes Theater, mit viel Sexus darin, was in den sexuell eher braven, züchtigen fünfziger Jahren noch nichts Gewöhnliches war. Lietzaus Inszenierung mit den Bordellkammern lief großartig an, dann aber zerfloß sie, was in Genets Stücken in der zweiten Hälfte leicht passiert. Ich spielte den Polizeipräsidenten. Ernst Schröder fand mich wegen meiner Introvertiertheit großartig. Aber ich glaube nicht, daß ich die Figur richtig angepackt habe. Ich verlor sie im zweiten Teil.

Ein Vierteljahrhundert später hat Hans Neuenfels noch einmal am selben Ort eine Inszenierung des »Balkon« versucht. Lietzau verlief sich damals im Stück, romantisierte in der zweiten Hälfte. Auch Neuenfels ist mit Genets Schwächen, den Kompliziertheiten in der Struktur, die Undeutlichkeiten sind, nicht fertig geworden, wiewohl mich gerade die Schlußsequenz bei ihm, das Hinarbeiten auf das Mausoleum für den Polizeipräsidenten, sehr überzeugt hat. Er hat alles darangesetzt, die zwischen 1958 und 1982 abgebrauchten Schockelemente des Sexus zu vermeiden. Das Problem klarzumachen; was aber die Revolution ist, die im Hintergrund des Stücks stattfindet und die ich für einen realen Vorgang halte, hat auch er nicht gelöst. Natürlich wußte Neuenfels, daß Genet Anarchist ist, also auch die Revolution keinesfalls überbewertet. Aber dann die Revolution nur pantomimisch, tänzerisch darzustellen, Chantal nur als deren Galionsfigur vorzuführen, das ergibt ein ausgeprägtes Verständnisloch. So fehlte der Kitt, der zwei Welten bindet. Elisabeth Trissenaar, die die Bordellherrin Irma spielte und die den meisten ihrer Aufgaben so großartig entspricht, die für mich den Anschluß hält an die größten Tragödinnen, die ich in meinem Leben habe sehen können, die eine großartige Medea in Frankfurt war und eine ebensolche Penthesilea in Berlin, die ich nur mit der großen Darstellung durch die Koppenhöfer vergleichen kann – Elisabeth Trissenaar, die ich schätze wegen ihres leidenschaftlichen Zupackens, ihrer großen Fähigkeit zur Differenzierung und wegen ihrer unverwechselbaren Ausstrahlung – sie fand ich als Irma zu jung. Ihr Verhältnis zu den Männern, die da kamen, auch das zum Polizeipräsidenten, war nicht souverän. Aber am Ende wurde sie plötzlich wunderbar, frech, zynisch, wie sie da alles abfertigt.

Minetti auf der Probe zu »Der Balkon« von Jean Genet
Schloßpark-Theater Berlin 1983, Regie Hans Neuenfels

Ich wußte, was von Neuenfels gewollt war. Neuenfels' Art, seine Unmittelbarkeit und Gefühlskraft, seine psychische Bereitschaft, den Figuren wirklich zu Großartigkeit und Lebendigkeit zu verhelfen, ist von einer herrlichen, prächtigen, berückenden Jugendlichkeit. Ich freute mich, unter seiner Regie mitspielen zu können. Der Gesandte ist eine konservative Figur, die aber sowohl in der Modellwelt Genets wie in der Symbolik, mit der Genet die Vorgänge behaftet, anzusiedeln und auch als aktive politische Figur zu interpretieren ist. Ich habe meine Szene mit der Trissenaar, lustvoll in eine sexuelle Situation hinaufgetrieben, besonders gern gespielt; wir waren traurig, daß die Vorstellung, immerhin eine große Unternehmung im Schiller-Theater, nicht besser besucht wurde. Ihr Grundfehler war, daß der Ausgleich zwischen Realität und Symbolismus nicht gefunden wurde. Vielleicht ging Neuenfels zu schwärmerisch an die Arbeit. Er stürmte auch in diese Inszenierung mit Übermut; es lag ihm nicht – zu kontrollieren, zu distanzieren, die Problematik zu definieren. Er ist ein großer, ungestümer Fabulierer mit einem starken Sinn für Spannungen. Nachdem ich gesehen habe, was er im Film über »Penthesilea« fabuliert, was er für »Die Familie Schroffenstein« an erstaunlichen Bildern ersonnen hat – ist er für mich auch ein großer Filmregisseur. Dennoch vornehmlich ein echter, gewaltiger Theatraliker, auch hinsichtlich der Oper. Durch Neuenfels' phantasievolle Inszenierung der Zimmermannschen »Soldaten« habe ich unmittelbar die mir ungewohnte Musik des Werkes erleben und verstehen können.

Drei Freundschaften

An große, befeuernde Regisseure zu geraten, die einem die Hemmungen lösen, das gehört zum Glück des Schauspielers. Wieviel Talente bleiben unerlöst, verkapseln sich, werden übersehen, also auch nicht gefördert. Ich habe das Glück, erkannt und gefördert zu werden, zweimal gehabt, in Berlin durch Jürgen Fehling und nach ihm in Köln durch Hans Karl Zeiser. Er war nicht so wuchtig, nicht so radikal wie Fehling, aber er hat meine Konstitution körperlicher und seelischer Art wie ein Bruder begriffen. Er war ein Mann, der sich bedenkenlos verschwendete in bezug auf Essen, Trinken, Sexus und auch durch die Arbeit im Theater. Er saß stundenlang in der Schneiderei, kümmerte sich um Einzelheiten, konnte selbst Kostüme schneidern, suchte sich die Stücke aus, die er inszenieren wollte und machte bis in alle Details selbst die Dramaturgie. Er verseuchte sich in der dauernden Überarbeitung mit Zigaretten. In der Arbeit selbst war er freilich höchst konzentriert. Er war der Schrecken vieler Intendanten, weil er so lebte; weil er annahm, andere müßten auch so leben wie er; er traf insofern auf viel Verständnislosigkeit, gar auf Ablehnung, die nicht bösartig gemeint war, aber Folgen hatte: Letztlich bekam er nie die Position, auf die er eigentlich Anspruch hatte. Intendanzen, die ihm angeboten wurden, lehnte er ab, wohl, weil er nicht wagte, sich selbst zu organisieren. Seine Ansprüche an das Leben waren vagabundenhaft, er war ein Wanderer durch die Theaterwelt. Keiner konnte ihn halten. Zuletzt war er der Leiter der Falckenberg-Schule in München – zwei Jahre lang.

Seine ganze vitale Energie trat bei all dem eigentlich nicht in Erscheinung. Er war sehr verhalten; im Alltag hätte man ihn kaum beachtet, sein Gesicht war nicht auffällig prägnant. Er war einer der letzten gewesen, die aus Stalingrad ausgeflogen werden konnten, drängte sich noch, ohne verwundet zu sein, ins Flugzeug zu den Verwundeten. Wie er dem Tod entronnen ist: das war für ihn ein Ur-Erlebnis, das ihn nicht losließ; er erzählte immer wieder davon. Von daher rührte wohl sein Vermögen, in die Tiefe zu sehen. Der Gang, den ich mit ihm in Becketts Werk machen konnte, war ein Tief-Gang. Als ich in meiner Lebens- und Liebeskrise war, nicht wußte, was ich tun sollte – hier meine in Sanatorien dahinsiechende Frau, dort die neue Liebesentzündung in Recklinghausen zu einer Frau, die vor mir nach Ägypten floh, wo ihr Mann beschäftigt war: in dieser Krise hat er mich beraten. Er begriff, daß diese Frau, Elisabeth, für mich notwendig war und noch notwendiger werden würde. Er beriet mich, als Elisabeths Ehemann so aggressiv wurde, daß ich das Schlimmste befürchtete. Warum er diesen Dienst der Freundschaft auf sich nahm, weiß ich nicht. Manchmal denke ich, er wollte, daß meine Theaterseele gerettet werde. War das sein Egoismus? Zeiser wurde der Freund in der größten Bedrängnis. Als er starb, war ich einer der wenigen, die von auswärts zum Begräbnis kamen. Wir saßen dann in der Schauspielschule zusammen, die damals Stern leitete; seine Freunde und viele seiner Schüler – Franziska Walser ist eine von ihnen – erzählten von ihm. Zeiser hat viele dieser jungen Menschen beglücken können, er verlangte von ihnen, sich zu kontrollieren und sich hohe Maßstäbe zu setzen.

Mein anderer Freund wurde nicht für solche Not, aber für mein

Selbstbewußtsein, für mein Dasein durch sein Dasein mitbestimmend. Das war Sepp Herberger, der Fußballer, der große Trainer. Wir haben uns 1930 kennengelernt, angefreundet. Bei den Länderspielen schließlich wollte er mich immer um sich haben; ich fuhr im Bus mit der Nationalmannschaft vom Quartier zum Stadion. Und zurück; als »wir« 1:3 in Paris verloren hatten, saß alles schweigend im Bus. Nach Minuten forderte Herberger sozusagen verwundert seinen Spielführer Fritz Walter auf: »Wolle Sie Ihre Männer nit singe lasse?« Der total niedergeschlagene Fritz ermannte sich. Herbergers Lieblingslied »Hoch auf dem gelben Wagen« erklang immer sicherer. Die Pariser Fans vor dem Stadion, die höhnen wollten, staunten überwältigt, lachten uns zu. Ich konnte ihm seine Begabung in der Psychologie der Menschenführung immer aufs neue bewundernd bestätigen, sie ihm auch definieren. Er kam nach dem Gewinn der Weltmeisterschaft in eine schlimme Situation. Die Truppe hatte Mißerfolge, wurde des Dopings verdächtigt, man stellte Schäden an der Leber der Spieler fest – aber es war ein Schaden durch falsche Ernährung, der ohne sein Wissen entstanden war. Damals geriet er öffentlich fast ins Aus; daß er mich brauchte, machte mich froh. Zu beiden Freunden, zu Zeiser und zu Herberger, konnte ich mit allem kommen, wir waren rückhaltlos offen untereinander. Beide Freunde habe ich schon verloren, aber sie leben in mir, in meiner Freundschaft, die bis zum letzten Tag bleiben wird.

Herberger hat mich nur zweimal auf dem Theater spielen sehen. Einmal in Frankfurt als böse Fee und später in Berlin im »Menschenfeind«. Als ich ihn nach dem »Menschenfeind« um Kritik fragte, sagte er: »Ah du, ze erscht haste mir gezeischt, was de kannscht, es bissle viel gedribbelt, aber nach der Pause haschte die Tore geschosse.« Das bedeutete, in der Sprache der Fußballer: Zuerst hast du dein technisches Können gezeigt, aber Tore hast du erst nach der Pause geschossen – da lebte die Figur an sich. Er war ja ein so guter Trainer, weil er Menschen sehen, erkennen und ihren Beweggründen und Veranlagungen gemäß behandeln konnte. Ähnlich erspürte er auch das Verhalten des Schauspielers zu seinem Beruf, zu seiner Aufgabe und im Verhältnis zum Zusammenspiel. Das war immer wieder erregend und überwältigend für mich. Unser beider gemeinsames Wissen: Ensemblespiel im Theater analog dem Mannschaftsspiel im Fußball. Jeder für alle, aber es gibt in beiden Bereichen den nötigen Spielmacher.

Ich gewann mir freilich noch einen anderen Freund, mit dem ich

Als Alceste in »Der Menschenfeind« von Molière
Schloßpark-Theater Berlin 1959, Regie Hans Bauer

als junger Mann in Berlin im Seminar von Max Herrmann, der die Wissenschaft vom Theater begründete, zusammengesessen hatte, im dritten Semester, bevor ich zur Schauspielschule ging. Das war H. J. Weitz. Wir führten damals schon im Seminar Theaterstücke auf. Ich erinnere mich an den »Tausch« von Claudel. Regie führte unser lieber Freund Ullmann, den man am Ende des Krieges, als er sich in Frauenkleidern ins Überleben retten wollte, im Jugoslawischen aufgegriffen und erschossen hat. Weitz inszenierte »Spiel des Lebens« von Hamsun – zur gleichen Zeit, als Gustav Hartung das Stück am Schiller-Theater herausbrachte; das führte beide zueinander. Wir waren in Herrmanns Seminar eine Gruppe der produktiven Opposition – bei der größten Verehrung für Herrmann selbst, der damals über das frühe europäische Theater las; wir bewunderten ihn und hörten dann mit Schrecken von seinem schlimmen Schicksal nach 1934. Seit damals habe ich eine rückhaltlose Freundschaft mit Weitz. Wir trafen uns immer wieder, definierend und kritisierend oft in der Nazizeit, bis er, obwohl von Vaters Seite »nichtarisch«, überraschend zu einer Geheimtruppe eingezogen wurde, welche die Stabsquartiere eines Armee-Oberkommandos zu sichern hatte. Er kam auf seinen Urlauben häufig zu uns ins Haus, auch später, nachdem der Irrtum entdeckt und er aus der Wehrmacht entlassen worden war. Ähnlich Walter Bluhm, der Schauspieler, der den Krieg sogar in einer der Bewährungseinheiten unter fürchterlichen Umständen überlebt hat. Mit Bluhm verband mich eine Kumpelhaftigkeit von meinen Anfangsjahren her; die Freundschaft mit Weitz war und ist geistig gegründet. Er ist ein bewundernswert gebildeter Mann, jung noch heute in seinem mir entsprechenden Alter; das Theater unseres ganzen Jahrhunderts lebt in seinem Kopf, wie die Welt Goethes und der Romantiker dort ein so kenntnisreiches Nachleben führt, daß die Originale sich heute bei ihm noch nach sich selbst erkundigen könnten. Weitz traf ich wieder und verband mich ihm neu in der gemeinsamen Arbeit in Köln. Er war bei Herbert Maisch, der damals die Kölner Bühnen leitete, Dramaturg.

Überall spielt es eine Rolle...

...das Geld, auf der Bühne – zum Beispiel in Molières »Der Geizige«, Schillers »Räubern«, Brechts »Dreigroschenoper« oder im
»Sparschwein« von Labiche – genau wie im richtigen Leben.

Setzen wir es also richtig ein, damit es seine Fähigkeiten voll zur
Geltung bringen kann...

Pfandbrief und
Kommunalobligation

**Meistgekaufte deutsche Wertpapiere - hoher
Zinsertrag - bei allen Banken
und Sparkassen**

Verbriefte Sicherheit

Viele Schauspieler, die einmal erfahren hatten, was Berlin als zentraler Theaterplatz für die eigene Karriere bedeutete, meinten damals, man müßte sich die Bekanntheit, die einst die Reichshauptstadt gewährte, nun durch Gastieren in vielen Städten verschaffen. Ich war keine Ausnahme. Ich spielte nun in Berlin und in Köln. In Köln begann ich mit einem Stück von Montherlant, »Frauen, die man umarmt«. Der Ravier in diesem Stück gehört wieder in die Gattung der Edgars, in die Auseinandersetzung mit dem anderen Geschlecht. Gisela Holzinger war die eine, elegant spielende, die enorm begabte Elfriede Irrall die andere der Partnerinnen; die Irrall spielte das junge Mädchen, in das ich, als ein Chauvi, der sich wie ein Masochist gebärdet, verliebt war, ungemein reizvoll. Elfriede Irrall ist aus der normalen Karriere, die ihr bevorstand, später ausgestiegen, machte dann Frauentheater. Uns ergreifen auf dem Theater immer wieder die merkwürdigsten Entwicklungen; unversehens werden wir wo hingetrieben, wo wir uns gestern noch nicht vermuten konnten.

Man kann auch eine Figur der Theatergeschichte werden durch Rollen, die einem eher zufallen und die man ohne Anstrengung, ohne eigentliche Versessenheit auf etwas Neues spielt. So ging es mir mit Eliots »Verdientem Staatsmann«, dessen Deutsche Erstaufführung damals ein Ereignis war. Die Rolle ging mir leicht von der Hand: Ein alter Staatsmann war zu zeigen, sozusagen emeritiert. Das soziale Umfeld, die höchste englische Society, war leicht zu spielen. Soziale Lozierungen von Figuren fallen mir eigentlich nie schwer, ob das nun dieser Staatsmann war oder später der Gerichtsrat Walter, eine Figur von Thomas Bernhard oder jener Arbeiter Quangel, der in Falladas »Jeder stirbt für sich allein« seinen kleinen privaten Widerstand gegen Hitler betreibt. Das waren alles schöne Aufgaben, doch keine Herausforderungen.

Damals wurde Oscar Fritz Schuh Chef des Kölner Theaters. Er hatte sich durch einige Aufführungen von Strindberg, O'Neill und Pirandello während seiner Intendanz am Theater am Kurfürstendamm in Berlin als ein ungewöhnlich kluger Regisseur erwiesen. Er hatte in seinem Rückgriff auf die allmählich klassisch werdende Moderne Gespür gezeigt und das Theater mit den Erkenntnissen der Tiefenpsychologie verbunden. Das war das Ereignishafte in seinen besten Inszenierungen. Er war literarisch kundig, sehr musikalisch, hat auf Dauer dann in der Oper wohl nachhaltiger gewirkt als im Schauspiel. Nach jenen Erfolgen begann er vom »Theater als geistigem Raum« zu schwärmen; man kann es nachlesen in seinem Buch gleichen Titels. Es war eine Formulierung, die den Entwicklungen in den späten sechziger Jahren nicht mehr standhielt. Er spürte es, als er Nachfolger von Gründgens in Hamburg wurde. Dort war sein eigentlicher Impetus leider schon angekränkelt.

Schuh hat mir ein großes Glück verschafft. Er hat für mich Hans Karl Zeiser – von dem ich vorhin erzählte, den Weitz als Regiegast von Bochum nach Köln geholt hatte – an das Kölner Theater engagiert. Mit ihm machte ich den Krapp in Becketts »Das letzte Band«. Was immer in diesen Jahren in der Folge der Rollen, die ich spielte, von meinem Älterwerden, von der Veränderung in meinem Spielen sichtbar geworden sein mag: dieser Krapp war für mich ein Ereignis, das mich verwandelte. Es war von der Rolle her die größte Faszination seit Hamlet.

Zeiser hatte eine absolute Fähigkeit, Sinn und Atmosphäre eines Stückes zu erkennen und zur Deckung zu bringen. Insofern war »Das letzte Band« für ihn kein Problem. Er hat mich dazu gebracht, Krapps Situation unerbittlich hart erdulden zu können, den Blick in den Abgrund dieses Lebens auszuhalten und den winzigen Rest von Bewußtheit mit der allerletzten, reduzierten Kraft zum Ausdruck zu bringen; dabei äußerste Präzision. Der Abgrund: das war der Hauptakzent von Zeiser. Er bestimmte diese Aufführung und unterscheidet sie von der Version, die ich zehn Jahre später unter Klaus Michael Grüber spielte und die bekannter geworden ist. Der Zeisersche Krapp war jene Restexistenz, die sich am äußersten Felszipfel über dem Abgrund noch verteidigt. Die Wirkung dieser Darstellung muß für viele erschreckend gewesen sein. Ich spielte das Stück dann auch auf Tournee und hörte immer wieder jenes gewisse Türenschlagen beim Weggehen, das hörbar macht, daß einige Leute es nicht ausgehalten haben. Damals kam meine spätere Frau, Elisabeth, plötzlich aus Ägypten zurück, sah die letzte Vorstellung in Köln und war erschlagen; ich habe kein anderes Wort dafür. Sie hielt es nicht für möglich, daß man so Theater spielen könne.

Wenn ich Rollen spiele wie diese, natürlich mit hohen Lustgefühlen, befinde ich mich schon jenseits der Schauspielerei. Ich weiß, ich spiele Theater, aber ich stelle dann einen Zustand her, in dem ich unmittelbar lebe. Krapp ist da, als wäre er ein Mahnmal. Als wäre seine Existenz ein steiles, undeutbares Licht. Am Rande des Alls. Ich

Als Krapp in »Das letzte Band« von Samuel Beckett
Städtische Bühnen Köln 1961, Regie Hans Karl Zeiser

Als Wilhelm Ständer in »Tabula rasa« von Carl Sternheim
Schauspielhaus Düsseldorf 1963, Regie Hans Karl Zeiser

spreche freilich damit nicht vom priesterhaften Zug, von der moralischen oder gar philosophischen Verantwortung in unserem Beruf – dafür bin ich viel zu libidinös veranlagt, viel zu sehr auf die Befriedigung eigener Vorstellungen und Ansprüche, meiner Sehnsüchte und Wünsche konzentriert. Aber in der Darstellung des Krapp spürte ich eine hohe, illusionslose Wahrhaftigkeit, empfand mich in gewissem Sinne als absolut. Das meinte ich mit »jenseits der Schauspielerei«.

Damals sagte ich: Zeiser ist mein zweiter Fehling. Auch er hat mich begriffen, wußte vielleicht sogar mehr von mir als Fehling; er spürte, was mir nottat, um mir zu meinen Möglichkeiten zu verhelfen. Zeiser half mir, Sternheim für mich als hohe dramatische und dichterische Qualität zu erkennen. Sternheim war damals noch kaum wiederentdeckt. Man hatte Schwierigkeiten mit seinen Figuren und deren Sprache. Gleichzeitig mit uns begann Rudolf Noelte mit seiner Inszenierung des »Snob« den Weg freizuschlagen. Wir spielten im Berliner Schloßpark-Theater »Tabula rasa«. Das ist die Geschichte jenes Wilhelm Ständer, der sich vom Sozialdemokraten zum rücksichtslosen Kapitalisten entwickelt; eine rundum reale, wirkliche Figur. Ich kam mir stämmig, resolut und gerissen vor, hatte karrieristische Filouhaftigkeit und Durchsetzungswillen. Dieses Durchsetzungsvermögen herzustellen, sich einzunisten in einer neuen sozialen Umwelt, immer im Rahmen des Stücks und der Figur zu bleiben, das verlangte Energie und zugleich die Disziplinierung der Energie. Diese notwendige Selbstkontrolle führte mir Sicherheit zu, war ein Fortschritt, wie ihn jeder Schauspieler braucht, damit er sich seiner Mittel gewiß wird, seiner Verwandlungsmöglichkeiten und der Fähigkeiten, eine Figur wirklich dem Publikum nahezubringen.

In jenen beiden Inszenierungen zeigten Noelte und Zeiser dem deutschen Theater wieder die zeitlose Sternheimsche Qualität. Sie besteht in Sternheims stupender Fähigkeit, gesellschaftliche Ereignisse und Zustände seiner Zeit in dramatische Handlungen zu übertragen. Das geschieht in strenger, sprachlicher Disziplin; sie macht seinen Stil. Aber man darf diesem Sprachstil nicht verfallen, um daraus einen Darstellungsstil herzustellen. Denn dann entfernt man sich von den wirklichen Vorgängen im Stück. Sternheims Sprache ist gefiltert. Sie ist für alle Personen gleich, aber alle wollen damit etwas anderes, meinen auch anderes. Man muß diese Sprache studieren, sich aneignen, als wäre sie die natürlichste von der Welt. Obwohl sie formalistisch gefaßt ist, muß sie ganz realistisch klingen. Sie hat die Kostbarkeit von Gegenständen dieser Zeit. Stil: Krupp-Villa, die Gläser und Gefäße des Jugendstils, aber sie hat gleichzeitig für uns deren Staub, der unsichtbar ist oder den Reiz eben abgestaubter Gegenstände, denen man das Abgestaubte noch anmerkt. Sternheim verrückt die Sprache und rückt die Personen auf Typen hin, auf den Typus des Großkapitalisten, des strebsamen jungen Unternehmers, des vorweggenommenen Playboys von heute, auf Figuren, die Besitz und Reichtum wollen und die Welt des Besitzens bis zur Groteske, bis zur Erschöpfung und zur Entfernung von jeder Art Menschlichkeit verteidigen, wobei die Groteske bis ins Fatale sich steigert. – Diese Welt ist mir von Jugend her vertraut, in Kiel war sie mir schon wie später in Berlin gegenwärtig. Sternheim hatte ein ganz besonderes Sensorium für diese Welt, mehr als Wedekind, der thematisch freilich variabler ist. Das sind zwei großartige deutsche Autoren, von denen her es einen Weg zu Botho Strauß gibt.

Der nächste Erfolg mit Zeiser kam wieder in Köln zustande. Es war »Der Geizige« von Molière. Jean Vilar hatte mich in dieser Rolle fasziniert, ich wollte mit ihm konkurrieren und habe einen körperlich bis zur Flatterhaftigkeit exzessiven Menschen gespielt, einen vom Geiz Getriebenen, dessen Liebe zum Geld aber eine echte Liebe ist; keinesfalls eine romantisierende. Im ganzen wurde das eine ins Extrem getriebene, bedauernswerte, aber unsentimentale Situation. Ich spürte eine neue Leidenschaft im Spielen. Das war eine Hoch-Zeit meines Theaterdaseins. Ich kann auch sagen: diese drei Rollen mit Zeiser waren seinerzeit eine Vollendung für mich.

Nach soviel Erfolg im Komödiantischen, das ich immer begehre, im Nur-Spaßhaften wie auch im Geistigen, haben wir noch einmal einen Molière gemacht. »Tartüff«, im nächsten Jahr wieder in Berlin, auf sehr barocke Manier. Ich war Tartüff, Hans Söhnker der Orgon. Wir hatten uns aus unserer üppigen Barock-Vorstellung heraus viel vorgenommen, es wurde ein Anspruch an das Ensemble gestellt, den es nicht gewöhnt war. So ging alles schief. Die Inszenierung wurde ein krasser Flop, den man in bezug auf mich verwundert zur Kenntnis nahm, dem Hans Karl Zeiser mehr anrechnete, obwohl ich ihn noch heute in Schutz nehmen muß. Wir hatten uns da übernommen. Ein an Realistisches gewohntes Ensemble und ein ihm entsprechendes Publikum fand unsere Drastik, unsere bewußten Übertreibungen äußerlich und outriert. So stand am Ende unseres gemeinsamen Glücks eine Enttäuschung, die uns schmerzte …

Mit der Spielzeit 1962/63 tauschte ich – noch immer ein Unruhiger – Köln wieder gegen Düsseldorf. Der Abgang aus Köln war nicht gerade fulminant. Schuh wollte ein großes Zeitstück, erwarb »Stalingrad« von Claus Hubalek, der einmal ein vielversprechender Autor nach dem Krieg gewesen war, als er mit »Der Hauptmann und sein Held«, einer satirischen Komödie auf die Heldenspielerei der Nazizeit, hervortrat. »Stalingrad«, in dem ich den General Thomas spielte, wurde auch auf der Bühne ein Untergang. Sie war da im Dialog viel zu dünn bedient.

In Düsseldorf stand Karlheinz Stroux als Intendant wie als Regisseur im Zenit seiner Arbeit. Drei halbe Jahre spielte ich bei ihm. Und doch habe ich Mühe, sie eine gute Zeit zu nennen. Er bot mir Shakespeares »Heinrich IV.« an. Die Rolle hätte mir liegen müssen. Ein schwacher König, der in seinen politischen Bedrängnissen und seiner Not verzweifelnd regiert; er hat sich und seine Situation nicht in der Hand. Ich sah die Figur breit, vielseitig gebrochen. Aber was ich dann spielte, wurde nur eine Fassade, ich packte den König nicht. Ich spürte wohl: Dieses würde keine Theaterarbeit werden, die dem Stück nützte, sondern eher dem verehrungswürdigen Ewald Balser. Er spielte den Falstaff, obwohl er für mein Gefühl dafür nicht gebaut war. Stroux schielte nach dem Burgtheater. Balser konnte sein Helfer sein. Ich spürte den engen Grund, auf dem ich stand, fühlte mich auf der Schräge des Bühnenbilds nicht wohl, hörte plötzlich in der Generalprobe, wie der Darsteller des jungen Heinrich meine Sprechweise parodierte, jenes hohle Sprechen, in das ich immer dann leicht verfalle, wenn ich die Figur nicht körperlich erfülle. Und dieser Heinrich war nicht in meinem Körper. Das Parodieren wurde, obwohl Stroux es scharf verurteilte, nicht abgestellt; es hatte sich eingeschlichen und vergrößerte den Mangel der Aufführung noch einmal. Zeiser und ich brachten dann »Tabula rasa« und »Das letzte Band« nach Düsseldorf; das glich den Schaden aus, war aber doch nur eine schöne Brücke bis zum nächsten Kummer, in den eine anfangs große Freude umschlug. Stroux setzte das Stück Shakespeares an, das mir, meinem Wollen, meiner Vorstellung von Theater immer sehr nahe ist, den »Julius Cäsar«.

Ich suchte stets nach Figuren, die ein großes Schicksal tragen. Cäsar ist ein Mann jenseits von Sympathie und Antipathie, mit starker Phantasie und Tatkraft ausgerüstet, die schon im Erlahmen sind. Er spürt, die gegnerischen Kräfte formieren sich gegen ihn; sie sind so großartig und politisch bedeutend wie er selbst, der gefällt werden soll. Wenn man den Cäsar spielt und den Brutus schon gespielt hat, sieht man klar den Konflikt, die Größe der Personen. Die Rollen um Cäsar, die Senatoren, waren ganz jung, zu jung besetzt, ich sprach damals auf die Produktion bezogen von einer »Schüleraufführung«, und als Stroux mich dann – ohne daß ich das Format hierzu legitim erspielt hatte – über die ganze Länge der Reden auf dem Capitol als Leiche Cäsars noch ausstellen ließ, fühlte ich mich mißbraucht. Das waren Schatten über meiner Zeit in Düsseldorf, die mir freilich auch die wichtige Begegnung mit Strehler gebracht hatte. Trotzdem: ich fand mich nicht so gefördert, wie es möglich hätte sein können. Ich war beliebt beim Publikum, hatte eine aufmerksame Kritik – aber es fehlte mir an »Minetti-Verständnis«. Was das ist?

Gewiß mehr, als ein Verständnis dafür, ob mir eine Rolle leicht oder schwer ist. Mein Spielwille geht auf das Ganze, ich will eingebunden sein ins Ganze, was darzustellen ist. Ich will für mich zunächst soviel, daß ich meine Rolle körperlich, geistig, sprachlich, also innerhalb des Gesamtvorgangs sinnlich, herstellen kann. Aber ich möchte dem Stück dienen, mit den Mitspielern in einem Zusammenhang von Verständnis und Aktion sein. Es gibt dafür die verschiedensten Methoden. Mit Schauspielern wie Martin Held oder Ulrich Wildgruber ist solche Verständigung mühelos herbeizuführen. Ich will, daß man zusammenspielt, zuhört, richtig auf die Person und den Augenblick bezogen repliziert. Formal, dialogisch kann das harmonisch oder kontrovers geschehen, das ist im Prinzip egal. Ich habe schon geschildert, wie ich einmal reagierte, als ich das Gefühl hatte, Elisabeth Bergner höre mir nicht zu. Aber dieses Verständnis: daß Minetti dazu da ist, in einen großen Vorgang verwickelt zu werden, habe ich nur bei den großen Regisseuren meiner Zeit gefunden. Die Grunderfahrungen für solches Verlangen habe ich bei Jeßner und Fehling gesammelt. In den frühen Jahren, wenn man noch lernen muß, fällt einem das Sich-Eingliedern leicht; man ist dankbar und beglückt, wenn einem dazu geholfen wird; später wird es schwerer. Man hat dann sein eigenes Gewicht, es gibt weniger produktive Kritik. Aber man muß Vergangenheit vergessen können. Auch wenn alte Hüte noch so schön sind.

Viel für ein solches Verständnis hängt aber auch ab von dem Geist des Hauses. Aber wenn ich davon spreche, beginne ich schon, mich zu genieren. Gibt es ihn noch und wo? Man findet ihn in den Theatern immer seltener. Die Schaubühne in Berlin hat ihn, das Schiller-Theater nicht und kann ihn nicht haben, weil es ein Haus ist, dessen

Ensemble sich in vier Ensembles spaltet, je nachdem, was zum Alt-Ensemble an neuen Kräften aus anderen Theatern gekommen ist. Zadek hat das dort noch immer starke, weil hochgradige Ensemble sichtbar für alle wieder hergestellt, als er »Jeder stirbt für sich allein« inszenierte – aber nur für die Zeit dieser Arbeit. Bei Barlog war ein gewisser patriarchalisch-intimer Geist der Zusammengehörigkeit im Haus, bieder gelegentlich (Dylan Thomas, Behan, Beckett!), aber dennoch fruchtbar. Bei Lietzau wurde es schwierig, vor allem, wenn er selbst als Regisseur nicht in Hochform war; es gelangen die Klassiker nicht (»Don Carlos«, »Prinz Friedrich von Homburg«), dafür allerdings Stücke von Mercer, Ayckbourn und Stoppard, Pinter grandios. Weltstädtisch sozusagen. Und als sein junger Dramaturg Ernst Wendt und der äußerst fähige Regisseur Dieter Dorn ihn verlassen hatten, trockneten wir ein. Boy Gobert konnte die Frakturen nicht überwinden und das wiederherstellen, was ich mit dem »Geist des Hauses« meine: die Aufmerksamkeit aufeinander im Hinblick auf das, was man gemeinsam machen will. In diesem Rahmen ist das »Verständnis für Minetti« das persönliche Fragen: Wie bezieht sich der Minetti auf seine Figur, wieweit verstehe ich ihn, wie helfe ich ihm da, wo er bockt, wieweit verhindere ich Überschuß an Kraft oder eine zu große Absicht, was bietet er innerhalb des Dramas? Vielleicht ist solches Verlangen eine große Komplikation; ich muß dafür um Verständnis werben. Denn mein eigentlicher Wunsch ist: ganz einfach zu sein, gar nichts »zu machen«. Martin Benrath sagte mir einmal nach meinem Pinter-Spiel: »Du spielst es so einfach, du machst ja gar nichts. Wenn mir das gelänge...« Das Minetti-Verständnis meint dieses Ziel. Besteht es nicht, werde ich ins Monologisieren, in die monologischen Darstellungen getrieben.

Dennoch: Stroux hat in Düsseldorf ein vielfältiges und sehr lebendiges Theater gemacht, mit wirklichem Ehrgeiz, auch mit Kampfkraft, Phantasie und einem Gefühl für Sprache und die Bedeutung von Dichtung. Er war im Berliner Theater groß geworden, erst bei Hilpert, dann im Staatstheater. Er war gerieben und gerissen, er hat fähige Regisseure neben sich arbeiten lassen. Das letzte, was ich bei ihm spielte, war der Quentin in Arthur Millers Marilyn-Monroe-Stück »Nach dem Sündenfall«, das ein Selbstgeständnis und ein Stück Selbstverteidigung war. Anneliese Betschart war meine Partnerin. Diese schwierige Figur, die Millers Abbild war, habe ich gerne gespielt. Da war Verständnis für Minetti: Diese Rolle war mir gemäß und jeder konnte sehen: so ist er als Schauspieler, dies sind die Kontraste in seiner Natur, dies die seelischen Verästelungen in einem Menschen, der in seinen Schwierigkeiten vorzuführen war. – Von Wallenstein bis zum Selbstporträt Arthur Millers: Es ist beträchtlich, was an Menschen und Zeiten, Problemen und Schicksalen in einem Schauspielerleben zusammenkommt. Scheint es unerschöpflich, bedeutet es glücklich sein. Es scheint, als hätte man mit sich selbst nicht genug. Die Gründe des Verlangens, immer wieder in ein anderes Leben hineinzugehen, gehören zu den Geheimnissen dieses Berufes. Jeder hat sein eigenes, aber alle haben wir das eine Verlangen, anders zu erscheinen, um selbst dazustehen und wieder auf andere zu zeigen.

Das liebe Berlin

Neun Jahre hat meine Wiederannäherung an Berlin gedauert seit der ersten Berührung im »Besuch der alten Dame« 1957. Ich war glücklich, daß Barlog sich endlich durchgesetzt hatte. Inwiefern? Er hat immer gewußt und gesagt, daß ich ein Berliner Schauspieler sei, daß ich dazugehöre, aber er hatte wegen meiner Aufnahme ins Ensemble des Schiller-Theaters wohl mit etlichen Schwierigkeiten zu kämpfen. Einige Kollegen zogen es vor, daß ich nicht da war; sie betrachteten mich als Eindringling. Walter Franck, Ernst Schröder: da gab es schon Rivalitäten bei der Besetzung der Rollen, obwohl in den drei Theatern der Staatsbühnen genug Platz war. Ich selber hatte Sorgen, Vorbehalte, empfand meine Rückkehr aber dann doch als mir gemäß. Wenn ich an meine Aufgaben, meine Rollen glaubte, war ich eigentlich auch immer mutig. Gleichwohl war ich ein anderer Minetti als der, der zwanzig Jahre zuvor Berlin verlassen hatte. Ich war mit vierzig gegangen, als Sechzigjähriger kam ich zurück.

In Berlin wurde mir gleich ein Haus zur Miete angeboten, das dem Bund gehört. In dem entsprechenden Amt saß ein Fan von mir aus früherer Zeit, ein inzwischen ausgedienter Major. Das war ein Glücksfall. Das Haus in Dahlem liegt ruhig, ist teuer, hat einen schönen Garten; die Installation ist mäßig. Ich brauche Raum, aber keinen Luxus. So lebe ich, und dafür wurde mir der Boden bereitet. Barlog brauchte mich; das machte seine Überzeugung wie seine Zuneigung aus. Das tat wohl. Ich kam in ein fertiges Ensemble. Mein Einstieg war die Übernahme der Rolle des Marat in Peter Weiss' »Marat/de Sade«. Peter Mosbacher hatte, mit überraschendem Erfolg, die Uraufführung gespielt. Nach etwa vierzig Aufführungen stieg er anderer Verpflichtungen wegen aus. – Dieser Marat war ein konsequenter Revolutionär; von der Rolle her blieb er auf der Bühne an die Badewanne gefesselt, in der er seinen Tod fand. Er gehört zu meinen Ein-Ton-Rollen. Marat hat mir gefallen und genützt, er brauchte Energie und das stille Pathos des Zugrundegehens inmitten des Wollens.

Dann brachte das Schiller-Theater eine zweite Version von Becketts »Warten auf Godot«; ich sollte Pozzo sein. Über diese unglückliche Rolle will ich später sprechen. Hier nur soviel: Die Spielzeit 65/66 wurde meine Beckett-Spielzeit. Ich spielte immer noch den Krapp, jetzt kam Pozzo dazu und schließlich folgte noch der Mr. Rooney in »Alle, die da fallen« im Schloßpark-Theater, was eigentlich ein Hörspiel war. Ich sage es mit Selbstironie, wenn ich meine: Wir haben »Alle, die da fallen« gemacht, um mich – nach dem Pozzo – als Beckett-Spieler zu rehabilitieren. Es ist die Geschichte eines Mörders, von dem man aber nicht wirklich weiß, ob er einen Schüler, der ihm nicht behagte, tatsächlich aus dem Zug gestoßen hat. Niemand hat es gesehen, er selbst leugnet es. Die Indizien sprechen gegen ihn, seine eigene Frau hat das Gefühl, er habe es getan. Beckett enträtselt den Fall nicht. Der Vorgang bleibt merkwürdig, verhangen, ungelöst; die anderen Figuren geben sich zu erkennen, nur nicht die Hauptfigur: Sie bleibt geheimnisvoll. Lu Säuberlich, die eine realistische, handfeste, berlinische und sehr humvorvolle Person war, wollte privatim ergrübeln, ob er's getan hätte oder nicht. Man müsse das wissen. Ich empfinde das als uninteressant, unnötig, ja störend für mein Spiel.

Das ist ein charakteristischer Zug meiner Schauspielerei: Ich spiele Figuren in Situationen. Mich interessiert ihr Ausgeliefertsein mehr als ihre Moral, ihre bürgerliche Wahrhaftigkeit. Beides trifft mein Grundgefühl, daß wir uns selbst nicht ganz gewiß sind, wie ja die Welt nicht gewiß ist. Das klingt wie Ausweichen, wie Sich-nicht-stellen-Wollen. Das wäre falsch gefolgert. Ich habe großen Sinn für Verantwortung, sie gehört zu meiner Disziplin wie zu meiner Existenz; ohne sie könnte ich das Leben nicht so bewußt leben, wie ich es tue. Aber ich habe in mir auch ein anderes Gefühl: daß ich letztlich nicht zu stellen bin. Ich möchte mich auch von niemandem stellen lassen; es sei denn, ich möchte mich stellen, wenn ich meine Verantwortlichkeit spüre. Das gilt in jeder Beziehung: philosophisch, politisch, künstlerisch oder menschlich. In meinem Verhalten ist also: Genauigkeit, aber auch Flucht und Traum; auch ohne sie könnte ich kaum existieren. Flucht und Kontrolle, das ist immer wieder wie ein Sich-selber-Einholen. Ich stelle mich immer wieder gern ins eigentlich Unbegreifliche. Aus diesem Unbegreiflichen möchte ich wesentliche Elemente meines Schauspielertums begründet wissen, aber auch meine Irrtümer, die viele Mißverständnisse, falsche Aggressionen oder auch falsche Freundlichkeiten ausgelöst haben.

Natürlich habe ich auch ein großes Harmoniebedürfnis. Ich möchte unbefangen, naiv leben können. Aber ich nehme sehr viel wahr, bilde mir auch ein, sehr genau sehen, hören und fühlen zu können. Mein Lebensanspruch geht sogar dahin, mich den Unendlichkeiten anzunähern. Das mag verrückt erscheinen, auch paradox. Ich sprach an früherer Stelle von »Weltgefühl«. In solchem Verlangen stecken natürlich viele Kompliziertheiten, aber auch die schöne Möglichkeit zum Verständnis anderer, auch ganz fiktiver Dinge.

Berlin war für mich also eine Art Wiederherstellung. Als ich den »Schulmeister« von James Saunders spielen durfte, fühlte ich mich ganz bei mir selbst. Ich spürte meine komödiantischen und zeichnerischen Talente, meine verführerischen Talente. Ich glaube, mir gelang ein ganz normaler Schulmeister, der es schwer hat, sich mit den Kindern zu verständigen, weil sie alle nur Gleichgültigkeit oder vielleicht eine geheime Opposition gegen ihn entwickeln. Die Atmosphäre einer solchen Schulstunde herzustellen, erregte meine Phantasie; einzelne Schüler anzusprechen, so als ob sie wirklich anwesend wären und hinüberzuspielen ins Publikum, dort die Erinnerung an solche Stunden zu wecken, ohne einzelne im Publikum direkt als Partner zu benutzen: das war eine Lust. Die Darstellung durfte nur die Grenze der Kunst gegen das Genre nicht überschreiten.

Die Kunst enthält für den, der sie ausübt, eine Schutzschicht. Diese Schutzschicht ist die ästhetische Gestalt, also etwa die Poesie des Autors, sein Rhythmus, seine Musikalität; man kann sie finden in der Dynamik, in der Stille, in den Pausen, auch im Tempo eines Spielvorgangs; auch die Bühne selbst ist ja schon eine Schutzschicht. Sie ästhetisiert den Vorgang, den wir zu spielen haben, was nicht heißen soll und darf, daß diese Schutzschicht die Brutalität, die Grausamkeit oder die Radikalität des Ausdrucks, mit der wir oft agieren müssen, auch nur im geringsten mindern sollte.

Wenn Zadek im »Othello« die Leiche der Desdemona wie ein Stück Tuch über eine Stange hängt – ein grandioses Bild, logisch

Als Schulmeister in »Der Schulmeister« von James Saunders
Schiller-Theater Berlin 1971, Regie Dieter Giesing

Als Max in »Die Heimkehr« von Harold Pinter
Schloßpark-Theater Berlin 1965, Regie Hans Schweikart

und konsequent –, dann ist das grausam, vielleicht auch zynisch, aber für mich innerhalb der Schutzschicht. Die Handlung wird zum Bild, das sich tief einprägt, das noch in der Erinnerung sich im Entsetzen bewegt. Sogar die Verblüffung ist die Schutzschicht derer, die der Konsequenz des Vorgangs nicht folgen können, die die Kunst von der Grausamkeit der Realität nicht trennen können. (Tendenz zur Revolte ist nicht Revolte.)

Diese Schicht konnte ich auch als Schulmeister erhalten. Und am Ende der guten halben Stunde, die ich zu spielen hatte, war das Bild eines im Grunde ganz verzweifelten und eigentlich auch unnützen Menschen entstanden. Vergeblichkeiten: Saunders schildert, was mit diesem Kerl eigentlich los ist. Er müht sich, ohne auszureichen. Er erzählt den Schülern Sachen, die sie nicht begreifen. Er tut das mit einer gewissen Selbstbefriedigung; ich kenne das, weil mein Schwadronieren privatim manchmal ja auch so etwas ist. Es war ein Vergnügen, diese Figur aufzudecken, ohne detaillistisch zu werden oder skurril, ich konnte das Lächerliche mit dem Fast-Tragischen verbinden. Auch das gehört für mich ins »Verständnis Minetti«, die Möglichkeit zu haben, mich in solche Menschenlabyrinthe kleineren Formates hineinzubegeben. Es möge mir öfters vergönnt sein. Dieser Schulmeister war »mein Einstieg in Berlin«.

Aber der Durchbruch kam mit einem Stück von Harold Pinter. Es hieß, fast symbolisch für meine Situation: »Heimkehr«. Es ließ sich kaum wie eine »Heimkehr« an. Hans Schweikart inszenierte, und nach vierzehn Tagen saßen wir fest. Es gelang ihm, Harold Pinter nach Berlin zu holen; er hielt eine knappe Einführung in sein Stück – per Dolmetscher –, wir diskutierten kurz darüber. Dann ließ er sich den ersten Akt vorspielen, machte für alle Kritik, nicht für mich. Ich meldete mich als übergangen und fordernd – da drehte er nur den Daumen nach oben, das hieß: keine Kritik, nur Zustimmung. Ich hatte mir den Geist der Rolle mit einem Trick erworben, indem ich den Text mit meinem Heimatdialekt färbte, dem Missingsch, einer Art Hochdeutsch mit niederdeutschem Anklang. Solche Färbungen sind immer eine große Hilfe, weil man zur seelischen Konstitution der Figur leichter Zugang findet. Man macht sie sich vertraut, indem man sie seiner heimatlichen Sprache anvertraut. So traf ich den alten Knochen, diesen Max, der die Frau entbehrt, der als später Junggeselle dahinlebt, sich seinen Söhnen überlegen fühlt, deren Süchte, Bedürfnisse und Schwierigkeiten ihm egal sind, und der dann auf seine Schwiegertochter losgeht, die flirrend, verführerisch, sinnlich und sexy in das nicht gerade üppige Haus kommt. Er nutzt sie kommerziell aus, macht sie zur Hure. Dabei blüht er noch einmal auf. Mich faszinierte die absolute Unerschütterlichkeit dieses noch kernigen, also nur scheinbar alten Mannes. Ich fühlte mich in dieser Rolle so wohl, als wäre das meine eigene Existenz, obwohl ich doch viel jünger war als der, den ich zu spielen hatte. Der sensible Schweikart hatte für mein Hineintauchen in diese Rolle das beste Verständnis. »Ich brauche dir gar nichts zu sagen«: das Wort war die von ihm angewandte Regie zu Max.

»Heimkehr« wurde für mich ein Comeback; es wuchs mir zu, blieb aber zunächst doch verhältnismäßig folgenlos, obwohl die Presse mich lobte. Ich wurde zum ersten Mal »Schauspieler des Jahres«, aber das Publikum verdaute das Stück nicht. Seine ungenierte Drastik wurde als Skandal empfunden. »Ihr Säue«, schrie einer von unten, ich spielte natürlich um so konzentrierter realistisch. Ähnlich schwierig erwies sich später das Stück in Hamburg, wo ich gastierte; die evangelische Kirche (Pastor Thielicke) protestierte öffentlich. Sie setzte sich nicht durch. Was sich an und in mir verändert hatte, wurde an den Rollen dieser Spielzeit sichtbar: Ich spielte auf einmal alte Leute, böse, verknöcherte, einsame, isolierte. Becketts Krapp und Pozzo, Saunders' Schulmeister, Pinters Altvater; alles graue, abgewirtschaftete Figuren, aber mit Humor oder wenigstens, fußballerisch gesagt, mit Spielwitz. Auf Humor lege ich Wert; er ist heimatlich. Ich spüre ihn am meisten, wenn ich mich der Luft verbunden fühle.

Ich fühlte mich in Berlin wieder zu Hause. Ich empfand dieses Zusammentreffen, dieses Ineinander von Berlin und neuen Rollen als eine meiner Glückhaftigkeiten. Ich hätte Stücke dieser Art, die jetzt mein Glück machten, nicht schreiben können. Aber ich hatte in mir, was sie sagen wollten. So wurden diese Autoren – Beckett, Pinter, später Bernhard – mein Sprachrohr. Sie gewährten dieses Zwischen-Himmel-und-Erde-Schweben einer schauspielerischen Existenz. Die Verzweiflungen, die Rücksichtslosigkeiten. Ich erfuhr etwas Neues durch diese Literatur, so wie ich viel über unsere Zeit aus der bildenden Kunst erfahre. Sie bereichert mein Selbstverständnis. Ich speichere diese Erfahrung um so begieriger, als ich fühle, wie unsere eigene Gegenwart das Bewußtsein von unserer Existenz entleert. Mit Beckett, Pinter und Bernhard konnte ich jetzt die Ernte von vierzig Jahren Schauspielerleben einbringen. Ich begann eine neue Periode – eine andere Art, Theater zu spielen.

In ein so großes und starkes Ensemble eintreten zu können, wie es das Barlogs zu jener, seiner besten Zeit war, ist manchem eine höchste Erfüllung. Dieser schwankende Spielkörper war einer Fülle von Aufgaben gewachsen, von den Herausforderungen, wie sie die neuen Beckettschen oder Genetschen Stücke stellten, über Tschechow, Brecht bis zu Anouilh, Saroyan und Marceau; Barlogs Theater hatte einen zeitnahen, novitätenreichen, die Wagnisse nicht verweigernden Spielplan, der andererseits dem Berliner Hang zu poetisierender wie auch sachlicher Fröhlichkeit, also einem gehobenen Boulevard, auch entgegenkam. Barlog war selber ein fröhliches Element, ein Entertainer nicht von der schlechtesten Art. Wer war alles in diesem Ensemble? Ernst Schröder, Walter Franck, Carl Raddatz, Martin Held, Erich Schellow, Hans Caninenberg und von den jüngeren: Klaus Kammer, Horst Bollmann, Stefan Wigger, Thomas Holtzmann und Rolf Henniger, an Frauen Elsa Wagner, Roma Bahn, Gisela Uhlen, Marianne Hoppe, Luitgard Im, Lu Säuberlich, Anneliese Römer, Gisela Stein – ich kann sie nicht alle herzählen. Sich in eine solche Großgruppe einzufühlen, sich seinen Platz zu schaffen, ist kein konfliktloses Unterfangen, so objektiv jeder auch die Begehrlichkeit des anderen nach Rollen ebenso wie seine eigene Begehrlichkeit erkennen mag.

Barlogs Theater reckte sich manches Mal nach großen Unternehmungen. So rüstete er sich 1966 zum »Faust, zweiter Teil«. Regie sollte Ernst Schröder führen, der sich in diesem Ensemble längst als erster Schauspieler profiliert hatte. Ich erwartete, an diesem »Faust« beteiligt zu sein. Er wählte sich jedoch Wilhelm Borchert und Erich Schellow für Faust und Mephisto. Als ich das hörte, sagte ich, Halsund Beinbruch, mach das, aber überlege mal. Ich erinnerte mich daran, wie Gründgens die ihn allmählich physisch überfordernde Wiederholung des Mephisto einst zur Last geworden war, und empfahl Schröder eine zweite Besetzung, denn man werde »Faust II« ja wohl lange spielen. Schröder sagte: »Eine wunderbare Idee von dir«, aber er wollte wohl meinen zugegeben versteckten »künstlerischen« Beweggrund nicht verstehen. Seine zweite Besetzung hieß Helmuth Wildt (Faust) und Ernst Schröder (Mephisto). Ich wollte natürlich trotzdem mitmachen, und übernahm dann, da ich mich als Ensemblespieler fühlte und nie vergessen habe, wie Fehling mich einmal zusammenstauchte, weil mir eine Rolle zu klein erschien, den Wanderer, den ich ja auch schon bei Gründgens gespielt hatte. Es war mir da immer eine Freude, der Elsa Wagner, die die Baucis himmlisch spielte, als Partner zuzuhören. Ich sah später einmal in München Faust II, beglückt durch Erwin Faber als Philemon. Der war, ich möchte sagen, von einer urtümlichen Naivität. Verzaubernd. Die beiden – Elsa Wagner und Erwin Faber – als das alte Paar: ich hätte sie zusammen sehen mögen; es wäre unwahrscheinlich schön gewesen. Man hört im Theater ja nicht auf, sich immer etwas noch Vollkommeneres auszudenken – weil man die Grenzen des Erreichten immer wieder so deutlich vor Augen hat.

Schröders Inszenierung hat mir sehr imponiert. Sie ist wohl das Größte und Schönste, was Schröder als Regisseur gelungen ist – außer seinen besonderen, eingängigen Inszenierungen von Gombrowicz' »Die Trauung« und »Yvonne, Prinzessin von Burgund«. An beiden war ich nicht beteiligt: Es waren große, starke, dramatische und dichterische Bildprozesse, die vom Schauspieler außerordentliche Kraft verlangten. Durch Schröder habe ich Gombrowicz verstehen und sehr schätzen gelernt. Solche Interpretationen sind nicht das geringste Verdienst des Theaters. Schröder ging freilich nicht alles gut von der Hand. Von den schwierigen Arbeitsprozeduren, dem Gewirr der Erwartungen, Ansprüche, Eigensinnig- und Verletzlichkeiten im Theater macht der Zuschauer sich kaum eine Vorstellung. Als Shakespeares »Troilus und Cressida« inszeniert werden sollte, gab es hierfür ein treffliches Beispiel. Die Kriegswirren, die Heimlichkeiten, die Fürchterlichkeiten des Lebens vor Troja: Es ist und bleibt ein merkwürdiges und immer herausforderndes Stück. Es definiert volles Leben und warnt. Ich liebe es über alle Maßen. Als Regisseur war Konrad Swinarski vorgesehen, dem die Uraufführung des »Marat/de Sade« von Peter Weiss soviel Ruhm gebracht hatte. Swinarski, ein Pole, der gut Deutsch sprach, war ein sehr sensibler Mann. Ich fand ihn großartig, als Künstler jenem Erfolg entsprechend, den er mit der Inszenierung von Majakowskis »Die Wanze« noch untermauert hatte. Ich sollte nun den Ulysses spielen, ich war glücklich mit der Rolle, und was Swinarski zu Ablauf und Ziel der Szene anmerkte, überzeugte mich. Wir begannen die Proben, und alsbald bekam er Schwierigkeiten mit dem Ensemble. Plötzlich gab es überall Sperren und Swinarski warf hin, seine Nerven waren überfordert. Ein anderer mußte die Regie übernehmen, das war Ernst Schröder. Er wollte Swinarskis Vorarbeit weiterführen, aber ihm gefiel nicht, wie ich den Ulysses mit Swinarski angelegt hatte; mein Spiel erschien ihm zu künstlich. Er warf mir vor, ich mache das à la Gründgens, er wollte alles natürlicher haben, weniger bedeutend. Es gab deswegen einen Probenkrach, die Leitung des Theaters einschließlich Bessler stand nicht auf meiner Seite, der kluge Kollege Arthur Schröder nahm auf offener Bühne meine Partei, ich vergesse ihm dies nie, ich blieb bei meiner Version. Nach dem Krach ging es dann, ich konnte auf meine Art spielen; aber mir fehlte Umwelt, etwas Entscheidendes in der Inszenierung: Es war kein Krieg darin. Und auch das Liebespaar war blaß, ich sagte damals: ein »Stolperer« und »Prinzessin Huschewind«. Überragend war nur der großartige Curt Bois als Thersites. Die Aufführung wurde dann auch kein Erfolg.

In Berlin traf ich zum letztenmal Ernst Deutsch. Wir spielten 1969 im Schloßpark-Theater »Man kann nie wissen« von George Bernard Shaw. Deutsch machte den Oberkellner in einem Nobelrestaurant, hatte schon altersbedingte Schwierigkeiten, aber er brachte seine Persönlichkeit zur Geltung: souverän, elegant, höchst liebenswert. »Man kann nie wissen« ist ein Nebenwerk von Shaw, ich war der Bullenbeißertyp des McNaughtan; ich verpackte das, was rüde ist, in einen etwas bärbeißigen Charme, ich hatte Lacher noch und noch – aber Ernst Deutsch spielte das Stück nicht mehr zu Ende. Er schied aus, die Rolle wurde umbesetzt. Bald danach starb er. Wir hatten nicht viele Sätze zusammen, aber wir mochten uns. Ernst Deutsch hatte mich schon als Junge fasziniert, als ich ihn in Hasenclevers »Sohn« sah. Er war mit der berühmten Aufführung aus dem Deutschen Theater zu einem Gastspiel in Kiel, ich erlebte da zum erstenmal, was der Expressionismus auf der Bühne war. Ich sehe noch seine verschreckten Gesten, das Schleichen an der Wand, die groß aufgerissenen, haßerfüllten Augen. So hart, so absolut habe ich Deutsch später nie wieder gesehen. Deutsch hatte als wesentliches Element doch seinen böhmisch-pragerischen Charme, wie ihn ja auch Kafka hatte. Und er war kräftig in der Sprache. Gegenüber der Grandezza Rudolf Forsters – immer etwas Semmering-Gebirge, etwas Steiermark – war in Deutschs Leichtigkeit etwas vom Kaffeehaus. Er spielte bei Reinhardt gern in Gesellschaftsstücken. Das kam seiner Freundlichkeit, seinem Charme entgegen. Im klassischen Bereich, nach seiner Rückkehr aus der Emigration, überzeugte er mich weniger. In der berühmten »Nathan«-Inszenierung von Stroux war er der Nathan. Die Inszenierung bekam ihre Denkwürdigkeit aus der Revision des Bildes vom Juden, das im Dritten Reich böswillig entstellt worden war. Deutsch war der allzeit Freundliche. Damit ließ er sehr viel aus, verließ sich fast nur auf die Szene mit dem Pogrom, ohne dessen Furchtbarkeit spüren zu lassen, sie war zu plötzlich und heftig, beinahe außerhalb der Rolle vorhanden. Ich habe noch eine Erinnerung an den Nathan Eduard von Wintersteins. Der war gewaltiger, auch fürchterlicher in diesen Augenblicken. An Deutschs Nathan war einprägsam das schöne klare Gesicht, die Eleganz der Figur, der elegante Körper; nichts davon hat er wegspielen wollen. Das bedauerte ich. Es wird auch heute noch viel mit »Nathan« herumprobiert. Man sucht ihn begreiflich zu machen, man zivilisiert ihn. Auch Traugott Buhre, der ein ganz großer Schauspieler ist, war in Peymanns Inszenierung wieder ein freundlicher Nathan. Was man so selten sieht, ist jene Gefährlichkeit der Situation, in der Nathan sich bewegt. Sie allein macht auch das Risiko, die Herausforderung deutlich, die in der Ringparabel steckt. Auf unseren Bühnen wird sie gesprochen wie ein Märchen. Dabei ist sie ein höchst gewagtes Lehrstück.

Ich wollte damals – und will bis heute – zweierlei: Ich will Berlin, und ich will Aufgaben. Und damals war es, wie es heute auch ist: daß ich mir Aufgaben suche, wenn in Berlin keine angeboten sind. Dann mache ich Gastspiele. Ich bin auch damals immer wieder von Berlin ausgebrochen. Ich spielte in Hamburg, wo Oscar Fritz Schuh Intendant war, den Alba im »Egmont«, aber die Aufführung war wie eine Unterhaltung unter Germanisten, von der Bühne zum Parkett. Ich spielte auch Robespierre in »Dantons Tod«; es war eine Wiederholung dessen, was ich bei Gründgens erfunden hatte, leider routiniert. Rolf Boysen war der Danton (in der Rechtfertigungsszene mit dem Rücken zum Publikum!) und Quadflieg der St. Just. Es war eine hochbesetzte Aufführung, doch ohne Geist, ohne Atem – keine gute Inszenierung. Schuh war in einer schlechten Phase: Er lebte als Regisseur von uns, jeder spielte seinen Stil. Ich jedenfalls stand mehr mechanisch hinter dem, was ich machte. War nicht entzündet. Man sagt das nicht gern, gibt es nicht gern zu, aber es ist eine Wahrheit des Theaters: Es läuft auch aus der Routine derer, die spielen, aber es ereignet sich dann nichts. Theater aber ist nur da, wo es ganz zu sich selbst kommt, ein Ereignis. Dann wird es das Außerordentliche, eine Überschreitung, in der man die Kraft der Kunst spürt.

Auf diesen Ausflügen aus Berlin kam ich zu Arno Wüstenhöfer nach Wuppertal. Er hatte ein außerordentliches Stück mit fürchterlichem Thema: »Vor der Nacht« von Rudkin. Anscheinend ein harmloses Milieu: Obstpflücken, aber im sozial unterdrückten und erdrückenden Milieu ist es dann radikal und furchtbar. Es wird zwanghaft gemordet. Angelika Hurwicz hatte die Regie, aber sie kam nicht recht voran. Vielleicht war sie vom Brecht-Ensemble langsameres Arbeiten gewöhnt. Ich griff von der Bühne aus in die Regie ein, inszenierte den Mord dann so radikal, daß das Publikum ihn nicht ertragen konnte, mit Buhen und Schreien liefen die Leute aus dem Theater. Ich habe den Mord wohl so inszeniert, daß man das Gefühl hatte, der Kopf wird wirklich abgeschlagen. Wir waren ja damals – es war die Zeit des Vietnamkrieges – an Grausamkeit gewöhnt. Aber die Toten auf dem Fernsehschirm in den vietnamesischen Straßen ertrug man leichter als die harte Fiktion auf der Bühne. Der junge Quadflieg spielte mit; er war dankbar und glücklich.

Im Theater kommt man ja immer wieder an den Punkt, wo die Irritation beginnt. Man erfährt, wie unterschiedlich das Publikum auf Qualität reagiert. Ich verstehe, wenn es etwas nicht ertragen kann. Jeder hat durch Erziehung, Konstitution, auf Grund seiner Vorstellungen von Kultur und Zivilisation, andere Grenzen in sich für das, was er auf der Bühne ertragen kann oder zulassen will. Es ist eine Funktion des Theaters, den Zuschauer auch auf diese seine Konditionen aufmerksam zu machen, damit er sich erfährt. Insofern war die Reaktion der Zuschauer auf »Vor der Nacht« erklärbar. Die Irritation verstärkt sich aber da, wo das Echo auch auf eine faszinierende Leistung ausbleibt.

So ging es mir nach der Aufführung von Wedekinds »Schloß Wetterstein«, die Arno Wüstenhöfer inszeniert und zum Berliner Theatertreffen gebracht hatte. Da erlebte ich, daß das Publikum bei dieser ungewöhnlich guten, mich wirklich erschütternden Inszenierung nur dürftigen Applaus spendete, der, wie dort anscheinend üblich, gerade für drei Vorhänge reichte. Da frage ich mich: Was erwarten die Menschen vom Theater, auf was wollen sie sich einlassen, wollen sie etwas verarbeiten oder genügt es ihnen, einfach einen Abend zu verbringen? Sehen sie überhaupt etwas von den Menschen, die sich einige Stunden vor ihnen bewegen, sind sie nicht mehr imstande zu beobachten? Im Theater kommt man leicht an die Sinnfrage: Was bewirken wir überhaupt? Denn daß wir etwas bewirken wollen, ist ja noch immer der starke Antrieb für unser Tun. Wo er erlischt, beginnt das Theater zu sterben. Bei so stumpfen Reaktionen wie der geschilderten berührt man die Mauer der Vergeblichkeit. – Dafür erlebt man an anderen Abenden zwischen Jubel und Einverständnis wieder eine fast bekennerische Antwort aus dem

Parkett und von den Rängen. Das gehört zu den Rätselhaftigkeiten, die im Theater hausen und die niemand erklären wird, soviel Bücher auch über Theater noch geschrieben werden.

Meine sechziger Jahre

Was vermag man als Schauspieler? Auf diese Frage trifft man nicht nur Abend für Abend, sondern auch in den größeren Zusammenhängen, in denen das Theater steht. Seine über den Tag hinausreichende künstlerische Bedeutung ist doch eng mit dem verbunden, was sich um das Theater herum ereignet. Es wird von den Ereignissen draußen ergriffen. Unser Jahrhundert hat viele Beispiele bereit. In den sechziger Jahren war es nicht anders als in den Zwanzigern und Dreißigern. Am Beginn des siebten Jahrzehnts kamen die Stücke mit neuen politischen Fragestellungen von Martin Walser, Rolf Hochhuth, Peter Weiss und Heinar Kipphardt, in der Mitte des Jahrzehnts die von Franz Xaver Kroetz, Martin Sperr. Ich habe das alles zur Kenntnis genommen, interessiert und kritisch. Walser hat mir mit »Eiche und Angora«, Frisch mit »Andorra« sehr imponiert. Aber was von diesen Stücken habe ich gespielt?

Ich war beteiligt am »Marat/de Sade« von Peter Weiss – durch die Übernahme der Rolle des Marat. Von Hochhuth, dessen Absichten ich begriff und honorierte, den ich für notwendig hielt in unserer politischen Literatur, spielte ich nichts. Seine frühen Stücke haben, bei aller dem Theater gegenüber festzustellenden Naivität, eine provokative Kraft; sein Hemingway-Stück »Tod eines Jägers« war dann wieder genau das Theater, das ich nicht will. Peter Weiss in Ehren, aber mir ist – nach dem Marat – von ihm keine Rolle entgangen, die ich hätte spielen wollen. Ich sage das eingedenk jener freundschaftlichen Begegnung kurz vor seinem Tod; wir saßen nach einer Vorstellung von Grübers »Faust« zu viert beim Bier. Er war von der Aufführung beeindruckt; vor allem, wie er sagte, davon, daß er wieder eine Bühnensprache vernommen habe. Die Sprache werde ihm in seiner Produktion wieder das wichtige Problem; das suche er: einen bannenden Vorgang, der durch Sprache da sei. Ich spürte die Kreativität seiner Überlegungen und ahnte nicht, daß er die Welt so bald verlassen würde.

Man hat damals viel vom »politischen Theater« gesprochen. Ich verstehe den Begriff. Wirklich politisches Theater hat für mich Erwin Piscator in der Weimarer Republik gemacht oder die »Gruppe junger Schauspieler«, literarisch verschleiert auch Ernst Josef Aufricht am Schiffbauerdamm oder Werner Finck mit seinem Kabarett zu Beginn des Dritten Reiches. Da war voller geistiger Einsatz, existentiell; Piscator machte Theater aus Überzeugung. In den fünfziger und frühen sechziger Jahren hat Harry Buckwitz mit seinen umkämpften Brecht-Inszenierungen, seinen Aufträgen an Piscator und mit den Zeitstücken von Arthur Miller bis zu Dürrenmatt und Peter Weiss' »Vietnam-Diskurs« in Frankfurt politisches Theater zu machen versucht: Es war eigentlich nur noch literarisches Theater mit politischen Reizstoffen. Ich habe es als nicht durchdringend empfunden. Peter Palitzsch hat daran angeknüpft, als er 1972 das Schauspiel in Frankfurt übernahm. Man spürte Anfang der sechziger Jahre plötzlich eine Bewegung, mit dem Theater politisch zu argumentieren, um auf die schlimme gegenwärtige Wirklichkeit hinzuweisen. Peter Steins revolutionäres Auftreten in München hat mir imponiert, es hatte Stoßkraft. Aber am »Halleschen Ufer« in Berlin mangelte es an Stücken, die den Impuls, der das Theater ergriff, mittrugen. Hochhuth, Dorst, Reinshagen, ernsthafte Stücke ohne breite Strahlung: Es wuchs auf dem Feld der bewußtseinsbildenden politischen Dramatik nichts mehr nach. Stein mußte – als er 1970 in Berlin anfing – auf Brecht/Gorkis »Mutter« zurückgreifen und mit diesem Stück seine Flagge hissen. Es erscheint heute kaum als politisches, sondern eher als ein menschliches Stück; es zeigt das Schicksal einer Mutter in einer engen, bedrängenden politischen Situation, der der Sohn und seine Partei unterliegt. Es wird ein Bild bereitgestellt, das im menschlichen Bereich bleibt und im Brechtschen Sinne zur Überlegung zwingt, in der Relation. Das meine ich mit »halber Kraft«. Halbe Kraft bei Regisseuren wie bei Autoren.

Verrückterweise sind es ja nie die Schauspieler, die zur Macht kommen, die wirklich Einfluß nehmen können, obwohl sie das Theater machen. Die »Gruppe junger Schauspieler« in der Weimarer Republik ist eine Ausnahme. Aber wie lange bestand sie? Warum haben sich Ende der sechziger Jahre nicht dreißig, vierzig Schauspieler zu so einem neuen Bund zusammengefunden? Es gab überall nur Ansätze. An der Schaubühne in Berlin, bei Palitzsch in Frankfurt. Die Bewegung führte zu Debatten, die viel Hoffnung weckten, aber Kraft verbrauchten und schließlich ergebnislos endeten. Man hat um Mitbestimmung der Schauspieler im Theater gekämpft. Wir wollten sie damals auch im Berliner Schiller-Theater durchsetzen.

Minetti, 1967

Wir glaubten, wir kämen so zu einem Theater, das den Interessen der Schauspieler näher sei. Wir machten im Barlog-Ensemble Versammlungen, es gab heftige Diskussionen, als Höhepunkt eine Abstimmung darüber, ob die Mitbestimmung institutionalisiert werden sollte. Wir wollten eine anerkannte Partnerschaft mit der Intendanz. Zur Abstimmung war unser Zuschauerraum überfüllt. Plötzlich waren auch bisher Uninteressierte da. Sie waren uninformiert geblieben und schwerfällig in der Abwehr befangen. Die Gegner der Mitbestimmung hatten dann zwei Stimmen mehr. Wir hörten, daß das in Frankfurt besser liefe. Ich überlegte, ob ich Berlin verlassen und nach Frankfurt wechseln sollte. Ich kannte den Dramaturgen Horst Laube gut, der die Debatte dort vorantrieb. Die Vorgänge interessierten mich brennend, wie mich alle gesellschaftlichen Vorgänge erregen, auch heute all das, was sich aus der jüngeren Generation an neuen Gedanken und Forderungen erhebt.

Für die Studentenbewegung hatte ich eine starke Sympathie. Rudi Dutschke habe ich ernstgenommen. Ich habe ihn in einer Versammlung im Theater, in der er angegriffen wurde, energisch verteidigt. Sein Schicksal, das Attentat auf ihn, seine Sprachunfähigkeit danach haben mich sehr bedrängt. Ich weiß nicht, was er heute sagen würde. Wir haben uns alle seitdem woanders hinbewegt. Die Studentenbewegung ist gescheitert, aber sie hat einiges erreicht. Ich kann das nicht unterschätzen. Aber wir sind dabei, wieder alles zu verspielen. Versammlungen wie damals finden in den Theatern nicht mehr statt, jeder geht seinen eigenen Interessen nach. Ich weiß heute auch, daß Mitbestimmung im Theater nicht geht. Es war eine falsche Idee. Aber man mußte das erst erkennen. Einsichten zu gewinnen, ist immer besser als Zustände, die einen ärgern, grundsätzlich oder feige unbefragt zu lassen.

So begebe ich mich auch in die Friedensbewegung. Auch ich meine, daß die zunehmende Aufrüstung gegen das Menschlichkeitsgebot ist und ihr Sicherheitswert ein Risiko; der Wert dieser Bewegungen, in denen der Mensch als das künftige Opfer seine Stimme erhebt, ist zu erkennen, und es ist notwendig zuzustimmen. Theater aber ist etwas anderes. Es beruht auf Darstellung und Spiel. Es ist ein pluralistisches Instrument. Wie das politische Theater für mich eine Erscheinungsform, eine Funktion des Theaters unter vielen anderen ist, so muß ich mich selbst auf die konträrsten Aufgaben als Schauspieler einstellen. Mich auf der Bühne für eine bestimmte Sache zu engagieren, die außerhalb der Bühne behandelt werden muß, hemmt mich meinem Publikum gegenüber. Die Frage stellt sich: Wo und was sind die Werte, die ich weitertragen möchte? Diese Frage führt mich immer auf die Kunst: auf die Autoren, die Inhalte ihrer Stücke, die Ausdrucksformen des Theaters. Man überschätzt die Wirkungsmöglichkeiten des Theaters, wenn man es unmittelbar für gesellschaftliche Veränderungsziele einsetzen will. Wo es in jüngerer Vergangenheit versucht wurde, hat es nichts genützt; oder geschadet. Seine Absichten können nur sein: den Menschen zu ergreifen und betroffen zu machen. Gewiß, das will auch das politische Theater. Aber für die politische Dienstbarmachung des Theaters habe ich mich nie aufgerufen gefühlt.

Das Geistespolitische ist im Theater für mich wichtiger als das Nur-Politische. Darum komme ich immer wieder zurück auf Otto Brahm. Ihm war das literarische und geistespolitische Moment ein und dasselbe, als er sich entschloß, mit Ibsen, mit Hauptmann und den anderen zeitgenössischen Naturalisten der herrschenden Kunstauffassung, die ein vordergründig harmonisiertes Weltverständnis enthielt, eine andere, auf Wahrheit bezogene Auffassung entgegenzusetzen. Oder das Aufkommen Wedekinds, den Max Reinhardt mit durchgesetzt hat, obwohl er diesen Autor, wie Wedekind es dann mit Werner Krauß vorführte, anscheinend gar nicht »richtig« interpretiert hat – merkwürdigerweise kommt es am Theater gar nicht immer darauf an. Das politische Theater nehme ich mit hinein in meinen umfassenden Begriff von Theater. Wieviel Mimus ist zum Beispiel in dem Stück »Rotter« von Thomas Brasch, gewiß ein politisches Stück, das den Lebensweg eines deutschen Kleinbürgers durch die Zeit seit 1930 darstellt. Grübers Inszenierung von Tschechows »An der großen Straße« ist mir freilich ein bleibenderer Eindruck als alles, was sich derzeit noch »politisches Theater« nennt. Und auch Klaus Pohls Stück »Das alte Land« ist mir ein wichtiges Stück politisch-historischer Auseinandersetzung mit unserer Nachkriegssituation. Wir sehen an der beiläufigen Art, wie dieses Stück in der Öffentlichkeit aufgenommen wurde, wie sehr inzwischen das politische Interesse aus dem Theater entwichen ist. Das Bedürfnis, sich mit Vergangenheit, mit unserer jüngsten Geschichte, auseinanderzusetzen, ist nur schwach vorhanden.

Ich komme damit auf die immer wieder bewegende Frage: Was kann der Schauspieler in diesen Bewegungen und Entwicklungen überhaupt bewirken, inwieweit kann er verantwortlich sein? Bei solchem Rückblick wundere ich mich selbst, wie wenig ich an dem politischen Prozeß, in den das Theater sich zwischen 1966 und 1980 verwickelt sah, teilgenommen habe. Habe ich mich bewußt herausgehalten? Ich beschied mich hierin: Ich hatte keinen Einfluß auf Spielplan und Repertoire. Darüber verfügen Intendanten und Dramaturgen. Auch der Schauspieler, der an der Zeitbewegung persönlichen Anteil nimmt, ist in seinen Abhängigkeiten – will er nicht durchaus zu einer engen Gruppe – auf den Zufall angewiesen. Es geht auch um Glück. Jeder will Rollen spielen: Themen werden nicht reserviert. – Aus dieser Ohnmacht ist der Versuch zu erklären, über die Mitbestimmung im Theater mehr Einfluß auf dessen Produktion zu bekommen. Die Versuche sind überall gescheitert, nicht nur, weil die Ensembles nicht zur geschlossenen Willensbildung fanden (außer vielleicht bei der Schaubühne in Berlin), sondern weil der Produktionsdruck und die Produktionsorganisation ganz andere Entscheidungsabläufe im Theater verlangen. Mitbestimmung im Theater ist heute eine erledigte Sache; der Kampf um die Qualität fordert die entscheidenden Kräfte, die Achtung der Würde, der Wünsche, der Fähigkeiten des Schauspielers durch die Disponenten im Theater ist vorhanden.

Ich bin heute für mich in einer günstigeren Situation als viele andere. Man wirft mir oft vor, ich sei selbstherrlich, tue nur etwas für mich. Natürlich will ich Theater spielen und Rollen haben, die meiner Entwicklung, meinem Alter, meinem Können entsprechen. Wenn sie mir nicht angeboten werden, muß ich sie suchen und habe heute das Glück, gern angenommen zu werden. Aber wenn man sich nicht so hinaufgespielt hat, wie es das Glück mir vergönnt hat, hat man keinen Einfluß auf seine Rollen, auf sein Repertoire. Ich habe wohl immer wieder Kontakt zu Dramaturgen gesucht, aber selbst in der Barlog-Zeit in Berlin ist es mir nicht gelungen, besonderen Kontakt mit dem hochzuschätzenden Dramaturgen Albert Bessler zu halten. Er mußte ja auch die ähnlichen Interessen anderer Schauspieler beachten. So ergaben sich automatisch Konflikte, die das Unternehmen Mitbestimmung von innen sprengen. Denn daß im Theater mit seinen Hunderten von Entscheidungen für eine Aufführung alles über Argument und Einsicht zu organisieren sei, ist eine schöne Vorstellung, und sonst nichts. Sie gehört zu den Utopien im Theater. Insofern war das Projekt Mitbestimmung eine Utopie, die verführerisch ist. Sie kommt außerdem in Konflikt mit den Ansprüchen, die die Bühnengenossenschaft als Gewerkschaft der Bühnenangehörigen im Theater vorbringt, wie hohl diese Organisation

Als Stadthauptmann in »Der Revisor« von Nikolai Gogol
Schiller-Theater Berlin 1971, Regie Max P. Ammann

auch immer sein mag. Das mag wie Resignation klingen, wie Rückzug von den politischen Interessen. Das wäre falsch interpretiert. Mich erregt Politik, mich erregen die Politiker und ihre Handlungen noch immer. Mir schwillt der Zorn, wenn ich sie vom »mündigen Bürger« sprechen höre. Das Wort macht mir Übelkeit. Er ist »mündig« nur in dem Augenblick, in dem er wählen darf, und wenn gewählt worden ist, wird er uninteressant. Es herrschen dann Interessen und Machtfragen, seien sie noch so dürftig und durchsichtig bis zur Lächerlichkeit vertreten. – Aber solches Mißvergnügen hat keinen Einfluß auf meine Produktion als Schauspieler. Ich muß abends spielen. Auf den Abend hin muß ich mich immer wieder neutralisieren. Das bezeichnet die wünschbare Trennung; aber wer lebt und öffentlich arbeitet wie der Schauspieler, weiß natürlich auch, wie das Private ins Öffentliche reicht und das Öffentliche das Private bedrängt, und solche Trennung immer wieder zum Problem macht.

Von den Wonnen und vom Scheitern

Als wir noch über das Für und Wider zur Mitbestimmung diskutierten, mußte in Berlin eine Entscheidung über die Nachfolge Boleslaw Barlogs getroffen werden. Eine Zeitlang wurde vermutet, Ernst Schröder werde Generalintendant in Berlin. Schröder und ich waren künstlerisch Rivalen. Ich versuchte mich schon auf seine Wahl einzustellen, dachte: einfach wirst du es nicht haben, aber du wirst dich mit ihm verständigen. Dann aber hat wohl doch das Ensemble die Wahl Schröders verhindert. Barlog schlug Hans Lietzau als seinen Nachfolger vor, der zehn Jahre lang, 1954 bis 1964, Chefregisseur am Schiller-Theater gewesen war, das Haus also kannte; er hatte in München durch einige große Inszenierungen so die allgemeine Aufmerksamkeit erregt, daß er Intendant des Deutschen Schauspielhauses in Hamburg geworden war. Es hielt ihn nicht dort. Lietzaus Sehnsuchtsplatz war Berlin. Eines Tages kam Barlog zu mir und sagte: »Falls du denkst, Schröder wird's – sei beruhigt, es wird Lietzau.«

An die Zeit seiner Intendanz, die 1972 begann, denke ich nicht ungern zurück. Ich hätte Lietzau die Übernahme dieser Arbeit nicht empfohlen; mir scheint, er ist dafür nicht gebaut, im Gegensatz zu einer Natur wie Gründgens, dessen Intendanz seine Schauspielerei

Als Edgar in »Der Totentanz« von August Strindberg
Schloßpark-Theater Berlin 1971, Regie Rudolf Noelte

gewiß nicht soviel beeinträchtigt hat wie Lietzaus Intendanz seine Fähigkeit zur Regie. Ich halte Lietzau für einen vorzüglichen Regisseur; er hat eine hohe Intelligenz, viel Theatererfahrung und geht mit großem Respekt an seine Aufgaben. Er ist unbeirrbar und entschieden, wenn er eine Vorstellung von einem Stück hat, die er durchsetzen will. »Der seidene Schuh«, »Fuhrmann Henschel«, »O, Wildnis« von O'Neill, das ist mir so unvergessen wie jene Münchner Inszenierungen der »Stühle«, des »Philoktet« und der »Räuber«. Ein so hohes Format hat er in Berlin fast nie mehr erreicht, wiewohl er in Ruprecht Gier einen vorzüglichen Helfer hatte, einen Sekretär sozusagen, der ihm den Betrieb, den Verkehr mit den Schauspielern abnahm.

Lietzau kannte mich von Jugend an. Er hatte noch meinen Franz Moor in Jeßners Inszenierung gesehen, er war zwei Jahre nach mir in der Schauspielschule des Staatstheaters gewesen, er hatte meinen Weg verfolgt, wußte also sehr viel von meinen Anfängen. Seine Art, davon zu sprechen, war wie jugendlich entflammt. Aus diesem Gefühl heraus hat er mir eine Geburtstagsfeier zum Fünfundsiebzigsten ausgerichtet, mit Gier jenes kleine Geburtstagsbuch hergestellt, aus dem ich gelegentlich zitiere, und die Feier dann mit Quodlibets der Kollegen und einer Laudatio von Dieter Hildebrandt, dem Journalisten, geschmückt. Ich spürte bei diesem Fest, wie er mich schätzte, und ich möchte ihm eine so freundliche, herzliche Aufmerksamkeit gerne entgelten. Er hat mich im ganzen auch hervorragend beschäftigt. Er wollte seine Intendanz groß und preußisch beginnen. Mit Kleists »Prinz von Homburg«. Er hatte das lange geplant, geriet aber schon mit diesem Beginn in eine Konkurrenz, deren Härte und Dauerhaftigkeit damals noch nicht vorauszusehen waren: nämlich mit der Schaubühne am Halleschen Ufer, in der Peter Stein eine vorzügliche junge Truppe sammelte. Er hatte diese Bühne kurz zuvor mit Brechts »Mutter« eröffnet; Therese Giehse als Wlassowa: das war als Spiel wie als Inszenierung künstlerisch so grandios gewesen, daß dieses neue Berliner Theater von Stund an für mich zählte, wichtig wurde und blieb, all die Jahre hin. Stein bereitete an der Schaubühne auch einen »Prinz Friedrich von Homburg« vor, mit Bruno Ganz als Prinz und Peter Lühr als Großem Kurfürsten.

Bei uns war Helmut Griem, der Karl Moor in Lietzaus Münchner Inszenierung, der Prinz, ich der Große Kurfürst. Lietzau hatte wohl noch den korpulenten Heinrich George aus der Fehlingschen Inszenierung als Prototyp des Kurfürsten in Erinnerung. Er meinte, mir erklären zu müssen, daß der Kurfürst nicht dick zu sein brauche. Ich gab ihm darin recht, auch hatte ich eine unbändige Lust, Kleist zu spielen; mir schien die Rolle kein Problem zu sein. Der Inszenierungsimpuls schwächte sich schon, weil Lietzau dem Minksschen Bühnenbild mißtraute, es war ihm zu überladen, zu assoziativ, er hat dann viel davon weggenommen. Mir wurde meine Rolle während der Proben immer komplizierter, ich suchte nach Beziehungen, untersuchte, was der Große Kurfürst für ein Mensch sei, wie er sich wohl zu Frauen verhalte, ob er auch in Nathalie verliebt, ob er von Natur oder von Amts wegen streng sei, ein absoluter Herrscher mit Humor oder Selbstironie? Ich glaube, Humor zu besitzen, aber ich spürte plötzlich, den Humor des Kurfürsten kann ich in mir nicht entwickeln, nicht den Prinzen in dieses Angstspiel um seinen Tod hineintreiben, um ihn dann zu begnadigen; diese Souveränität des pädagogischen Spielers fand ich nicht. Lietzau hat sich wohl zu stark auf mich verlassen, er beschäftigte sich zu sehr mit Griem und der Nathalie, die Heidemarie Theobald sehr zart, sehr merkwürdig und sehr wirksam spielte. Ich fand auch zu ihr nicht den richtigen Kontakt, beneidete Carl Raddatz, der den Kottwitz spielen durfte, kurz und gut, ich fand mich spärlich.

· Um so traumhafter war für mich Steins Inszenierung. In ihr war das Stück ein Traum und blieb es. Nach einer Aufführung des »Prinzen« in beiden Häusern verabredete ich mich mit Lühr zu einem wahrhaft kollegialen Gespräch. Ich wollte ihm ein Kompliment machen: Er hätte mich mit seiner hoheitsvollen, überlegen heiteren Art, den Kurfürsten zu spielen, überzeugt; ihn aus dessen Naturell als Herrscher und Mensch umweglos erklärt. Lühr hatte unsere Aufführung auch gesehen und sagte nun ebenso offen: Er habe leider bei uns nicht bemerkt, was ich gewollt hätte oder was mit dem Kurfürsten eigentlich gewollt war. Ich mußte gestehen, ich war da leer. – Gespräche wie diese hat man selten. Wir besiegelten die Entscheidungsschlacht zwischen den beiden Bühnen, die einen eindeutigen Sieger hatte: Peter Stein und seine Truppe.

Lietzau hat die Niederlage eingesteckt. Vielleicht hat sie ihn im Anfang schon gebrochen. Ich weiß es nicht. Er hat sich selbst gegenüber immer eine wertvolle Skepsis, auch Mißtrauen; auf jeden Fall ist er immer ein Prüfer seiner selbst. Er hat es von da an sehr schwer gehabt. Das Gewicht der Schaubühne wurde über Berlin hinaus immer größer. Die Truppe hat mit »Sommergästen«, Grübers »Empedokles«, mit »Peer Gynt«, »Fegefeuer in Ingolstadt« beispielhafte Inszenierungen gemacht, voller geistiger und künstlerischer Abenteuer und mit hohem Kunstsinn. Ich scheue mich nicht, das zu sagen, komme mir auch nicht als Verräter am eigenen Hause vor. Ich sehe gern Theater, lasse mich davon beeindrucken und sage, was ich als gut und als schlecht empfinde. Ich spreche, in Zorn und Liebe, gern über Gesehenes. So ist mein Verhältnis zur Schaubühne ganz unproblematisch, aber ihre Arbeit hat auch die Sehnsucht geweckt, einmal selbst in dieser Truppe zu spielen. Wenn ich jetzt – Herbst 1985 – dort den Lear spiele, so hängt es mit diesem Wunsch zusammen, aber auch damit, daß das eigene Haus nicht imstande war, mir die gesuchten Rollen zu geben. Nicht in Berlin, in Wuppertal habe ich einmal »Lear« gespielt: 1972. Ich mußte daran denken, als ich später in Thomas Bernhards »Minetti« als Minetti auftrat, dem Stück eines alternden Schauspielers, dem »Lear« seine Erinnerungen und seine Wünsche tragisch bedeuten.

Lietzau ist ein ausgezeichneter Regisseur für englische Komödien, die mit dem üblichen Understatement gefüllt sind und mit dramatischer Handlung und Intensität des Spiels. Ein Jahr, bevor er Intendant wurde, inszenierte er David Mercers Kriminalkomödie »Flint«, in der ich den Inspektor Hounslow spielte. Es war keine große Rolle, aber sie enthielt den glückhaftesten Moment, den ein Schauspieler erreichen kann. Ich hatte Martin Held auszufragen; das wurde so komisch und grotesk, atmosphärisch so gut, daß ich den Typ ganz gegenwärtig hatte. Ich brauchte keinen Einfall, mußte nichts zusammenkrampfen: Die Figur kam in mir zustande, sie ergab sich wie von selbst. So kann ich Schauspielkunst definieren. Glückhafteres kann einem Schauspieler auch kleiner Rollen nicht passieren. Kommt das zustande, spricht es für die Qualität des Regisseurs.

Ich habe ähnliches noch einmal erlebt, als ich mit Martin Held Neil Simons »Sonny Boys« spielte. Das Stück war eine Entdeckung von Ernst Wendt, der vor seiner Regisseurkarriere – wenn es denn eine wurde – ja Dramaturg am Schiller-Theater war. Wir lasen das Stück und mir war rasch klar, welchen der zwei alten Schauspieler ich spielen mußte; beide haben sie früher oft miteinander gespielt, konnten sich nie ausstehen, nun leben sie für sich vor sich hin und sind überrascht, noch einmal gebeten zu werden, ein kleines Stück von früher fürs Fernsehen einzuüben. Sie mögen sich immer noch nicht, können aber auch der Versuchung, noch einmal zu spielen,

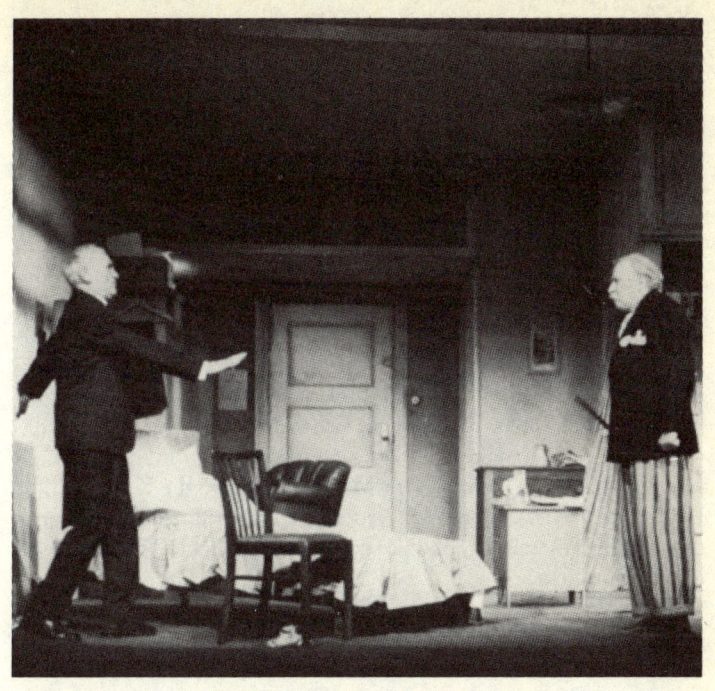

Als Al Lewis in »Sonny Boys« von Neil Simon,
mit Martin Held (Willie Clark)
Schloßpark-Theater Berlin 1973, Regie Peter Matić

nicht widerstehen. Der Sketch, den sie einüben, ist der Mittelteil des Stücks. Held spielte den rabaukischeren, herrscherlichen, unzufriedenen Kollegen, ich den weicheren, der sich eitel in sein Rentnerdasein hineinkultiviert. Ich spürte die Möglichkeit, jenseits der Komik der Situation und des enormen Wortwitzes, den der Autor zur Verfügung hat, einen im Grunde schon abgebauten, aber doch noch freundlichen Menschen zu spielen, der sich nur noch in seiner ganz zärtlichen, leichten Atmosphäre bewegt und behauptet und darin ein bißchen eigensinnig ist, wie es alte Menschen halt sind, und der seinen Masochismus mit Humor und Charme verteidigt. Der Kollege Matić führte Regie, wir haben das Stück über zweihundertfünfzigmal gespielt, Gott sei Dank nicht en suite; ich kann mir nicht vorstellen, wie man eine Rolle achtundzwanzigmal im Monat spielen kann, ohne daß man Raubbau an sich selbst betreibt. Daß man das nicht tun muß, ist einer der Vorzüge des Repertoiretheaters. Wir spielten acht- oder zehnmal im Monat, hatten so die Kraft und die Lust, auch Neues zu erfinden, jedenfalls immer da zu sein. Aber in den letzten Vorstellungen fühlte ich: Jetzt muß Schluß sein; es ist alles aufgebraucht.

Mit Martin Held zu spielen ist eine wahre Freude. Wir mögen uns sehr, haben einen großen gegenseitigen Respekt voreinander und eine starke Sympathie füreinander, über die wir aber nicht reden. Insofern sind wir exzellente Profis. Wir haben freilich verschiedene Wege, eine Sache anzugehen, auch nicht die gleiche Spielmethode, wohl auch sonst noch nicht einmal dieselben Ansichten. Martin (wir sind herzlich und vertraut mit dem Vornamen) ist eher auf Realistik aus, darauf, wo ein Räusper richtig sitzt, eine Handbewegung wirkt; ich bin ein bißchen mehr musikalisch, rhythmisch orientiert, liebe eher eine schweifende Art der Darstellung. Wenn ich Martin Held als Realisten bezeichne, muß ich auf meinen eher utopischen Zug hinter allem verweisen, der weniger greifbar und weniger zu definieren ist. Wir haben dann in Pinters »Niemandsland« wieder zusammen gespielt: Es war eine Wonne. »Minettis Land« überschrieb Benjamin Henrichs seine Kritik. Er sah, wie sehr ich mich bei diesem Autor, aber auch bei diesem Partner Martin Held aufgehoben fühlte.

Es sind die Wonnen, die der Mühsal die Kraft geben. Das Theater ist Mühsal, und es kommt am schönsten zu sich selbst, wenn es sie überwindet und unsichtbar macht. Aber immer wieder sehen wir, wie schwer das ist. Lietzaus »Don Carlos« ist ein solches Beispiel gewesen. Es war ein pathetisches Unternehmen von Anfang an. Ich verstand die Besetzung nicht, verstand nicht, was er mit der Inszenierung sagen wollte. Ich hatte Lietzau meine Auffassung vom Großinquisitor entwickelt, den ich spielen sollte. Ich wollte ein verrottetes lila Kostüm, ich sah den Mann so senil, daß er sich noch nicht einmal mehr umzieht. Er hat alle äußere Wirkung abgebaut, man hat nur seinen Kern, der die Inquisition ist. Ich suchte diese verheerende politische Kraft, die in einem fürchterlichen Greis steckt und die sich nicht aufgibt, über den Tod hinaus. Es gelang nicht. Die Probezeit reichte nicht für die letzten Szenen. So wurde aus dem Auftritt ein Standdialog zwischen Philipp und Großinquisitor, statisch – ohne alle Furchtbarkeit, unfruchtbar.

Ich spüre beim Rückblick auf meine Rollen, wie häufig ich gescheitert bin, aus den unterschiedlichsten Gründen. Daß ich den Einblick in dieses Scheitern nicht verdecke, mag dartun, daß ich auch in diesem Punkt Realist bin. Mancher wird zum Beispiel sagen: Minetti müßte ein guter Prospero sein. Diese Altersrolle in Shakespeares »Sturm« gehört natürlich zu denen, die ich am meisten begehre. Ich habe sie in Recklinghausen gespielt, in Hamburg wiederholt. Sie hatte wohl Geheimnis und Würde. Als Martin Held den Prospero in Kortners Inszenierung in Berlin spielte, wurde mein hochverehrter Freund fast gefühlvoll, sentimentalisch. Ich habe eine andere Vorstellung von Prospero. Für mich ist er keine poetische Märchenfigur, sondern ein Mann, der aus der Gesellschaft geflohen ist, der sich aber immer stark genug fühlt, seine Herrschaft wiederherzustellen, der auch wieder regieren wird. Denn den beiden jungen Leuten traue ich das letztlich doch nicht zu. Ich ließ mich also auf die Inszenierung Alfred Kirchners am Schiller-Theater ein, wurde zu Anfang in dem Riesenraum auf ein Stühlchen gesetzt, das von vielen Scheinwerfern angestrahlt war. Sollte es die Insel sein, sollte es Verlorenheit, Einsamkeit markieren? Die Einsamkeit wollte ich spielen, ich fühlte sie durch die Dekoration mir weggenommen – das nahm mir beinahe die Lust. Ich fühlte mich verloren. In dem heißen Licht übermäßig vieler Scheinwerfer (die technische Bezeichnung »Halogen« für Lampen ist seither zur Idiosynkrasie entwickelt) wurde es eine Qual für mich zu spielen. Ich schwitzte. Es wurde mir schwer, den Anfangsmonolog, den Bericht an meine Tochter, auf eine bewegende Art zu erzählen. Es gelang noch leidlich. Erst allmählich und zu spät begriff ich, worauf ich mich freudig eingelassen hatte: nämlich auf den unsinnigen Einfall, den Ariel mit einem Kind zu besetzen. Ein Kind auf der Bühne wirkt immer durch die ablenkenden Nebengedanken, die es erregt: wie gut es den Text gelernt hat, wie rührend es sich bewegt. Man bestaunt das Kind jenseits der Rolle. Die Inszenierung hatte sehr gute Schauspieler, denen ihre Rollen gelangen, von Lichtenhahn, Pampel, Angelika Thomas bis zu Selge als Ferdinand, aber mir verwehrte sie, unbefangen vor und fürs Publikum zu spielen.

Oder ein anderer Grund für Mißlingen: Niels-Peter Rudolph inszenierte »Antigonae« am Schiller-Theater. Eine große, leider viel zu künstliche Anstrengung, nicht naiv, aber auch nicht kühn genug. Rudolph zelebrierte eine Vorstellung von Kunst anhand eines Dramas, das noch etwas Elementares hat. Ich schätze Rudolph sehr. Seine Inszenierungen der Stücke von Botho Strauß in Stuttgart: exzellent. »Lovely Rita« von Thomas Brasch, vorzüglich. In »Antigonae« sollte ich den Teiresias spielen, nachdem Berta Drews die Rolle zurückgegeben hatte. Sie konnte körperlich nicht, was ihr vorgeschlagen war, den alten Seher als eine Figur des griechischen Mythos darstellen: halb Mann, halb Frau, einen Tiermenschen. Damit hatte sie nichts zu tun. Ich sprang also ein. Manchmal kann man sich Bitten nach der Melodie: »Retten Sie das Theater« nicht entziehen. Ich fand keinen Kontakt zur Rolle. Die Vorschläge und Hilfen, die Rudolph mir machte, verfingen nicht; sie waren und blieben mir fremd. Nicht nur meine Rolle, das ganze Unternehmen verunglückte, trotz Holtzmann als Kreon. Als Schauspieler muß man die Risiken und die Untergänge auf sich nehmen lernen, ohne sich erschüttern zu lassen. In falsch angelegten Inszenierungen kann der einzelne wenig retten.

Ich mußte damals viel an Kortner denken, der in Berlin noch den »Ödipus« machen wollte. Ich sollte auch sein Teiresias sein. Ich freute mich schon auf diese Begegnung. Sein Tod hat sie verhindert. Eine schlimme Anämie hat ihn umgebracht, 1970. Auch Kortner hat oft erlebt, was Nicht-Erfüllung ist. Seiner Inszenierung des »Sturm« oder von »Antonius und Cleopatra« konnte ich nicht zustimmen, aber »Clavigo« und die letzte, die »Emilia Galotti« brennen noch in meiner Erinnerung. Im »Clavigo«: Endlich einmal wirklich emanzipierte Journalisten und ein traditionsgebundenes, uns ganz fernes Bürgertum – was hatten sie miteinander zu tun? Das war grausame Konstellation, die mußte in die Katastrophe führen. Auch in der »Galotti« zeigte er seine ganz besondere Sicht. Er kritisierte den alten Galotti als die Versteifung eines Vaters. Kortner hatte eine fast physische Beziehung zu den bürgerlichen Stücken. Merkwürdigerweise hat Kortner ja auch selbst sehr bürgerliche Stücke geschrieben. Waren sie ihm die wirklich gemäßen? Natürlich hatte er ein großes Verständnis für die Klassiker, wenn ich auch Shakespeare anders sehe als er. Im »Hamlet« schien er mir schon sehr skeptisch zu sein gegen das Chaos. Er war also nicht nur skeptisch gegen die Ordnung, sondern auch gegen das Chaos. – Als Kortner noch selbst gespielt hat (Richard III., Hamlet) war er enorm: wild, unbändig. Als Regisseur verwandelte er seine Kraft, den Furor seiner Natur in Nachdenklichkeit, Skepsis, Reife. Kortner ist für mich der große skeptische Regisseur mit der absoluten, aber selten gewordenen Fähigkeit, durch Handwerklichkeit die Schauspieler gegenseitig zu stützen, wirkliches Zusammenspiel herzustellen. Syberberg hat eine Probe Kortners zu seiner »Kabale und Liebe«-Inszenierung aufgenommen. Da exerziert er Bühnenhandwerk, vor allem an seinem Ferdinand: Helmut Lohner. Das ist großartig. Minutiös. Diese Gründlichkeit in der Kontrolle bei einer liebevollen, liebenden Menschlichkeit, wie Kortner sie ausübte, ist für ein Theater ein absoluter Wert; die Grundlage für die Arbeit.

Aber diese mit Weltverständnis und Verantwortung vollzogene Prüfung der Klassiker schwächte Kortners Sinn für das Chaotische in den klassischen Stücken, etwa bei Shakespeare, auch bei Kleist. Er war skeptisch nach der einen wie nach der anderen Seite. Dazwischen bewegte er sich. Deshalb meine ich, daß die bürgerlichen Stücke die ihm gemäßesten waren. In der skeptischen Durchprüfung der dramatischen Vorlagen, ihrer Gegenstände, entfaltete sich freilich sein Genie. Dieses Fragen: Was ist los, wo stecken die Widersprüche? wo die Verknäuelungen? – das hat er in das Nachkriegstheater eingebracht. Sein Fragen ging freilich über die Stücke hinaus. Er fragte ja auch: Was ist mit den Deutschen los? Er konnte über vieles hinwegsehen und erreichte dann eine hohe Objektivität. So konnte er – nach seiner Rückkehr aus dem Exil – das Gespräch mit dem kompromittierten Werner Krauß wieder aufnehmen, die Problematik von Gründgens verstehen, wohl auch meine. Sein Tod traf mich direkt. Und ich spürte, wie das Abwandern meiner Generation aus der Welt begonnen hatte: Brecht, Fehling, Piscator, Gründgens, Rehberg, Müthel, Zeiser, Hans Bauer ...

Natürlich habe ich auch Dummheiten gemacht. Zum Beispiel habe ich mich gescheut, Kleists Dorfrichter Adam im »Zerbrochenen Krug« zu spielen. Lietzau bot ihn mir an, ich schreckte zurück. Warum? Ich weiß es bis heute nicht. Als er zwei Jahre später wieder an dieses Projekt ging, wählte er sich Helmut Wildt für den Adam und trug mir den Gerichtsrat Walter an. Meine erste Reaktion war ablehnend, ich meinte, der sei nur ein Stichwortgeber. Lietzau überredete mich, das Stück noch einmal zu lesen, und ich fand plötzlich den Gerichtsrat Walter wunderbar. Ich trauerte dann dem Adam nicht nach. Der Gerichtsrat Walter wurde eine meiner besten Figuren. Er wurde mir wichtig – ich hatte den Zustand, heiter zu sein auf der Bühne, wiedergefunden. Die Aufführung war für Lietzau der letzte schöne Erfolg in seiner Intendanz. – Auf solche Funde, solche plötzlichen Eröffnungen ist der Schauspieler angewiesen. Sie widerlegen ihn in bezug auf sich selbst – und zu seinem Besten. Das heißt auch: der Schauspieler braucht die, die ihm zu solchen Funden verhelfen.

1965–1985

Ein Autor namens Bernhard

Ich konnte nicht von vornherein vermuten, daß mein größter Fund
den Namen Thomas Bernhard tragen würde. Lietzau entschloß
sich, im Schloßpark-Theater »Die Jagdgesellschaft« zu spielen. Für
mich ist sie eines von Bernhards schönsten Stücken. Ich bekam die
Rolle des Generals. Obwohl ich mit Militär nichts im Sinn habe, geradezu heftige Abwehrempfindungen entwickle bei der Vorstellung,
in eine Kasernen- oder Lagersituation eingesperrt zu sein, hat es
mich immer wieder gereizt, Militärs zu spielen, Offiziere wie
Muschkoten. Ich kann mich in die Grundhaltung von Soldaten gut
hineinversetzen, auch in die von Stabsoffizieren, von Schlachten-
denkern. Einen General Schlieffen wollte ich immer gern spielen.
    Dieser Widerspruch ist einer von den vielen, die ich in mir habe.
Er macht verständlich, warum Bernhards General eine mir willkom-
mene Rolle war. Dieser Mann hat in seinem Konservatismus eine
geistige Haltung. Er lebt sie, obgleich er dem Tode zuneigt, er bringt
sie ein in seine Situation, in diese Mißwirtschaft in dem Wald, der
ihm durch den Käfer zerstört wird; er gibt den Rest seines Lebens-
glücks hin, seine Frau wendet sich den Dichtern, der Poesie, dem
Geistigen zu, er ästimiert das, aber das Verhältnis beider wird kritisch. Im Spiel in dieser Spannung zu leben ist also mehr, als nur als
stocksteifer General da zu sein, der am Absterben ist wie die Bäume,
um die er sich sorgt. Er hängt in seiner Vergangenheit, Stalingrad
war sein letztes, großes, fürchterliches Erlebnis, mit dem er nicht
fertig wird: Er fühlt sich für diese Schlacht verantwortlich, für seine
Untergebenen, obwohl er die Verantwortung ja abschieben könnte
auf die Politiker und die einstigen Vorgesetzten; er spricht von
»dem Paulus«, dem Stalingrad-General. Diese Haltung begreife ich:
Er hat eine Lebendigkeit in der Starre, gegen die er nicht ankommt.
Dieser Mann ist in seinem eigentlichen Wert schon abgestorben; seine Rolle deckt sich mit der des Gutsherrn, der Wald und Jagd noch
aus Tradition pflegt, aber aus einer immer fragwürdiger werdenden

Notwendigkeit. Aus solcher Situation die Konsequenz zu ziehen – faszinierend –, empfand ich als schauspielerische Aufgabe. Es war eine großartige Rolle. Ich glaube, daß aus dieser Darstellung Bernhards Wertschätzung für mich kommt. Er sah die Vorstellung in Berlin, empfand sie als richtiger als die Uraufführung in Wien. Ich vermute, er hat mich auch bei einem Gastspiel im »Totentanz« gesehen. Seitdem gibt es eine Verbindung.

»Die Jagdgesellschaft« ist Bruno Ganz gewidmet, aber er hat den Schriftsteller in diesem Stück nie gespielt. Schade. Bernhard hat ihm das Stück zugeschrieben auf Grund seiner Darstellung in »Der Ignorant und der Wahnsinnige«. Bruno Ganz hatte mich in dieser Aufführung fasziniert, ich sah die Vorstellung, mußte am nächsten Abend noch einmal ins Theater, um etwas Vergessenes aus der Garderobe zu holen, ging hinter den Kulissen über die Hinterbühne, hörte zu, sah dann durch ein Loch in der Dekoration auf die Spielbühne und nahm wahr, welche unheimliche Konzentration Bruno Ganz in dieser verflixten Rolle hatte, die ja zum großen Teil nur aus griechisch-lateinischen medizinischen Termini besteht. Ihm war der Schweiß ausgebrochen, er vollzog aber Text und Rolle mit einer Akribie und einer Präsenz, als durchlebte er sie im Augenblick. Das hat mir sehr imponiert und mich beispielhaft aufgerufen, mich noch mehr dahin zu bemühen und zu kontrollieren und eine Ehrlichkeit des Moments wie auch des absoluten Seins herzustellen. Das ist mir auch gelungen. Freilich habe ich und will ich solche Konzentration nicht immer. Ich lasse mich beim Spiel gern auch da und dorthin fallen, denn meine komödiantische Natur nährt sich gern aus Freiheiten. Sie prägen auch meine Art, Thomas Bernhardsche Rollen zu spielen.

Ich werde oft gefragt: Sprechen Sie denn mit Bernhard über ihre Rollen? Warum, frage ich dann zurück. Ich spreche ja auch nicht mit Shakespeare; also muß ich mit Bernhard nicht darüber sprechen. Er erwartet von mir auch keine Fragen in dieser Richtung. Ich bin fasziniert von Bernhard. Von seiner Sprache, von der Notwendigkeit der Folge seiner Sätze. Selbst Personen, die nur Ja zu sagen haben, sind bei ihm keine Chargen. Ich empfand früh, daß Bernhards Sätze in ihrer Musikalität der meinen entsprechen. Als mich die Gorvin jüngst in einer Bernhard-Rolle sah, die doch ganz realistisch gespielt war, sagte sie: »Du machst eigentlich Musik.«

So war es für mich ein ganz merkwürdiges Erlebnis, daß ich gleich nach dem General in Bernhards »Die Macht der Gewohnheit« die Rolle des Künstlers Caribaldi spielen sollte. Ein Mann, Direktor eines kleinen Zirkus, der nie erreicht, was er sich vornimmt, der andere malträtiert, um endlich das Schubertsche Forellenquintett – als wäre der Sinn des Lebens damit erfüllt – makellos herzustellen, und der dauernd abgelenkt ist durch seinen Zirkusberuf, den er sowohl als Last, aber auch wieder als Erlösung empfindet: »Morgen Augsburg!« Diese Vergeblichkeit, dieses Widerspiel von Angst und Erfüllenmüssen, von Sorge und Aufgabenerfüllung: Das ist die Lebendigkeit im Menschlichen, die mich im Leben wie im Darstellen interessiert. Bernhards Menschen sind absolute Existenzen. Das macht ihre Außerordentlichkeit inmitten einer Welt, die nach Kompromissen und Ausgleich sucht. »Die Macht der Gewohnheit« hat Bernhard mir gewidmet. Ich traf ihn damals in seinem Haus in Salzburg, ich erwähnte die schöne Kritik, die Ernst Wendt in »Theater heute« über mich geschrieben hatte. Da sagte er nur: »Ja, der Wendt schreibt Ihnen Kritiken, aber ich habe Ihnen dieses Stück geschrieben.« Da war ich sehr beschämt.

Bernhard ist für mich der absolute Souverän auf dem Gebiet der Tragikomödie. Wie oft treffe ich Zuschauer aus meinen Bernhard-Aufführungen, die mir jeweils dieselbe Stelle zitieren: Die einen finden sie komisch, die anderen tragisch, aber ich denke weder an Komik noch an Erschütterung, während ich sie spiele. Ich spüre da immer wieder den philosophischen Punkt, an dem ich zu fragen beginne: Wie definieren wir Existenz? Aus der komischen Perspektive, aus der erhabenen, aus der tragischen? Sind wir wie Tiere, sind wir Heroen oder Kümmerlinge? Je nachdem, wie wir uns verstehen, handeln und erleben. Aber wir wechseln auch zwischen all diesen Definitionen hin und her, als wären sie nur Empfindungen. Wie das eigene sehen wir auch Handeln und Leben der anderen, sehen sie hilfsbedürftig, lächerlich, traurig, bewundernswert. Bernhard hat das Fragwürdige in unserem Tun bis in die Tiefe durchschaut; das entdecken und nachvollziehen zu können, macht mein Glück als Schauspieler.

Die Reaktion des Salzburger Publikums auf »Die Macht der Gewohnheit« war so enthusiastisch, wie ich es nicht oft erlebt habe. Häussermann, der damals Leiter der Salzburger Festspiele war, hatte unsere Arbeit (Dieter Dorn, dem Stück total verfallen und wunderbar gemäß, hatte die Regie) gar nicht so wichtig genommen. Um so größer war die Überraschung; seitdem höre ich immer wieder das »Morgen Augsburg!«, als habe man Thomas Bernhard über meinen Tonfall in sich aufgenommen. Die Augsburger waren über jenen Satz gar nicht glücklich, motzten, wie später so manch andere Stadt, die Bernhard in seinen Stücken zitierte oder wie jener österreichische Komponist, der sich durch Bernhards Roman »Holzfällen« so betroffen fühlte. Bernhard entfacht Komödien in der Öffentlichkeit durch die Komödien, die er dem Theater schreibt. Er hat einen besonderen Instinkt, die Öffentlichkeit als Komödiant ihrer selbst zur Erscheinung zu bringen. Er genießt auch wohl den Lusteffekt, am nächsten Morgen Tagesgespräch zu sein. Mich hat er eines Tages sprachlos und dann zum Dauergespräch gemacht. Als er nämlich einem neuen Stück meinen Namen als Titel gab. Ich wollte es nicht glauben, als eines Tages Claus Peymann, der sich mit »Ein Fest für Boris« (Hamburg), mit »Der Ignorant und der Wahnsinnige« (Salzburg) und der »Jagdgesellschaft« (bei der Uraufführung an der Wiener Burg) schon als der Haupt-Bernhard-Regisseur ausgewiesen hatte, anreiste und sagte: »Ich habe eine Überraschung für Sie.« Dann erzählte er von diesem Stück. Ich war begierig. Heute stelle ich fest: Wie sollte ein Stück wie »Minetti« einen Schauspieler namens Minetti nicht reizen? Nicht, weil es seinen Namen trägt, sondern weil dieser lebenslange Kampf eines Schauspielers mit und um eine Rolle auch seine eigene Sache ist. Wir Schauspieler kennen alle diese Anstrengungen, diese Sehnsüchte nach einer Rolle und die oft vergeblichen Mühen, sie zu erreichen. Wir bangen oft schwer in diesen Versuchen, die keine Erfüllung finden: teils durch Mangel im eigenen Vermögen, teils auch durch die Verfassung des Publikums, seine Lethargien und seine Widerstände. Der Schauspieler muß den Kampf mit dem Publikum ja immer führen, er muß auch den Mut zum Eklat haben, der ja eigentlich der Mut des Autors ist; er muß den Mut des Autors dadurch erfüllen, daß er grausam, bitter, tragisch ist und Furcht und Entsetzen erregt. Aber er ist auch wieder abhängig vom Schauspieldirektor, von der Presse, die ihn mit der ihr spezifischen Eigenwilligkeit rühmt oder heruntermacht; und wie der Minetti im Stück, muß er zugleich Sorge tragen, daß er seine eigene Kraft behält für Shakespeare, für den Lear. Das ist unser aller Problem, und welcher Schauspieler kann diese Spannungen über viele Jahre durchhalten, wer resigniert da nicht und gibt sich gegenüber dem Publikum preis, um den billigen Erfolg zu haben? In seinem Stück »Der Schein trügt« läßt Bernhard den Karl sagen, die Schauspieler seien doch Mittelmaß, machten es sich in ihrer Mittelmäßigkeit zu leicht. Er hat nicht unrecht. Er meint jene Seite unseres

Berufs, von der her sich der Dilettantismus einschleicht. Weil Bernhard das alles in diesem Stück darstellt, die Probleme des Schauspielers von einem Artisten erzählen läßt, hatte ich nie das Gefühl, ebenso wie in »Minetti« mich selbst zu spielen. Der da seine Rolle spielt, könnte auch Matkowsky oder Mitterwurzer heißen oder Werner Krauß oder Ulrich Wildgruber. Ich werde immer wieder gefragt, ob ich denn dieser Minetti sei, den Thomas Bernhard geformt hat. Ich kann dann nur mit einem flüchtigen Lächeln antworten und daran denken, daß große Teile meines Lebens in Bernhards Stücken ja gar nicht vorkommen. Andererseits trifft er im Kern mein Wesen als Schauspieler. In einem Ausmaß, welches Bernhard zu einer Hommage an die Schauspielkunst weitet. Der »Minetti« ist darin allgemein. Aber hier höre ich einmal auf, über Bernhard zu sprechen. Ich habe später, in anderem Zusammenhang, noch einiges zu sagen.

Peymann oder Das Theaterglück

Ein schöner Vorsatz. Ich sehe, ich komme um Bernhard auch jetzt schon nicht herum. Warum ging ich nach Bochum? Nicht, weil ich Schwierigkeiten mit Berlin hatte, sondern weil das Theater Schwierigkeiten mit mir hatte und Bernhard ein Helfer wurde. Was sollte, was konnte ich in Berlin spielen? Ich sprach vorhin, anläßlich »Macht der Gewohnheit« von den Problemen, die der Schauspieler mit dem Theater hat. In Berlin zeigten sich die meinen. Was macht ein Schauspieler meines Alters, wenn die Direktion keine Rollen für ihn findet oder ihm nur solche anbietet, die er nicht will oder von denen er weiß, daß er sie nicht erfüllt? Ich habe abgelehnt, den Seneca in dem gleichnamigen Stück von Peter Hacks zu spielen; ich fand die Rolle fade und hoffte auf eine bessere. Ich habe nein gesagt, als man »Die Schuster« des polnischen Surrealisten Witkiewicz spielen wollte; dies in Deutschland zu spielen, schien mir so zu sein, als wenn man in Madrid Barlach inszenieren wollte. Man gab das Vorhaben im Schiller-Theater aus anderen Gründen auf. Dann kam der Vorschlag, von Claudel »Die Stadt« zu machen, ein frühes Stück, in dem die Stadt als Heiligtum begriffen wird, gegen das zu revoltieren Sünde sei. Dagegen habe ich mich gewehrt. Ich habe eine Rolle zu Unrecht abgelehnt, den Schigolch in Wedekinds »Lulu«; der Regisseur konnte mir nicht sagen, was er mit dem Stück eigentlich wollte. Martin Held hat dann den Part gespielt, und zwar sehr gut. Er hatte da wenigstens eine Rolle, denn wir alten Schauspieler sind schwer zu beschäftigen und sahen uns damals, als der Etat der Staatsbühnen immens überzogen war, dem Vorwurf ausgesetzt, die Gagen von uns inzwischen unkündbaren Schauspielern seien so hoch und verschlängen so viel Geld, weil wir so schwer einzusetzen seien. Das betraf nicht mich: Meine Gastspiele draußen sparten dem Theater Gage. Und meine Kollegen spielten ihre Rollen hervorragend: Martin Held, Raddatz, Schellow, Bollmann. Trotzdem ging der Satz um, ich sei, wenn ich soviel außerhalb spiele, wohl ein Treuloser Berlin gegenüber. Ich pflegte darauf zu sagen: Ich bin auch ein Exportartikel für Berlin. Natürlich hätte ich gerne mehr in Berlin gespielt. Etwa in »Die echten Sedemunds« von Barlach oder in »Sonnenuntergang« von Babel. Das waren Pläne, aus denen nichts wurde, hauptsächlich, weil man keinen Regisseur fand. Auch niemand für »König Lear«. Ich bedaure, daß aus der Ära Gobert nicht mehr geworden ist. Man soll das nicht mit der Struktur des Hauses entschuldigen, die es schwierig machte, ein in sich geschlossenes Ensemble herzustellen. Das Gobert-Ensemble bestand aus vier Gruppen, dem alten Teil aus Barlogs Zeit, ein anderer Teil kam von Hamburg mit Gobert vom Thalia-Theater, dann hat Neuenfels seine Lieblingsschauspieler eingebracht und über den Dramaturgen Klaus Völker kamen Schauspieler aus Basel und Frankfurt: Und viele Gäste, ein großer Teil aus Wien. Zumeist sehr gute Schauspieler. Aber man konnte sich nicht vereinigen, nicht »integrieren«. Es gab auch eine verstörende Personalpolitik. Obwohl man im eigenen Ensemble Schauspieler hatte, die den Hauptmann von Köpenick spielen konnten, hat man Klaus Schwarzkopf von draußen engagiert, der gewiß ein sehr guter Schauspieler ist; aber warum das Ensemble durch eine solche Verpflichtung demütigen? Man wird später zu betrachten haben, warum ein so reiches Theater wie das Berliner Staatstheater, reich auch an Schauspielern, unter Boy Goberts Leitung keine eigene Entwicklung gefunden hat. Für mich blieb es bei kleinen (großen) Rollen. Beim Gesandten im »Balkon«, dem Talbot in der »Jungfrau von Orleans«. Als Schauspieler muß man warten, was angeboten wird, man kann selbst keine Regisseure engagieren, keine Stücke besetzen. Ich freue mich an kleinen Rollen. Aber ich suche auch Aufgaben, die mich fordern. Naturgemäß mag ich keine jener unscheinbaren großen Rollen, von denen nachher die Leute sagen: »Ach, wie lieb sind doch unsere Alten.«

Aufgaben kamen sozusagen zwangsläufig nicht aus Berlin, son-

dern von Peymann aus Bochum. Er nutzte die Köder. »Minetti« –
von ihm noch in seiner Stuttgarter Zeit inszeniert – war der erste.
»Der Weltverbesserer« von Bernhard war der zweite. Peymann
führte mich mit Bernhard nach Bochum, wo er seine widerborstig
endende und abgebrochene Stuttgarter Arbeit mit dem gleichen unbedingten Glauben an das Theater und derselben Leidenschaft fortsetzte. Und demselben Ensemble!

Als ich den »Weltverbesserer« zum erstenmal las, fand ich die
Rolle großartig. Als ich sie zum zweitenmal las, bekam ich Angst, ob
ich ihrer Herr würde. Das passiert mir manchmal, daß ich plötzlich
kleingläubig werde. Schon war ich dabei, die Rolle abzusagen; dann
gingen wir doch an die Arbeit. Bald zeigte sich die nächste Schwierigkeit. Der alte Philosoph im Stück lebt mit einer Lebensgefährtin;
ich sah sie als eine ganz und gar abhängige, unselbstische Frau, die
liebend ist bis zur Selbstaufgabe. Edith Heerdegen, die eine große,
starke Kraft auf der Bühne war, spielte sie indessen mehr und mehr
als verdeckt aufmüpfig. Wir mußten uns zusammenraufen. Es ging
dann. Wir haben das Stück über siebzigmal gespielt, und ich denke
immer noch: Ich müßte es noch einmal machen, nicht so kraftvoll,
nicht mehr so berserkerhaft, antobend gegen die Krankheit, nicht so
herrisch, sondern mehr aus dem Leiden heraus, aus einem Verlorensein, das sich nicht mehr wehrt und dadurch ganz philosophisch
bleibt. Ob das gelingen kann, weiß ich nicht.

Inzwischen ist dieses Verlangen abhanden gekommen durch eine
andere enorme Rolle, den Karl in Bernhards »Der Schein trügt«.
Dieser alte Artist hat noch einen kräftigen Lebensfunken, er spricht
von Lebenslust und rettet sich in die Erinnerung. Er habe immer Instinkt gehabt und Disziplin. Diese Art von Lebenslust will beweglich
gespielt sein. Zudem bleibt ihm jetzt nur noch die kümmerliche
Möglichkeit, seinen Mißerfolg (seine verstorbene Frau Mathilde hat
ihn enterbt) philosophisch zu zergliedern. Seine Boshaftigkeiten
sind Zeichen seiner Not. Ich hatte Freude, das zu spielen. Sie hat
sich wohl auf das Publikum übertragen. Traugott Buhre als der stil-
lere, vornehmere, mildere Bruder war mir ein prächtiger Widerpart.

Man muß Bernhards Stücke in gar keinen direkten Bezug zur
Gegenwart zu setzen versuchen, sie ist in seinen Vorgängen gebor-
gen; ebenso ist sein Verhältnis zum Tod, zum Sterben ein allgemein
menschliches; es schließt die übrige Welt so in sich ein, daß sie un-
wichtig wird in dem theatralischen Spektrum, das er immer wieder
als ein existentielles vor uns hinstellt.

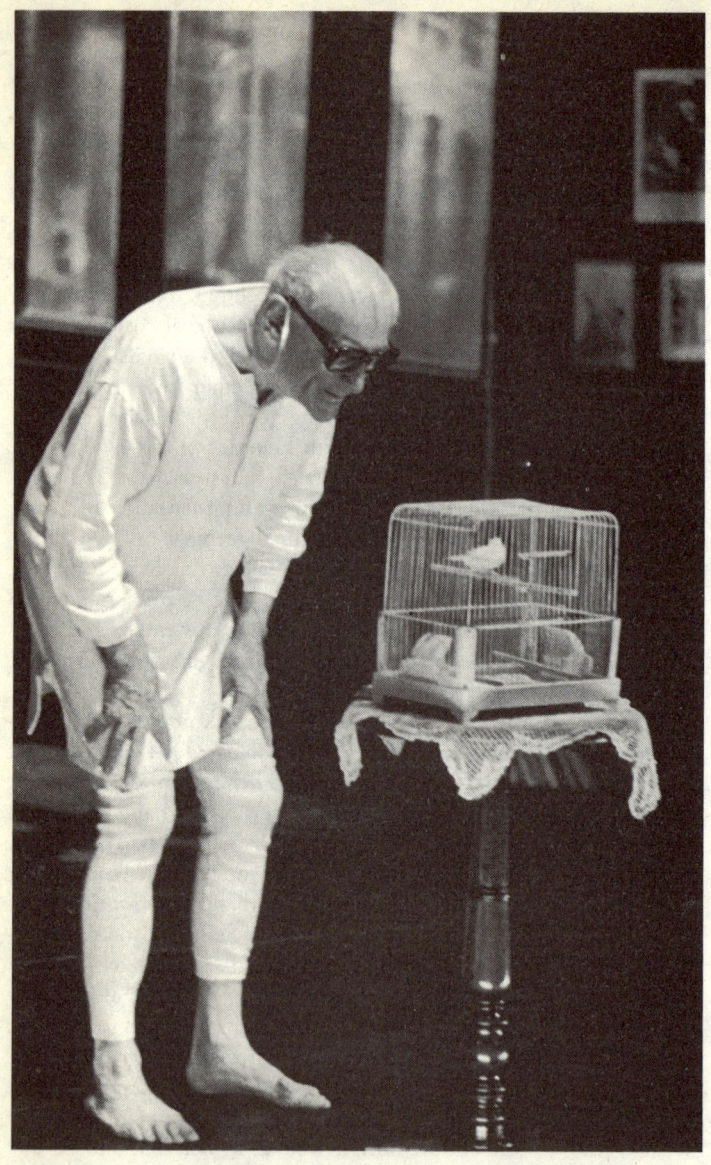

Als Karl in »Der Schein trügt« von Thomas Bernhard
Schauspielhaus Bochum 1984, Regie Claus Peymann

Ohne die unerschrockene Bemühung Claus Peymanns um Thomas Bernhard wäre Bernhards Bühnenwerk nicht in unser aller Bewußtsein. Peymann ist ein hervorragender Intendant. Er hat den absoluten Glauben an das Theater. Das hat er mit den Größten, etwa Max Reinhardt, gemein. Er kann sich nicht vorstellen, daß es kein Theater gäbe. Seine Reibereien mit den Auftraggebern, den Behörden oder mit Presseleuten verweisen nur auf die Unabnutzbarkeit dieser Leidenschaft. Peymann lebt aus einer unvoreingenommenen und unbeeinflußten jugendlichen Offenheit; er sieht die Dinge frisch und neu – auf heutige Weise. Er will seine Mitarbeiter und sein Publikum beglücken, er will sie lebendig haben. Ich habe das Gefühl, er möchte selbst auf ganz unkomplizierte Weise glücklich sein. Sein Instrument dafür ist das Theater.

Er hat jene große Gabe, die ich an Jeßner gerühmt habe: Er kann delegieren und neidlos andere Könner neben sich dulden, etwa den hochbegabten Alfred Kirchner. Er hat Matthias Langhoff und Manfred Karge große Aufträge gegeben, er ließ Regisseure wie Horst Siede gastieren; alles im Interesse auch seiner Schauspieler, die dadurch nicht nur auf ihn eingestimmt sind, obwohl er unter ihnen, wie jeder Regisseur, auch seine Lieblinge hat. Natürlich hat Peymann auch Vorlieben im Spielplan. Achternbusch ist ihm wichtiger, als er mir wäre. Er hat ein sehr reiches Programm, als wäre er in Berlin. Er sagt gern: das Ruhrgebiet ist ein Berlin, wie es früher war. Da ist was dran. Sein Publikum kommt von überallher, aus Düsseldorf, Köln, Aachen, Münster, sogar aus Stuttgart reisen Gruppen an: aus alter Liebe und fortdauernder Neugier. Er spielt Molière, er spielt Brecht, dem man sich immer wieder stellen, den man immer wieder prüfen muß. Ich ermutige ihn immer, Barlach zu spielen; er möchte es gern. Warum traut er sich nicht? Wahrscheinlich aus zu großem Respekt, weil ein Stück wie »Die echten Sedemunds« aus der Kleinbürgerlichkeit, aus dem Fanatismus und der engen Ideologie einer evangelisch geprägten Kleinstadt entwickelt werden muß. Man muß die Figuren so spielen und sprechen lassen, daß sie kleine Leute bleiben, deren Natürlichkeit, deren Komik und Verzweiflung auch noch eine große Intimität haben. Solche Intimitäten muß man als Regisseur in Barlachs Stücken aufspüren. Das sollte Peymann Spaß machen. Peymann hat die Fähigkeit zum Intimen in jüngster Zeit an einigen Klassikern bewiesen.

Ich bin kein unkritischer Bewunderer des Peymannschen Theaters. Aber ich bewundere viel an ihm. Als Animator in vielen Richtungen, in Kunst und in Organisation, ist Peymann unschätzbar. Er will, daß sein Ensemble sich wichtige Aufführungen in anderen Städten ansieht, er spricht viel mit den Schauspielern über die Arbeit an ihrem Theater. Sein Mitarbeiterstab mit dem unersetzlichen Hermann Beil ist klein, unbürokratisch, er bindet sein Ensemble als einen lebendigen Organismus. Obwohl es nicht umfangreich ist, kann man damit fast alles spielen. Und das Publikum beschäftigt sich unmittelbar und lebhaft mit den Inhalten und Plänen seines Theaters und fragt und fragt.

In seiner Sicht auf die Gegebenheiten wie auf die Stücke hat er eine fast jungenhafte Unbefangenheit; er ist wenig abgelenkt durch Tradition und wenig konventionell im Fühlen und Denken. Spontan findet oder schafft er sich Zugänge in versperrte Stoffe. So war es in Stuttgart mit dem »Käthchen von Heilbronn«. Shakespeares »Wintermärchen« oder Kleists »Hermannsschlacht« sind in Bochum große Erfolge geworden, und obwohl sie mit leichter Hand inszeniert sind, behielten sie doch ihre Bösartigkeit. Freilich: gegen Peymanns Façon der »Hermannsschlacht« habe ich starke Einwände. Die Gegenwelt der Römer, diese koloniale Situation für die Germanen, findet letztlich nicht statt, das Stück wirkt nicht so grausam, wie es sollte, ist politisch nicht verbindlich; die Inszenierung macht es den Leuten zu leicht und amüsant; es fördert die kleinbürgerlichen Haltungen, die wir gegenüber der Geschichte kennen. Erst war der Franzose unser Todfeind, dann der Bolschewismus, dann die Juden, derzeit sind es die Kommunisten. Bei Peymann lacht man über die Römer. Und die Furchtbarkeit des Krieges spüre ich in der »Hermannsschlacht« von Bochum nur in Momenten. Grandios das Marschieren der Römer, durch den Schlamm watend.

Peymann gehört nicht zu den Regisseuren, die ohne Schwierigkeiten Zugang haben zu den Arbeitsprozessen der Schauspieler, zu ihren Problemen, eine Rolle zu formen. Er geht als Regisseur vom Kontrollieren aus. Er sieht das Theater nicht visionär, sondern sieht es durch den Text, überdeutlich gesagt: mit dem Buch, das er bis zuletzt benutzt, obwohl er den Text schon auswendig kann. Das Buch suggeriert ihm seine Vorstellung vom Stück. Er hat eine besondere Art, den Text zu lesen. Er erfindet das Theater immer wieder neu – durch den Text. Er glaubt an dessen Wirkung und gewinnt damit sein Empfinden für ein Stück. Er sagte einmal: Das ist ein zartes Stück! Ich empfand es anders. Er behielt recht. Sein Gespür ist groß. Peymann braucht Anregungen von den Bühnenbildnern wie von den Schauspielern, die er sehr liebt. Wo er liebt, gibt er auch seinen Charme rückhaltlos und dadurch Sicherheit, obwohl er sich selbst – das ist aber auch ein Vorzug – immer wieder unsicher fühlt. Er weiß oft sehr genau, was geht und was nicht geht, aber wenn er nicht zufrieden ist, fällt es ihm manchmal schwer, ein Ziel zu setzen. Dann verrennt man sich. Wir haben öfter Szenen gehabt, in denen das Gespräch in eine Rechthaberei davonlief, die uns beiden nicht liegt; aber wenn dann der Sinn geklärt war, verstanden wir uns wieder gut. Er nimmt mir ab, was ich bei Fehling gelernt habe: das »Red' nicht, mach's doch«. Mit seinen fünf oder sechs ungewöhnlichen Schauspielern gelingt ihm immer wieder das Ungewöhnliche: Es ist da eine hohe Gemeinsamkeit und Direktheit in der Arbeit. Die schafft nur ein außerordentlicher Regisseur.

Meine erste Begegnung mit ihm war in Wuppertal. Er machte »Lear«, fast volkstümlich, gar nicht klassizistisch, auch nicht shakespeareomanisch. Da spürte ich schon seine frische Art zu sehen. Die Töterei am Schluß ging fast in einen Comic strip über. Es war da ein wunderbares Ensemble: Christian Redl spielte herrlich den jungen Edgar, Böhlke den Edmund, Eberth ganz hervorragend und wunderbar den Gloster – ich den Lear. Die Aufführung war unbedarft – aber im positiven Sinn. Ich ging unbedenklich in die Vorstellungen und hoffe, mir etwas von dieser Unbedenklichkeit für die Rolle bewahren zu können. Seit damals spüre ich Lebensgefühle des Lear in mir. Peymann hat sie mir zuerst vermittelt.

Theatralische Genies: Zadek und Neuenfels

Auf die Arbeit mit dem Regisseur Peter Zadek war ich neugierig, um nicht zu sagen: scharf. Er arbeitet seit einem Vierteljahrhundert in Deutschland, und wir waren uns nie begegnet. Ich hatte seinen »Othello« gesehen, der mich faszinierte durch seine Radikalität. Ich sah seinen »Lear«, an dem mich nur der Anfang interessierte, nachher verlor sich das Stück. – Als Boy Gobert Hans Lietzau in der Intendanz des Schiller-Theaters ablöste, brachte er Zadek ins Haus. Er wollte einen großen Auftakt seiner Ära, wollte sich wohl auch des Rufs eines konservativen Boulevardiers entledigen. Zadek hatte Großes vor. Er wollte eine politische Revue in Berlin, wo das Dritte Reich aus- und zusammengebrochen war. Er nahm als Stoff Hans Falladas Roman »Jeder stirbt für sich allein«. Eine Geschichte aus dem Dritten Reich, von einem Arbeiter, der durch Briefschreiben privaten Widerstand gegen das Regime macht. Zadek, der mit der Dramatisierung von Falladas »Kleiner Mann, was nun?« in Bochum so viel Erfolg gehabt hatte, brachte mit Gottfried Greiffenhagen eine Bearbeitung zustande, die den Stoff ungeniert anging, überlokker war, aber doch nicht oberflächlich. Die Rolle des Quangel bewegte mich freilich nicht sehr. Ich wollte sie schon zurückgeben; da sagte man mir, Zadek habe zur Bedingung gemacht, daß ich spielte, auch hatte das Theater wohl schon eine halbe Million in die Vorbereitung investiert. Ich ließ mich breitschlagen. Man muß mich manchmal zwingen zu meinem eigenen Wohlergehen. Aus solchen Konflikten ist manches Ungewöhnliche für mich entstanden.

Zadek hat mich sehr gefördert durch seine Arbeitsweise. Das hatte ich bis dahin nicht erlebt, wie einer aus großer menschlicher Lokkerheit und Erfahrung dem Schauspieler die Rolle begreiflich macht, indem er sagt, was er empfindet, was ihn enttäuscht. Es gelingt Zadek fast mühelos, auch aus routinierten, verhärteten Kollegen ein Stück sensibler Natur herauszuholen. Mir gab er Gelegenheit zu großen Gängen auf der Bühne. Das war für mich richtig. Dieser Quangel schreibt Briefe aus großer Bedrückung und wirft sie in die Briefkästen der Stadt. Es ist seine Rache an der Nazi-Welt, die verantwortlich ist für den Tod seines Sohnes. Ich hatte unversehens den Gang eines werktätigen Menschen, ich spielte – was Brecht immer forderte – die soziale Umwelt der Figur. Ich verstand auf einmal Brecht auf dem Umweg übers Spielen. Man kann noch so viel Theorie in sich aufgenommen haben, sie nützt nichts, man muß fühlen, wie ein solcher Mensch geht, um einen dieser subversiven Briefe wegbringen zu können: und wie er danach geht und wie er am nächsten Morgen zur Arbeit geht und schließlich, wie er zu seiner Verurteilung geht. Ich hatte Lust am Gehen. Wir haben darüber nie gesprochen, aber ich bin überzeugt, Zadek hat das frühzeitig gemerkt.

Zadeks Spürsinn wirkte auf mich als Anregung. Es war wichtig, daß die Figur nie verkrampft, verstockt oder einseitig wurde. Zadek sagte immer wieder, die beiden, Quangel und seine Frau, wissen nicht, wie sehr sie einander lieben. Dieser Mann handelt, weil er aus seinem Inneren heraus etwas tun muß. Man kann in ein solches Gefühl nur hineinkriechen, mit Intellekt ist da wenig zu machen. Wenn Quangel den Entschluß gefaßt hat, muß man das als seine Tugend begreifen und natürlich und selbstverständlich zum Ausdruck bringen. Es war für mich ein sehr langer Abend, wenn ich die Rolle

Als Quangel in »Jeder stirbt für sich allein«
von Fallada/Greiffenhagen
Schiller-Theater Berlin 1981, Regie Peter Zadek

spielte. Fünf Stunden, aber mit großen Zwischenräumen. Ich bin inzwischen an der Hüfte operiert worden, aber damals spürte ich das Leiden an diesen langen Abenden, versuchte allerdings, die Beschwernis ins Spiel mit einzubringen.

Zadek hat eine große Fähigkeit, Menschen zueinander zu führen. Angelica Domröse, die viel jünger ist und aus der DDR auch eine ganz andere schauspielerische Methode mitbrachte und ein unerhörtes Können hat, hat er soweit gelöst, daß wir gut miteinander spielten. Er mußte eine ganze Reihe von Schauspielern, die dem Ensemble des Schiller-Theaters fremd waren, mit uns zusammenbringen, neben der Domröse Otto Sander, der den Kommissar spielte, Hilmar Thate, der den Autor Fallada moderierte. Wir alle kamen in ein wirkliches Blühen. Wie wunderbar hat er Erich Schellow verwandelt. Man erkannte ihn fast nicht wieder. Und diese Verwandlung war die eigentliche, stille Überraschung dieser Arbeit. Diese Verwandlung eines Ensembles mitzuerleben, in dem eigentlich alles schon festgefahren war, blieb ein hohes Glück. Das ist Zadeks Geheimnis: die absolute Lockerung der Gefühle herbeizuführen und doch auf ein Ziel hin richten zu können.

Je näher die Premiere kam, um so stärker wurde freilich meine Depression in bezug auf die mögliche politische Wirkung der Inszenierung. Als ich sie dann im Gesamtablauf sah, war ich ganz deprimiert; ich konnte mich nicht wehren gegen mein Gefühl, daß man die Vorgänge im Dritten Reich so nicht darbieten und verhöhnen könne. Zadek merkte es und kam am Tag der Premiere, als ich mich schon wieder gefangen hatte, weil ich meine Rolle und ihre Figur so liebte: »Meinen Freunden gefällt es, und ich finde es auch schön.« Er sagte »schön«, im Sinne von Schönheit, von absoluter Kunstleistung. Ich konnte da nicht mehr widersprechen. – Tatsächlich wurde die Premiere ein Riesenerfolg beim Publikum. Er hat auch mit allen Mitteln gespielt, den Glamour der Uniformwelt mit langbeinigen Girls aufgepeppt. Ich habe Schwierigkeiten mit dieser Art, die schlimme Zeit zu betrachten. Ich kann diese Dinge nicht so ins Groteske hineintreiben, ins Scherzhafte und Leichte. Ich finde, daß Zadek meine Landsleute nicht kennt, es ihnen politisch zu leicht macht – wie auch in seiner Inszenierung von Sobols »Ghetto« –, leicht, weil er meint, man müsse über diese Dinge lachen können, sonst seien sie nicht zu verarbeiten. Er meint wohl, er könne durch Lachen töten. Wenn er es auch mit Grauen mischt. Theatralischem. Die Verbrechen in der Wirklichkeit kleben aber auf unserer Haut.

Wenn Zadek Stücke von heute macht, wenn er über Enzensberger mit Molière kokettiert, darüber kann man nur streiten, nicht rechten. Als er in Berlin den »Menschenfeind« inszenierte, wollte er mit Methodik und Disziplin wohl die Manier der Comédie Française parodieren. Ich sah das wenigstens so. Alles war wie auf Draht gezogen, was die Kollegen da spielten, aber was kraft ihrer Persönlichkeiten Rosel Zech, Ulrich Wildgruber und Ilse Ritter zeigten – es fiel ihnen gewiß nicht leicht – bewunderte ich.

Auch mit Hans Neuenfels habe ich nur einmal gearbeitet. In Genets »Balkon«. Ich habe davon erzählt. Er hat sich selbst Rechenschaft gegeben, warum ihm die Inszenierung, die er für sich hoch angesetzt hat, nicht gelungen ist. Neuenfels hat für mich eine äußerst gefühlsbedingte Natur. Aber er hat eine verblüffende Fähigkeit, ein Stück im Zusammenhang mit der geistigen Konstitution seines Autors zu sehen. Er hat reiche Assoziationen. Sie sind meist überzeugend, sie geben einem Stück eine eigenartige Fruchtbarkeit, er reichert es an. Er gibt seinen Stücken die Inhalte und Zeichen seiner Entstehungszeit, dazu deren Abhängigkeiten und Zeichen von der eigenen Vergangenheit und dazu die Mittel unserer Erkenntnisse mit den Zeichen von heute. Es sind drei Ebenen, die sich – das ist das besondere – theatralisch, ästhetisch zu einer Einheit formen. Teils konträre, teils harmonierende Kulturen spielen ihre surreale, erregende Rolle. Oft fühle ich mich von diesen Anreicherungen amüsiert, erheitert, genieße sie. Fühle mich aber auch vom Thema gelegentlich weggeführt. Natürlich wissen wir nicht, wie ein Dichter heute mit demselben Stoff umgehen würde. Insofern ist Neuenfels' eigene Sicht legitim. Das Stück nimmt ja keinen Dauerschaden, denn es lebt weiter für andere, neue Visionen. Wenn ein Mann wie Neuenfels mit der Fähigkeit, der Phantasie und der Kraft seiner Deutungen den Stücken solche neuen Bildlichkeiten gibt, wird das unerhört lebendig. Alles kommt bei diesem Regisseur aus einer echten Theatralik.

Peter Stein oder Die Macht der Kunst

An Peter Stein bewundere ich die hohe Kunstfertigkeit. Ich werde nicht müde, ihm zuzusehen. Leider habe ich wegen meiner Bindung ins Ensemble des Schiller-Theaters nie mit ihm arbeiten können. Wir haben nur immer ein Verlangen nach gemeinsamer Arbeit gehabt. Schon Steins erste Arbeiten auf dem Theater waren bezeichnend und notwendig. Der kritische Durchblick auf die Existenz Tassos am Hof von Ferrara, die Deutung seiner von Ausnutzung und Schmuckbedürfnis bestimmten Position, die kränkliche Façon des Ganzen, das waren Enthüllungen, wie wir sie vom klassischen Drama nie erwartet haben. Wenn Stein diese Arbeiten heute wie Jugendsünden verwirft und betont, er werde die Zerarbeitung von Texten künftig für sich nicht mehr zulassen, sondern nur auf ihre Gestalt sehen, verstehe ich auch diesen Schritt, der allgemein wie eine Irritation, wie eine Aufgabe seiner Vergangenheit, aber auch seiner kritischen Arbeitsprinzipien wirkte, mit denen er ja als das Genie unter den 68ern hervorgetreten ist. Solche Absagen ans Jugendwerk sind wir von vielen bedeutenden Menschen gewöhnt. Haben Goethe, Schiller, Hauptmann sich nicht von ihrem Jugendwerk getrennt, um andere Wege zu gehen? Wenn Stein nun aus den bis zum Äußersten versehenen Direktionspflichten der neuen Schaubühne, die doch im wesentlichen sein Werk ist, heraus will, braucht er vielleicht eine Atempause. Noch seine letzten Arbeiten – »Klassenfeind«, »Orestie«, »Die Neger«, »Drei Schwestern« –, Stücke aus den verschiedenen Zeiten, waren in sich konsequent inszeniert. Sie waren unbestritten von großer Vollkommenheit. Stein hat früh ein Bild von sich geprägt, das er jetzt revidiert. Was er nicht zu revidieren braucht, ist sein hoher Kunstanspruch, der aus seiner unverminderten schöpferischen Kraft kommt.

Stein hat eine ungewöhnlich liebevolle Haltung in bezug auf das Menschliche. Wenn wir bei Zadek von Gefühlen, von Emotionen sprachen, so spüre ich bei Stein auch immer die Formung des Gefühls. Ich habe einmal durch Zufall in eine Probe hineingesehen. Es war bei den »Sommergästen«. Eine Liebesszene zwischen Jutta Lampe und Michael König wurde probiert. Die Art, wie Stein zuhörte, wie er – jenseits falscher Vorsicht – die seelische Animation betrieb, ganz ohne die Absicht, etwas für die Inszenierung festlegen zu wollen, ganz hingegeben der Bemühung, die beiden Personen in ihren Äußerungen zueinander hinzustimmen: das war bannend. Es entwickelte sich da eine so zarte wie geheimnisvolle und einmalige Liebe. Ich hätte sicher noch lange zugesehen und -gehört, aber ich bin nach fünf Minuten geflohen, ich hielt es nicht aus. In der Aufführung war dieselbe Szene dann ironisiert. Diese Umwege gehen zu können, so und dann so zu sein, das macht sein Genie. Ich bewundere an Stein sein Talent zur Zartheit, zur Zärtlichkeit, aber auch die Kraft zu einer ganz kalten, brutalen Härte, wie er sie an den jungen Leuten im »Klassenfeind« darstellte, deren Sosein die Gesellschaft mitzuverantworten hat. Dieses Leben in der aggressiven Gewalttätigkeit hat mich, wie es aufs Theater gebracht war, erschüttert.

Und die Brutalität des Einander-Abschlachtens im ersten Teil der »Orestie«, in »Agamemnon« hatte wieder ein ganz anderes Gesicht. Stein hat eine Bindung an große Werte, hat die Möglichkeit, große Form im Theater zu entwickeln, aber auch die weichen Tönungen und die scharfen Formen im Kleinen. Es scheint, er probiert mit jeder Inszenierung etwas anderes aus seinem reichen Talent aus. Welcher Kunstsinn gehörte dazu, im »Agamemnon« den Chor in scheinbare Individualitäten aufzulösen und diese so unter das Publikum zu führen, daß sie dann doch wieder zum Abbild jener schweigenden Mehrheiten wurden, die überall in der Welt den wirklichen Greueln nur zuschauen. Das geschah mit solcher Deutlichkeit und Leichtigkeit, daß sich die Bilder tief eingeprägt haben. Als ich die Aufführung nach langer Zeit wiedersah, wirkte sie genauso frisch, genauso lebendig, genauso »vorhanden« wie am Anfang. Edith Clever war als Klytemnästra von einer erschreckenden Größe, die erstlich schwächeren Kollegen waren stärker geworden. Das zeigt, wie sehr die Schauspieler innerhalb der Wiederholungen eines Stückes wachsen können.

In diesem Wechsel der Formen, der Ausdrucksmöglichkeiten, der Energien und Farbigkeiten, in dem Vermögen, grausam zu sein und dann wieder unwirklich, schwebend, ist Peter Stein für mich ein Phänomen des Theaters. Als ich mit ihm wegen des Vertrags für Grübers »Lear«-Inszenierung verhandelte, sprachen wir natürlich auch über Fragen des Theaters und unserer Gegenwart. Ich kann diese Gespräche nicht wiederherstellen, nur: es war alles von einer faszinierenden Einfachheit und Natürlichkeit und ohne die geringste Sucht, sich darzustellen; die Sache Theater wurde dargestellt. Aus solcher Fähigkeit sind gewiß die »Sommergäste« erwachsen. Sie waren hart, wirklich und konsequent in einem fast zarten Ambiente. Tschechows »Drei Schwestern« hat Stein in der Schaubühne am Lehniner Platz, verführt von den Möglichkeiten dieses Raums, meiner Ansicht nach zu groß angelegt. Die Probleme dieser Inszenierung fingen schon an mit der Besetzung. Edith Clever, Jutta Lampe – Steins wunderbare Protagonistinnen – gehören in die große Reihe der Dorsch, Gold, Körner, Koppenhöfer, Bergner; sie haben diese

Formate. Aber beide schienen mir schon zu reif für die Rollen zu sein und so nicht imstande, den frühen schmerzlichen Verzicht zu spielen, der das Leben dieser Geschwister prägt oder prägen wird. Und die junge, stark begabte Corinna Kirchhoff als Irina, der Tschechow noch eine Chance auf einen eigenen Weg lassen will, wirkte auf mich, als könnte sie schon morgen nach Moskau weggehen. Tschechows Menschen leben in ihren Gefühlswelten und haben das schreckliche Schicksal, herauszuwollen und nicht herauszukönnen; das Leben geht so weiter wie die russische Ebene. Mir schien der dritte, der Brandakt, gelungen; da war in dem gedrückten Zimmer ein Wirbel, der hatte Realität; sonst war mir in Karl-Ernst Herrmanns Bühne vieles zu gewaltig und zu dekorativ, von Peter Stein war gekonnt und faszinierend der erste Akt arrangiert. Der vierte hat mich nicht mehr berührt.

Ich spüre, ich gebe mich hier als Kritiker. Als Zuschauer bin ich im Theater immer Zuschauer und im nachhinein Kritiker. Ich sehe und spüre das Wunderbare wie das Falsche, Schiefe. Zum Theater gehört auch eine Kraft zu sehen, zu hören und zu erkennen. Wie es eine Gnade ist, Kunst ausüben zu können, so ist es auch eine, sie aufzunehmen. Auch als zuschauender Schauspieler bin ich im Theater schwer ermüdbar, wenn ich nur genug zu sehen bekomme. Dann wird mir kein Abend zu lang. Vielen war anscheinend Peter Steins Inszenierung »Der Park« von Botho Strauß »zu lang«, für mich war sie eine Inszenierung mit tausend Freuden. Den Kritikern könnte ich nur mit einer Liebermann-Anekdote antworten. Auf den Einwand eines Kollegen, der eine Arm des »Bauernjungen« von Cézanne sei wohl zu lang, antwortete Liebermann: »Wissen Se, so wie det jemalt is, kann der jarnich lang jenug sein.« Länge ist im Theater kein Maßstab. Man muß schon sagen, warum etwas zu lang erscheint. Steins Darbietung eines reichen, großartigen, echten Ensembles war ein auffallender, besonderer Wert.

Botho Strauß ist mir ein wertvoller, wichtiger Autor, eine theatralische Begabung mit dem besonderen Blick für gesellschaftliche Situationen. Als Peymann ihn in Hamburg zum erstenmal vorführte, mit seinen »Hypochondern«, wurde ich auf ihn aufmerksam. Da stand die Kruppsche Umwelt mit dem Lederclubsesselstil von 1914. Sie war mir realistischer und näher als später die expressionistisch-künstlerische in der Inszenierung des Stückes durch Wilfried Minks in der Schaubühne. Als Niels-Peter Rudolph in Stuttgart dann Straußens »Bekannte Gesichter – Gemischte Gefühle« und »Trilogie des Wiedersehens« inszenierte, war Strauß definiert: als klarsehender Beobachter unserer Verhaltensformen im bürgerlich-intellektuellen Milieu. Mit beiden Inszenierungen kam Rudolph Peter Stein nahe.

Ich verstehe gut, wie »Der Park« aus dem Vorhaben an der Schaubühne entstanden ist, Shakespeares »Sommernachtstraum« zu spielen. Ich höre die Fragen: Ist das noch möglich? Glauben wir noch an den Streit Oberons mit Titania? Wie verzanken sich heute junge Paare in der sexuellen Begier? Was ist Puck heute? Was sind die süßen Gifte? Die Übertragung des Shakespeareschen Spiels von Strauß in unsere harte Welt ist Stein absolut gelungen. Die Fürchterlichkeit der Angestelltenwelt, die beiden Liebespaare, die von der Rassistin hier und der zügellosen Erotik der anderen dort bestimmt werden, der nichtskrupulöse Partnertausch und diese verzweifelte Liebeswut der Titania, die sich einem Stier ausliefert, das ist ein fülliges Tableau. Ebenso trifft und bewegt das Anmachen und die Rückhaltlosigkeit der Disco-Generation, die gehört werden will. Ich bin Strauß dankbar, daß er so etwas auf dem Theater stattfinden läßt.

Man kann Straußens Stücke boulevardesk spielen oder, wie Stein es tat, leidenschaftlich. Stein hatte trotzdem dabei eine überlegene Leichtigkeit erreicht und blieb großzügig im Schauspielerischen, indem er die Darsteller in ihren verschiedenen Methoden und Herkünften spielen ließ. Libgart Schwarz zeigte ihre unheimliche Kunst, Leben auf gestische Formeln zu bringen. Die Männer waren neben den Steinschen Frauen fast privatistisch, spielten auf eine fast lässige Art ihr Theater, einschließlich des bocksfüßigen Udo Samel, der mit seinem Schlußmonolog fast ein neues Stück begann. Jutta Lampe die Protagonistin: verführerisch, rührend, leidenschaftlich, ironisch, melancholisch – ohne ins Atmosphärische zu verfallen, immer Zeichnung, Bild, klar im Geist, im Sinnlichen. Und Bruno Ganz von wunderbarer menschlicher Einfachheit, Humor der Güte, unsentimental. Man spürte überall das Gekonnte, auch das Brillante; es war eine Hommage an die Kunst mit dem, was einem jeden gegeben ist. Stein hat den Sinn für die Kunst und ihre Bedeutung wieder hervorgerufen.

Grübers Magien

Von Klaus Michael Grüber habe ich zum erstenmal etwas wahrgenommen als Zuschauer. Von seinen Anfängen, auch von seinem ersten Ruhm, den er sich an Strehlers Piccolo Teatro in Mailand erwarb, wußte ich nichts. Es war etwas von ihm zu mir gedrungen, als er an Kurt Hübners Theater in Bremen Shakespeares »Sturm« inszenierte. Ich weiß nicht mehr, wann. Bewußt bin ich ihm begegnet, als ich im Parkett des Düsseldorfer Schauspielhauses saß. Ulrich Brecht, damals dort Intendant, hatte ihn gewonnen, Adamovs politisches Stück »Off limits« zu inszenieren. Es waren noch die Jahre, in denen sich das Theater aus der Gesellschaftskritik motivierte. Es war ein bitteres Stück; ich bekam die sogenannte beste amerikanische bürgerliche Gesellschaft auf der Bühne zu sehen. In den Bühnenbildern von Arroyo war das eine kraftvolle, bunte, auch schlagkräftige Inszenierung, die die unterschiedlichen Talente des Düsseldorfer Ensembles organisch miteinander verband. Deutlich war der Zugriff des Regisseurs mit einem Sinn für Realismus in den psychologischen Bezügen. Der Eindruck blieb mir vor Augen, bis ich in der Berliner Schaubühne dem Theater Grübers wiederbegegnete. Der mir persönlich unbekannte Mann inszenierte dort Horváths »Geschichten aus dem Wienerwald«.

Dieses in eine weite Bühnenlandschaft gelagerte Stück habe ich mir zweimal angesehen. Es war eine Darstellung von Grausamkeit im Kleinbürgertum, ohne jeden Anflug von Wiener Heimeligkeit und Dialekt. Trotzdem spielte es in Wien. Ich weiß bis heute nicht, wie ihm das glückte, es ist ein Geheimnis. Zu erleben war die Grausamkeit der Triebe, das Gefangensein in ihnen und die Unfähigkeit der Figuren, sich lösen zu können. Ich ahnte, daß hier ein Thema war, das den Regisseur innerlich beschäftigte; er hat einen außerordentlichen Sinn für Bedingtheiten, in denen Menschen leben, in denen sich Schicksal vollzieht. So war es in »Off limits«, so wurde es, als er in Berlin »Die Bakchen« inszenierte. Schon diese drei Inszenierungen deuten an, daß es ein Mißverständnis ist, ihn als Visionär zu bezeichnen oder als einseitig. Grüber ist unerhört kontrastreich, und er hat einen schnellen Blick für das Falsche. Ich habe es selbst erfahren, als an der neuen Schaubühne am Lehniner Platz der Abend mit den kleinen Stücken des Franzosen Cami geprobt wurde. Libgart Schwarz, Otto Sander und ich bereiteten eines dieser Stückchen vor. Wir probten für uns allein. Ich hatte einen alten Zuhälter zu spielen, der seine Enkelin auf die Straße schickt. Das harte, groteske Stück bekam bei uns eine Stilisierung, die Grüber erschreckte. Er hat sofort eingegriffen, die Szene in eine derbe Wirklichkeit gesetzt, wodurch die drastische Komik von Cami erst spürbar wurde. Uns verblüffte die Radikalität, mit der Grüber dem Stück jeden literarischen Boden entzog. Wir waren glücklich darüber – Grüber konnte die Szene nicht fertigarbeiten, mußte abreisen –, wir kamen allein nicht weiter; so mußten wir aufgeben.

Ich will damit daran erinnern, daß Grüber sich nicht nur in »anderen Sphären« oder in seinen Träumen aufhält. Als er in der Freien Volksbühne Pirandellos »Sechs Personen suchen einen Autor« inszenierte – eine damals ganz unterschätzte, wunderbare Arbeit –, tat der von ihm hergestellte Kontrast der Bühnenfiguren, die nach Leben, wie sie es leben wollen, verlangen, zu denen, die da leben und mit den Bühnenfiguren spielen, schmerzhaft weh. Diese Verständnislosigkeit der Menschen gegenüber jenen, die nach Leben suchen und plötzlich nichts bedeuten sollen: das war erschreckend. Man spürte den Leidenszug in Pirandellos Stück; es war eine Tragödie auf dem Theater im Theater. Ich kam zum erstenmal mit Grüber zusammen, als er einen Schauspieler für »Das letzte Band« von Beckett suchte. Mit dieser Inszenierung wollte er Kurt Hübners glorreiche Ära in Bremen beschließen. Ellen Hammer, seine Mitarbeiterin, machte ihn auf mich aufmerksam. Wir trafen uns im Kantinencafé in der Schaubühne, noch am Halleschen Ufer. Ich erzählte ihm, wie ich »Das letzte Band« unter Zeisers Regie gespielt hatte, trug auch ein paar Monologstückchen andeutend daraus vor. Er fand sogleich: wir machen das Stück zusammen. Ich gab ihm die Bandaufnahme der Zeiserschen Fassung, und wir haben sie, ohne etwas zu ändern, als Material in die seine übernommen. Grüber nimmt Theater wahr als Theater und kann darum Gelungenes mühelos in seine Arbeit einfügen, obwohl seine Inszenierung ganz anders wurde: in Voraussetzung und Ergebnis. Grübers Krapp war der Überlebende einer Weltkatastrophe, ein Übriggebliebener, der sich das alte gerettete Tonband holt und sich an früher erinnert: Das ist keine psychologische, sondern eine absolute Situation. Krapp erinnert sich souverän daran, wie er sich an einem Abgrund fühlte: das war der Tenor meiner Krapp-Version bei Zeiser. Jetzt war der Abgrund überwunden, die Katastrophe durchgestanden, aber was war geblieben? Nur die Erinnerung an jene Gefahr.

Die Arbeit mit Grüber war wie eine seelische Vereinigung, eine

Vereinigung für eine Arbeit, die ihr eigenes Geheimnis hat. Keiner sprach darüber. Es war ein Geben und Nehmen im Einverständnis. Was Grüber dazu beiträgt, ist völlig unintellektuell und auch ganz psychologielos; es ist entweder bildhaft oder vermittelt Vorstellungen, die außerhalb des Stückes liegen, jedoch parallel laufen.

Als wir den »Faust« probierten, sagte er in eine Situation hinein: »Das ist Leonardo, und jetzt macht er Mathematik.« Ich weiß bei solchen Hinweisen sofort, was er meint, es ist ein Anhieb, der nicht weiter beredet wird. Häufig spiele ich auch etwas vor; wenn er es akzeptiert, möchte er es dann bis zur Premiere nicht wieder sehen. Aber wir haben auch Szenen, in denen wir nur schwer weiterkommen. Dann setzen wir uns auf den Bühnenboden, und er beginnt ganz langsam, sich zu äußern. Es ist das eigentlich eine Situation wie vor der Erschaffung der Welt. Wir sitzen vor dem Nichtvorhandenen, im Nochnichtgeglückten, es ist ein langgedehnter Moment, bevor er eine Anregung geben will. In diesen Augenblicken habe ich das Gefühl, es stellt sich etwas ganz vom Ursprung her. – Man wirft Grüber oft vor, es habe bei ihm vieles eine seltsame Feierlichkeit. Das ist Unsinn. Grüber ruft die Dinge aus dem Schweigen herauf. Aus dem Denken und Fühlen und Grübeln ergeben sich plötzlich seine Vorschläge für die akzeptable Lösung eines Problems. Es sind Erzeugungsmomente. Ich glaube, daß er im Grunde immer genau weiß, was er will, und daß er ein großes Ziel sieht. Als er im Berliner Olympiastadion die »Winterreise« mit den Hölderlinschen Texten inszenierte, war das Ziel gewiß das Heraustreiben der bedrängenden Frage: Was ist Deutschland? Wie ist Deutschland? Wo befindet sich die Nation? Ist Deutschland überhaupt noch vorhanden? Dieses zerstörte Land wurde wieder aufgebaut, ein ungeheurer Vorgang, er bleibt aber bedrängt von Ungewißheit, Selbstgefährdung und von seiner schwierigen Geschichte. In Grübers Inszenierungen erhebt sich immer auch die Frage, wieweit Theater Sinn hat und was mit ihm gemacht werden kann, da es noch da ist. Er zeigt, was gemacht werden kann.

Woher Grüber das große Gewicht seiner Persönlichkeit holt, wie er es verwendet und zur Wirkung bringt, ist schwer zu sagen. Ich meine, er hat eine ungewöhnlich große, beinahe ungeheure Kenntnis der wirklichen Welt, aber auch der Dichtung, und eine ganz große Kenntnis vom Menschen. Mit all dem Wissen und den Vorstellungen, über die er in bezug aufs Theatermachen verfügt, hat er sich eine große Freiheit errungen, das ihm Gemäße auszuwählen und sich auf das gewählte Thema zu konzentrieren. Für das Theater ist es ein Glücksfall, daß eine Person soviel Kenntnis und Durchsicht durch die Realität hat und gleichzeitig Empfinden und Können, in den Kern von Stücken zu stoßen. Dieses unbeirrbare Zustoßen auf den Kern geschieht mit einer Überzeugungskraft, die sich selten intellektuell mitteilt; sie ist geheimnisvoll und bleibt schweigsam, bis sie einfach und klar ihre Entdeckungen frei gibt; sie drückt sich auch in der Wahl der Mitarbeiter aus, die er sich sucht.

Ich irre mich wohl nicht, wenn ich sage, daß Grüber die Idee, den Faust am Schluß auf Wanderschaft zu schicken, ihn insgesamt als Wanderer zu begreifen, erst gegen Ende der Probenzeit gefunden hat: ein unglaubliches Symbol, daß der alte Mann da weiterschreitet. In welches Leben? Oder in den »Faust II. Teil«? Diese Spannung, diese Rätselhaftigkeit ist in allen Inszenierungen Grübers. Ich werde den Faust nie mehr anders denn als Wanderer sehen, wie ich auch nach dem Besuch seiner Tschechow-Inszenierung »An der großen Straße« die Menschen an dieser Landstraße so weiterleben sehe, wie er sie mir gezeigt hat. Sie sind mir gegenwärtig als wären sie lebend – wenn ich mich gelegentlich an sie erinnere.

Grüber hat jüngst in Paris die »Bérénice« von Racine inszeniert. Nach den ersten Akten drohte die Aufführung zu kippen, weil sie dem Publikum als grenzenlos fremd, unfranzösisch, erschien. Aber als dieses um seine Konvention gebrachte Publikum spürte, wie die Menschen, wie diese einander verfehlenden Liebenden zu ihrer Wahrheit gebracht wurden, entstand eine zunehmende Ergriffenheit und schließlich war es im Bann. Grüber gelang es, mit einer großen Zartheit und mit einläßlichem Gefühl für den poetischen Wert Racines die Situation der Figuren aufzuspüren und sie auch auf die Schauspieler der Comédie, die solchen Vorgang nicht gewohnt sind, zu übertragen. Ich habe noch nie auf der Bühne so schön das sinnliche Verlangen zueinander inszeniert gesehen und das erschreckende Alleingelassensein der Figuren am Schluß: verlassen von Gott, von Menschen, von Institutionen, haltlos, verstört. Verlassen standen sie da, die befreundeten Männer, die dieselbe Frau lieben, von denen der, den sie liebt, sie, die Orientalin, aus politischen Gründen nicht heiraten kann. Es bleibt ihnen in ihrer absoluten Getrenntheit nur das »Ach« und die Frage stellt sich: Wie werden sie damit fertig? Gelähmtes Leben, gibt es das? Diese Frage so zu stellen, macht die Größe Racines. Grüber hat ihr entsprochen. Für mich als Deutschen hat Grüber es sehr französisch, die Franzosen sagten, er habe es sehr

Als Faust in »Faust« von Johann Wolfgang Goethe
Freie Volksbühne Berlin 1982, Regie Klaus Michael Grüber

deutsch gemacht. Bei der Betrachtung Grüberscher Inszenierungen aus dem Parkett habe ich immer den besonderen Eindruck: Da war etwas, mit dem kann ich weiterleben.

So muß es auch vielen Zuschauern unserer Inszenierung des »Faust« gegangen sein, der in der Freien Volksbühne in Berlin soviel Protest, aber auch soviel Zustimmung ausgelöst hat. Für den Faust sind wir, fast unabhängig voneinander, aufeinander zugegangen. Ich meinerseits erzählte einmal Ellen Hammer, fast beiläufig, ich würde gerne noch einmal den Faust spielen und ihre Antwort war: »Vielleicht kann ich helfen.« Sie hat wohl schon von Grübers gleichzeitiger Idee gewußt, denn Grüber sagte mir später, er habe sowieso an mich gedacht. Unser Gespräch stand unter seiner Frage: »Wie wollen wir es denn nun machen?« Ich sagte ihm, ich wolle von dem Faust viel weniger und zugleich mehr als üblich, mir sei im Faust zuviel Kabarett. Wir könnten dem Schwätzer Mephisto seine mehr als dankbare Rolle nehmen, die jeden Faust wegdränge. Ich dachte schon immer daran, wie Gründgens als Mephisto erst Krauß und später Quadflieg als Faust frustriert hat. »Faust« ist keine Solopartie für Mephisto. Die meisten Faust-Inszenierungen laufen in eine falsche Richtung, etwa in dieses titanische »Zwei Seelen wohnen ach in meiner Brust …«. Und immer wieder hat Goethe in dieses Schauspiel etwas Neues hineingepackt; sein »Faust« ist ein Kompendium, mit dem man – meine ich – experimentieren darf.

Ich sehe in Goethes Text das große Fragment eines Lebenslaufs und seiner Bemühung. Goethes Faust ist eigentlich keine konkrete Figur, eher ein unbestimmbares Wesen, das sich durchforscht. Er sucht eine Identität, hat Sehnsucht. Wir haben zuerst gefragt: Was ist an der Existenz Faustens wirklich der Kern? »Faust« ist ja ein reiches, bilderträchtiges Stück. Auerbachs Keller, Marthe Schwerdtlein, Gretchens mittelalterliche Umwelt, Hexenküche, Walpurgisnacht, die Verjüngung Faustens: alles wunderbare Erfindungen, jede für sich beeindruckend. Aber all das bringt Faust ja nicht viel weiter, ist Theater um ihn herum. Darum unsere Frage: Was ist denn seine eigentliche Existenz? Wir wollen da mal nachprüfen.

So sahen wir im Faust einen geistig beschäftigten Menschen, der tief verzweifelt ist an sich und dem, was er tut. Der Schlüssel zu ihm war für mich der Satz: »Es möcht kein Hund so länger leben.« Das spürt er eindeutig. Er unternimmt Rettungsversuche. Nach seiner geistigen Beschäftigung, vergeblich mit der Magie, will er ein »Mensch« werden und Natur und Gefühle haben.

Ich habe dann entsprechend diesen Überlegungen im Text zu streichen begonnen und Grüber auch. Später haben wir verglichen: Unsere Striche waren fast die gleichen. Mephisto wurde für uns etwas Neues: eine aus tiefem Wissen trauernde Figur, die ihren angestrengten Bühnenwitz aufgeben mußte, um als der gehorsame Erfüller des Auftrags zu erscheinen. Er hat nur Mitleid mit diesem Faust. Der Beginn war einfach: Faust geht zu Anfang unruhig auf der Bühne hin und her, findet den erlösenden Gedanken nicht, der tiefe Raum ist dunkel, da knallt von vorn ein Spotlicht, zitiert und stellt ihn, der sich in sich zurückziehen wollte; das Licht zwingt ihn: jetzt gestehe ich dem Publikum mal meine Situation: Faust teilt mit. Einsam wie er ist. Mit verzweifeltem »Ach!«

Weil Grüber die ganze Theatralik um Faust herum weghaben wollte, verlangte er auch nach einem ganz einfachen, unbefangenen, hilflosen Gretchen. Er wollte keine Schauspielerin, die auch nur im geringsten auf szenische Wirkung hin gespielt hätte. Er suchte nach der reinen, jungen Existenz, die verführt und mißbraucht wird. Er fand dann ein junges Geschöpf, eine Dilettantin, der er im letzten Moment auch noch viel von der Kerkerszene wegnahm, um ja der Goetheschen Theatralik zu entgehen. Diese Radikalität, zu sehen, was von Faust im »Faust« bleibt, wenn seine Situation konkret geprüft ist, das war das Ungewöhnliche dieser Inszenierung.

Im Grunde behandelt Grüber alle Figuren so. Er hat es auch mit Hamlet nicht anders gemacht, wenngleich da die dramatische Drapierung voll und genußvoll erhalten war. Er stellt immer eine Bilanz her. Mit diesem Auftrag steigt er in die Arbeit ein. Seine Aufrichtigkeit dem Autor gegenüber ist, das Sein der Figuren zu erspüren und sichtbar zu machen. Er kommt dann zu seinen absoluten Formen, die sich auf der Bühne ganz unterschiedlich ausnehmen.

Grüber war und ist der Meinung, daß Goethes Art zu schreiben mit der Zeit immer unverständlicher und fremder werde. Ich kann ihm da nur zustimmen. Meine Generation kannte den Faust noch auswendig. Er war ein Volkserlebnis. »Faust im Tornister«, wie viele schleppten ihn mit in den Krieg, den ersten. Heute ist er lange nicht mehr so bekannt und gegenwärtig. Die Jungen erleben ihn ohne Vorbildung und unvoreingenommen, waren also auch unserer radikalen Verkürzung gegenüber aufgeschlossen, die sich auf den großen Monolog beschränkte (eine gute Stunde dauerte er), dann die Begegnung mit Mephisto, dann den Osterspaziergang, der als Assoziation an Tischbeins Bild »Goethe in der Campagna«, auf den Bühnenboden hingelagert, gesprochen war. Dann wurden ein paar Szenen aus der Gretchen-Handlung angefügt. Die jungen Leute maßen unsere schöne, magische Aufführung nicht an früheren Faust-Aufführungen, sondern spürten wohl unmittelbar ihren Eigenwert. In Berlin wie bei den Gastspielen in anderen Städten haben wir die unterschiedlichsten Reaktionen auf diese Faust-Aufführung erfahren. Auch solche der Heiterkeit, die durch das hohe Moment der Selbstbespiegelung in unserer Interpretation ausgelöst wurden. Ich habe im Spielen immer wieder die Grenzen dieses Faust von vielen Seiten her auszuschreiten versucht: Faustens Grenzen zu zeigen, das war die Aufgabe.

Diese Arbeit mit Grüber hatte mich in einen mir selbst unbekannten euphorischen Zustand gebracht. Unvergeßliche Probenzeit. Während ich dann »Faust« spielte, war ich oft früh im Theater, habe mich seitlich an die Bühne gesetzt, den Blick zu diesem schönen roten Vorhang gewandt, den Peter Fitz, dieser wunderbare, bis heute bedankte stille Mephisto, zur Seite zu schlagen hatte. Gegenüber war die dunkle leere Bühne, die Glaskugel vor mir – das war eine schöne Möglichkeit zur Konzentration.

Grüber, sagte ich, liebt den Kontrast. Diesem auf den Kern reduzierten Faust setzte er an der Schaubühne seinen vollen, opulenten »Hamlet« entgegen, in dem fast nichts von persönlicher Interpretation zu finden war. Da wollte er Shakespeare dienen und spüren lassen, wie sich die Figuren in diesem Stoff entwickeln. Er sah alle Menschen im »Hamlet« letzten Endes nur an eines gebunden: an ihre Absichten, an ihre Interessen, wie energisch oder verstört sie auch sein mögen. Grüber inszenierte die große politische Historie und zitierte in ihr auch den Umgang des Theaters mit diesem Stück. Die Inszenierung sollte dazuhin großes Theater für den Zuschauer sein. Den Personen des Hamlet-Dramas, die aus ihren subjektiven Interessen heraus handeln, stellte er die Truppe der Schauspieler gegenüber. Sie waren ihm die Reinen, die Objektiven. Die Freien. Ich glaube: das wollte Grüber mit diesem »Hamlet« auch zeigen: daß der Künstler der einzig Freie ist und daß alle anderen unfrei sind als Handelnde. Ich durfte der Erste Schauspieler sein, der Prinzipal der anreisenden Truppe; er gab mir dafür ein weißes, wunderbar gefälteltes Kostüm aus dünnem Stoff. Er wollte mich nicht tragödienhaft umdüstert, sondern als Lichtgestalt.

Theater ist für Grüber die Form seiner Mitteilung, seiner Erlebnisfähigkeit wie seiner Sicht auf das Leben. Er komponiert nicht und

schreibt wohl auch nicht. Das Theater ist ein unmittelbar ihm gemä-
ßes Instrument. Er gibt seine Lebenskraft hinein und ist nach jeder
Premiere erschöpft, oft tagelang, wochenlang, dann führt er ein Leben für sich. Er ist ein verwegener, abenteuerlicher Mensch, der das
geistige Abenteuer braucht wie die Bewußtheiten der Seele. Er kann
zärtlich sein und brutal, er ist wach und hellhörig und hat doch um
sich seine Dunkelheiten. Er scheint mir der universellste von allen
und hat von seinen philosophischen Neigungen her eine ungewöhnliche Fähigkeit zur Betrachtung. Er hüllt alles unter einen weiten
Mantel. Er hat – mehr als der ironische Jeßner, mehr als der verwo-
bene Fehling – in sich Erde, Hölle und Himmel. Daß er die Kompliziertheit unserer Zeit durch das Theater in Einfachheit überführen
kann, das halte ich für seine größte Leistung, wenn ich das bisherige
betrachte. Daß er mir die Texte der Dichter nahebringt, ist mir ein
doppelter Gewinn.

Umgang mit den Dichtern

Der geistige Kontakt zu den großen Dichtern ist eines meiner Le-
benselemente. Thomas Bernhard spricht vom »großen geistigen
Verkehr«. Er verkehrt mit Voltaire, Pascal, Montaigne, ich – nach
meinem Vermögen – mit Kleist, Büchner und Shakespeare. Ich habe
mich mit ihnen vertraut zu machen versucht. Mir sind ihre Lebens-
wege bekannt, aber was ich suche ist nicht Wissen über sie, Lebens-
kenntnis, ich suche ihre Natur. Meine Beziehung zu ihnen wird von
meinem Körper verwaltet. Ein solches körperliches Verhältnis zur
Dichtung habe ich bei vielen meiner bekannten Kollegen festgestellt. Bruno Ganz hat sich auf seine durchdringende Art ein ganz
merkwürdiges Verhältnis zum Text geschaffen (Hölderlin); Ulrich
Wildgruber auf seine höchst sensible Art auch; ich kannte es auch
von Werner Krauß. Sie oder wir alle haben ein Körpergefühl zur
dichterischen Sprache; es ist sogar ein Kriterium dafür, ob ein
Schauspieler eine Rolle angenommen hat. Text und Darstellung,
Sprache und Bewegung bedingen einander. Freilich finden sie oft
erst in der achten oder zehnten Vorstellung zusammen. Dann leben
wir lockerer aus und in dem Text.
    Als junger Schauspieler bin ich oft unvermittelt in die Texte hin-
eingesprungen. Ich kam fünf Minuten vor Beginn der Vorstellung
und konnte dann mühelos anfangen. In den letzten Jahren ist die

Vorbereitung, die Konzentration auf den Text mir notwendiger und immer wichtiger geworden. Ich gehe heute die Texte sorgfältig durch. Ich habe gemerkt: das Gedächtnis ist ein seltsames Tier. Es bockt während der Aufführung, wenn ich in der Vorbereitung eine Zeile übersehen, übersprungen habe. Es will bedient werden und stellt Worte wieder zur Verfügung. Worte, die aus einem Körper kommen. Wenn der lebt, sind die Worte wahrhaft. Und das Wort hat Körper. Natürlich gehört Raum dazu. Der Film hat den Raum vortäuschend in der Fläche und seine eigenen Wahrheiten. Synchronisation aus Gründen des Kommerzes ist künstlerischer Irrsinn. Zu jedem Körper gehört nur eine Stimme, gott- und kunstgewollte Einheit. Gebe ich einem Körper eine fremde Stimme (oder umgekehrt), ist die Einheit (der Natur, der Kunst) zerstört.

Nicht alle Dichter sind mir immer nah gewesen. In meiner Jugend war mein Umgang Kleist. Ich habe ihn immer gegen Goethe ausgespielt, für den ich lange keinen Sinn hatte. Einmal stand ich selbst als Kleist auf der Bühne: im »Prinz von Preußen« von Hans Schwarz, den Gründgens im Staatstheater spielen ließ. Ich konnte aus dem Text die Rolle nicht entwickeln, so mußte ich ihn fassen aus den Zerrissenheiten, der Verzweiflung, dem Wissen- und Erkennenwollen, aus Geist, Nerven und Blut dessen, der eine »Penthesilea« schrieb. Ich fühle mich dieser komplexen und komplizierten Natur, ihren inneren Spannungen, aber auch ihren Spannweiten nahe. Kleist ist mir vertraut in seinem Verhältnis zur Politik, in den Selbstzweifeln, den Gefühlen des Scheiterns. Ich bewundere seine Verfügungsgewalt über sich, durch die er alles Persönliche dichterisch in Sprache und Sprachbilder verwandelt hat. Ohne die Figuren Kleists könnte ich die Becketts nicht verstehen. Ich kann im »Amphitryon« an die Allmacht, Göttlichkeit eines Jupiter glauben. Ich brauche keine Umwege, seinen Einstieg in Alkmenes Ehebett zu vollziehen, um einen menschlichen Lebensprozeß zu erfahren und das Sich-Versagenmüssen zu ertragen. Ich habe, unter Schweikart, den Jupiter gespielt, bei den Heidelberger Festspielen mit Knuth, und später unter Haenels Regie in Hamburg mit Werner Hinz und Ehmi Bessel. Es waren große Erlebnisse. Und später in Berlin den Gerichtsrat Walter, wie Jupiter ein Darüberstehender, sozusagen ein Pendant, der ein hochgebildeter Jurist ist, durchaus genießerischer Art; da gelang mir in Hans Lietzaus Regie eine Figur von einer lockeren Souveränität. Kleist schuf in ihm eine ideale Version des Begriffs Obrigkeit und gab ihm den ironisch gebrochenen Hintergrund eines göttlichen Walters. Ich habe schon erzählt, daß ich den Dorfrichter Adam nicht zu spielen wagte, was mich reut bis heute. So wunderbar kindhaft wie Jannings im Film hätte ich ihn natürlich nicht spielen können. Ich hätte ihn wohl mehr vom Dämon des Sexus her gepackt. Friedrich Kayßler hat im Film den Gerichtsrat Walter strenger gespielt als ich, war gemessener und distanzierter, war im Humor beeindruckend schön. An diesen Darstellungen sehe ich heute wieder, welch großen Spielraum die Kleistschen Rollen lassen. Kleist als Dramatiker ist elementar.

Hat mir diese kreatürliche Neigung zu Kleist und die gelegentliche schauspielerische zu Schiller das Verhältnis zu Goethe so schwer gemacht, so lange verstellt? Es hat lange gedauert, bis ich in ihm etwas mir Verwandtes entdecken konnte. Ich mußte erst selbst vom unmittelbaren Sturm der Empfindungen zu einem Wissen von Empfindungen kommen, um zu entdecken, daß Goethes Dichtung bestimmt ist von Versuchen, sich über Nöte und Erfahrungen zu retten. Diesem direkten Poetisieren bei Goethe, das schon in »Willkommen und Abschied« spürbar ist, war ich früher nicht gewachsen. Das war mir alles zuviel schöne Poesie. Im »Tasso« sah ich Selbstbezogenheit und schmutzige Wäsche, peinliche Situationen, billige Kontraste. »Iphigenie« schien mir schrecklich idealistisch. Als ich mit Grüber dann den »Faust« machte, gingen mir endlich die Augen auf. Ich hatte die »Wahlverwandtschaften« gelesen und war erschüttert. Es ist für mich eines der grausamsten Bücher. Geschrieben mit diesem ungeheuren Sensorium für menschliche Beziehungen, in einer unerhört kühnen Form. Es kommen wichtige Ereignisse plötzlich, es sind zwei Seiten extrem erregend, und es kommen dann viele Seiten schönster Schilderungen, Nichtigkeiten und dann Fixierung, Betrachtung; unerhört. Das hat mich zu Goethe hingeführt.

Als ein Anti-Goetheaner habe ich den Thoas gespielt, nicht sehr gern den Brackenburg, auch ungern Mephisto und auch früher den Faust; diesen – in Recklinghausen – titanisch, verzweifelt, sehr herausfordernd und ein hingerissener Liebhaber Gretchens. Ich habe heute den Eindruck: Ich kam in all dem doch mit Goethe nicht weiter. Er war mir in seiner Großartigkeit nicht verständlich. Dann kam, als wäre sie von selber gewachsen, rätselhaft entstanden, diese Faust-Begegnung mit Grüber. Wir sind beide in bezug auf die Zukunft nicht mehr sehr optimistisch. Unser Faust ist auch keine zukunftsfrohe Figur geworden, sondern eine, die wandert, sucht und immer nur Vorläufiges findet. Wir sprachen miteinander über unsere Annäherung an Goethe innerhalb dieses Angebotes von Kunst und Welt heute. Und Grüber sagte: »Vielleicht ist das unsere letzte Chance.« Später sagte er: »Bernhard, du bist vielleicht der letzte Schauspieler, der im ›Faust‹ von der Natur solche Worte sagen kann und darf: ›in ihre tiefe Brust wie in den Busen eines Freundes zu schauen‹.« Wir fragten in unserem »Faust« nicht mehr – wie ein Zuschauer später mit hohem Spürsinn schrieb – nach Gott, Freiheit und Unsterblichkeit im Sinne Kants, sondern allein danach: Was ist der Mensch? Im Sinne Schopenhauers. Darum wirkte auch wohl das Schlußbild, wenn Faust den Wanderstab nimmt, den schmalen Rucksack aufsetzt und in den Hintergrund der Bühne geht, so tief. Es war wie ein Weiterfragen und ein Gleichnis. Keine Lösung. Aber ich habe festgestellt, wir haben etwas bewegt. Bei vielen einzelnen war es Ergriffenheit. Fürs Theater war es ebenso bestimmend, bewegend.

Meine Liebe zu den Dichtern ist freilich nicht spekulativ auf die Rollen bezogen, die sie mir anbieten. Sie ist fast wie die Liebe eines Mädchens zu ihrem Liebhaber bei der ersten Begegnung: voller Erwartung, Sehnsucht und von einer scheuen Vorsicht. Ich bin nicht darauf aus, mir die Dichter und ihr Werk ganz und gar aufzuschließen. Ich möchte, daß sie mir immer auch rätselhaft und geheimnisvoll bleiben, wie ich überhaupt meine, daß im Leben wie im Spiel auf der Bühne ein Geheimnis bleiben soll, ein nicht aufzuklärender Rest auch von Unsicherheit. Vielleicht hängt solches Verlangen mit meiner Einstellung zum Leben oder auch zu mir selbst zusammen. Ich will daran nicht rühren. Den Dichtern fühle ich mich nahe, weil sie mich immer erstaunen machen, woher sie ihre Erfindungen nehmen, daß sie etwas sehen, was uns verborgen ist, daß sie es formulieren und uns mit dem Formulierten beschäftigen, so, daß wir ihrem Gesehenen Gestalt geben können. Ich habe vor ihnen einen hohen Respekt. Ich bedaure nicht, daß sie meist ihrer Zeit verhaftet sind, daß nur wenige diesen Horizont überschreiten können. Auch der Schauspieler ist gebunden in seine Zeit und kann sie nur durch Genie und Glück überschreiten.

Was hat sich dem Schauspieler von heute erhalten aus der großen dramatischen Produktion seit Goethes Tod? Wir sehen auf einen Berg abgestorbener Stücke von Heinrich Laube über Wildenbruch bis zu L'Arronge, einen Leichenhaufen des Theaters, der einen wehmütig machen kann; denn wieviel dichterische Bemühung, wieviel Auftritte Abend für Abend sind darin verborgen? Verschollen auf dem Theater, fast vergessen in der Literaturgeschichte und nur für den Historiker und den Schauspieler interessant, der versucht, sich das Spiel der großen Mimen von damals vorzustellen, die mit diesen Stücken ihre Erfolge hatten: Matkowsky, Possart, Kraußneck, die Sandrock, Hermine Körner ... die Heroen von einst.

Meine Moderne

Die Zeit ist auf dem Theater ein seltsames Ding. Wir spielen mit ihr, sie spielt mit uns. Es ist nun schon hundert Jahre her, daß mit Ibsen, mit Hauptmann und Wedekind eine neue Generation von Dichtern kam, die unseren Begriff vom modernen Theater geschaffen hat. Sie nährt uns noch immer; als hätten Ibsen und Strindberg erst gestern begonnen zu fragen, wie dieses Leben wahrhaftig zu leben sei. Dieser Moderne stand ich von Anfang an nahe. Von Gerhart Hauptmann möchte ich heute noch den Fuhrmann Henschel spielen und denke mir oft, wie wird man ihn in vierzig, fünfzig Jahren darstellen, wenn niemand von den Schauspielern mehr weiß, was ein schlesischer Fuhrmann war, wie er wohnte, sich trug, wie er ging, fühlte und was sein Horizont war. In diesen von der Wirklichkeit abgelesenen Stücken kommt es ja auf die Genauigkeit an. – Wedekind hat mir imponiert, aber ich habe nur wenig Gelegenheit zu WedekindRollen gehabt. Im Dritten Reich war er verpönt, nach 1945 kam er erst langsam und dann auch nur mit wenigen Stücken in den Spielplan zurück: den vielen Versuchen mit den beiden Lulu-Stücken folgte, im Zug der 68er Rebellion, »Frühlings Erwachen«, das mit seinen Eltern-Kinder-Konflikten, den Schul- und Sexualnöten der Jungen und Mädchen, dem Sich-Alleingelassenfühlen, aber auch mit dem Drängen nach Wahrheit einige Themen dieser Revolte wie in einem alten Bild als längst vorhandene und noch immer ungelöste Probleme vor uns hinstellte. Ich frage mich: Ist das das ganze Wedekindsche Erbe für unser Theater? Ihm verdanken wir die Grundlage für den deutschen Bühnen-Expressionismus, aus dem Jeßner seine expressiven, grotesken, rhythmischen Inszenierungen entwickelte. Ich könnte dieselbe Frage zum Werk von Bernard Shaw stellen, der – neben Wedekind – die Grundlagen zur Moderne, zu Distanz, Ironie, Überlegenheit, Kritik und Einsicht, zu den Verweigerungen traditionsgesicherter Identifikationen auf der Bühne gelegt hat. Eine neue Beschäftigung mit Shaws Werk schiene mir verheißungsvoll.

Sternheim gehört zu diesen Neuerern mit dem scharfen Blick. Aber ich habe ihn erst spät richtig verstanden und werte ihn heute sehr hoch. Auch er gehörte zu den Verworfenen und mußte nach 1945 erst wiedererkannt werden: als ein Vermächtnis vom Jahrhundertbeginn. Seine Tetralogie um den Aufstieg der Familie Maske: Das ist ein deutscher Wurf, wie er keinem Dramatiker seither mehr gelungen ist. – Über meinen Enthusiasmus für die jungen expressionistischen Dichter habe ich schon gesprochen: für Goering, Kaiser und Toller, auch für den frühen Hanns Johst; seine Stücke »Der junge Mensch«, »Der Einsame« und »Der König« waren ein Sturm der Emotionen. Es sind das bis heute nicht verschüttete Ursprünge für mich. Ich brauche immer Stücke von heute, Leben von heute.

Ich habe drei große Lieben. Meine erste ist Harold Pinter. Er hat die Frage so deutlich gestellt, die mich immer beschäftigt hat: Was ist in unserem Zeitabschnitt noch Zivilisation, was und wie ist der Umgang der Menschen miteinander? Er stellt die Fragen in der gehobenen Gesellschaftsschicht, im intellektuellen Ambiente wie im Hausmeistermilieu der kleinen Leute. Er macht Mitteilungen über ihre Existenz auf sehr anspruchsvolle Art. Seine Figuren teilen sich selbst mit in ihrem Wesen; sie haben eine sehr direkte englische Art, eine Mentalität, die mich immer angeregt hat. Sie tragen ihre Umwelt mit sich, ohne daß sie durch diese ganz definiert werden. Sie haben etwas Unbehaustes, Stadtstreicherhaftes, Ungewisses. Sie haben Wünsche, Erfahrungen, Geschichte in sich, auch etwas schwer Berechenbares und Begreifbares: sie sind Menschen auf den ersten Blick und entziehen sich oft in einem sehr poetischen Sinne nur zu Erscheinungen. Am Ende fragt man: Was sind sie eigentlich? Pinter selbst ist als Autor präzis und ist doch nirgends zu treffen. Er stellt sich vor uns hin und entzieht sich jeder sozialen Definierbarkeit. Der Schriftsteller Spooner in »Niemandsland«, den ich mit größtem Vergnügen gespielt habe, ist in seiner Überlegenheit über seine private Situation, über seine Mitmenschen, die er ankratzt, von einer so elitären Raffinesse und Selbstgenüßlichkeit, daß er nur schwer zu treffen und zu packen ist. Der Intellekt verbindet sich hier mit dem Stromertum, das sich sozial kaum fixieren läßt, obwohl es so scheint.

Dieses Grundgefühl, diese Kaum-Greifbarkeit der Menschen in einer doch menschlichen Situation, ist es, was mir heutige Schriftsteller nahebringt, was ich als so bedeutsam empfinde. Auch Thomas Bernhard gehört – wenn auch auf eine ganz andere Weise – in

Als Spooner in »Niemandsland« von Harold Pinter,
mit Martin Held (Hirst)
Schloßpark-Theater Berlin 1975, Regie Hans Lietzau

diese Erfahrung. Bei Pinter sind die Personen mehr auf die zivilisatorischen Momente bezogen. Pinter läßt das Geheimnis seiner Figuren, ihrer Existenz und ihrer Gefangenheit offen. Man kann seine Personen nicht fixieren und zu einer besonderen Verantwortung bringen. Bernhards Figuren sind konkreter und direkter. In Bernhards »Weltverbesserer« kann man zum Beispiel begründen, warum die Hauptfigur im Moment sagt, was sie sagt, aus welchen Bezügen und Elementen ihrer Natur und ihrer Geschichte sich das herleitet. Bei Pinter bleibt im Grunde alles undurchsichtig. Die Beziehungslosigkeit seiner Figuren empfinde ich auch als eine Art Freiheit. Ihr fühle ich mich nahe. Manche Kritiker können das nicht nachvollziehen und setzen Pinter als Dichter herab. Man muß aber das Dichterische in ihm sehen. Sein »Niemandsland« ist eben nicht Niemandsland. Wenn Spooner geht oder auch seine Gegenfigur, der Schriftsteller Hirst, den Martin Held so herrlich in Berlin gespielt hat, spürt man ihre Tragik. Spooner ist durch Alkohol vernichtet, und er weiß es auch. Sein Schicksal ist grausam. Wie lange existiert er noch? Ein halbes Jahr oder acht Jahre: man weiß es nicht. Ebenso Hirst. Man fragt sich: wann liegt er endgültig in der Gosse? In diesen Schicksalen steckt eine besondere Grausamkeit, äußerlich und innerlich. Denn es gehört zu dieser Grausamkeit, daß da einer nicht überzeugt ist, nützlich zu sein. Das frißt am Lebensgenuß, und Spooner und sein Partner müssen sich dann immer mit einem Wuppdich in ihre besondere Form von Genießerei werfen, in dieses Wandern durch die Kneipen, in den Suff oder das Sich-in-den-Wald-Legen und Sich-nicht-greifen-Lassen. Stromer.

Bei Pinter bleiben die Vorgänge die Vorgänge. Man kann sie nur darstellen, man kann sie nicht erklären. Er hat seine eigene Rücksichtslosigkeit. Bernhards Rücksichtslosigkeit bezieht sich auf die Existenz seiner Figuren und ihr Verhältnis zur Umwelt. Becketts Rücksichtslosigkeit besteht darin, die letzten Momente des Lebens noch festzuhalten oder zu sagen: Es ist gerade noch etwas und nun nichts mehr. Auch Beckett ist unheimlich genau im Festhalten, er ist unerbittlich im Verkleinern, Reduzieren und im Immer-noch-weiter-Nachspüren. Becketts Urbezug ist dieses Hinwandern auf die letzte Minute, in der letzten Minute. Pinters Urbezug ist die philosophische Frage: Was sind wir, was war und ist mit uns? Er verschleiert die Bezüge zur Welt, die bei Bernhard ganz stark herausgestellt werden in ihrer tragikomischen Gestalt. Immer sind es doch philosophische Dimensionen, die von diesen Autoren berührt wer-

Als Weltverbesserer in »Der Weltverbesserer« von Thomas Bernhard
Schauspielhaus Bochum 1980, Regie Claus Peymann

den. Die Bernhards erschließt sich aus der Frage: Machen diese hartgewordenen Figuren die Welt oder hat diese sie so gemacht? Das Lebensdrama seiner Figuren verweist auf die schlimme Komödie, die das Leben ist. Bernhards Personen reiben sich an ihrer Situation, an der Welt. Die Pinters schwimmen in ihrer nicht faßbaren Wirklichkeit. Die Becketts halten sie aus, mit Eigensinn oder mit dem Stöhnen, das uns wie ein Schauder aus der Urzeit trifft.

Meine Begegnung mit Samuel Beckett wurde fast lebensentscheidend für mich. Seine Stücke packten mich an einem existentiellen Punkt. Becketts erstes Erscheinen mit »Warten auf Godot« im Schiller-Theater in Berlin, 1953, verwirrte vor allem die Zuschauer und ließ manchen Kritiker ratlos. Es wurde noch kein Schock für unser Bewußtsein. Der kam mit Becketts »Endspiel« vier Jahre später. Albert Bessler, Chefdramaturg der Berliner Städtischen Theater, der treibende Geist in Boleslaw Barlogs Imperium, setzte die deutsche Erstaufführung durch. Aber nach acht Aufführungen war die Serie zu Ende: Ein Mißerfolg? »Endspiel« war eine großartige Inszenierung von Hans Bauer. Sie hat heute historische Bedeutung. Mit »Endspiel« wurde Beckett zum Inbegriff einer noch nicht definierbaren Zweiten Moderne; dies aufgrund der Eindringlichkeit seiner Bildgebung, seiner verstörenden, ängstigenden Visionen und seiner Sprache. Das Stück traf in den wohlgemuten Optimismus des von mir nie ganz verstandenen »deutschen Wirtschaftswunders«, der mit der schnellen Verbesserung aller Lebensverhältnisse verbunden war. Becketts Endzeitvision berührte alle unterschwellig vorhandenen verdrängten Ängste. – Ich spielte im »Endspiel« den ersten deutschsprachigen »Hamm«; den blinden herrischen Mann im Rollstuhl. Ich war überrascht: Ich hatte gar keine Probleme mit dieser reduzierten, ganz auf sich konzentrierten Existenz, die sich unter den damals verfügbaren Rollen so fremd, eigenwillig und in ihrer absoluten Selbstbezogenheit, ihrer Einsamkeit, in ihrem Übrig-Gebliebensein in der neuen Sintflut fast abweisend ausnahm. Je zerrissener eine Figur, desto einfacher erscheint sie für mich. Mich fesselte diese Radikalität der Situation. Dieser Hamm war anspruchsvoll, hart und insistent – aber auch menschlich angesichts seiner toten Umwelt ringsum.

Beckett ist später noch viel weiter gegangen. Wenn er, wie in seinem kurzen Stück »Katastrophe«, ein Sinnbild der heutigen Welt herstellt, die Folterung eines Menschen als Symbol für alle Folterungen in der ganzen Welt setzt, die auch jetzt wieder – in dieser

Minute – vor sich gehen. Wie mühelos verdrängen wir diese Brutalitäten, die von den einen inszeniert und von den anderen erlitten
werden. Beckett hat das Himmelschreiende auf besondere Weise
verengt gestaltet. Er hat Folterung auf eine Probensituation des
Theaters übertragen. Eine Folterung soll dargestellt werden: Wie ist
der beste Effekt zu erzielen? Das gibt eine solche Spannung von
Elend und Effekt, daß die zwei Perspektiven einen fast auseinander-
reißen. Das sind Weiterführungen der viel eindeutigeren Situation
im »Endspiel«, die noch vergleichsweise harmlos ist, wiewohl das
Stück das Ende der Welt simuliert. Damals begriff ich die Grundsituation, die Klaus Michael Grüber viel später zur Grundlage seiner
Inszenierung »Das letzte Band« machte: Becketts Menschen sind
Menschen in der Katastrophe. Im »Endspiel« sehen wir das Ende
vor Augen, aber es wird gespielt. Auch bei »Warten auf Godot«
kann man in die Tiefe, die Verzweiflung, ja ins Nichts hineingehen,
aber es wird damit gespielt. Das problematisch Menschliche im
Spielen hervorzubringen ist für mich der wahre Surrealismus. Es ist
dies die Wirkung, die ich schon bei Ionesco gesucht und erwartet
hatte, aber ich fand sie dort nicht. Ionesco sieht die Deformationen
der Welt nur als Oberfläche, Beckett sieht ihrem Ende ins Auge und
lenkt den Blick – ungerührt – auf die Menschen.

Als 1959 »Das letzte Band« von Beckett in Berlin gespielt werden
sollte, brannte ich darauf, der Krapp zu sein. Es gelang mir nicht;
die Rolle wurde aus Gründen, die ich durchschaute, mit Walter
Franck, der schon in der Erstaufführung von »Warten auf Godot«
gespielt hatte, durchaus legitim besetzt. Aber Krapp wurde doch
noch meine Beckett-Rolle; nämlich drei Jahre später in Köln, als
Hans Karl Zeiser »Das letzte Band« in den Kammerspielen inszenierte. Keine Rolle in meiner ganzen Laufbahn hat mich so gefährdet, so an den Rand des Abgrunds gebracht wie diese. Ich sah mich
selbst an einem Abgrund wie dieser Krapp, war selbst kopflos,
glaubte an nichts mehr, empfand keine Zeit mehr, nur noch Raum,
das Ewig-Gleiche. Das war eine fast tragische Spannung. Ich hielt
mich an einen ähnlichen Rest von Energie, wie sie dieser Krapp aufbringt, wie sie Beckett all seinen Figuren mitgegeben hat. Daß dieser
Krapp seine alten Tonbänder einschaltet und sich seinen Erinnerungen stellt (im Moment pedantisch ausgewählt wie eine Liebesbeziehung), das bedeutete für mich etwas: nämlich eine Energieleistung
für diesen kümmerlichen Rest eines Menschseins, für dessen Not,
Schrei nach Erinnerung aus letzter Kraft. Das konnte ich damals

merkwürdigerweise aus eigenem Gefühl in die Rolle einbringen. Dadurch ist sie mir wohl so grausam gelungen. Es war nicht meine Absicht, grausam zu spielen. Es hat sich ergeben. Ich habe diese Darstellung dann einige Zeit auf Tourneen in vielen Städten gezeigt, und manche Zuschauer sind davor erschrocken, sicher wegen der Härte der Beckettschen Altersvision, aber doch auch wegen meines unnachsichtigen Spiels. Aber ich spielte, wie ich spielen mußte.

Was war meine Krise? Ihre Ursache – so sehe ich es heute – lag teils in der persönlichen Lebensmotivation, andererseits war es eine Krise im Verhältnis zum Theater, zum Ensembletheater. Ich fühlte mich im Ensemble nicht mehr gut aufgehoben, nicht entsprechend eingesetzt, ästimiert. In der Beckett-Rolle konnte ich bei mir selbst sein. Es war die Einsamkeit des Schauspielers im Kollektiv des Ensembles. Auch: Rückgewinn eines Selbstbewußtseins und Selbstversicherung. Wenn ich pauschal sprechen soll: Ich arbeitete meine Nachkriegskrise weg, die ihre verschiedenen Stationen und Motivationen hatte.

In der verwirrenden Situation des deutschen Theaters nach dem Krieg hat es viel Impulse zu neuen Anfängen gegeben. Die Wiederherstellung des deutschen Theaters als einer großen, sich selbst bestimmenden kulturellen Institution war eine Energieleistung ohnegleichen. Sie war geprägt von anfänglicher unbändiger Freude, wieder spielen und ein neues Theater gründen zu können. Meine Zeit in Kiel als Schauspieler ist dafür ein Ausdruck. Sie zeigt aber auch die Schwierigkeiten und Wirrungen. Meine Jahre in Hamburg unter Hellmer waren in dieser Spielperiode noch glücklich. In Frankfurt kam die Krise aus dem Musischen. Es begann ein Suchen: Wo finde ich mich wieder, in welchen Rollen, in welchem Zusammenhang? Ich spürte nun, wie sehr das aufgelöste Preußische Staatstheater in Berlin meine verlorene Heimat war. Aus all diesen Gründen mußte ich mich damals neu finden, neu definieren. Ich kann nicht sagen, daß Beckett mir half, die Krise zu bewältigen. Er drückte sie für mich aus.

Nach diesem Selbstgewinn mit meiner ersten Darbietung des alten Krapp gab es bald eine neue Verunsicherung, paradoxerweise mit Beckett. Ich sollte Anfang 1965 den Pozzo in jener zweiten Inszenierung von »Warten auf Godot« spielen, die Deryk Mendel, ein Freund Becketts, im Schiller-Theater unternahm. Es war bald nach meinem Marat in Peter Weiss' »Marat/de Sade«. Beckett kam für zehn Tage, um Mendel zu helfen. Ich hatte mit dem Pozzo meine

Schwierigkeiten. Horst Bollmann und Stefan Wigger spielten Estragon und Wladimir. Sie waren von Anfang an überzeugend, die Rollen lagen ihnen, auch Klaus Herm, der den Lucky spielte, fand sich schnell in seine Rolle und hat Beckett sehr gefallen, fast schien es, er wäre verliebt in ihn. Mich begriff Beckett nicht in meinen Schwierigkeiten. Er hatte wohl von meiner Darstellung des Krapp gehört, mich aber nie in der Rolle gesehen. Er konnte mir für meinen Pozzo nicht helfen. Ich wußte nicht, was er wollte, und er wurde mit mir nicht fertig. Er konnte mir seine Vorstellung von der Rolle nicht begreifbar machen. Ich weiß heute: Ich habe Pozzo viel zu realistisch gesehen, suchte immer den kontroversen Kontakt zu den beiden Vagabunden, der gar nicht nötig ist. Beckett und Mendel meinten, ich sei äußerlich zu schlau. Ich war ihnen nicht phantastisch genug, hatte zu große Hemmungen, die realistische Kontur der Figur aufzugeben. Ich muß die Rolle im Ergebnis wohl als mißlungen bezeichnen. Ich habe viele »Godot«-Inszenierungen gesehen: die Uraufführung von Roger Blin in Paris, die von Hans Bauer in Basel, die von Peter Palitzsch in Stuttgart, eine so schön wie die andere, dann die grandiose, die Beckett später noch einmal mit Bollmann und Wigger und mit Raddatz als Pozzo im Schiller-Theater gemacht hat. Alle Pozzos waren besser als ich. Taboris Versuch 1984 an den Münchner Kammerspielen, Godot, dreißig Jahre nach der Uraufführung, ganz aus der Probensituation des Schauspielers zu entwickeln, hat mich vom großartigen Spiel von Peter Lühr und Thomas Holtzmann her beglückt. Als Stück blieb mir die Aufführung merkwürdig gesichtslos, es war ein Schauspielervergnügen. Mit einem für mich lehrreichen Beispiel: Claus Eberth als Pozzo. Es gelang ihm mühelos, ein Geheimnis zu behalten: Er spielte den abgewirtschafteten Zirkusdirektor oder Operettensänger wie realistisch und lebte »mystifiziert« immer noch aus dem trotzigen Versuch, ein Schicksal haben zu wollen: Er stellte Fragen. Ich habe als Pozzo damals überhaupt keine Fragen gestellt, ich war äußerlich eine so böse Figur, so peitschend sadistisch und auf eine extreme Weise verschlossen – daß Beckett sie so nicht wahrhaben wollte, obwohl wir in jenen Tagen einen freundschaftlichen Umgang miteinander hatten. Er war oft bei uns; er freute sich, daß ich Bilder sammelte, eine kleine farbige Radierung von Dubuffet, eine Landschaft vielleicht, liebte er besonders, im Grunde blieb er reserviert, fremd und rätselhaft und verwirrte mich ganz durch eine Zwischenbemerkung, daß ihn nämlich Theater im Grunde gar nicht interessiere.

Ich nahm den Satz damals sehr ernst, grübelte, was er, der doch dem Theater einen ganz anderen Bezirk aufgetan hatte, damit meine und wie er das sagen könne? Ich verstehe es heute so, daß das Theater insgesamt ihn nicht interessiere, nur seine Arbeit mit ihm als einem Instrument. Kurz: mit Beckett blieb ich vorläufig stecken und war sehr enttäuscht. Die Enttäuschung verstärkte sich aus anderer Richtung, als 1967 für die zweite Inszenierung des »Endspiel« (in der Schiller-Theater-Werkstatt) der Hamm nicht mit mir, sondern mit Ernst Schröder besetzt wurde. Ich brannte darauf, den Hamm zum zweitenmal und nun, unter Becketts Regie, neu zu spielen. Wollte Beckett mich nicht? Schröder hat den Hamm auf seine Weise mit Bollmann gewiß exzellent vorgeführt. Doch mir drängte sich damals die Frage auf, ob Beckett – trotz seiner herrlichen Godot-Inszenierung – wirklich ein Regisseur sei. Ich fand Bauers Arbeit besser und richtiger.

Im Zusammenhang mit einer großen Liebe habe ich gelegentlich versucht, in Becketts Natur und Rätselhaftigkeit einzudringen: Elisabeth und ich fuhren nach Irland (»Wer den Dichter will verstehen, muß in Dichters Lande gehen«), an die Westküste, mehrere Jahre während der Ferien, lernten die Iren mit ihren unkomplizierten Menschlichkeiten kennen, ihren deutlichen, offenen, aber auch vertrackten Natürlichkeiten, die so faszinierend sind, daß ich seitdem voreingenommen bin: für die Iren, von denen Beckett einer ist: ein verschlossener, freundlicher.

Die Rolle des Mr. Rooney in Becketts »Alle, die da fallen« war hinzugekommen, dann gab es im selben Jahr auch die letzte Vorstellung von Zeisers nun schon sechs Jahre alter Inszenierung mit meinem Krapp. Es war eine »lange Spielzeit« mit den Figuren Becketts. 1972 kam Klaus Michael Grüber und gab einen neuen Impuls. Er war auf der Suche nach einem Darsteller des Krapp gewesen. Keiner hatte ihm gefallen. Nach seiner Schaubühnenpremiere von Horváths »Geschichten aus dem Wienerwald« kamen wir ins Gespräch. In Bremen ging die Ära Kurt Hübner zu Ende, in der so viele junge zukunftsstarke Talente gesammelt und kühne Vorstöße in künstlerisches Neuland gemacht worden waren. Die letzte Inszenierung sollte dort, wo Grüber sich als Regisseur ausgeprägt hatte, »Das letzte Band« von Beckett sein. Der Abbruch im Theaterraum, der umgebaut werden sollte, hatte schon begonnen: Wir spielten in diesem Raum, auf ramponierter Bühne. Es war ein Ambiente der Zerborstenheit. Grüber hat den Krapp aufgefaßt als einen Überlebenden, weniger noch: als ein Überbleibsel nach einer Weltvernichtung. Dieser Überlebende sollte mit einer gewissen Souveränität in die verschüttete, verlorene Vergangenheit einsteigen. Das war die Umkehr der Beckettschen Situation, die ja einen alternden Mann zeigt, der sich in einer intakten Welt selbst sucht. Hier war nun ein Krapp in einer zerstörten Welt, der die Erinnerung an sein früheres Leben vor der Zerstörung sucht. Der sich an Leben überhaupt erinnert. Es war eine kontroverse Lösung für ein und dieselbe Rolle. Ich ging aus von dem letzten Rest von Optimismus, den ich früher in Krapp erkannt hatte. Jetzt lebte er in seinen Optimismus hinein. Es war bis jetzt das letzte Mal, daß ich Beckett spielte. Eine bleibende Erinnerung, wohl auch für die Theatergeschichte, wenn ich auf die Nachwirkungen der Inszenierung sehe, die erst nach Hamburg, dann nach Berlin übernommen wurde. Mein Verhältnis zu Beckett: merkwürdig, zwiespältig, erst eine ganz große Liebe, nachher eine herbe Enttäuschung. Warum? Weil ich begreifen mußte, daß ihm Theater etwas ganz anderes war als mir, der ich mein ganzes Leben mit und in ihm entfalten muß?

Vielleicht habe ich viel von meiner Begegnung mit Beckett hinübergenommen in mein Verhältnis zu Thomas Bernhard. Thomas Bernhard habe ich mich in jenen Beckett-Jahren langsam und vehement zugleich genähert. Erst las ich seinen Roman »Frost«, dann sah ich seine ersten Stücke: »Ein Fest für Boris« und »Der Ignorant und der Wahnsinnige«. Ich fühlte mich sogleich von seiner Unerbittlichkeit, seiner Unnachgiebigkeit, von seinem harten Realismus gefesselt. Bernhard ist für mich ein konkreter, realistischer Autor. Als ich den General in der »Jagdgesellschaft« spielen sollte (im Schiller-Theater, 1974, unter Dieter Dorns Regie) griff ich begeistert zu. Es war einer dieser Fälle, in denen ich das Gefühl hatte, daß ich Rollen an mich riß. Ich fühlte mich endlich von einem jüngeren Autor, der einen Blick für die Wirklichkeit von Menschen und ihre Situationen hat, gefordert. Den General sah ich als einen konservativen Menschen, der unbewußt an seinem Konservatismus leidet und daran auch zugrunde geht. Er ist in seiner Manie, die seinen Alltag beherrscht, eine wirklich tragische Figur. Wie im antiken Drama rennt er blind in sein Schicksal. Er ist aber eine Figur aus dem Leben. Konkretheit ist wichtig für alle Bernhardschen Personen. Man muß sie verstehen als Leidende, die unter Umständen grotesk sind. Diese Konkretheit wird gesteigert durch Bernhards großartige poetische Kraft, seine hohe Musikalität, sein elementares Gefühl für Rhythmus.

Als Krapp in »Das letzte Band« von Samuel Beckett
Theater am Goetheplatz Bremen 1973, Regie Klaus Michael Grüber

Schließlich durch die Kunst der Differenzierung innerhalb der Wortkonvolute, auf die man trifft. Ebenso durch die vielen Brechungen; ebenso die Ironien.

Die Arbeit an einer Rolle in einem Bernhardschen Stück ist eine Forschungsarbeit. Mit diesem Autor muß man kämpfen. In dem Stück, das er mir später gewidmet hat und das als Titel meinen Namen trägt, heißt es einmal: »Der Schauspieler kommt an den Schriftsteller und der Schriftsteller vernichtet den Schauspieler, wie der Schauspieler den Schriftsteller vernichtet.« Das ist eine entscheidend gute Formel für diesen Kampf, den man nicht zu lieb sehen darf. Es geht um mehr als nur um die Verständigung über die Rolle. Und schon diese allein fordert große Hingabe, große Erfahrung (Wissen), große Disziplin und immer wieder die Fähigkeit zu Entscheidungen: Wie mache ich es deutlich, daß diese Figur in dieser Situation sich so verhält? Naiv oder kritisch, ironisch oder aggressiv, hart oder gefühlig? Diese Fragen kann man nicht auf intellektuelle Art lösen, man braucht dafür viel Instinkt. Bernhard verlangt eine große Sensibilität.

In der »Jagdgesellschaft« sagt der General: »Die Schriftsteller zwingen den Schauspieler in einen dramatischen Vorgang/und jedes Mittel ist ihnen recht/in einen dramatischen Vorgang gegen die Schauspieler/und das Ganze ist nichts als ein Widerspruch.« Natürlich zwingt Bernhard den Schauspieler sehr. Sein realistisches Format ist so groß wie seine gedankliche Kraft. Schon die geringsten Verschiebungen der Gefühle provozieren in der darzustellenden Person wie im Schauspieler Widersprüche, sie entstehen in den Gedanken und wenden sich gegen das Gefühl. Man muß immer beachten: Wann ist das Wort, das gerade zu sagen ist, Selbstbetrachtung, wann eine Gedankenlosigkeit, wann ist es Aggression, wann Ausdruck einer generellen oder nur aufwallenden Verzweiflung? Dieser Vorgang vollzieht sich oft innerhalb von wenigen Zeilen. Von zwei Sätzen geht der eine in eine ganz andere Richtung als der andere. Dieser dauernde Wechsel macht die Texte so erregend. Und das ist die Herausforderung an den Schauspieler. Natürlich kann sich jeder Schauspieler vor dem Zwang, von dem der General spricht, mühelos retten, indem er sagt: »Das ist die Ansicht des Generals, das hat eben der beobachtet.« Aber ob es nun auch Bernhards persönliche Ansicht ist oder nicht: das ist nur die zusätzliche Frage. Wenn man aber sagt, Bernhard zwingt einen in seinen Dienst wie kein anderer zeitgenössischer Autor, so muß man auch sagen, daß er dem Schauspieler soviel Spielraum läßt wie kein anderer. Bernhard hat einen ganz ursprünglichen Trieb zum Theater. Seine Großzügigkeit ihm gegenüber ist so stattlich wie erstaunlich. Das mag überraschen. Ich will Bernhard nicht der mangelnden Präzision bezichtigen, wenn ich sage, daß die Festlegungen für den Schauspieler bei Shakespeare eindeutiger sind. Die Handhabung eines Textes oder einer Situation ist bei Shakespeare für den erfahrenen Schauspieler sehr viel einfacher, direkter. Schiller wiederum ist gegenüber Shakespeare so schwach, weil in seinen Stücken die Möglichkeiten zum Erfinden beinahe verschlossen sind; bei ihm ist man gezwungen, das Gegebene entweder zu füllen oder zu interpretieren. Gerade weil er sich selbst kommentiert.

Bei Bernhard ist die Interpretation einer Rolle oder einer Figur eine ganz andere. Man muß diese Figuren in ihrer Komplexheit und Kompliziertheit erst einmal für sich erschaffen, damit man sie dann so preisgeben kann, wie Bernhard das will. Sie sind eben nicht monologisierende Monaden, wie man mißverständlich meinen könnte, sondern leben aus sehr unterschiedlichen Prägungen, Trieben, Lüsten und Sehnsüchten, Obsessionen, vitalen Erfahrungen, deren eigentliche Originalität man sogar noch im Zustand der Deformation oder der Manie oder der sensiblen Starrsinnigkeit erkennen kann. Sie haben ihre eigene Heiterkeit und Wachheit. Spritzig. Wie souverän wechselt Bernhard zwischen Tragödie und Komödie. Diese Freizügigkeit ist auch kalkuliert. Ginge sie zu weit, führte sie zu einer Art von Brillanz; sie würde die Wahrhaftigkeit der Figuren beschädigen.

Man hört immer wieder, Bernhards Figuren seien Kunstfiguren. Solche Definition könnte Bernhard wahrscheinlich sogar gefallen. Es ist ja Kunst, was er macht. Die Gefahr ist für den Schauspieler sehr groß, eine Kunstfigur zu entwerfen und an ihr sein wirkliches Können zu zeigen; das mag sogar leichter sein, als Bernhards Figuren bis ins Detail in ihrer Menschlichkeit zu folgen. Das erfordert unerhörte Konzentration. Ich möchte sein Theater nur leben. Ich versuche, in den Bernhardschen Rollen Leben zu zeigen, in jeder Sekunde empfindbares Leben. Das ist die Schwierigkeit, das ist die Aufgabe des Bernhard-Schauspielers.

Gleiches gilt für die Sprache. Bernhards Sprache ist von höchster Sensibilität; sie hat äußerste Präzision. Sie ist von absoluter Reinheit. Sie fordert Sinn, Verständnis, aber auch Einfühlung. Sie stellt die Aufgabe, sie in Sinnlichkeit, in Ausdruckskraft des Körpers umzusetzen. Das heißt, sie ist zu einer Funktion des Sich-Äußerns zu machen. Die Art des Sich-Äußerns in dieser Sprache kann man nicht intellektuell, sondern nur mit dem Körper leisten. Wobei Körper heißt: Vitalität, Kraft und zugleich Empfindung.

Sprache heißt für mich: Körper. Spüre ich ihn (total) während des Sprechens, dann empfinde ich das Körperliche als Sprache und das macht – wenn der Schauspieler die Rolle erfüllt – auch die Wahrhaftigkeit und den Realismus dieser Menschen aus. Literatur aus dem Buchdruck in Theater zu übersetzen, das also meint jenen Kampf, von dem ich vorhin sprach. Bernhards Texte zu lesen oder sie zu spielen: das sind grundsätzlich verschiedene Erlebnisse, obwohl die Texte formal eine einander ähnliche monologisch-monomanische Struktur haben. Das Publikum im Theater will Gegenwärtigkeit, Unmittelbarkeit im Raum. Je besser, je löblicher ich als Schauspieler den Autor Bernhard bediene (lebendig mache), um so mehr Freude und Erkenntnis hat das Publikum.

Ich weiß nicht, ob Bernhard das auch alles so sieht. Ich vermute es. Als ich fünfundsiebzig wurde, schrieb er mir ins Geburtstagsbuch: »Ich verachte Schauspieler, ja ich hasse sie, denn sie verbünden sich bei der geringsten Gefahr mit dem Publikum und verraten den Schriftsteller und machen sich hemmungslos mit dem Schwach- und Stumpfsinn gemein. Die Schauspieler sind die Zerstörer und die Vernichter der Phantasie, nicht ihre Lebendigmacher und sie sind die eigentlichen Totengräber der Dichtung! Minetti ist die Ausnahme, und ich verehre und liebe ihn und also, wenn er spielt, in ihm die Schauspielkunst.« – Ich will diese Huldigung hier von mir aus nicht erklären. Bernhard hat keine gute Meinung von Schauspielern im allgemeinen. Vielleicht ist er zu oft enttäuscht worden. Er spürt auch den Inszenierungen seiner Stücke nicht nach, kritisiert sie nicht. Es reicht ihm, sie einmal existierend gesehen zu haben. Dann stellt er die Stücke weg wie der Maler sein Bild. Vielleicht gibt es zwischen ihm und mir eine Art von »Geistesverwandtschaft«, wie Bernhard sagen würde – eine ähnliche Art, Menschen zu sehen, vielleicht eine geistige Liebesbeziehung.

Ich lernte Bernhard selbst erst kennen, als ich in Salzburg sein Stück »Die Macht der Gewohnheit« gespielt hatte. Ich besuchte ihn in Ohlsdorf in seinem Haus. Das war im Spätsommer 1974. Unser Kontakt ist nicht sehr eng. Wir sehen uns selten. Er ist als Mensch sehr ungewöhnlich, sehr in sich versammelt im Ernst und im Humor. Er hat eine unerhörte Vorstellungsgabe, verbunden mit Menschen- und Welterfahrung und ist zugleich vollkommen gegenwärtig. Dabei ist er unbefangen, man hat immer den Eindruck, er improvisiere, er ist anregend; hier ist einer, der weiß. Er erfühlt mich, er erkennt mich. Ich sehe seine Verletzlichkeiten, ich sehe seine Eigenheiten. Ich ergötze mich am Filouhaften. In unseren wenigen Gesprächen gab es auch viel Schweigsamkeit. Schweigen. Liebesbeziehungen sind schweigsam. Daß Bernhard mir ein Stück gewidmet hat, darauf bin ich natürlich stolz. Es bezeugt die »Geistesverwandtschaft«. In dem, was er da – erkennend, vermutend? – auf mich überträgt, kann ich nicht wühlen; wie soll man in einer Liebesbeziehung wühlen? Bernhards körperliche Erscheinung ist für mich faszinierend: der Kopf, die Art seines Lächelns, sein Ernst, sein Verhalten im Gespräch, beim Essen. Er genießt gerne; seine Behausung ist von einer aristokratischen – aber wenn er sich darin bewegt auch von einer ganz natürlichen – Würde, von hoher Klarheit. Mancher könnte sagen, er sei elitär. Er ist spontan, dem Moment ergeben. Das macht die persönliche Begegnung mit Bernhard immer überraschend. Eine beiläufige Anekdote: Nach der Generalprobe vor der Uraufführung seiner »Berühmten« in Wien, die eine fürchterliche Pleite wurde, saßen wir für eine halbe Stunde zusammen im Kaffeehaus. Ich mußte nach Berlin zurück, weil ich zu spielen hatte und schilderte ihm meinen Eindruck von der Probe, die ich gesehen hatte. Ich mußte aufbrechen, wir suchten ein Taxi, gingen etwa hundert Meter, ich sah eines, ich rief: »Wunderbar, da ist ein Taxi! Wunderbar.« Er sagte nur: »Entsetzlich!« Was mir eine Beruhigung war, empfand er für sich als Katastrophe.

Man kann sagen, das sei unser privates Theater miteinander. Er sieht nicht nur, was ich »für Theater mache«, ich sehe es umgekehrt an ihm, was er für Stücke macht. Daß er mir in seinem Schauspiel »Der Schein trügt« wieder auf eine zauberhafte Art huldigt, wenn der Schauspieler Robert dem Artisten Karl eine Fotografie von seiner Theaterrolle zeigt und freudig, stolz, sagt: »Mit Minetti, dem großen Schauspieler«, das darf der Zuschauer einen Augenblick zur Kenntnis nehmen.

Das bringt natürlich für den Schauspieler Probleme mit sich. Ich habe mich auch selbst gefragt, wie minettihaft »Minetti« sei; weil es ein ständiges Hin und Her zu geben scheint zwischen der Theaterfigur und dem tatsächlichen Minetti. Ich kann nur sagen, es ist viel, sehr viel von mir in diesem Stück. Bernhard hat das alles erspürt. Wir haben nie über mich diskutiert, haben über das Wesen der

Schauspielerei, von dem da gehandelt wird, nie ein Wort verloren. Was er von mir erkannt hat, wie ich wohl als Schauspieler bin, was und wie ich denke, wie ich mich an den Zuständen oder Schwierigkeiten mit mir und dem Theater reibe, das trifft unheimlich. Nur ist Minetti im Leben nicht so konsequent wie der auf dem Theater. Als ich das Stück, »mein Stück?«, spielen mußte, habe ich mich zu der Rolle verhalten, als ob es den Titel »Minetti« gar nicht gäbe. Ich habe mich nicht freudig oder fälschlich mit der Rolle identifizieren wollen, der Name galt nicht, nur eine Figur. »Wie ist dieser Schauspieler, dieser Lear-Süchtige, was treibt ihn noch zu seiner fürchterlichen Einsamkeit, was sagt er, wie verhält er sich?« Es spielen ja auch andere Schauspieler »Minetti«. In Italien (Bolzano, Venezia, Milano), in Belgien (Brüssel), soll das Stück große Erfolge gehabt haben, in Avignon ist es anscheinend durch eine zu junge Besetzung der Hauptrolle verspielt worden, dafür war es in Rumänien wieder ein großer Erfolg. »Minetti« lief über fünfzigmal in Bukarest.

Man darf – wenn man Bernhard spielt – nicht von falschen Maximen ausgehen. Falsch wäre, »Minetti« etwa für ein Monodrama mit Statisten zu halten. In der Uraufführung, die Claus Peymann in Stuttgart inszenierte, war das gesamte hochrangige Ensemble in teils stummen Rollen beschäftigt. Die wichtigste spielte Therese Affolter. Sie spielte das junge Mädchen, das auf seinen Geliebten wartet und zufällig dem Minetti begegnet und sich anhört, was dieser alte Schauspieler über sein Leben, über seine Konstitution herausstößt. Die Art, wie die Affolter zuhörte, wie sie mich betrachtete und zögernd eine vereinzelte Antwort gab oder eine Geste der Verlegenheit machte, war zauberhaft. Nur von einem Kritiker ist bemerkt worden, da sei im Kleinen eine große Liebesszene gespielt worden.

Ich habe immer wieder gesehen, daß diese sogenannten »stummen Figuren« oder winzig kleine Rollen gerade für das nur scheinbar monologhafte Gebaren der Bernhardschen Hauptfiguren sehr wichtig sind. Leser, die sich nicht in Theatervorgänge hineindenken können, mögen diese Figuren für vom Autor nebensächlich, kurz bedachte, halten. Dabei sind sie keineswegs uninteressant. Sie können unerhört förderlich sein, auf eine fast unheimliche Art wichtig. Die Frau im »Weltverbesserer«, Fräulein Fröhlich im »Präsidenten«, die Betreuerin, der Holzknecht in der »Jagdgesellschaft«. Vom Theater her gesehen sind diese »kleinen« Figuren dankbar, weil sie Kontraste, und spielbar, weil sie wirksam sind. Die zwei, drei klei-

Als Minetti in »Minetti« von Thomas Bernhard
Württ. Staatstheater Stuttgart 1976, Regie Claus Peymann

nen Rollen in Bernhards »Über allen Gipfeln ist Ruh« – ich spreche
absichtlich von einem Stück, in dem ich nicht mitgespielt habe –
wurden für mich als Zuschauer »unheimlich« lebendig.

Falsch wäre auch, zu meinen, die Bernhardschen Figuren offen-
baren nur ihren Augenblickszustand. Sie haben enorme Erinnerung
an ihr früheres, oft sogar »besseres« Leben; sie haben Erfahrungen,
die oft im schroffen Gegensatz zu ihren noch immer lebendigen
Sehnsüchten stehen. Ohne große eigene Lebens- und Kunsterfah-
rung kann man diese Rollen kaum angehen. Das Verhältnis von einem voll gelebten zu einem schal gewordenen Leben darzustellen ist
für mich ein starker Spielreiz; fast als fühlte ich mich heimisch. So
leicht erscheint es mir, den einsamen Figuren entweder ihre Konsequenz (General) oder die Entgegennahme ihres Geschicks zu
geben: zäh (Caribaldi), resigniert (Weltverbesserer), irritiert (Karl).
Aber alle haben sie inkonsequenterweise noch ihre Freiräume. Bewußtsein möglicher Erfüllung. Diese Freiheit muß dabei sein. Sie
gehört zur Freiheit der Bernhardschen Figuren, von der ich vorher
sprach, also auch zu ihrer Belebbarkeit.

Bernhards Stücke sind nicht nur realistisch, sie sind auch sehr
sinnlich. Sie haben immer einen Helden, der Schmerz erträgt oder –
im »Weltverbesserer« – die Krankheit, die wirkliche Krankheit: er
ist krank vom Kopf bis zu den Füßen – à la Voltaire. Aus diesem
Punkt ist alles an und um ihn zu erklären. Beim Spielen Bernhardscher Rollen habe ich allmählich entdeckt, daß sie jeweils aus einem
Punkt zu erklären sind. Der General in der »Jagdgesellschaft« aus
seinem Konservatismus, Caribaldi in der »Macht der Gewohnheit«
aus seiner Besessenheit, Kunst zu machen und sie nicht zu erreichen; in einer Umwelt zu leben, die ihm die Möglichkeit nicht bietet
und die ihn zur Verzweiflung treibt, die dann komisch wird bis in
die Groteske. Der Weltverbesserer ist in einer anderen Situation: Er
durchschaut alles. In der Art, wie er die Frau behandelt, ist sogar
noch ein Rest seiner Beziehung zum anderen Geschlecht. Dies sind
die Wirklichkeiten, die ich als »sinnlich« bezeichne. Sinnlichkeit ist
mir ein wichtiger Begriff für das Theaterspiel, und Bernhard beherrscht alle Theatermittel, auch die sinnlichen.

Wenn man viele Rollen des Bernhardschen Theaters gespielt hat,
hört man oft den Einwand: Er ist immer derselbe. Er oder ich?
Bernhard hat in seinem Stück »Die Berühmten« einmal formuliert:
»Diese Beobachtung machen Sie/an allen bedeutenden Künstlern/
sie schaffen immer nur ein einziges Werk/und verändern es immer

318

in sich ununterbrochen unmerklich.« Das ist in bezug auf sein Werk glänzend formuliert. Wie geht es dem Schauspieler?

Man sagt, unter den Schauspielern gäbe es den Typ, der immer nur sich selbst spielt (Beispiel: Hans Albers) und den, der sich dauernd proteisch verwandelt, wie Werner Krauß. Das ist sehr pauschal gesagt. Eine Wahrheit, die ihre Variation hat. Was Bernhard in jenem Satz über die Schriftsteller sagt, trifft auch für den Schauspieler zu. Die Fähigkeit, sich in die Abgründe des Macbeth zu verlieren oder die Fürchterlichkeiten der Welt, denen Hamlet ausgesetzt wird, zu fühlen: dieses extrem böse und das im Kern gutartige Verhalten – das muß doch aus einem Körper entwickelt werden, der immer derselbe ist. Es ist die Frage, wie die Figuren und Situationen, die einer erspielen muß, ihn übermächtigen, meinetwegen auch: vergewaltigen. Es kommt doch immer wieder das Individuum aus dem Schicksal heraus, das er darzustellen hat. Das gilt nicht nur für mich. Wenn ich Ulrich Wildgruber oder Otto Sander betrachte, zwei im Wesen wie in ihrer Art zu spielen ganz verschiedene Darsteller, so hat jeder seine Weise, sich in eine Rolle zu begeben. Sie verwandeln sich, wie ich sie sehe, in verschiedene Rollen und doch sind sie immer dieselben. Der Othello von Wildgruber (in Peter Zadeks Inszenierung) und der Gregor in Handkes »Über die Dörfer« sind zwei völlig verschiedene Menschen, zwei ganz deutlich unterscheidbare Rollen, aber immer ist es Wildgruber. Er ist immer er selbst und immer völlig verschieden.

Das möchte ich auch für meine Bernhardschen Rollen in Anspruch nehmen. In den Feuilletons las ich oft: Minetti ist immer derselbe oder: diesmal war er ganz anders. Auch Kritiker vergessen, was sie einmal sahen oder erinnern sich nur an das, was auf sie zufällig oder in letzter Zeit besonderen Eindruck gemacht hat. – Trotzdem nehme ich es sehr ernst, wenn es oft heißt: Er ist ein Bernhard-Schauspieler oder wie es früher oft hieß: Er ist ein Beckett-Schauspieler. Das wirkt wie ein Stempel, ist freilich in seiner Spezifikation auch eine Anerkennung. Als ich die vierte Rolle in einem Bernhard-Stück spielte, war ich plötzlich gestempelt. Das mag eine hohe Kongruenz meines Spiels mit der Rolle ausdrücken, ist aber auch ein Gedächtnisfehler der Kritiker. Klar aber, daß ein Schauspieler auf die Dauer doch mehr und andere große Rollen braucht als von einem Autor, der die Talente dieses Schauspielers zu Recht für sich in Anspruch nehmen mag.

Manchmal beeinträchtigen diese Vor-Urteile sogar die Wahrnehmung. Sie wirken negativ. Als ich 1982 unter Grübers Regie den Faust in der Freien Volksbühne spielte, hieß es, ich spielte den Faust à la Beckett. Das ist wohl als eine Minderung des Faust gemeint, der freilich mit Beckett auch zu tun hat; ohne die Welt und das Erlebnis Becketts hätten wir »Faust« vielleicht nicht so sehen können, wie Grüber und ich es taten. Dennoch, wenn ich an Faust arbeite, denke ich nicht an Beckett. Die Situation eines scheiternden, alten, einsamen Menschen, der nicht weiterkommt: das ist natürlich eine Beckettsche Situation. Aber bei Goethe kommt immer noch eine spezifische, starke, poesievolle Empfindung dazu, auf die Beckett gar keinen Wert legt, eine reiche Gefühls- und Gedankenwelt. Und der Rettungsversuch des Faust in Magie und in Sehnsüchte hinein, die sehr real sind; es sind Ziele; sie sind Beckett fremd. Becketts Figuren schauen zurück, stellen sich der Erinnerung. Faust stellt sich seinen Süchten, er wandert. Insofern stimmt die Beziehung des Faust auf Beckett nicht.

Freilich: Wenn ich Bernhard spiele, kann man meine innere Zuneigung, auch die Lust spüren, seine Stücke und Figuren ganz zu entfalten, und da Bernhard als Dramatiker sehr produktiv ist und ich sie über lange Fristen spiele, sieht man sich plötzlich markiert als: Bernhard-Spieler. – Natürlich habe ich zwischendurch ganz andere Rollen gespielt. Etwa den Gerichtsrat Walter in Kleists »Zerbrochenem Krug« (in Lietzaus letzter schöner Berliner Inszenierung) oder unter Zadeks Regie in »Jeder stirbt für sich allein« den stillen, stur vertrotzten Arbeiter Quangel. Oder den Ersten Schauspieler in Grübers »Hamlet«-Inszenierung in der Schaubühne. Den könnte man möglicherweise noch auf Beckett oder sogar Bernhard beziehen – aber die anderen Rollen? Und der verruchte Gesandte im »Balkon«? Auch Talbot (der letzte »Krieger«)? – aus theatralisch wie auch historisch anderen Zeiten. Mit den Stempeln kann man leben, und ich nehme sie als Auszeichnung. Es gibt Rollen, die ich abgelegt habe und solche, die ich gern verändert neu spielen möchte. Von Bernhards Rollen habe ich den Caribaldi und den Minetti aufgegeben, ich wage es nicht, sie neu herzustellen. Den »Weltverbesserer« möchte ich noch einmal anders packen, nicht so heftig, kraß wie in Bochum, eher leichter, leidender. Freilich nicht so kontrovers, wie ich einst Becketts Krapp in Hans Karl Zeisers und dann in Grübers Inszenierung gespielt habe, oder den Edgar im »Totentanz« von Strindberg mit Mittler, Zeiser, Piscator und dann unter Noelte, oder den angriffsstarken, titanesken »Faust« – 1949 bei den Ruhrfestspielen – und später bei Grüber den scheiternden, verzichtenden. Dazwischen liegen Welten. – Verändert wiederholen heißt: neue Zugänge zeigen. Die Beckett- wie die Bernhard-Aufführungen mögen wie eine Art »Alterswerk« von Minetti wirken, für mich sind sie Neuland gewesen, sie haben mich verändert und auch nicht verändert. Ich möchte es mit Picasso halten: Für mich zählt das Neue und: »Der Künstler erfindet immer wieder«. Picasso ist – auch für den Schauspieler – ein kaum erfüllbarer Maßstab. Jedoch Vorbild.

Und die Maler

Zu meinen Freunden zähle ich auch die Maler. Ich habe immer gern Bilder gesehen, Farben und Formen in mich aufgenommen. In den frühen fünfziger Jahren, als sich die abstrakte Kunst noch keineswegs durchgesetzt hatte, als sich im Ruhrgebiet junge Maler zur Gruppe »Junger Westen« zusammengeschlossen hatten und ich in Recklinghausen spielte, wurde mir diese ursprüngliche Liebe auch bewußt. Es war ein Zufall, daß ich auf Emil Schumacher stieß, der für mich ein großer Maler ist; um ihn war ein Kreis junger Leute versammelt. Ich befreundete mich später auch mit Hann Trier (dem Zauberer) und Fred Thieler (dem Berserker). In den letzten Jahren kam aus Wien Arnulf Rainer dazu. Von den Wienern schätzte ich schon Prachenski und Josef Mikl. Damals sprach ich oft mit Albert Schulze-Vellinghausen, dem Kunstfreund sondergleichen, Kritiker des »Mittag« (Düsseldorf) und der »Frankfurter Allgemeinen Zeitung«, über Kunst und Theater: Er war ein gebildeter Mann, seigneural, liebevoll und leicht snobistisch in seiner Lebenshaltung, aber neugierig auf Entdeckungen, selber ein enthusiastischer Sammler und Förderer des »Jungen Westens«. Er war einer jener seltenen Menschen, die auf vielen Gebieten gleichzeitig denken und empfinden können. Er steckte voller Anregungen, hielt Beziehungen über die Grenzen des Landes hinweg. Damals merkte ich, daß man Bilder sehen lernen und nicht nur mit dem Auge, sondern auch mit den inneren Organen erfassen kann. Sehend geworden, begann ich über die Bilder zu sprechen, wollte von den Malern Meinungen haben, erweiterte mein Wissen; der nächste Schritt war: Bilder zu kaufen. Ich spürte, daß dies eine große Lust ist; ich erfuhr, daß Bilder auch Kraft geben, daß mir über sie etwas Neues zuwuchs. Ich

Elisabeth und Bernhard Minetti, 1976

war viel in den Galerien unterwegs, die es im Westen mehr gab als in dem damals noch mit Galerien dürftig ausgestatteten Berlin. Mein Haus in Berlin beherbergt die Beute jener Streifzüge und spätere Erwerbungen. Es sind Bilder der Abstraktion, des Informellen; ich liebte die Freiheit in der Gestaltung, das Arbeiten der Phantasie jenseits des Gegenständlichen und das Gelingen, allein mit der Farbe und ihren Bedingungen, Welten einzufangen und Vorstellungen zu vermitteln, die ich ganz ursprünglich auch als die meinen empfinde.

Ich bin freilich nicht auf die Abstraktion fixiert. Ein Rembrandt ist mir so nah wie ein später Mondrian. Wie meine Schauspielerei sich in Kontrasten vollzieht, so kontrastvoll ist auch meine Empfänglichkeit für Bilder. Einer der liebsten ist mir Bonnard. In der Art, wie er die Natur vor mich hinstellt, spüre ich mein Dasein, mein Vorhandensein; seine Sonnen, seine Akte, seine Landschaften sind für mich etwas Bewegendes. Und auch auf den abstrahierenden Bildern von Bram van de Velde sehe ich die Landschaften in ihren Kontrasten, ihrer Farbigkeit, ich sehe Himmel und Erde, Sonne und Feuer, Wasser und Luft, und die Zeichen lassen mich, gerade weil sie abgelöst sind von der Realität, sehen. Wie Träume. Diese Träume geben mir Kraft. Ähnlich erregt und bewegt stehe ich vor den Bildern Munchs, in denen die Schönheiten und die Schrecken in den Gesichtern das Geheimnis und die Rätsel in unserem Leben berühren. Und in einem Porträt von Velazquez entdecke ich ebensoviel Merkwürdigkeiten und Geheimnisse; ich sehe die Unbestechlichkeit der Beobachter und ihre tiefen Blicke. Es ist bewegend, wenn Bilder aus den Bildern hervorsteigen, wenn die Bilder sich langsam enthüllen und etwas preisgeben, das einem mit dem Erstaunen auch Nachdenken macht. Man fühlt sich dann selbst auf dem Prüfstand. Unvergessen ist mir ein Besuch im Städel in Frankfurt. Ich hatte eine Stunde Zeit, sah mir nur vier Bilder an: van Dyck, Vermeer, ein Bild von Tapies, das ich nicht kannte, das großartig und hinreißend ist, ein weißliches Bild, ein Bett. Ich konnte eine Viertelstunde davor stehen. Dann entdeckte ich noch überrascht einen Fontana, ein blaues Bild mit den typischen Einschnitten eines Messers. Das war nicht nur merkwürdig, sondern mystifizierend, gewalttätig und schön. Ich fühlte plötzlich Weiten in mir; das Bild füllte mich auf.

Picassos Plastiken haben mich wegen der Unbefangenheit, wegen ihrer Voraussetzungslosigkeit in der Form- und Bildwahl, wegen der Spontaneität des Gefühlslebens ihres Schöpfers berührt, als wären sie Begleitung zu meiner Arbeit als Schauspieler. Auch bei Picasso staunte ich über diese unerhörte Fähigkeit, Gesichte umzusetzen in Handwerk. Ich sah da etwas wieder von dem, was ich auch als Schauspieler tun muß. Er nimmt ein Fahrrad oder im Gebirge einen Strauch, einen Stock oder ein Stück Porzellan und verwandelt es. Ich spüre die Fragen: Was sah er in den Dingen, wie hat er sie verändert, wohin geformt? Und das alles wie in einem wahrhaft unschuldigen Zustand; in Kenntnis all dessen, was die Kunst bis dahin hervorgebracht hat, alles aber auch vergessend, doch in der Substanz erhaltend. Es ist, wie wenn ich mit meinem Körper, meinen Gefühlen, meiner Stimme Theater spiele – wenn es glückt. Der Reichtum von Picassos Fähigkeiten ist noch größer als der seiner Formen. Er arbeitet in kleinen und riesigen Formaten, gegenständlich und abstrakt, er gibt eine Ungeheuerlichkeit von Eindrücken und macht sie formend gültig für andere. Die Form ist Mitteilung: da sehe ich den Zusammenhang zwischen den Künsten. Mich interessieren besonders: Tapies, Bacon und Rauschenberg, von denen ich Bilder und Grafiken habe. Ich komme vor ihnen ins Assoziieren, ohne total ausdeuten zu wollen. Aber ich setze ein gesteigertes Lebensgefühl dagegen. Es geht dem bildenden Künstler wohl nicht anders als dem Schauspieler, der sich auch beurteilen, prüfen und kontrollieren kann und doch weiß, daß ein undeutbarer, unfaßbarer Rest bleibt, (den die Menschen deuten mögen), ein unbenennbarer Impuls, der dann die oft entscheidenden Akzente setzt. Ich muß nicht bis ins letzte erkennen und verstehen können, was ein Künstler will. Ich habe oft vom Geheimnis gesprochen, es scheint mir auch in den Bildern der großen Maler bewahrt.

Ich habe mir die Bilder allein ausgewählt, lebe mit ihnen und kann mich nur schwer von ihnen trennen. Und doch bin ich kein Sammler- oder gar Besitzertyp. Das Bild steht für sich, ich respektiere es, empfinde es nicht als Besitz. In dem Moment, in dem es Besitz würde, brauchte ich es nicht mehr. Für mich ist Picasso der Maler des Jahrhunderts. Wenn ich ein Bild nennen sollte, das dieses ganze Jahrhundert ausdrückt, in dem ich lebe, es wäre eines von Picasso, vielleicht die »Demoiselles d'Avignon«. Es mag ja die Sinnlichkeit in meinem Daseins- wie meinem Kunstverständnis bezeichnen, wenn ich sage: Es ist wieder ein körperliches Bild, in dem der Sexus gegenwärtig ist. Meine Kunstlust hängt eng zusammen mit meiner Vitalität, die reagiert auf weiße Haut, gelöstes Haar, auf Bewegungen. Ich warte immer darauf, daß sich meine Blickrichtung, die Perspektive auf diese Dinge einmal ändert; etwa: wenn sich der

Trieb erschöpfen wird. Werde ich dann mit Grabesaugen die Dinge sehen, ohne schon im Grab zu liegen? Wann wird das sein? Wenn ich hundertundzehn Jahre alt bin? Meine Phantasie entwickelt solche Möglichkeiten, wenn sie in die Zukunft schaut. Man darf wohl solche Vorstellungen haben, wo doch viel schrecklichere Vorstellungen von unserer Zukunft in der Welt sind. Wirklichkeiten.

Ich habe bald gemerkt, daß die intensive Beschäftigung mit den Bildern und auch das Sammeln über meine Kräfte gingen. Ich habe beides eingeschränkt, ohne aufzugeben. Unter meiner Leidenschaft für die Bilder litt mein Umgang mit der Musik; wohl, weil ich aus ihr auch weniger Kraft ziehen kann. An sie bin ich hingegeben. Die Literatur habe ich freilich behauptet; aus ihr kann ich nach wie vor empfangen. Von Kafka sehr viel mehr als aus dem Werk Thomas Manns, der mir zuviel Mitteilung gibt; ihm gegenüber mangelt es mir an Interesse. Kafka trifft mein Leben.

Inzwischen kommen Maler zu mir, mich zu malen. Ich habe ein stark zerklüftetes Gesicht; eine Gebirgslandschaft, schrieb mal einer. Zuerst hat mich Bernhard Boes gemalt, ein Berliner anscheinend holländischer Abkunft. Er unterrichtet an der Hochschule der Künste. Er malt wenig; ist zart, kompositorisch, in der impressionistischen Manier. Er hat in einem Porträt: grau-weiß mit roten Fetzen, schwarzem Strich, gerecktem Kopf und forschend spöttischem Blick viel Wesen von mir getroffen, aber bin ich es ganz? Manche finden, ich hätte da eine unheimliche Lebensgier im Gesicht. Eben: Es ist etwas drin von der Schauspielerei, wie ich da sozusagen genagelt bin. Als Betrachter kann ich nicht sagen, daß ich den Menschen auf diesem Bild wirklich erfahre, meine Verzweiflungen sind nicht drin. – Jüngst hat mich Josef Mikl porträtiert und gerade die Verzweiflungen aus mir herausgelesen. Er hat mich in einem anderen Motiv dann einseitig dämonisiert, obwohl ich mich mühte, ein freundliches Gesicht zu machen. Am glücklichsten bin ich mit den erstaunlichen Porträts von Arnulf Rainer. Als er mir den Vorschlag machte, mich fotografisch zu porträtieren und diese Bilder zu übermalen, begriff ich auch die Notwendigkeit, die für ihn in seinem Begehren lag. Gleichzeitig reagierte ich fragend: Was er wohl mit mir anstellen wolle? Meine Neugier war größer als jede Besorgnis. Rainer brachte eine Fotografin mit, die in Sekundenschnelle, Klick, Klick, Klick, ganze Serien von Fotos machte. Ich schämte mich zu Anfang noch, dachte, was machst du mit dir? Ich versuchte auszudrücken: Not, Schmerz, Liebe, Freude, Frohsinn und Leiden,

Selbstherrlichkeit, Kühnheit, Stille, habe auch laut geschrien. Das Herz war so engagiert wie der Bauch. Alles hochkonzentriert. Unterm Klicken der Kamera kam ich mir teils prostituiert, teils äußerst angereizt vor. Rainer war mit allen Sinnen auf mich konzentriert. Aus den Bildserien hat er die ihm wichtigen Stücke ausgewählt und mein Gesicht mit wenigen Strichen umrahmt, zerlegt, akzentuiert, verschattet. Und dabei hat er die Bilder entpersönlicht. Aus dem Schauspieler Minetti wurde da eine Maske, aus dem Augenblick allgemeines Theater. Die Serie wirkt heute so, als ob Minetti sich zur Verfügung gestellt hat, um einen Begriff von den Ausdrucksformen des Theaters zu geben. Man kann mit diesen dreißig Bildern in den Mimus hineinsehen. Ich selbst fühle mich durch den Maler geehrt.

Inzwischen gibt es ein weniger dämonisches, aber sehr beredtes Gegenstück zu Rainers Übermalungen. Das sind meine Scriptogramme; sie sind während der Aufführung des »Faust« in der Grüberschen Inszenierung entstanden. Ich hatte die Bemühung Fausts, für das erste Wort der Bibel die rechte Übersetzung zu finden, zu Papier zu bringen. Als ich ein Blatt, das ich auf einer Bühnenprobe beschrieben hatte, dem Bühnenbildner Gilles Aillaud zeigte – ich fand es ulkig und merkwürdig zugleich –, riß er, der selber Maler ist, es mir aus der Hand. Ich mußte es ihm signieren. Ich wurde aufmerksam, beobachtete, wie auch der Requisiteur diese Blätter während der Proben sammelte. Nunmehr sammelte ich sie selber während der Aufführungen, zeigte sie dem Generalsekretär der Kestner-Gesellschaft, Ahrens. Der fand sie so erregend, daß er eine Ausstellung in Hannover veranstaltete, mit einem Katalog. Es sind dynamische Blätter, die die Augenblicksverfassung eines Schauspielers festhalten, der den Faust spielt. Seine Intensität. Es sind Psychogramme, die zeigen, was im Spiel vor sich geht, in sich einheitlich und dennoch von Aufführung zu Aufführung unterschiedlich. In ihrer Dynamik leicht sich verändernd. Es sind Formulierungen aus einer spezifischen Erregung, Signaturen, die einen psychischen Vorgang hinter dem Gespielten enthüllen. Das Ganze wurde ein Buch im Medusa-Verlag, ebenso wurde in Buchform eine große Anzahl von Zeichnungen mit reich variablem Strich, aber etwas einseitig, von Christoph Niess veröffentlicht.

Am Schluß soll noch einmal der Name Carl Hofer stehen, eingedenk der verständigen, herzlichen Begegnung 1941 in Berlin. Er durfte als entarteter Künstler nicht arbeiten, ich erwarb sein wunderschönes Bild aus demselben Jahr, »Mädchen mit rotem Buch«, das den Krieg überdauerte und mir später von der Wand weg gestohlen wurde. Eine Freude blieb mir: Die Erinnerung an die Person und deren Genuß an den Zigarren, die ich dem leidenschaftlichen Raucher ständig besorgen konnte. Er soll auch ein Bild von mir gemalt haben. Freunde haben es gesehen, ich nie.

Von der Schauspielerei

Man sieht an all dem: Der Schauspieler ist immer ein Lernender. Er macht neue Entdeckungen, findet oft, ohne zu suchen, reift auch Neuem entgegen. Kaum ein anderer lebt so vertraut mit den Gestalten der dichterischen Phantasie wie der Schauspieler. Immer wieder kommen andere auf ihn zu. Als ich den Franz Moor spielte, war mir eine Beckett-Figur noch undenkbar. Als ich Becketts Krapp spielte, ahnte ich nicht, noch einmal in das jammervolle, monströse Leben Lears hineingehen zu können. Der Schauspieler hält immer Ausschau nach anderen Figuren. Er will sie an sich ziehen, um etwas von ihnen zu erfahren.

Als ich acht Jahre alt war, habe ich meinem kleineren Bruder schon mein selbsterfundenes Theater vorgemacht. Ich stellte mich auf einen Stuhl ans Fenster, sah durch die Butzenscheiben auf den Kieler Lessing-Platz und habe ihm von dem, was ich »sah«, etwas vorphantasiert, ihm tolle Vorgänge vorgespielt. Etwa eine Hochzeit. Er wollte das dann auch sehen, ich hob ihn auf den Stuhl, er sah hinaus, aber er sah nichts. Und ich sagte: Wenn du da nichts siehst, ist es wohl nicht mehr da. Ich wiederholte das Spiel, sah hinaus und behauptete, etwas zu sehen. So habe ich ihn mit meinen Theatergeschichten gehänselt. Das heißt auch: Ich wollte mehr sehen als andere. Das Schauspielern trieb Blüten. Ich wollte mich äußern durch das, was ich besaß. Das machte mein Vermögen als Schauspieler.

Der Schauspieler ist heute anscheinend ganz integriert in die Gesellschaft. Ist er bekannt, wird er sogar von ihr verhätschelt. Es hat lange gedauert, bis es dahin kam. Der Schauspieler hat sich Anerkennung verschafft durch die Qualifizierung seiner Arbeit. Noch zur Zeit der englischen Komödianten, also vor etwa zweihundert Jahren, war er ein absoluter Außenseiter der Gesellschaft. Ein Outcast, ein Ausgestoßener. Er wollte auch nicht in die Gesellschaft hinein. Im Grunde gehört er noch immer nicht zu ihr, trotz des inzwischen erreichten Status, trotz der inzwischen geschaffenen materiellen Sicherung seiner Existenz. Die Outcast-Situation ist für den Beruf und auch für das Wesen des Schauspielertums noch immer konstituierend. Auch der in die Gesellschaft integrierte Schauspieler muß immer wieder eine Outcast-Situation herstellen. Wie und in welchem Maße, muß er selbst bestimmen. Aber ein Mißverhältnis des schauspielerischen Wesens in bezug auf Gesellschaft, auf Politik und Moral, muß bleiben, meine ich. Lebensweise, Lebenswandel, auch die Publicitysucht Richard Burtons zum Beispiel, wird von der Gesellschaft mit Wollust ausgeschlachtet, aber alles an ihm irritiert sie auch. Ein Schauspieler, der Theater als Aufgabe sieht und eine hohe Disziplin für die Darstellung von dichterischen Texten aufbringt, ist nicht denkbar, ohne daß er die Öffentlichkeit irritiert, daß er ihr im Geistigen wie im Verhalten opponiert. Thomas Bernhard sagt dazu in »Minetti«: »Das Publikum strömt von allen Seiten/um den Schauspieler zu sehen/und der Schauspieler begegnet dem Publikum mit nichts/als mit Unheimlichkeit/Das Publikum wird auf die Probe gestellt/Das Publikum muß von dem Schauspieler entsetzt sein/Zuerst hat er es zu hintergehen/und dann hat er es zu entsetzen/ In diesem Zustand hat er zu spielen/gegen das Publikum/gegen die Menschenrechte verstehst du.«

Der Schauspieler ist noch etwas wesentlich anderes als ein ordentliches Mitglied unserer Gesellschaft. Mein Beispiel dafür ist immer wieder Shakespeares Macbeth. Um eine solche Existenz begreiflich zu machen, darf ich nicht nur meine Phantasie, meine Vorstellungskraft bemühen; es reicht auch nicht, eine politische oder historische Definition einer solchen Figur herzustellen. Es muß ein Element beigebracht werden, das mühelos in den Ehrgeiz, in das Unmaß eindringt und die rücksichtslose Überwältigung und Niedertracht ausdrückt, mit der von Macbeth jeder geistige und moralische Skrupel beiseite gestellt wird, um zum Ziel zu kommen. Dieses Element bestimmt auch die tiefe sexuelle Bindung des Macbeth an die Lady. Man kann es sicher theoretisch begreifen. Es muß aber auch gelebt werden. Das braucht Alleinsein, Abgrenzung. Wir müssen die Fähigkeit erlangen, absolute Verzweiflung oder auch Größe zu gewinnen und unsere Figuren ihrem Schicksal zu stellen. Das Groteske an dieser Situation ist freilich, daß niemand erwarten wird, daß der Schauspieler ein Schicksal, das er vorführt, auch wirklich erleidet. Wenn ich ganz hoch greife, erinnere ich an Jesus Christus. Auch seinem Opfer will sich niemand stellen, es nachvollziehen, der sich im Glauben an ihn versenkt. Als Schauspieler habe ich mir dieses Element zu retten: auch ein Opfer sein zu wollen. Ich habe mir die Situation, in die ich mich hineinbegebe, nicht nur vorzustellen, sondern muß mich von der absoluten Gefühlskraft, die sie verlangt, überwältigen, sogar vergewaltigen lassen – und muß doch sorgen, daß dies nicht geschieht. Ich habe mich mit vielen Mitteln zurückzuhalten, im Komischen, Grotesken wie im Tragischen und sogar im Sachlichen.

Der Arbeiter Quangel in Falladas »Jeder stirbt für sich allein« ist ein schlichter, einfacher Mensch, der durch den Krieg seinen Sohn verloren hat. Er gibt sich einen Auftrag, Widerstand gegen die Mörder des Sohns zu leisten, und nimmt dieses Schicksal, das ihm den Tod bringt, an. In solche Lebensvollzüge hineinzugehen, hineingehen zu wollen, sie sich anzumaßen – dagegen wirkt ein Privatleben mit all seinen Meinungen und Verhaltensweisen letztlich ganz uninteressant. Der Schauspieler ist naiv, auch listig und aufnahmefähig für das, was in den bürgerlichen Alltag nicht paßt. Er hat sich Verhaltensweisen anzueignen, die nicht in die Schubfächer des gewöhnlichen Verhaltens einzuordnen sind. Das Hineingehen in andere Existenzen verlangt von ihm immer die Erweiterung seiner eigenen Existenz. Er muß sich dabei auf seine innere Kraft verlassen. Mit ihr kann er die Figuren ausstatten, die er spielt, und diese Figuren zugleich formen mit Hilfe der Sprache und seines Körpers. Dann muß er sie hineinspielen in eine Handlung. Das ist seine Gabe. Diese Kraft kann sich steigern bis zur Dämonie, um das Publikum zu überwältigen. Gewinn und Gefährdung liegen da nah beieinander.

Die Aufgabe des Schauspielers ist, fremde Existenzen herzustellen. Das beginnt mit der Arbeit im stillen Kämmerlein. Ich lese den Text, und die Worte und Sätze werden mir körperlich fühlbar. Indem ich die Worte spreche, merke ich schon, was da für ein Mensch wächst; das ist wie Blut und Nerv; ich könnte auch sagen: wie Musik. Die Aneignung des Textes, dieses Eindringen Zeile für Zeile und das Erfassen der Gedanken macht mir begreiflich, was die Figur für Absichten hat, was sie von sich hält. Ich lerne nicht nur mechanisch, sondern über die Gedanken, über die Lebenszeichen der Figuren.

Der Prozeß der Aneignung ist bei jedem Autor anders. Shakespeare, der mir von den Schlegels grandios übersetzt scheint, fällt mir am leichtesten. Bei den Griechen fällt es mir schwerer, weil ich die Übersetzungen immer noch zu vordergründig, zu gutartig finde.

Hölderlin ist mir sehr kompliziert in bezug auf die Antike; da kommt mir immer wieder Hölderlin selbst in den Sinn, und schon mit seinen ersten Sätzen bin ich auf einem anderen Dampfer, einem poetischen oder Lyrikdampfer, der mich wegführt von den antiken Vorgängen und den Figuren. Bei Kleist geht das Lernen schon auf größere Textkomplexe und den Rhythmus. Bei Goethe ist es am musikalischsten; vielleicht, weil Goethes Figuren auch nur selten wirkliche dramatische Figuren sind. Zwischen Goethe und Shakespeare spüre ich einen viel größeren Gegensatz als zwischen Büchner und Shakespeare. Bei Goethe läßt sich der Text leicht verallgemeinern und auch auf andere Figuren übertragen; denn die Geistes- und Gefühlshaltung seiner Figuren ist die gleiche: die Goethesche, die poetische.

Für das Ermitteln der Figuren muß ich mich oft auf meinen Instinkt verlassen, auf die Fähigkeit, im Wahrnehmen das Richtige zu fühlen und zu erkennen. Philipp II. von Spanien rückt mir dadurch nahe, daß ich mir seine religiöse, seine politische und seine menschliche Situation vorstelle, bis in sein sexuelles Verhalten hinein; ich frage mich, wodurch das alles bedingt ist. Ich beschäftige mich mit einer Physiognomie, spüre, wie seelische Vorgänge sich abzeichnen, forsche wie im Alltag, wo einer wahr und unwahr spricht. Mit der Figur, die ich mir herstelle, begebe ich mich dann in die Situation auf der Bühne, in der ich meinen Partnern zu antworten habe.

Wir hatten auf der Bühne einmal eine hohe Sprechkultur. Ich galt als vorzüglicher Sprecher. Diese Sprechkultur ist leider sehr im Verfall, und ich spüre in mir immer wieder, wie auch ich sie vernachlässige unter den Vernachlässigern ringsum. Und gewiß nicht, wie es ein Böswilliger kritisch behauptete, um das Publikum zu ärgern. Die Sprache braucht eine neue Aufmerksamkeit, damit man ihre Kraft, ihre Schönheit, ihre Magie spüren kann.

Wenn ich die Bühne betrete, erlebe ich den Raum. Wenn ich Texte lerne, stelle ich mir immer den Bühnenraum vor. Er hilft mir, mich in anderen Verhältnissen zu sehen, auch die Figur zu finden, die ich zu spielen habe. Ich empfinde dann deutlicher, wie sie sich in dem noch verhältnismäßig neutralen Raum bewegt, der noch nicht mit Details verstellt, aber im wesentlichen definiert ist. Ich fühle mich dann mit der Figur im Raum. Es ist oft wie das Lösen einer Erwartung, einer Anspannung. Wenn dieser Moment kommt, ist es getroffen.

Ich liebe den Raum und hasse die Zeit. Mein Vater hatte ein starkes, ordnendes Gefühl für die Zeit. Er lebte strikt nach der Uhr. Das brachte mich in Opposition zu ihm. Ich trage nur ganz billige Uhren und manche lassen mich daher sehr im Stich. Ich habe ein Anti-Zeitgefühl in mir. Ich möchte am liebsten keinen Zeitbegriff haben, frei sein vom Zeitzwang, obwohl wir Schauspieler eine große Zeitdisziplin halten müssen. Von Räumen bin ich dagegen immer wieder fasziniert, auf Burgen, in Schlössern. Auch Landschaft ist Raum, in der sogar das Unendliche hervortritt. Auf der Bühne muß ich den Raum, der mich definiert, durch meine Gänge, meine Positionen und Handlungen füllen. Mehr: Ich muß ihn mit meiner Energie durchdringen. In meiner Energie liegt meine Eigenart. Sie ist nicht ungefährlich. Ich forciere sie leicht, und wenn ich nicht genau kontrolliert bin, werde ich apodiktisch, treffe die Figur nicht; sie wird entweder überbetont, körperlich, oder zu bewußt im Geistigen. Ich habe ein magisches Verhältnis zur Energie. Ich erzählte davon, wie ich im Krieg meinem Bruder das Leben zu erhalten glaubte, indem ich mit aller Kraft an ihn dachte. Zum Schauspielen braucht man Kraft als Konzentration. Ohne sie kann man nicht spielen. Wie oft fragt man sich: Hast du noch die Kraft, Theater zu spielen, wirst du sie noch aufbringen? Das meint nicht nur die körperliche Kraft, auch die geistige, die seelische. Sie ist nicht immer da.

Der Schauspieler ist in seiner Kondition nicht frei von äußeren Einflüssen. Als der amerikanische Präsident Reagan seine erste Erklärung zur Verstärkung der Rüstung gab, war ich wochenlang in einer Depression, die mich an meiner Kraft, weiter Theater zu spielen, zweifeln ließ. Wir alle kennen die Vorstellungen, die wir mühelos und nah an der Erfüllung aus einer wunderbaren Kraft spielen, wo wir ganz und unabgelenkt im Wesen unserer Figur sind. Aber wir kennen auch die, bei denen wir uns bemühen, die Einflüsse von draußen abzuwehren. Der Zuschauer spürt es nur indirekt.

Der Schauspieler ist nicht nur ein Darsteller: Er ist auch ein Sender, er strahlt Energie aus, die den Raum durchdringen muß. Der Ritter in Grabbes »Don Juan und Faust«, den ich zu meinen besten Rollen rechne, war zum Beispiel psychologisch gar nicht zu erfassen. Er ist die reine Energie, der Souverän unter den schwarzen Figuren des Stücks. Ich durfte ihn, der mythisch an die Sterne gebunden ist, nicht fühlen, als sei er von dieser Welt. Fehling verlangte, daß ich aus dem Weltallraum heraus meine Forderung, meine Bezüge zu den Personen, zu Faust darstellen sollte. Ich kam in dieser grandiosen Aufführung stark zur Wirkung, weil die Rolle – wie alle, die mir gelingen – eine ganz eigene Körperlichkeit gewonnen hatte. Das Ungewöhnliche zu erreichen ist die Faszination am Theater. Auch für Fehling wurde hier das Ungewöhnliche erreicht.

Ich habe wohl immer aus dem Körper gespielt. In der letzten Zeit ist es wohl nicht mehr so evident wie früher. Aber eine Rolle wie den alten räsonierenden Artisten Karl in Bernhards »Der Schein trügt« ist ohne eine ausdrucksstarke Körperlichkeit gar nicht zu spielen. Routiniert kann ich leider nicht spielen, obwohl ich meine, routiniert zu spielen müßte nicht unbedingt etwas Schlechtes sein. Es gibt eine Art Routine, die ich als eine menschenwürdige Schonung und notwendig für Kollegen erachte, die en suite spielen, jeden Abend dasselbe Stück. Es gibt eine Routine, in der man auch sehr konzentriert ist; es gibt aber auch jene weitverbreitete, die es sich nur bequem macht. Ich habe nur wenige Rollen mit der linken Hand gemacht und mich auf Routiniertes verlassen. Ich war danach fast immer sehr unzufrieden. Mir war stets unangenehm, mich zu wiederholen. Wir haben alle nur beschränkte Mittel. Beim einen scheinen oder sind sie reicher als beim anderen. Ich habe meine Stimme, meinen Gang, meine Art zu sprechen. Man kennt mich daran. Ich muß mich hüten, damit die Figuren zu schematisieren.

Viele meiner Fähigkeiten liegen in der Komik und in der Drastik. Aber ich mußte mich früh zum Charakterspieler entwickeln, zu den großen Figuren des Nihilismus, einem Franz Moor, dem wendig selbstischen Frank in »Frau Warrens Gewerbe«, dem Ritter in »Don Juan und Faust« und der Bösartigkeit des Geßler. Ich bevorzuge eigentlich keinen Rollentyp. Wenn es so scheint, so ergibt sich das aus den Interessen der Intendanten, der Regisseure, die die Aufgaben zuweisen. Ich liebe stille Rollen. Und wenn ich nun auf alles zurückblicke, muß ich auch bedauernd sagen: Ich bin darin gar nicht ausgenutzt worden, zu selten. Das Komödiantische hing meist mit einem Problematischen zusammen. Aber wenn die Chance da ist, ist mir auch das eindeutig Komödiantische gelungen. Und die Verbindung des Verführerischen mit dem Wahrhaftigen hat mich immer interessiert.

Ich liebte die Radikalität. Sie ist ein Ausdruck meiner Vorstellung von Theater wie meiner Natur. Als junger Schauspieler war ich radikal, auch in den Hitler-Jahren spielte ich so. Noch heute komme ich mir gelegentlich radikal vor, etwa in Bernhards »Weltverbesserer«. Aber ich habe sehr viel zurückgenommen. Wie leicht hätte ich den Gerichtsrat Walter radikalisieren können, indem ich ihn benutzte, um anzudeuten, was alles in der Justiz passiert. Andererseits neige ich noch heute dazu, als Schauspieler Entsetzen zu wecken, die Grausamkeit des Lebens zu zeigen. In Thomas Bernhards »Der Schein trügt« will ich sagen, wie grausam es ist, so alt zu sein und auch noch allein sein zu müssen, mit dem Bruder und seiner eigenen kaputten Existenz. Aber ich habe auch immer ein Verlangen nach Leichtigkeit und Clownerie gehabt. Ich bringe mein Publikum gern zum Lachen. Manchmal hätte ich gern munterer, nicht so »verant-wortungsvoll« gespielt; man erwartete von mir aber immer die Er-füllung der sogenannten Klassiker, der großen Aufgaben. Es ist gut, wenn man gefordert wird: Aber ich spüre, meine Fähigkeit, Er-schrecktes in die Sympathie des Lachens zu erlösen, wurde zu wenig ausgespielt. Mich in solche Kontraste zu stellen, das gehört zu mir.

Ich wollte immer gern ein Charmeur sein, ein Verführungskünst-ler. Gelegentlich ist es geglückt. Und auch die Naivitäten, die ich in mir immer wieder vorfinde, habe ich anwenden können, in einigen Rollen, aber auch im allgemeinen. Ich meine, es gelingt einem Schauspieler nur, wahr zu sein, wenn er sich im Grunde seine Naivi-tät erhalten kann, oder anders gesagt: seine Seele. Natürlich erfährt man beim Spielen viel über sich selbst. Man entwickelt sich auch an den Figuren. Mir ist vieles wichtig geworden, was ich in mir durch Spielen selbst entdeckte. Ich kann auch nur spielen, was ich durch die Rolle in mir entdecke.

Schon in meinen ersten Jahren raffte ich mir die gegensätzlich-sten Aufgaben: vom Schwank über die klassische und moderne Lite-ratur bis zu den Glanzrollen. Vieles gesellt sich einem für immer. Den Hamlet könnte ich immer wieder und am liebsten noch heute, mit achtzig, spielen. Andererseits habe ich das, was ich entdeckte, auch immer wieder weggeworfen in dem sicheren Gefühl, es bleibe in mir als Gestaltungsmöglichkeit. Je mehr in mir hervorgerufen wurde, um so mehr ist an Selbsterkenntnis gewachsen. Auch in be-zug auf Fehler und Mängel, die ich habe. Aber auch in bezug auf seelische Möglichkeiten. Und auch die Rollen, die die Autoren uns anbieten, nehme ich als Lebenserfahrung. Ich habe immer nur die Sorge, mich falsch beeinflussen zu lassen. Man muß lernen mit sich umzugehen, auch mit seinen Kräften. Es gab Jahre, in denen ich mir wie gejagt vorkam. Ich spielte heute hier, morgen da, dazwischen noch ein Film: Man hört auf die Angebote, meint, man müsse sich bewähren, man beutet sich aber nur aus. Erst spät bin ich zu sorgsa-merer Einteilung meines Tages gekommen.

Selbsterfahrung ist etwas anderes als das, was man in den letzten Jahren »Selbstverwirklichung« genannt hat. Dieses Wort hat eine große Verführung. Für viele Schauspieler wurde es zur Motivation ihres Theaterspielens überhaupt; spielen, um sich selbst zu verwirklichen, das heißt, sich in der Rolle darzustellen. Die Rolle ist nicht mehr Objekt. Sie wird geplündert. So wie gelegentlich abseitige Regisseure ganze Stücke plündern, Theater als Selbstzweck für sich okkupieren. In diesem Sinne habe ich Selbstverwirklichung nie betrieben. Ich wollte mich im Gegenteil immer entäußern, ich wollte mich entpersönlichen, in eine andere Figur hinein. Theaterspielen ist ja fast ein Spiel mit Menschenleben, wenn man die dichterisch gesehenen Figuren als existent nimmt und zum Leben bringt. Das ist für mich immer wieder ein ungeheures Unterfangen, auch ein rabiates, sadistisches, weil man ja etwas an sich reißt und umkämpft, bis man »es« hat, um mit ihm umgehen zu können. Auch in solchem Umgehen liegt Selbsterfahrung.

Schauspieler sein bedeutet: eine sehr komplexe Situation annehmen und meistern, einer Figur, einem Stück sein Recht zukommen lassen aus den eigenen und den Bedingungen der Mitspieler, von denen jeder seine Wirkung haben will. Wirkenwollen gehört zum Schauspieler. Es setzt die Entfesselung der eigenen Energien voraus. Man überschreitet dabei oft seine Grenzen, spürt die Macht seines Dämons. Es gibt Schauspieler, die sich in diesem Prozeß bis zur Unkenntlichkeit verwandeln können. Werner Krauß hatte diese unheimliche Fähigkeit. So gedrungen er war, er konnte schlank erscheinen und groß, dick und dünn und das anscheinend ganz nach Belieben. Er konnte zart sein und brutal. Das grenzte an Zauberei. Obwohl ich kein solcher Verwandlungsschauspieler bin, habe ich immer wieder die Verwandlung gesucht. Bei der Fülle der kleinen Rollen, die man in den ersten Jahren zu spielen hat, kommt man ohne diese Tendenz und ohne diese Bestrebung gar nicht aus, sonst würden diese Rollen einander zu ähnlich. Auch war Verwandlung vom Schauspieler früher viel mehr gefordert als heute. Wie weit verwandelt sich Ulrich Wildgruber heute wirklich in seinen Rollen? Ich kenne Bruno Ganz in schweren und ganz leichten Rollen, aber verwandelt er sich so wie einst Krauß? Gewiß nicht.

Gegen den Verwandlungsschauspieler, den Verwandlungs- und Maskenvirtuosen gibt es den statischen Schauspieler, der immer er selbst ist, der die Person, die er darstellen soll, auf sich zieht. Paul Hartmann war dafür das Beispiel. Im Film Hans Albers. Wir bevorzugen heute eine Mischung aus beiden: Personen mit starkem, persönlichem Kern und breiter Variation des Ausdrucks.

Es gibt im Theater in bezug auf den Schauspieler viele solche Unterscheidungen. So kennt man Probenschauspieler und Premierenschauspieler. Jene sind auf den Proben extrem gut und schöpferisch, haben auf der Probe schon die Höhepunkte ihrer Möglichkeiten, weil der Moment der Geburt, des Findens einer Gebärde, einer Konstellation, die Schaffung einer Situation oft unmittelbar und bestürzend ist. Es gibt viele Leute im Theater, die der Meinung sind, das Schönste und Beste seien die Proben. – Der Premierenschauspieler dagegen wird erst im Moment der äußersten Herausforderung, in der ersten Konfrontation mit dem Publikum wirklich gut. Er hat die Vorschläge des Regisseurs, der Kollegen beachtet, etwas in sich wachsen lassen, um es bei der Premiere plötzlich dazuhaben. Das bringt unter Umständen Komplikationen für die Mitspieler. So kann sich bei der Premiere das ganze Gefüge verschieben, Figuren dominieren plötzlich, die bisher fast verdeckt waren, und andere fallen zurück. Da den Ausgleich rechtzeitig zu bedenken und herzustellen, ist Sache des Regisseurs. Im Herstellen solchen Ausgleichs begründet sich für mich die Fähigkeit zur Regie ebensosehr wie in der Deutung eines Stücks.

Ich bin auch eher ein Probenschauspieler. Premiere ist bei mir reines Glück und Gnade. Premiere ist ein Risiko, das ich auf mich nehme. Ich werfe mich hinein mit Entschlossenheit. Wie Rilkes Kornett, die Fahne zu holen … In Glücksfällen gelingt es mir, die ganze Probenarbeit zu vergessen und mich ganz hineinzudrängen in die Ursprünglichkeit der Rolle und das spontane Leben herzustellen. Auf den Proben versuche ich intuitiv zu arbeiten, auch impulsiv, mit einer unverkrampften, inneren Gespanntheit. Das ist ein großes Glücksgefühl. Ich versuche es in den Vorstellungen wieder herzustellen. Manchmal wird das durch die Art der Rolle erschwert, oder durch das Publikum, durch die Atmosphäre der Stadt. Solche »Glücksgefühle« hatte ich zuletzt oft beim »Weltverbesserer«, beim »Todestanz« von Noelte. Ich hatte sie anfangs nicht bei Grübers »Faust«. Ich unterlag da nach Wochen glücklichster Probenarbeit mit Grüber einer schlimmen Premierenatmosphäre. Es gab eine feindliche Stimmung, bedingt durch vorweggenommene Berichte in der Presse über »rigorose« Striche – als seien sie tabu. Bereitschaft, Unbefangenheit waren von vornherein gestört. Meine glückliche Sicherheit kam erst wieder, als diese Stimmung abgebaut war und das

Publikum die Qualität unserer Arbeit erkannt hatte. Ein wesentlicher Teil der öffentlichen Kritik hatte sie sofort angenommen.

Es ist freilich so: Unsere Glückszustände auf den Proben interessieren die Öffentlichkeit nicht. Theater hat nur Sinn vor Publikum, auch wenn es manchmal – seinen Entwicklungen und Ansprüchen folgend – die Aufnahmefähigkeit des Zuschauers überbeansprucht. Das beglückendste ist deswegen, wenn man beim Spielen die Stille im Parkett und auf den Rängen spürt, jene Spannung, die eine Gespanntheit andeutet zwischen der Bühne und denen, die zuschauen. Dann ist ein Ausgleich erreicht; nichts ist überzogen, nichts unterlassen.

Es gibt im Theater ein Verlangen, alles so festzulegen, daß es jeden Abend mit derselben Qualität wiederholbar ist. Ausdruck, Empfindungen, Gedanken, Gänge, Positionen werden genau bestimmt, das Gefundene wird stabilisiert. Solche Stabilität macht die Wirkung großer Aufführungen möglich. Das ist ein notwendiges und richtiges Prinzip. Ich kenne auch für mich viele Rollen, in denen ich für dieses Präzisionsprinzip dankbar bin. Bei einem Schillerschen Stück zum Beispiel fände ich kaum Möglichkeit, Rolle und Ausdruck während des Spiels noch zu verändern. Das Präzisionsprinzip hilft auch gegen die eigene Stimmung, gegen Laune, Irritation, Unlust, mit der man ins Theater kommt. Es stabilisiert eben. Aber solche Festlegungen sind auch Verhinderungen der Spontaneität, die an jedem Abend köstlich ist. Ich erfinde gern im Spielen, entwickle auch gern weiter, über die Premiere hinaus. Es gibt Autoren, die lassen dem Darsteller dazu auch die Freiheit. Thomas Bernhard ist ein solcher. In den über fünfzig Aufführungen, die wir bis zum Frühjahr 1985 in Bochum von »Der Schein trügt« hatten, ist mir diese Freiheit in den Bernhardschen Rollen immer wieder bewußt geworden. Der alte Artist Karl ist das erste Drittel des Stücks allein auf der Bühne und füllt durch seine Gänge hin und her den Raum aus. Sich in diesem Raum zu bewegen und gerade in der Bewegung das Besondere einer Einsamkeit zu zeigen, ist jeden Abend mit großer Freiheit möglich. Ob ich heute einen halben Schritt mehr gehe als gestern, an welchem Punkt ich mich wende und wie weit, ist nur scheinbar gegen eine Verabredung. Der Augenblick gestaltet das Lebendige. Mein Gefühl sagt mir, was ich darf.

Für den Schauspieler gibt es Rollen, mit denen er nie zu Ende kommt. So geht es mir mit den Rollen Bernhards. Ist mir am Vorabend etwas nicht gelungen, probiere ich neue Möglichkeiten aus, ich nehme zurück und variiere, gebe manchem eine andere Richtung. Ich würde also aus der Verabredung und absoluter Festlegung der Bewegungen und Positionen auf der Bühne kein Prinzip machen. Für mich nicht und fürs Allgemeine auch nicht. Noelte würde auf dem Prinzip gewiß bestehen, Grüber besteht nie darauf. Regisseure wie Peymann sind oft von solchen Veränderungen als schöpferischen Funden ganz entzückt, andere bestehen auf unbedingter Einhaltung des Eingeübten. Beide Möglichkeiten sind verständlich. Sie basieren auf der Machart, dem »Stil«.

Mit dem Spielen beginne ich nicht erst, wenn der Vorhang aufgeht. Die Konzentration beginnt bei mir bis zu zwei Stunden vorher. Ich habe mich schon vor langen Jahren für nachmittags nicht mehr zu Gesprächen verabreden können. Für den Abend mache ich mich rechtzeitig auf den Weg, manchmal freudig gespannt auf die Vorstellung, dann wieder nicht. Das »Heute hast du gar keine Lust« ist mir nicht unbekannt. Ich sitze dann gerne noch ruhig in der Garderobe, auch zwischen den Kulissen, betrachte mir den Raum. Auch an lustlosen Tagen ist die unterschwellige Konzentration schnell vorhanden. Nach der Vorstellung bin ich noch gern ein, zwei Stunden gesellig. Es muß dann nicht über die Vorstellung gesprochen werden. Die Freunde verhalten sich auch verschieden. Der eine sagt Gescheites, viele sagen aus Scheu gar nichts, man verliert sich in andere Themen. Diese Entspannung ist ein Zustand von Seligkeit, ähnelt dem Gefühl nach einem Liebesakt. Ich scheue mich aus Erfahrung nicht, unser Tun mit sexuellem Erleben zu vergleichen. Schlafe ich zu Hause nicht gleich ein, bringt mir das Lesen eines schwierigen Textes rasch den gewünschten Schlaf. Morgendliche Briefpost zeigt manchmal überraschend, welche Wirkungen ein Theaterabend haben kann. Stärkungen.

Es gibt Stärkungen, die man das ganze Leben nicht vergißt. Eine ganz wichtige kam mir von Werner Krauß. Wir spielten Hauptmanns »Michael Kramer«; er den Vater, ich den genialischen Sohn Arnold. Es kommt jene berühmte Szene im Atelier, in der der Vater den Sohn zu sich zitiert. Am Schluß der Szene bietet Krauß die Vaterhand zur Versöhnung. Ich muß meine Hand in die seine legen. Krauß sagte mir am Ende einer Aufführung: »Ich weiß, daß du ein großer Schauspieler werden wirst. Du hast mir nie auf dieselbe Art die Hand gegeben, einmal hast du lange gezögert, einmal kürzer. Immer spürtest auch du, wie lange ich (Vater) meine Hand ausstrekken konnte. Wann dann deine Hand kam, wie sie kam, wie lange ich sie halten konnte, wie ich sie fühlte, wann und ob ich sie loslassen sollte oder noch nicht, war immer anders, aber immer genau richtig.«

Diese intimen Vorgänge zu vollziehen, das ist für mich der Inbegriff von »Partner-Sein«. Die Bemerkung von Krauß ist der größte Orden, den ich je im Leben bekommen habe. Es gibt ja deren einige, aber mit diesem lebe ich seit damals.

Ich habe stets ein brennendes Interesse daran gehabt, wie wem welche Mittel zum Darstellen zur Verfügung stehen. Ich gehe immer wieder, noch heute, ins Theater und beobachte Kollegen. Wir haben ja alle die Vorstellung, es gebe über uns, über jedem einzelnen, so etwas wie eine allgemeine Schauspielkunst. Ich muß mir auch heute noch immer überlegen, inwieweit Schauspielen eine originäre Kunst ist, inwieweit es Sinn hat, von Schauspielkunst überhaupt zu sprechen. Fehling sagte zu diesen Fragen stets überlegen: »Es gibt keine Kunst, nur Künstler.« Als Künstler kann ich mich definieren: Spreche ich über die Schauspielkunst, werde ich zum Teilchen in der Masse derer, die sie hervorgebracht haben.

Ich kann mich fragen, wann es zum erstenmal ein Minetti-Gefühl gab, ein Gefühl, daß man nicht nur Rollen spielt, sondern sie auch prägt, mit und durch sich selbst, daß man in und mit ihnen auch hervortritt ins Unverwechselbare. Anfänge dazu zeigten meine Fehling-Rollen: Geßler, Leonhard, die anarchistischen Kronprinzen in Rehbergs Preußen-Stücken, meine Rolle im »Revisor«. Aber die starke Minetti-Prägung kam verhältnismäßig spät. Mit dem Edgar im »Totentanz«, mit den Beckett- und Bernhard- und Pinter-Rollen. In ihnen konnte mein anarchisches Grundgefühl Gestalt annehmen. Ich habe mich nie in »Schritten« entwickelt, eher durch Rollen, die ich an mich reißen konnte.

Wenn ich meine Rollen überblicke, scheint mir freilich, ich verfügte über ein breiteres Band an darstellerischem Ausdruck, als ich anfangs hätte vermuten können. Zu meinen unerfüllten Träumen gehört immer noch der Clown, das Spielen ohne Text, eine individuelle Situation als eine allgemeine darzustellen und diese verständlich zu machen. Mein Clown-Thema wäre: Da führt einer vor, daß es immer das Mißlingen ist, das zum Gelingen führt. Auf einem italienischen Festival in Monte Cellio habe ich einmal ein paar Minuten improvisiert: Ich betrat da die Bühne mit der festen Absicht, eine bestimmte Rolle zu spielen, bemerkte das Publikum, nahm einiges aus meiner Rolle heraus und spielte dann die völlige Irritation durch das Publikum in bezug auf die Rolle, die ich beherrschen wollte. Das war der Anfang einer Clownsnummer, meiner heimlichen Traumspiele. Das Publikum hat es begriffen.

Die Leute im Parkett

Ich kenne keine größere Lust, als mir das Publikum zu gewinnen. Ich habe eine starke sinnliche Veranlagung in bezug auf das Publikum. Ich spüre es als körperliche Nähe. Die Beziehungen zu ihm äußern sich in meiner Komödiantik, aber auch in der Aggression und der Verzweiflung. Die Begegnung mit dem Publikum ist für mich bei aller Professionalität dennoch eine menschliche und eine erotische Sache. Ich spüre, wann das Publikum zuzuhören beginnt, wann es gebannt ist, wann es sich irritiert fühlt durch Befremdung oder auch durch die mangelnde szenische Kraft. Nichts erweckt meinen Ehrgeiz, das Publikum zu bezwingen, raubtierhaft, mehr als Unruhe oder spürbares Desinteresse. Dazu sammle ich alle Kräfte meines Wesens, erhöhe die Konzentration, spüre auch, wie mir Kräfte zuwachsen und sich im Spielvorgang potenzieren. Um den Bann wiederherzustellen, den wir wünschen und brauchen, gibt es vielerlei Mittel. Ich kann es durch Einschalten von Pausen bewirken. In der letzten Zeit habe ich auch Frechheiten gewagt, die ich mir früher nie erlaubt hätte, aber sie sind nun passiert. Etwa in der Premiere des »Faust«, wo der vorgeschürte Unmut sich höhnisch in »Lauter, lauter«-Rufen äußerte und ich an die Rampe trat, ausstieg aus der Rolle und sagte: »Ich weiß nicht, ob es besser wird, wenn es lauter wird.« Dann begann ich noch einmal. Das war in Not gesprochen, nicht aus Hochmut, wie unterstellt worden ist. – Oder ich werde ganz leise. Das ist ein altbekanntes Mittel, verlangt zusätzliche Kraft. Gelingt das Domestizieren, genießt man die Wirkung, die man unmittelbar spürt. Kontakt braucht man immer. Den sinnlichen Kontakt herzustellen, ist für mich jedesmal ein Abenteuer, auch ein Kampf, immer eine Beglückung. Wenn ich eine gewisse Stimmung erzeugt habe, kann ich das Spiel, mein und das Interesse des Publikums weiter treiben bis zu hohem Einverständnis.

Wir sprechen immer vom »Publikum« und wissen doch, daß es nie etwas Kalkulierbares, einander Ähnliches ist. Es wechselt nicht nur in seinen Stimmungen, auch nach seiner Herkunft, seiner Bildung, nach Alter, nach seinen Begierden, nach seinen Mentalitäten (auch regionalen). Es gibt eine Legende vom Berliner Publikum der zwanziger und dreißiger Jahre. Ich kann sie aus eigener Erfahrung bestätigen. Es ist keine Idealisierung im Sinne von Nostalgie, wenn man sagt, es war äußerst aufnahmefähig, intelligent, ohne Intelligenz in Intellektualität zu überziehen, und in seinen Kenntnissen und Gefühlen fortgeschritten und klug. All das war durch das jüdische Element, das im Theater stark vertreten war, gefördert. Das Berliner Publikum interessierte sich fürs Neue, war tolerant, vielseitig und ließ sich nicht einengen. Im Dritten Reich war unser Publikum im Staatstheater politisch hochempfindlich; ich hatte oft das Gefühl, es hat unsere Abgrenzungen gegen das Regime verstanden und wartete auf Anspielungen und entsprechendes Verhalten in den Inszenierungen, die sein verstecktes Bedürfnis nach Opposition anregten und auch befriedigten. Ich habe gesagt, wieviel zum Beispiel Fehling in dieser Hinsicht gewagt hat. Dieses Publikum begriff insgesamt unsere Situation am Staatstheater und identifizierte uns nicht mit der nationalsozialistischen Kulturpolitik. – Nach 1945, nach dem Ende des Hitlerschen Reichs, zeigte es eine ungeheuerliche Bereitschaft, Kunst zu genießen, neuen Inhalten und Themen zu begegnen und eine Bereitschaft, Ungewohntes, Überraschendes, Experimentelles anzunehmen.

In Bochum treffe ich auf das viel härtere Publikum des Ruhrgebiets. Man spürt in dieser Stadt die durch Persönlichkeiten wie Saladin Schmitt, Hans Schalla und Peter Zadek geförderte Bereitschaft, ein Theater als Abenteuer zu erleben und das Besondere anzunehmen. Das macht das Spielen dort oft leichter als in Berlin. Peymann hat diese Besonderheit der Bochumer schnell begriffen. Die Bochumer sind nicht gebildet im Sinne eines klassischen Begriffs, aber offen und eindringlich, bedürftig und gebildet in bezug auf theatralische Wirkung und Erwartung. Peymann beschäftigt sie mit der Vielseitigkeit seines Spielplans und den besonderen Herausforderungen seiner Inszenierungen.

Man spürt als Schauspieler, ob man ein Publikum vor sich hat, das gleichgültig ins Theater geht oder brennend. Es gibt ein Sonnabendpublikum, das sich vergnügen will. Szenen, die eigentlich deprimieren müßten, bedroht es durch seine Lachbereitschaft. Man spürt es an seiner Unlust, die Unruhe macht. Ich habe den Verdacht, daß derzeit das Fernsehen unser Theaterpublikum teilweise verändert; Banalität und Langweiligkeit der Handlung fördern das Warten auf Pointen, das dann schluckweise befriedigt wird. Ich finde es entsetzlich, wenn ein Stück sich in Pointen scheinbar rettet, wenn eine menschliche Situation zugunsten der Pointe aufgehoben wird. In meinen jüngeren Jahren war ich ein leidenschaftlicher Feind des Pointenspielens. Pointen störten mich in der Entwicklung der Rolle. Inzwischen habe ich auch Pointen setzen gelernt, mit Vorsicht dosierend, aber ich geniere mich nach wie vor, auf Pointen hin zu spielen. Pointenspielerei erzieht das Publikum dazu, auf Pointen zu warten. Ich bemerke auch, daß das Publikum verlernt, auf leise Töne zu hören. Ich meine, die Ohren der Zuschauer seien unempfindlicher geworden. Sie sind durch den täglichen Lärm des Verkehrs, durch lautstark eingestellte Geräte für das Leise überfordert. Wir leiden unter einer Verkümmerung – es ist paradox – des Ohres. Ich habe als Zuschauer mit dem Leisen keine Schwierigkeiten. Grübers Inszenierung »An der Landstraße« in der Schaubühne ruhte geradezu im Leisen. Man konnte sich mühelos hineinhören. Man sah, wie etwas auch im Leisen gedieh.

Zwischen den Generationen gibt es bemerkenswerte Unterschiede. Ich bilde mir ein, die junge Generation gut zu verstehen. Aber ich bin erstaunt über ihre merkwürdigen Reaktionen auf Gefühlsvorgänge im Theater, besonders, wenn sie eine Liebesbeziehung betreffen. Als in Thomas Langhoffs Inszenierung von Tschechows »Drei Schwestern« die Liebesbeziehung auseinanderbrach, die Frau den Mann halten will, der sich losreißen muß und gezwungen sagen muß »Laß mich los«: da gab es einen Riesenlacher aus hundert Kehlen. Und in Harald Clemens vorzüglicher Inszenierung von »Onkel Wanja« reagierten die jungen Zuschauer auf den sexuellen Überfall auf Jelena, die sich wehrt, als wären sie in einem Lustspiel. Beide Szenen waren nicht etwa falsch oder schlecht inszeniert. Im Gegenteil. Mich überzeugten sie. Fehlte dem Publikum das Empfinden für nicht alltägliche Prozesse in einer Liebessituation, vollziehen diese sich heute ohne jede Kompliziert- und Differenziertheiten?

In solchem Verhalten zeigen sich für mich gesellschaftliche Probleme, die wir Älteren zu verantworten haben. Das alles meint nicht, daß das Publikum unfähig werde, Theater zu erleben. Ich bin immer wieder erstaunt, wie stark oft auch eine verhältnismäßig unauffällige Art zu spielen mit Applaus belohnt wird, wie genau das Publikum auch schauspielerische Leistungen gegeneinander differenziert. Trotzdem: Das Theater muß neue Verhaltensweisen im Publikum zur Kenntnis nehmen, erfahren, sich neu in Frage stellen, tasten.

Meine eigenen Erlebnisse im Theater, mit dem Publikum, bestätigen nicht die Meinung mancher Kulturpessimisten, das Theater sei eine aussterbende Kunst. Wenn ich sehe, wie noch immer Menschen an der Abendkasse stehen und auf Einlaß warten, wenn schon tagelang ein »Ausverkauft« plakatiert wird, spüre ich die alte Sehnsucht, etwas Ungewöhnliches zu sehen, spüre ich etwas von jenem alten Verlangen nach Erfahrungen, die uns die Scheinwelt auf dem Theater doch vermittelt. Ich habe nicht den Eindruck, daß die Schauspieler selbst die Träger jener Enttäuschungen sind, mit denen manche ihr Untergangsgerede in bezug auf das Theater begründen. Das Theater ist so lebendig, wie die Schauspieler lebendig sind. Und so elementar. Das ist eine alte These. Aber sie gilt noch immer.

Jugendliche Aussichten

Ich bin nun ein alter Theatergaul geworden. Welches Futter ich jetzt oder künftig bekomme: es schmeckt mir. Meine Lust zu leben und zu spielen ist ungebrochen. Es fällt mir nicht schwer zu sagen, was ich noch einmal spielen möchte. Von Becketts Krapp habe ich schon gesprochen, aber ich möchte andererseits etwa den alten Attinghausen versuchen und lieber einmal Pinters Hausmeister und den alten Mann im ersten Stück von Edward Bond »Die Hochzeit des Papstes«. Was immer unter meinen Wünschen auf Wiederholung alter, schon gespielter Rollen sein mag: Das Theater lebt auch von der Wiederholung, das heißt, von dem immer wieder neuen Zugriff auf das Überlieferte. Ich habe nicht das Gefühl, ich hätte mich ausgespielt, könnte nie sagen, was Werner Krauß von sich aus – stöhnend – einmal gesagt hat, als er aus Berlin wegging: »Ich weiß gar nicht, was ich noch spielen soll, im Grunde habe ich schon alles gespielt.« Wenn ich manches noch einmal spielen will, dann gewiß nicht aus Bequemlichkeit, sondern aus dem Vergnügen, die Dinge immer anders zu betrachten. Das ist der Vorzug des Alterns, daß man Menschen, Situationen, Vorgänge anders betrachten kann.

Es ist gewiß kein Verdienst, achtzig zu sein. Die Natur gab mir die Kraft, ich suche, sie zu erhalten. Ich bin nicht sehr fleißig, eher genießerisch faul, komme aber schnell in Trab, wenn die Sache es will. Mein Lebensprinzip ist die Erneuerung, obwohl man mich auch einen Pessimisten nennen kann. Die politischen Umstände unseres Jahrhunderts gaben nicht Anlaß zu Optimismus. Ich habe als junger Mann in Berlin erlebt, daß das Unternehmen Weimar, die

Behauptung der Republik, nicht gelang; das Dritte Reich war entsetzlich, und das Mißverhältnis, das ich derzeit überall in der Politik
zwischen Macht und Verantwortung spüre, versetzt mich in Schrek-
ken. Man lebt und täuscht sich, als sei der morgige Tag wie der heutige. Diese Zufriedenheitszustände sind mir unbegreiflich und zerren an den Nerven. Die Chancen, die Welt ein bißchen weiterzu-
bringen, sind in unserem Jahrhundert gründlich vertan worden, jeder ist noch immer des anderen Feind, und ich spüre, daß ich nichts
tun kann, um das zu ändern. Ich kann auch nicht sagen, durch die
Kunst werde viel erreicht. Die Menschheit hat keine hinreichende
Erinnerungs- und nicht die notwendige Vorstellungskraft, um die
Welt gutzumachen.

Auf die Jugend setze ich noch einige Hoffnung. Sie scheint mir
hellwach, hat etwas verstanden, was die Älteren nicht wahrhaben wollen. Sie durchschaut, wie die Dinge schlecht gehandhabt werden.
Aber wird sie sich in den Stand setzen, Verantwortung entsprechend
ihren Einsichten zu übernehmen? Unsere Alterssituation ist kurios.
»Am liebsten würden wir morgens gar nicht mehr aufstehen, aber
wir bringen uns auch nicht um.« Diese überzogene Wahrheit des
Karl bei Thomas Bernhard gilt nicht fürs Allgemeine. Denn: Wir
folgen unserem Lebenstrieb, wie die Pflanzen. Sie leben, können
sich nicht wehren, werden bespritzt, vegetieren oder sterben. Für
mich ist Theaterspielen Lebenstrieb. Ich spiele nicht Theater, um die
Welt zu verändern oder eine Mission zu erfüllen. Als Zuschauer gehe ich ins Theater, um mir Menschen und Vorgänge anzusehen, mit
ihnen zu leben, sie sind mir Nahrung. Als Schauspieler spiele ich,
um Menschen und Vorgänge mit anderen gemeinsam herzustellen.
Das führt mich weit weg von meinem Privatpessimismus. Ich weiß,
daß ich den Menschen helfe, anderes als ihren Privatkram zu erleben. Ich helfe, Gedanken und Empfindungen in Gang zu setzen.
Die Menschen bilden sich durch Theater wie überhaupt durch die
Kunst. Das ist Sinn und Ziel genug, und das hält das Theater am Leben. Ich glaube nicht, daß das Theater stirbt. Ich erlebe, wieviel junge Menschen im Theater gar noch einem alten Theatergaul zujubeln.
Das ist eine tiefe Befriedigung für mich und gibt mir Zuversicht.

Alte Mimen werden gerne gefragt, was ihnen denn unerfüllt geblieben sei. Es liegt mir nicht sehr, etwas einzuklagen; vielleicht hätten die Möglichkeiten, mit dem Publikum vergnügt zu sein, reicher
sein können, aber ich habe und hatte keine Forderungen an das
Schicksal. Der Weg war im ganzen glücklich. Ich hoffe, er führt

noch eine Weile weiter, vielleicht kommt ja auch jenes Vergnügen noch. Einstweilen genieße ich die schönen Möglichkeiten meiner Jahre. Ich bin immer wieder überrascht, wie viele Dinge leichter werden, während andere natürlich im Beruf auch schwerer werden. Ich bin oft von Zweifeln heimgesucht worden, habe immer wieder gedacht: Das wirst du nicht schaffen. Solche Ungewißheiten sind mir auch heute vor neuen Aufgaben noch nicht fremd, aber ich sehe sie inzwischen als natürliche Erscheinungen an. Ich bin also wesentlich ruhiger. Schauspieler sein ist der richtige Beruf für mich. Ich wünsche mir nur die Konstitution dafür zu erhalten und daß mir die nächste Rolle gelingt wie die besten der früheren.

Ich nähere mich wieder dem Lear, fühle mich sehr unsicher, werde aber Neues über ihn erfahren. Er bietet Rätselhaftes: sogar in unsichtbaren Nebenzügen. Wie war König Lears Verhältnis zu seiner Frau Königin? Im Stück ist von ihr nicht die Rede. Woher sonst die Töchter? Die Frau gehört zu Lears Leben, und dieses Leben soll ich in seiner ganzen elenden Monstrosität dem Zuschauer begreiflich machen. Die Dichter lassen uns mit Fragen im dunkeln, der Schauspieler leuchtet ins Dunkel hinein.

Ich konnte mir nie vorstellen, daß ich einmal aufgebe, in Pension gehe oder etwas nachholen möchte, was ich versäumte. Nur einen kleinen Ehrgeiz hätte ich noch: zu schreiben, keine Stücke, eher Betrachtungen leicht philosophischer Art zu Verhaltensweisen von Menschen. Ich meine, ich könnte da überraschende Schlüsse ziehen. Es wäre sozusagen die Fortführung der schauspielerischen Arbeit auf dem Papier, denn Menschen sehen und erkennen: das ist unser besonderes Handwerk.

Manchmal denke ich, das Leben sei vielleicht immer noch anders gewesen, als man es erlebt hat. Gewiß sehen mich andere anders als ich mich selbst. Es darf so sein; meine Fehler kenne ich, meine Gebrechlichkeiten, mein Unvermögen spüre ich oft deutlich; dennoch werde ich überwältigt von solchen Huldigungen wie denen vom Januar 1985. Unter den Gratulationen fand ich das Telegramm des Gert Voss, eines ernsthaften Schauspielers, der auf dem Theater das Publikum bis ins irre Vergnügen treiben kann – ein Auserwählter seines Berufs. Als ich da las: »Ich höre nicht auf, von Dir zu lernen« – da mußte ich an meinen Traum denken von dem Acker, der mein Leib war.

Das reicht für die Erden-Bilanz. – Und vielleicht auch für den Himmel. Wenn es ihn gibt.

Minetti (Faust) in »Faust« von Johann Wolfgang Goethe
Freie Volksbühne Berlin 1982, Regie Klaus Michael Grüber

Meine Rollen

Aufzeichnungen aus dem Rollenbuch

Spielzeit 1927/28: Gera, Reußisches Theater

Rolle	Stück	Autor	
Kapuziner	Wallensteins Lager	Schiller	14
Schwedischer Hauptmann	Wallensteins Tod	Schiller	14
Aetolier	Penthesilea	Kleist	12
Ernest Ollier	Die Papiermühle	Georg Kaiser	12
Kaufmann	Der Schinderhannes	Zuckmayer	15
Mosebach	Der Schinderhannes	Zuckmayer	15
Storch	Das neugierige Sternlein	–	20
Egon v. Müller	Müllers	–	13
Oberkellner	Einen Jux will er sich machen	Nestroy	12
Rab	Einen Jux will er sich machen	Nestroy	12
Zarewitsch Alexander	Der Patriot	Neumann	16
Gefängniswirt	Der Schinderhannes	Zuckmayer	1
Bliß	Der Hexer	Edgar Wallace	14
Issak Wengerowitsch	Der unnütze Mensch Platonoff	Tschechow	8
Frießhart	Wilhelm Tell	Schiller	20
Lyngstrand	Die Frau vom Meer	Ibsen	9
Mortimer	Leben Eduards des Zweiten	Brecht	2
Erich Spitta	Die Ratten	Hauptmann	6
Clerkson	Die Draufgängerin	Fulda	6
Claudio	Viel Lärm um nichts	Shakespeare	7

20 Rollen in 17 Stücken
186 Aufführungen, davon einige in Altenburg, Greiz, Zeitz

Spielzeit 1928/29: Darmstadt, Hessisches Landestheater

Rolle	Stück	Autor	
Carlos	Don Carlos	Schiller	14
Jacques	Wie es euch gefällt	Shakespeare	9
Offizier	Traumspiel	Strindberg	1
Don Luis	Dame Kobold	Calderon	10
Dussek	Toboggan	Menzel	9
I. Soldat	Toboggan	Menzel	9
Marchbanks	Candida	Shaw	8
Styx	Märchen	Curt Goetz	10
Patrik Karney	Der Prozeß der Mary Dugan	Veiller	1
Riccaut	Minna von Barnhelm	Lessing	18
James Madison	Der Prozeß der Mary Dugan	Veiller	1
Kapitän Price	Der Prozeß der Mary Dugan	Veiller	3
Sandmännchen	Himmelsreise	–	4
Clown	Theo macht alles	Nancey/Armont	6
Frank	Verbrecher	Bruckner	10
Heinrich Bachelet	Schieber des Ruhms	Pagnol/Rivoix	11
Spintho	Androklus und der Löwe	Shaw	6
Jouve	Napoleon	Grabbe	9
Herr Charly	Märchen	Curt Goetz	1
Diener	Ein Kamel geht durch das Nadelöhr	František Langer	9
Igor Ogarow	Die Ogarows	Wellenkamp	4
Palitschek	Feldherrnhügel	Roda Roda	3
Mesa	Mittagswende	Claudel	5
Dolph	Broadway	Dunning/Abott	6
Vansen	Egmont	Goethe	1
Chauffeur	Aufgang nur für Herrschaften	S. Geyer	5
Seifensieder	Egmont	Goethe	1

27 Rollen in 22 Stücken
169 Aufführungen, davon in Heidelberg, Stadttheater 2, Worms, Festhalle 1, Neues Theater, Frankfurt 1

Spielzeit 1929/30: Darmstadt, Hessisches Landestheater

Rolle	Stück	Autor	
Angelo	Maß für Maß	Shakespeare	6
Büchner	Der Hessische Landbote	Gruber	6
Chauffeur	Aufgang nur für Herrschaften	S. Geyer	5

Rolle	Stück	Autor	
Ede	Dreigroschenoper	Brecht	16
Merkur	Amphitryon	Kleist	8
Jude	Das Opfer	Bernay-Maroch	2
Stanhope	Die andere Seite	Sheriff	19
Atalus	Weh' dem, der lügt	Grillparzer	10
Ansager	Die Hochzeit in Cremona	Eckstein	7
Eismax	Peterchens Mondfahrt	v. Bassewitz	18
Dr. Krause	Ich tanze um die Welt mit dir	Schiffer-Holländer	6
Piselli	Eine Nacht in Venedig	Strauß	4
Barbaruccio	Eine Nacht in Venedig	Strauß	2
Löffelholz	Florian Geyer	Hauptmann	14
Dr. Neumeister	Der Raub der Sabinerinnen	v. Schönthan	1
Hildy Johnson	Reporter	Hecht/Arthur	13
Esterhazy	Die Affäre Dreyfus	Rehfisch/Herzog	7
Proteus	Der Kaiser von Amerika	Shaw	13
Oates	Südpolexpedition des Kapitäns Scott	R. Goering	4
Franz	Im weißen Rößl	Kadelburg	1
Krull	Die Kassette	Sternheim	7
Grob	Zu ebener Erde und im I. Stock	Nestroy	1
Trumpf	Zu ebener Erde und im I. Stock	Nestroy	1
Hamlet	Hamlet	Shakespeare	7
Schiffskapitän	Die Gestrandeten	Eckstein	1

25 Rollen (24 neu) in 23 Stücken
181 Aufführungen, davon 2 Altena

Spielzeit 1930/31: Berlin, Preußisches Staatstheater

Rolle	Stück	Autor	
Theseus	Ödipus	Sophokles	3
Hartmoser	Herr Doktor, haben Sie zu essen?	Schönherr	28
v. Sparren	Prinz Friedrich von Homburg	Kleist	4
v. Mörner	Prinz Friedrich von Homburg	Kleist	4
Weislingen	Götz von Berlichingen	Goethe	36
Demetrius	Nacht überm Kreml	Oscar Bluth	6
Burgund	Die Jungfrau von Orleans	Schiller	15
Großinquisitor	Don Carlos	Schiller	10
Proteus	Der Kaiser von Amerika	Shaw	3
Don Sebastian	Die Portugalesische Schlacht	Penzoldt	6

Rolle	Stück	Autor	
Tartüff	Tartüff	Molière	2
Hamlet	Hamlet	Shakespeare	2
Übeltag	Affäre Bullerjahn	Ziege	1
Aigisthos	Agamemnon	Aischylos	6
Dr. Almacan	Die Portugalesische Schlacht	Penzoldt	19
Conti	Emilia Galotti	Lessing	9
Andret	König Hahnrei	Georg Kaiser	9
Dr. Jameson	Cecil Rhodes	Rehberg	8
Tod	Balthasars Nachtmahl	Calderon	1
Philipp II.	Der Richter von Zalamea	Calderon	5

20 Rollen (18 neu) in 18 Stücken
187 Aufführungen
173 Schauspielhaus, Schiller-Theater
 13 Darmstadt, Hess. Landestheater
  1 Künstlertheater Berlin

Spielzeit 1931/32: Berlin, Preußisches Staatstheater

Rolle	Stück	Autor	
Dr. Jameson	Cecil Rhodes	Rehberg	3
Philipp II.	Der Richter von Zalamea	Calderon	14
v. Sparren	Prinz Friedrich von Homburg	Kleist	4
Conti	Emilia Galotti	Lessing	3
v. Hanstein	Florian Geyer	Hauptmann	2
Grünhut	Die Herde sucht	Fred Neumeyer	10
Fremder Passagier	Peer Gynt	Ibsen	1
Questenberg	Die Piccolomini	Schiller	5
Stromer	Rauhnacht	Billinger	25
Rodrigo	Othello	Shakespeare	16
Jansen	Die endlose Straße	Graff/Hintze	30
Hartheim	Florian Geyer	Hauptmann	2
v. Weislingen	Götz von Berlichingen	Goethe	6
Elis	Ostern	Strindberg	17
Franz Moor	Die Räuber	Schiller	27
Ferdinand	Egmont	Goethe	4
Brackenburg	Egmont	Goethe	51

17 Rollen (12 neu) in 15 Stücken
174 Aufführungen
173 Schauspielhaus, Schiller-Theater
  1 Weimar, Nationaltheater

Spielzeit 1932/33: Berlin, Preußisches Staatstheater

Rolle	Stück	Autor	
Brackenburg	Egmont	Goethe	4
Franz Moor	Die Räuber	Schiller	14
Questenberg	Die Piccolomini	Schiller	2
Geßler	Wilhelm Tell	Schiller	20
Dr. Rasmussen	Gabriel Schillings Flucht	Hauptmann	19
Ferdinand	Egmont	Goethe	1
Wagner	Faust I	Goethe	28
Wagner	Faust II	Goethe	38
Wanderer	Faust II	Goethe	38
Pater Profundus	Faust II	Goethe	4
Jansen	Die endlose Straße	Graff/Hintze	8
Komödiant	Rosse	Billinger	20
Philipp	Bieberstein	Ziese	14
Wittig	Schlageter	Johst	32
Crispinus	Der heilige Crispin	Paul Ernst	15

15 Rollen (10 neu) in 13 Stücken
215 Aufführungen

Spielzeit 1933/34: Berlin, Preußisches Staatstheater

Rolle	Stück	Autor	
Octavius	Julius Cäsar	Shakespeare	27
Konrad Godem	Mensch, aus Erde gemacht	Griese	16
Junger Chorführer	Die Braut von Messina	Schiller	23
Franz Moor	Die Räuber	Schiller	1
Eck	Propheten	Johst	22
Englischer Gesandter	Der König	v. Bötticher	26
Real	Hundert Tage	Mussolini/Forzano	36
Wagner	Faust I	Goethe	7
Thorbeil	Land in der Dämmerung	Blunck	6
Strolch	Musik	Carl Hauptmann	10
Christian VII.	Struensee	Erler	10

11 Rollen (9 neu) in 11 Stücken
184 Aufführungen, davon 1 Stadttheater Frankfurt a. O.

Spielzeit 1934/35: Berlin, Preußisches Staatstheater

Rolle	Stück	Autor	
Wagner	Faust I	Goethe	16
Wagner	Faust II	Goethe	10
Wanderer	Faust II	Goethe	10
Krackfranz	Meier Helmbrecht	Eugen Ortner	8
Aristan	Die Hermannsschlacht	Kleist	17
Junger Chorführer	Die Braut von Messina	Schiller	2
Kurprinz Friedrich	Der Große Kurfürst	Rehberg	16
Edmund	König Lear	Shakespeare	25
Mirandula	Heroische Leidenschaften	Kolbenheyer	13
v. Kleist	Prinz von Preußen	Hans Schwarz	24
Franz Moor	Die Räuber	Schiller	1
Jupiter	Amphitryon	Kleist	1

12 Rollen (7 neu) in 11 Stücken
143 Aufführungen, davon
  1 Mannheim, Nationaltheater
  1 Hamburg, Deutsches Schauspielhaus

Spielzeit 1935/36: Berlin, Preußisches Staatstheater

Rolle	Stück	Autor	
Chlestakow	Der Revisor	Gogol	12
Brackenburg	Egmont	Goethe	15
Chabot	Thomas Paine	Johst	22
Edmund	König Lear	Shakespeare	12
Gaston	Donna Diana	Moreto	12
Caesar	Donna Diana	Moreto	15
Mephistopheles	Faust I	Goethe	25
Kronprinz Friedrich	Friedrich Wilhelm I.	Rehberg	19
Wanderer	Faust II	Goethe	1

9 Rollen (6 neu) in 8 Stücken
133 Aufführungen, davon
  27 im Kleinen Haus

Spielzeit 1936/37: Berlin, Preußisches Staatstheater

Rolle	Stück	Autor	
Wanderer	Faust	Goethe	1
Mephistopheles	Faust	Goethe	1
Ritter	Don Juan und Faust	Grabbe	16
Brackenburg	Egmont	Goethe	5
Buckingham	König Richard III.	Shakespeare	21
Jupiter	Amphitryon	Kleist	5

6 Rollen (2 neu) in 5 Stücken
49 Aufführungen (davon 5 Festspiele Heidelberg)

Spielzeit 1937/38: Berlin, Preußisches Staatstheater

Rolle	Stück	Autor	
Buckingham	König Richard III.	Shakespeare	9
Marinelli	Emilia Galotti	Lessing	36
Brackenburg	Egmont	Goethe	11
Arnold Kramer	Michael Kramer	Hauptmann	20
Frank Gardner	Frau Warrens Gewerbe	Shaw	22
Prinz Heinrich	Der Siebenjährige Krieg	Rehberg	23

6 Rollen (4 neu)
121 Aufführungen, davon
  36 Kleines Haus

Spielzeit 1938/39: Berlin, Preußisches Staatstheater

Rolle	Stück	Autor	
Prinz Heinrich	Der Siebenjährige Krieg	Rehberg	5
Frank Gardner	Frau Warrens Gewerbe	Shaw	6
v. Zastrow	Gneisenau	Wolfgang Goetz	24
Buckingham	König Richard III.	Shakespeare	7
Arnold Kramer	Michael Kramer	Hauptmann	1
Marinelli	Emilia Galotti	Lessing	4
Dr. Blenkinsop	Der Arzt am Scheideweg	Shaw	27
Brackenburg	Egmont	Goethe	10
Leonhard	Maria Magdalene	Hebbel	34

Rolle	Stück	Autor	
Karl VII.	Die Jungfrau von Orleans	Schiller	9
Bolingbroke	König Richard II.	Shakespeare	16

11 Rollen (5 neu)
133 Aufführungen, davon
   4 Kleines Haus
   1 Wien, Burgtheater

Spielzeit 1939/40: Berlin, Preußisches Staatstheater

Rolle	Stück	Autor	
Brackenburg	Egmont	Goethe	10
Karl VII.	Die Jungfrau von Orleans	Schiller	6
Cornelius Nicolls	Der Hochverräter	Langenbeck	30
Robespierre	Dantons Tod	Büchner	41
v. Zastrow	Gneisenau	Wolfgang Goetz	6
Angelo	Maß für Maß	Shakespeare	47
West	Cavour	Mussolini/Forzano	18

7 Rollen (3 neu)
158 Aufführungen

Spielzeit 1940/41: Berlin, Preußisches Staatstheater

Rolle	Stück	Autor	
Angelo	Maß für Maß	Shakespeare	3
West	Cavour	Mussolini/Forzano	20
Brackenburg	Egmont	Goethe	1
Ottokar	König Ottokars Glück und Ende	Grillparzer	31
Brutus	Julius Cäsar	Shakespeare	19

5 Rollen (2 neu)
74 Aufführungen

Spielzeit 1941/42: Berlin, Preußisches Staatstheater

Rolle	Stück	Autor	
Ottokar	König Ottokars Glück und Ende	Grillparzer	10
Erdgeist	Faust I	Goethe	11
Orestes	Iphigenie in Delphi	Hauptmann	38
Brutus	Julius Cäsar	Shakespeare	14
Kardinal Wolsey	Heinrich und Anna	Rehberg	31
Obrist Wallenstein	Ein Bruderzwist in Habsburg	Grillparzer	13

6 Rollen (davon 4 neu)
117 Aufführungen

Spielzeit 1942/43: Berlin, Preußisches Staatstheater

Rolle	Stück	Autor	
Kardinal Wolsey	Heinrich und Anna	Rehberg	14
Obrist Wallenstein	Ein Bruderzwist in Habsburg	Grillparzer	2
Orestes	Iphigenie in Delphi	Hauptmann	2
Ottokar	König Ottokars Glück und Ende	Grillparzer	14
Marinelli	Emilia Galotti	Lessing	3
Thoas	Iphigenie auf Tauris	Goethe	26
Sigismund	Das Leben ein Traum	Calderon	26
Dr. Peter Kamma	Vagabunden	Juliane Kay	31

8 Rollen (3 neu)
118 Aufführungen, davon
  31 im Kleinen Haus
   3 Posen, Gautheater

Spielzeit 1943/44: Berlin, Preußisches Staatstheater

Rolle	Stück	Autor	
Oberpriester	Des Meeres und der Liebe Wellen	Grillparzer	31
Sigismund	Das Leben ein Traum	Calderon	26

Rolle	Stück	Autor	
Thoas	Iphigenie auf Tauris	Goethe	8
Dr. Peter Kamma	Vagabunden	Kay	8

4 Rollen (1 neu)
73 Aufführungen, davon
8 im Kleinen Haus

Spielzeit 1944/45: Berlin, Preußisches Staatstheater

Keine Vorstellungen

Spielzeit 1945/46: Kiel, Neues Stadttheater

Rolle	Stück	Autor	
Hamlet	Hamlet	Shakespeare	34
Holofernes	Judith	Hebbel	19
Sprecher	Antigone	Anouilh	2

3 Rollen (2 neu)
55 Aufführungen, davon
6 in Lübeck, Colosseum

Spielzeit 1946/47: Kiel, Neues Stadttheater

Rolle	Stück	Autor	
Sprecher	Antigone	Anouilh	7
Max	Abschiedssouper	Schnitzler	6
Gerardo	Der Kammersänger	Wedekind	12
Lomow	Der Heiratsantrag	Tschechow	12
Robespierre	Dantons Tod	Büchner	8
Hamlet	Hamlet	Shakespeare	8
Thoas	Iphigenie auf Tauris	Goethe	11
Faust	Faust I	Goethe	20
Herr Hein	Eurydike	Anouilh	1
Wahlkandidat	Wir sind noch einmal davongekommen	Wilder	4

10 Rollen (6 neu)
71 Aufführungen, davon
19 Hamburg, Deutsches Schauspielhaus

Spielzeit 1947/48: Hamburg, Deutsches Schauspielhaus

Rolle	Stück	Autor	
König Claudius	Hamlet	Shakespeare	37
Oderbruch	Des Teufels General	Zuckmayer	64
Thoas	Iphigenie auf Tauris	Goethe	29
Benedikt	Viel Lärm um nichts	Shakespeare	20
Hamlet	Hamlet	Shakespeare	4
Othello	Othello	Shakespeare	22
Manao Vinje	Armut, Reichtum, Mensch und Tier	Jahnn	4

7 Rollen (neu)
180 Aufführungen
139 Deutsches Schauspielhaus, Besenbinderhof
 13 Altona, Haus der Jugend
  4 Darmstadt, Landestheater
  2 Recklinghausen, Ruhrfestspiele
 22 Eppendorf, »Die Auslese«

Spielzeit 1948/49: Hamburg, Deutsches Schauspielhaus

Rolle	Stück	Autor	
Warwick	Die heilige Johanna	Shaw	37
Saul	Saul	Gide	11
v. Kalb	Kabale und Liebe	Schiller	11
Wunderlich	Wem Gott ein Amt gibt	Lichtenberg	37
Hamlet	Hamlet	Shakespeare	2
Faust	Faust I	Goethe	14

6 Rollen (4 neu)
112 Vorstellungen
 54 Deutsches Schauspielhaus Altona, Haus der Jugend
 39 Deutsches Schauspielhaus, Besenbinderhof
  3 Deutsches Schauspielhaus – Garrison Theater, Kirchenallee
  2 Essen, Städtisches Jugendheim
 14 Recklinghausen, Ruhrfestspiele

Spielzeit 1949/50: Gastspiele

Rolle	Stück	Autor	
Herzog	Die natürliche Tochter	Goethe	10
Kurt	Der Totentanz I	Strindberg	22
Bruder Dominik	Johanna auf dem Scheiterhaufen	Claudel/Honegger	8
Thomas Becket	Mord im Dom	Eliot	7
Macbeth	Macbeth	Shakespeare	18
Edmund	König Lear	Shakespeare	17

6 Rollen (5 neu)
82 Vorstellungen
  6 Essen, Städtisches Jugendheim
  1 Köln, Kammerspiele
  1 Wuppertal, Städtische Bühnen
  1 Rheydt, Schauspielhaus
  1 Düsseldorf, Neues Theater
  9 Berlin, Theater am Kurfürstendamm
  1 Oldenburg
  2 Hannover, Ballhof
  1 Goslar, Odeon Theater
  1 Peine, Festspiele
  1 Wolfenbüttel, Lessingtheater
  1 Bad Pyrmont, Kurtheater
  1 Hildesheim, Stadttheater
  1 Braunschweig, Gloria Palast
  4 Hamburg, Thalia-Theater
  8 Hamburg, Staatsoper
  7 Lübeck
14 Bochum, Städtische Bühnen
18 Recklinghausen, Saalbau
  1 Marl, Lindenhof
  1 Duisburg-Hamborn, Stadthalle
  1 Hagen, Stadttheater

Spielzeit 1950/51: Gastspiele

Rolle	Stück	Autor	
Philipp II.	Don Carlos	Schiller	12
Bruder Dominik	Johanna auf dem Scheiterhaufen	Claudel/Honegger	4
Thomas Becket	Mord im Dom	Eliot	7
Holofernes	Judith	Hebbel	16

Rolle	Stück	Autor	
Ödipus	Ödipus	Gide	11
Domingo	Don Carlos	Schiller	27

6 Rollen (3 neu)
77 Vorstellungen
27 Bonn, Städtische Bühnen
 5 Schleswig, Dom
 2 Hamburg-Bergedorf, Schloßkirche
16 Aachen, Stadttheater
27 Recklinghausen, Ruhrfestspiele

Spielzeit 1951/52: Frankfurt am Main, Städtische Bühnen

Rolle	Stück	Autor	
Wallenstein	Wallenstein	Schiller	13
Alceste	Der Menschenfeind	Molière	17
Alba	Egmont	Goethe	16
Lumpensammler	Die Irre von Chaillot	Giraudoux	19
König Magnus	Der Kaiser von Amerika	Shaw	24
Die böse Fee	Die Liebe der vier Obersten	Ustinov	20
Sati	Der Erstgeborene	Fry	10

7 Rollen (alle neu)
119 Vorstellungen
 12 Hannover, Opernhaus
  5 Frankfurt, Börsensaal
  1 Essen, Stadttheater
 47 Frankfurt, Großes Haus
 24 Hannover, Ballhof
 20 Frankfurt, Kleines Haus
 10 Recklinghausen, Odeon-Theater, Ruhrfestspiele

Spielzeit 1952/53: Frankfurt am Main, Städtische Bühnen

Rolle	Stück	Autor	
Die böse Fee	Die Liebe der vier Obersten	Ustinov	38
Alceste	Der Menschenfeind	Molière	21
Hamlet	Hamlet	Shakespeare	2

Rolle	Stück	Autor	
Balthasar Gerard	Wilhelmus	Fritz von Unruh	15
Mr. Antrobus	Wir sind noch einmal davongekommen	Wilder	23
Bolingbroke	Das Glas Wasser	Scribe	17
Thibaut d'Arc	Die Jungfrau von Orleans	Schiller	20

7 Rollen (4 neu)
136 Vorstellungen
  78 Frankfurt, Kleines Haus
  15 Frankfurt, Großes Haus
  21 Hannover, Ballhof
  20 Recklinghausen, Ruhrfestspiele (Saalbau)
   2 Wilhelmshaven, Stadttheater
   1 Heidelberg, Stadttheater
   1 Hanau, Stadthalle

Spielzeit 1953/54: Frankfurt am Main, Städtische Bühnen

Rolle	Stück	Autor	
Bolingbroke	Ein Glas Wasser	Scribe	5
Mr. Antrobus	Wir sind noch einmal davongekommen	Wilder	20
Die Zeit	Ein Wintermärchen	Shakespeare	6
Inquisitor	Jeanne oder Die Lerche	Anouilh	37
Mephistopheles	Faust I	Goethe	17
Fremder Passagier	Peer Gynt	Ibsen	20
Knopfgießer	Peer Gynt	Ibsen	20

7 Rollen (3 neu)
105 Vorstellungen
  17 Frankfurt, Großes Haus
  42 Frankfurt, Kleines Haus
  19 Wuppertal, Schauspielhaus
   4 Duisburg, Stadttheater
   2 Solingen, Stadthalle
   1 Velbert, Saal
  20 Recklinghausen, Ruhrfestspiele

Spielzeit 1954/55: Frankfurt am Main, Städtische Bühnen

Rolle	Stück	Autor	
Mephistopheles	Faust	Goethe	12
Robespierre	Dantons Tod	Büchner	28
Gerichtspräsident	Das Bild der Menschen	L. Lothar	21
Philipp II.	Don Carlos	Schiller	20
Geist von Hamlets Vater	Hamlet	Shakespeare	26
Erster Schauspieler	Hamlet	Shakespeare	26

6 Rollen (3 neu) in 5 Stücken
107 Vorstellungen
  60 Frankfurt, Großes Haus
  17 Berlin, Schloßpark-Theater
  30 Recklinghausen, Ruhrfestspiele (Saalbau)

Spielzeit 1955/56: Frankfurt am Main, Städtische Bühnen

Rolle	Stück	Autor	
Henry Davin	Von Mensch zu Mensch	Boone	22
Gerichtspräsident	Das Bild des Menschen	Lothar	4
Philipp II.	Don Carlos	Schiller	6
Staatsanwalt	Graf Oederland	Max Frisch	24
Jan Six	Rembrandt	Rehberg	9
Kublai Khan	Die Marco Millionen	O'Neill	11

6 Rollen (4 neu)
76 Vorstellungen
22 Berlin, Schloßpark-Theater
 1 Bad Meinberg, Kurtheater
 4 Düsseldorf, Schauspielhaus
 1 Düsseldorf, Opernhaus
13 Frankfurt, Großes Haus
24 Frankfurt, Kleines Haus
 7 Duisburg, Stadttheater
 4 Recklinghausen, Ruhrfestspiele (Saalbau)

Spielzeit 1956/57: Düsseldorf, Schauspielhaus/Berlin, Schiller-Theater

Rolle	Stück	Autor	
Kublai Khan	Die Marco Millionen	O'Neill	4
Luka	Nachtasyl	Gorki	17
Tyrone	Eines langen Tages Reise in die Nacht	O'Neill	52
Ill	Der Besuch der alten Dame	Dürrenmatt	35
Riccaut	Minna von Barnhelm	Lessing	19

5 Rollen (3 neu)
127 Vorstellungen
   4 Frankfurt/M., Großes Haus
 34 Düsseldorf, Schauspielhaus
 54 Berlin, Schiller-Theater
 35 Gastspiele und Tourneen

Spielzeit 1957/58: Berlin, Schiller-Theater/Düsseldorf, Schauspielhaus

Rolle	Stück	Autor	
Riccaut	Minna von Barnhelm	Lessing	23
Octavio Piccolomini	Wallenstein	Schiller	22
Hamm	Endspiel	Beckett	8
Kommissar	Bürgschaft	Weill/Neher	8
Edgar	Totentanz I	Strindberg	49
Alceste	Der Menschenfeind	Molière	15
Cotrone	Die Riesen vom Berge	Pirandello	20
Prospero	Der Sturm	Shakespeare	29

8 Rollen (davon 6 neu)
174 Vorstellungen
 45 Berlin, Schiller-Theater
  8 Berlin, Schloßpark-Theater
  8 Berlin, Städtische Oper
 15 Köln, Kammerspiele
 29 Recklinghausen
 44 Düsseldorf, Schauspielhaus
 12 Duisburg, Stadttheater
  3 Hannover
 11 Abstecher (NRW)

Spielzeit 1958/59: Köln, Städtische Bühnen/Berlin, Schiller- und Schloßpark-Theater

Rolle	Stück	Autor	
Ravier	Frauen, die man umarmt	Montherlant	28
Alceste	Der Menschenfeind	Molière 36 + 12	48
Polizeipräsident	Der Balkon	Genet	13
Odysseus	Der Trojanische Krieg findet nicht statt	Giraudoux	21

4 Rollen (3 neu)
110 Vorstellungen
 36 Köln, Kammerspiele
  4 Köln, Opernhaus
 49 Berlin, Schloßpark-Theater
 21 Recklinghausen, Ruhrfestspiele

Spielzeit 1959/60: Berlin, Schloßpark-Theater/Köln, Städtische Bühnen

Rolle	Stück	Autor	
Alceste	Der Menschenfeind	Molière	11
Odysseus	Der Trojanische Krieg findet nicht statt	Giraudoux	35
Geßler	Wilhelm Tell	Schiller	3
Edgar	Totentanz I und II	Strindberg	18
Lord Claverton	Ein verdienter Staatsmann	Eliot	53
Der Tod	Ackermann aus Böhmen	Johann v. Saaz	11
Polizeipräsident	Der Balkon	Genet	7

7 Rollen (3 neu)
138 Vorstellungen
 53 Berlin, Schloßpark-Theater
  1 Stuttgart, Württ. Staatstheater, Großes Haus
  2 Düsseldorf, Schauspielhaus
 18 Essen, Kammerspiele
 53 Köln, Kammerspiele
 10 Köln, Universität
  1 Krefeld, Stadttheater

Spielzeit 1960/61: Köln, Städtische Bühnen

Rolle	Stück	Autor	
Edgar	Totentanz I	Strindberg	57
Der Herr	Wetterleuchten	Strindberg	39
Krapp	Das letzte Band	Beckett	10
Wallenstein	Wallenstein-Trilogie	Schiller	34

4 Rollen (2 neu)
140 Vorstellungen
  57 Tournee (33 Städte, u. a. Hamburg, 9; München, 7)
  49 Köln, Kammerspiele
  34 Recklinghausen, Ruhrfestspiele

Spielzeit 1961/62: Berlin/Köln

Rolle	Stück	Autor	
Wilhelm Ständer	Tabula rasa	Sternheim	41
Lord Claverton	Ein verdienter Staatsmann	Eliot	29
Harpagon	Der Geizige	Molière	40
Wallenstein	Wallenstein – Trilogie	Schiller	14
Alba	Egmont	Goethe	4

5 Rollen (2 neu)
128 Vorstellungen
  41 Berlin, Schloßpark-Theater
  29 Berlin, Theater am Kurfürstendamm
  40 Köln, Kammerspiele
  14 Recklinghausen, Ruhrfestspiele
   2 Wiltz (Luxemburg), Festspiele
   2 Schwäbisch Hall, Freilichtspiele

Spielzeit 1962/63: Berlin/Köln/Düsseldorf

Rolle	Stück	Autor	
Lord Claverton	Ein verdienter Staatsmann	Eliot	34
General Thomas	Stalingrad	Hubalek	11
Tartüff	Tartüff	Molière	22
Krapp	Das letzte Band	Beckett	3

Rolle	Stück	Autor	
Robespierre	Dantons Tod	Büchner	8
König Heinrich IV.	Heinrich IV. (I. und II. Teil)	Shakespeare	7

6 Rollen (3 neu)
85 Vorstellungen
34 Tournee (27 Städte, u. a. Wuppertal, Hamburg, 14, Darmstadt, München, 2)
11 Köln, Schauspielhaus
22 Berlin, Schiller-Theater
 3 Kassel, Kleines Haus
 8 Kassel, Opernhaus
 1 Düsseldorf, Schauspielhaus
 6 Recklinghausen, Ruhrfestspiele

Spielzeit 1963/64: Düsseldorf

Rolle	Stück	Autor	
König Heinrich IV.	Heinrich IV.	Shakespeare	60
Wilhelm Ständer	Tabula rasa	Sternheim	21
Krapp	Das letzte Band	Beckett	16
Julius Cäsar	Julius Cäsar	Shakespeare	44
Geßler	Wilhelm Tell	Schiller	2

5 Rollen (1 neu)
143 Vorstellungen
 74 Düsseldorf, Schauspielhaus
  3 Düsseldorf, Theater im Malkasten
 17 Duisburg
 31 Abstecher von Duisburg und Düsseldorf aus (Recklinghausen, Mülheim/Ruhr, Remscheid, Lünen, Bergisch-Gladbach, Viersen, Hamm, Marl, Rheydt, Dortmund, Luxemburg)
  1 Marburg, Städtisches Schauspiel
  9 Hamburg, Deutsches Schauspielhaus im Zimmertheater
  5 Darmstadt, Landestheater, Theater im Schloß
  1 Kassel, Staatstheater, Kleines Haus
  2 Wiltz (Luxemburg), Freilichtspiele

Spielzeit 1964/65: Düsseldorf/Berlin/Hamburg

Rolle	Stück	Autor	
Prospero	Der Sturm	Shakespeare	21
Quentin	Nach dem Sündenfall	Miller	15
Marat	Die Verfolgung und Ermordung Jean Paul Marats	Peter Weiss	35
Pozzo	Warten auf Godot	Beckett	7
Schulmeister	Der Schulmeister	Saunders	11

5 Rollen (davon 4 neu)
89 Vorstellungen
21 Hamburg, Deutsches Schauspielhaus
 6 Düsseldorf, Schauspielhaus
 5 Duisburg, Stadttheater
 3 Mülheim/Ruhr, Stadttheater
 1 Aachen, Stadttheater
42 Berlin, Schiller-Theater
11 Berlin, Schiller-Theater-Werkstatt

Spielzeit 1965/66: Berlin, Schiller- und Schloßpark-Theater

Rolle	Stück	Autor	
Krapp	Das letzte Band	Beckett	19
Schulmeister	Der Schulmeister	Saunders	36
Pozzo	Warten auf Godot	Beckett	30
Max	Die Heimkehr	Pinter	31
Mr. Rooney	Alle, die da fallen	Beckett	30
Wanderer	Faust II	Goethe	15

6 Rollen (2 neu)
161 Vorstellungen
 45 Berlin, Schiller-Theater
 31 Berlin, Schloßpark-Theater
 51 Berlin, Schiller-Theater-Werkstatt
  3 Köln, Kammerspiele
  2 Kiel, Schauspielhaus
  3 Kaiserslautern, Pfalztheater
  3 Aachen, Kammerspiele
  7 Zürich, Theater am Neumarkt
  1 Heidelberg, Stadttheater

Spielzeit 1966/67: Berlin, Schiller-Theater/Hamburg, Deutsches Schauspielhaus

Rolle	Stück	Autor	
Wanderer	Faust II	Goethe	41
Max	Die Heimkehr	Pinter	10
Pozzo	Warten auf Godot	Beckett	6
Schulmeister	Der Schulmeister	Saunders	13
Mr. Rooney	Alle, die da fallen	Beckett	8
Ulysses	Troilus und Cressida	Shakespeare	15
Der Dichter	Das Geständnis	Mortimer	11
Alba	Egmont	Goethe	32
Krapp	Das letzte Band	Beckett	1
Ridgeon	Der Arzt am Scheideweg	Shaw	18

10 Rollen (3 neu)
155 Vorstellungen
 63 Berlin, Schiller-Theater
 10 Berlin, Schloßpark-Theater
 14 Berlin, Schiller-Theater-Werkstatt
 11 Bochum, Schauspielhaus
  5 Bochum, Kammerspiele
 50 Hamburg, Deutsches Schauspielhaus
  1 Lübeck, Stadttheater Studio
  1 Soest, Mognerhaus

Spielzeit 1967/68: Hamburg, Deutsches Schauspielhaus/ Berlin, Schiller-Theater

Rolle	Stück	Autor	
Ridgeon	Der Arzt am Scheideweg	Shaw	8
Max	Die Heimkehr	Pinter	9
Robespierre	Dantons Tod	Büchner	41
Wanderer	Faust II	Goethe	6
Andrew Tracey	Verliebte, II. Verlierer	Friel	11
Krapp	Das letzte Band	Beckett	2

6 Rollen (1 neu)
77 Vorstellungen
58 Hamburg, Deutsches Schauspielhaus
 6 Berlin, Schiller-Theater
11 Berlin, Schiller-Theater-Werkstatt
 2 Zürich-Kilchberg, Leseverein

Spielzeit 1968/69: Berlin

Rolle	Stück	Autor	
Andrew Tracey	Verliebte, II. Verlierer	Friel	23
Wanderer	Faust II	Goethe	8
Major	Wir bombardieren Regensburg	Heller	19
MacNaughton	Man kann nie wissen	Shaw	38
Schulmeister	Der Schulmeister	Saunders	9
Krapp	Das letzte Band	Beckett	9

6 Rollen (2 neu)
97 Vorstellungen
48 Berlin, Schloßpark-Theater
27 Berlin, Schiller-Theater
13 Berlin, Schiller-Theater-Werkstatt
 9 Braunschweig, Staatstheater, Kleines Haus

Spielzeit 1969/70: Berlin

Rolle	Stück	Autor	
McNaughton	Man kann nie wissen	Shaw	34
Wanderer	Faust II	Goethe	3
Kapitän Shotover	Haus Herzenstod	Shaw	29
Schulmeister	Der Schulmeister	Saunders	7
Andrew Tracey	Verliebte, II. Verlierer	Friel	5
Roche	Vor der Nacht	Rudkin	12
Krapp	Das letzte Band	Beckett	1

7 Rollen (2 neu)
86 Vorstellungen
 3 Berlin, Schiller-Theater
69 Berlin, Schloßpark-Theater
 9 Wuppertal, Schauspielhaus
 1 Basel, Stadttheater
 1 Bregenz, Theater am Kornmarkt
 1 Solingen, Stadttheater
 1 Köln, Schauspielhaus
 1 Passau, Nibelungenhalle

Spielzeit 1970/71: Berlin

Rolle	Stück	Autor	
Kapitän Shotover	Haus Herzenstod	Shaw	12
Schulmeister	Der Schulmeister	Saunders	58
v. Schüler	Die nächtliche Huldigung	Gustafson	23
Krapp	Das letzte Band	Beckett	15
McNaughton	Man kann nie wissen	Shaw	12
Stadthauptmann	Der Revisor	Gogol	24
Inspektor Hounslow	Flint	Mercer	16

7 Rollen (3 neu)
160 Vorstellungen
  24 Berlin, Schiller-Theater
  24 Berlin, Schloßpark-Theater
  64 Berlin, Schiller-Theater-Werkstatt
  15 Tournee Gastspiele
   3 Bad Godesberg
   1 Helsinki
   3 Recklinghausen, Ruhrfestspiele

Spielzeit 1971/72: Berlin

Rolle	Stück	Autor	
Stadthauptmann	Der Revisor	Gogol	25
v. Schüler	Die nächtliche Huldigung	Gustafson	5
McNaughton	Man kann nie wissen	Shaw	29
Edgar	Der Totentanz I und II	Strindberg	41
Lear	König Lear	Shakespeare	15

5 Rollen (2 neu)
115 Vorstellungen
  25 Berlin, Schiller-Theater
   6 Berlin, Schiller-Theater-Werkstatt
  70 Berlin, Schloßpark-Theater
  15 Wuppertal, Schauspielhaus

Spielzeit 1972/73: Berlin

Rolle	Stück	Autor	
Edgar	Der Totentanz	Strindberg	30
Kurfürst	Prinz Friedrich von Homburg	Kleist	65
Pat	Die Geisel	Brendan Behan	13
Krapp	Das letzte Band	Beckett	6

4 Rollen (2 neu)
114 Vorstellungen
  25 Berlin, Schloßpark-Theater
  65 Berlin, Schiller-Theater
  13 Hamburg, Deutsches Schauspielhaus
   6 Bremen, Theater am Goetheplatz
   2 Bad Godesberg, Stadttheater
   3 Zürich, Theater »11«

Spielzeit 1973/74: Berlin

Rolle	Stück	Autor	
Kurfürst	Prinz Friedrich von Homburg	Kleist	20
Pat	Die Geisel	Brendan Behan	3
Krapp	Das letzte Band	Beckett	9
Al Lewis	Sonny Boys	Simon	46
General	Die Jagdgesellschaft	Bernhard	14
Caribaldi	Die Macht der Gewohnheit	Bernhard	5

6 Rollen (3 neu)
97 Vorstellungen
45 Berlin, Schiller-Theater
 9 Hamburg, Deutsches Schauspielhaus
38 Berlin, Schloßpark-Theater
 5 Salzburg, Landestheater, Salzburger Festspiele

Spielzeit 1974/75: Berlin

Rolle	Stück	Autor	
Al Lewis	Sonny Boys	Simon	58
General	Die Jagdgesellschaft	Bernhard	8
Edgar	Der Totentanz	Strindberg	51

Rolle	Stück	Autor	
Krapp	Das letzte Band	Beckett	1
Caribaldi	Die Macht der Gewohnheit	Bernhard	46

5 Rollen (keine neue)
164 Vorstellungen
  29 Berlin, Schloßpark-Theater
  38 Berlin, Schiller-Theater
  94 Tournee
   1 Salzschlirf
   2 Bonn

Spielzeit 1975/76: Berlin

Rolle	Stück	Autor	
Al Lewis	Sonny Boys	Simon	73
Caribaldi	Die Macht der Gewohnheit	Bernhard	27
Großinquisitor	Don Carlos	Schiller	24
Spooner	Niemandsland	Pinter	50

4 Rollen (1 neu)
174 Vorstellungen
  84 Berlin, Schiller-Theater
  87 Berlin, Schloßpark-Theater
   3 Bonn, Theater der Stadt

Spielzeit 1976/77: Berlin

Rolle	Stück	Autor	
Minetti	Minetti	Bernhard	23
Spooner	Niemandsland	Pinter	36
Al Lewis	Sonny Boys	Simon	39

3 Rollen (1 neu)
98 Vorstellungen
20 Stuttgart, Württ. Staatstheater, Kleines Haus
32 Berlin, Schloßpark-Theater
26 Berlin, Schiller-Theater
 1 Frankfurt-Höchst, Jahrhunderthalle
 2 Bad Godesberg, Stadttheater

2 Leverkusen, Bayer
  1 Leverkusen, forum
13 München, Residenztheater
  1 Mannheim, Nationaltheater, Großes Haus

Spielzeit 1977/78: Berlin

Rolle	Stück	Autor	
Prospero	Der Sturm	Shakespeare	42

 1 Rolle
42 Vorstellungen
42 Berlin, Schiller-Theater

Spielzeit 1978/79: Berlin

Rolle	Stück	Autor	
Prospero	Der Sturm	Shakespeare	14
Teiresias	Antigone des Sophokles	Hölderlin	17

 2 Rollen (1 neu)
31 Vorstellungen
31 Berlin, Schiller-Theater

Spielzeit 1979/80: Berlin

Rolle	Stück	Autor	
Gerichtsrat Walter	Der zerbrochene Krug	Kleist	41

 1 Rolle (neu)
41 Vorstellungen
32 Berlin, Schloßpark-Theater
 2 Winterthur, Theater am Stadtgarten
 7 München, Kammerspiele

Spielzeit 1980/81: Berlin

Rolle	Stück	Autor	
Weltverbesserer	Der Weltverbesserer	Bernhard	36
Gerichtsrat Walter	Der zerbrochene Krug	Kleist	49
Otto Quangel	Jeder stirbt für sich allein	Fallada/Greiffen-hagen	56

3 Rollen (2 neu)
141 Vorstellungen
  29 Bochum, Schauspielhaus, Kammerspiele
  49 Berlin, Schloßpark-Theater
  56 Berlin, Schiller-Theater
   2 Berlin, Freie Volksbühne (Theatertreffen)
   1 Mülheim/Ruhr, Stadthalle
   2 Wien, Akademietheater
   2 Ludwigsburg, Schloßtheater

Spielzeit 1981/82: Berlin

Rolle	Stück	Autor	
Gerichtsrat Walter	Der zerbrochene Krug	Kleist	30
Weltverbesserer	Der Weltverbesserer	Bernhard	13
Faust	Faust	Goethe	58

3 Rollen
101 Vorstellungen
  28 Berlin, Schloßpark-Theater
   2 Beograd
  10 Bochum, Kammerspiele
   1 Ljubljana
   1 Zagreb
   1 Lüdenscheid
  50 Berlin, Freie Volksbühne
   3 Bochum, Schauspielhaus
   2 Frankfurt, Schauspielhaus

Spielzeit 1982/83: Berlin

Rolle	Stück	Autor	
Faust	Faust I	Goethe	3
Erster Schauspieler	Hamlet	Shakespeare	32
Stimme des Pfarrers	Der aufhaltsame Aufstieg des Arturo Ui	Brecht	Tonband
Der Gesandte	Der Balkon	Genet	14

3 Rollen (1 neu)
69 Vorstellungen
  3 Paris, Théâtre national d'Odéon
32 Berlin, Schaubühne am Lehniner Platz
    Berlin, Renaissance-Theater
34 Berlin, Schiller-Theater

Spielzeit 1983/84: Berlin, Schiller-Theater

Rolle	Stück	Autor	
Der Gesandte	Der Balkon	Genet	3
Karl	Der Schein trügt	Bernhard	38
Talbot	Die Jungfrau von Orleans	Schiller	7

3 Rollen (2 neu)
48 Vorstellungen
10 Berlin, Schiller-Theater
34 Bochum, Kammerspiele
  3 Berlin, Theatertreffen 84, Volksbühne
  1 Mülheim/Ruhr, Stadthalle

Spielzeit 1984/85: Berlin, Schiller-Theater

Rolle	Stück	Autor	
Talbot	Die Jungfrau von Orleans	Schiller	37
Karl	Der Schein trügt	Bernhard	29
Lear	König Lear	Shakespeare	3

3 Rollen (1 neu) 2 Venedig, Teatro Communale
69 Vorstellungen 4 Wien, Akademietheater
35 Berlin, Schiller-Theater 1 Kiel, Stadttheater
22 Bochum, Kammerspiele 3 Berlin, Schaubühne am Lehniner Platz
 2 Ludwigshafen, Pfalzbautheater

Spielzeit 1985/86: Berlin, Schiller-Theater

Rolle	Stück	Autor	
Lear	König Lear	Shakespeare	50
Er	Einfach Kompliziert	Thomas Bernhard	32

2 Rollen (1 neu) 2 Paris, Théâtre Nationale de Chaillot
82 Aufführungen 27 Berlin, Schiller-Theater
48 Berlin, Schaubühne (Lear) 5 München, Kammerspiele

Spielzeit 1986/87: Berlin, Schiller-Theater

Rolle	Stück	Autor	
Er	Einfach Kompliziert	Thomas Bernhard	57
Andrea Doria	Verschwörung des Fiesko zu Genua	Schiller	20
Johann von Gaunt	Richard II.	Shakespeare	9
Nat	Ich bin nicht Rappaport	Herb Gardner	4

4 Rollen (3 neu) 17 München, Kammerspiele
90 Vorstellungen   (Einfach Kompliziert)
65 Berlin, Schiller-Theater 1 Leverkusen, Bayer
 4 Berlin, Schloßpark-Theater 3 Frankfurt, Schauspielhaus

Spielzeit 1987/88: Berlin: Schiller-Theater

Rolle	Stück	Autor
Nat	Ich bin nicht Rappaport	Herb Gardner
Er	Einfach Kompliziert	Thomas Bernhard
Krapp	Das letzte Band	Beckett

Berlin, Schiller-Theater München, Kammerspiele
Berlin, Schloßpark-Theater Frankfurt, Schauspielhaus (Krapp, neu)

Meine Inszenierungen

Datum	Stück	Ort
16. IV. 44	Die Wölfe	Breslau, Schauspielhaus
3. IX. 46	Wie es euch gefällt	Kiel
9. II. 47	Eurydike	Kiel, 15
8. VI. 47	Wir sind noch einmal davongekommen	Kiel, 9
7. I. 55	Elektra	Frankfurt/M., 23

Personenregister

Verzeichnis der Dramen

(nach Autoren geordnet)

Bildrechte

Die Fotos stammen von: